도시는 기억이다

도시는 기억이다
공공기념물로 본 서양 도시의 역사와 문화

초판 1쇄 발행 2017년 9월 20일 ＼**초판 3쇄 발행** 2018년 12월 5일
기획 도시사학회 ＼**지은이** 권형진 · 기계형 · 김경현 · 김원중 · 남종국 · 라영순 · 민유기 · 박구병 ·
박진빈 · 염운옥 · 이상덕 · 주경철 · 최용찬 ＼**펴낸이** 이영선 ＼**편집 이사** 강영선 김선정 ＼**주간** 김문정
편집장 임경훈 ＼**편집** 김종훈 이현정 ＼**디자인** 김회량 정경아
독자본부 김일신 김진규 김연수 정혜영 손미경 박정래 김동욱

펴낸곳 서해문집 ＼**출판등록** 1989년 3월 16일(제406-2005-000047호)
주소 경기도 파주시 광인사길 217(파주출판도시) ＼**전화** (031)955-7470 ＼**팩스** (031)955-7469
홈페이지 www.booksea.co.kr ＼**이메일** shmj21@hanmail.net

권형진·기계형·김경현·김원중·남종국·라영순·민유기·박구병·박진빈·염운옥·이상덕·주경철·최용찬 © 2017

ISBN 978-89-7483-883-6 93900
값 23,000원

이 도서의 국립중앙도서관 출판시도서목록(CIP)은 e-CIP 홈페이지(http://www.nl.go.kr/ecip)에서
이용하실 수 있습니다.(CIP제어번호: CIP2017023315)

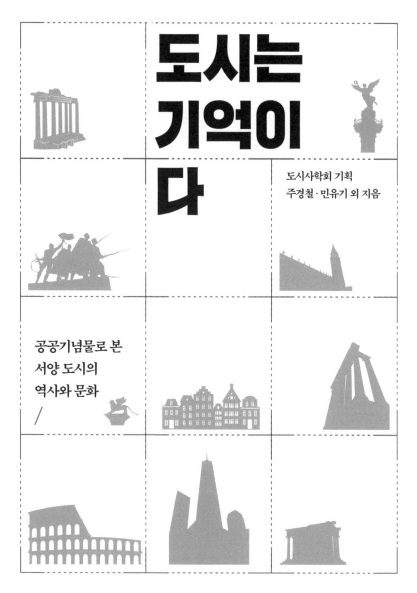

도시는 기억이다

도시사학회 기획
주경철·민유기 외 지음

공공기념물로 본
서양 도시의
역사와 문화

서해문집

서문

2011년 12월 서울 종로구의 주한 일본대사관 건너편에 평화의 소녀상이 세워졌다. 태평양전쟁 시기 전쟁범죄와 인권유린의 피해자인 '일본군 위안부'의 명예 회복을 위한, 그리고 이 어두운 과거를 잊지 않고 기억하며 평화를 기원하기 위한 시민들의 자발적 성금으로 만들어진 동상이다. 이후 국내외 여러 도시에 시민들의 힘으로 평화의 소녀상이 건립됐다. 그런데 일본 정부는 지속적으로 평화의 소녀상 이전을 요구하며 갈등을 양산하고 있다.

평화의 소녀상 같은 공공조형물이나 다양한 유형의 공공기념물을 둘러싼 갈등은 기억의 매개체가 지닌 힘이 얼마나 강력한지를 보여 준다. 1980년대 막바지와 1990년대 초 소련과 동유럽 각지에서 공산당 지도자들의 동상이 파괴되고 해체되는 것을 보여 주던 텔레비전 뉴스들은 현실사회주의 체제의 붕괴를 전 세계인에게 상징적으로 각인시켰다. 프랑스대혁명 기간에 '거리의 힘'을 보여 준 파리의 혁명적 시민들, 즉 상퀼로트sans-culotte들은 루이 16세의 왕권을 정지하는 선언과 함께 파리 곳곳에 세워져 있던 왕의 동상들을 쓰러뜨리며, 구체제와의 문화적 단절을 추구했다.

공동체는 고유한 기억을 구성원들 간에 공유함으로써 정체성을 형성하고 강화해 간다. 도시 공동체 역시 마찬가지다. 도시 곳곳에는 기억의 매개체인 공공기념물이 많이 존재한다. 공공기념물에는 각종 기념비나 기념탑, 개선문이나 전승기념물, 전몰자 추념이나 과거사 관련 시설물, 존경이나 숭배의 대상인 영웅이나 위인의 동상, 공적 기념 혹은 추념을 위한 박물관이나 건축물 등이 모두 포함된다. 이들 다양한 형태의 공공기념물은 해당 도시나 국민국가의 주요 역사를 기억하고 기념하며, 도시나 국가의 정체성 강화에 기여한다.

도시는 기억의 산물이자 기억 자체다. 인류 문명이 등장한 이래로 도시는 인간의 정치·경제·사회·문화 등 모든 활동의 성과물을 집약해 발전해 왔다. 도시는 인간의 모든 삶의 흔적들을 기억하고 전승한다. 그중에서도 크고 작은 공공기념물들은 도시가 기억하는, 기억하고 싶어 하는, 기억해야 하는 과거를 선명하게 드러낸다. 공공기념물은 도시의 역사문화경관을 구성하는 중요한 요소다. 역사문화경관은 특정 시기의 정치 상황과 맥락을 압축적으로 내포하기에 다양한 독해가 가능한 열린 텍스트다. 특정 물리 공간이 어떤 연유로 선택돼 그곳에 공공기념물이 조성되고 이후 세대에게 기억의 터가 되는지, 공공기념물은 어떤 상징들을 적극적으로 혹은 은연중에 표현하는지, 하나의 공공기념물이 주위의 경관이나 역사문화 환경과 조응하며 어떤 이미지를 구성하는지 등을 분석하는 것은 특정 도시가 무엇을 기억하고 어떤 정체성을 내세우는지를 확인할 수 있는 도시사의 흥미로운 접근 방식이다.

도시의 다양한 공공기념물은 가시적 혹은 비가시적으로 무수한 상징과 기호를 표상하고 재현한다. 공공기념물이 과거의 특정한 역사적 행위와 과정을 공적으로 기념하고자 하는 권력과 시민의 이해관계를 반영하기 때문이다. 건립의 주체가 정치권력이건, 시민단체이건 공공기념물은 역사와 기억에 대한 치열한 해석과 의미 부여의 결과물이다. 따라서 어떤 행위 주체가 공공기념물을 기획하고, 준비하고, 건립하고, 평가하고, 전유하는가 하는 문제를 살펴보는 것은 역사와 기억에 대한 사회적 인식이 어느 선까지 공공성과 개방성을 담지하고 있는지를 파악하게 해 준다.

이 책은 도시의 각종 공공기념물이 역사를 기억하고 평가하고 전승하는 중요한 매개체라는 인식을 공유하는 한국의 서양 도시사 연구자들의 연구 결과물이다. 이 책을 기획한 도시사학회는 2008년에 창립한 후 활발한 학술 활동을 하면서 2011년에 《도시는 역사다》란 책을 출간했다. 동서양 주요 도시 열 곳의 역사와 문화를 고찰한 이 책은 도시가 과거 역사의 산물이자 미래의 역사를 만들기 위한 현재의 다양한 역사적 실천이 이뤄지는 장소임을 환기시키며 많은 독자들의 사랑을 받았다. 이후 오랫동안 후속 출간을 준비하다 이번에 2탄 격인 《도시는 기억이다》를 내게 됐다.

동서양 도시들을 함께 살펴본 《도시는 역사다》에 비해 《도시는 기억이다》는 서양의 주요 도시 열세 곳에 집중한다. 고대 아테네와 로마의 각종 공공기념물이 이후 서양사의 전개 과정에서 도시들을 다양한 공공기념물의 보고로 만들었기 때문이다. 전편과 마찬가지로 책에서 다루는 도시의 역사와 문화, 주요 공공기념물의 유래나 의미 등을 독자들이 이해하기 쉽게 서술했으나, 전편에 비해 다소 분석적인 글이 많은 편이다. 특히 각 장마다 다루는 도시의 주요 공공기념물 건립 동기나 배경, 기억하고 기념하고자 하는 역사적 사건들, 공공기념물 건립 주체와 건립 과정, 이 과정이나 건립 이후 대중이나 여론의 반응, 공공기념물을 둘러싼 갈등 양상, 공공기념물의 기호·상징·표상·이미지, 공공기념물을 통한 도시 정체성 형성 등을 입체적으로 살펴보려고 노력했다.

책은 총 3부, 열세 장으로 구성했다. 1부는 지중해 권역 도시들로, 고대와 중세 도시들을 다룬다. 1장은 페르시아전쟁 초기 아테네가 대승을 거둔 마라톤전투가 델포이와 아테네의 공공기념물들을 통해 어떻게 기억됐고 이미지화돼 아테네의 자부심을 강화시켰는지 고찰한다. 2장은 다양한 공공기념물이 집약된 로마 포룸의 문화경관이 어떻게 형성되고 변화해 갔는지를 추적하면서 경관의 변화가 정치적으로 어떤 역사적 의미를 지니는지 검토한다. 3장은 피렌체의 기원, 중세 초기의 성장, 도시공화국 실험과 도시 귀족들의 영향력을 차례로 살펴보면서 피렌체의 다양한 공공건축물에 함축된 중세 피렌체인의 정치 열정을 파헤친다. 4장은 베네치아의 상징인 산마르코와 날개 달린 사자상이 어떤 계기를 통해 베네치아의 상징이 됐는지, 이 상징물의 이미지 변화가 베네치아의 역사를 어떻게 반영하는지를 추적한다.

2부는 주로 근대 서유럽 수도들의 공공기념물을 다룬다. 5장은 마드리드 외곽에 위치하는 엘에스코리알과 망자들의 계곡이 16세기 에스파냐 번영의 역사와 20세기 에스파냐내전이라는 비극의 역사를 어떻게 표상하는지 분석한다. 6장은 암스테르담의 운하 구역이 암스테르담 도시 팽창 과정에서 어떻게 조성됐으며, 그 역사적 의미는 무엇인지 제시한다. 7장은 19세기 영국제국의 수도 런던의 트래펄가 광장과 넬슨 기념비 조성 과정, 권력과 시민의 광장 활용과 전유 방식 등을 고찰한다. 8장은 19세기 말 파리에 대거 등장한 문화예술인 동상이 민주적 숭배, 아래로부터의 기억의 정치, 파리의 도시 정체성 등과 어떤 연관성을 맺고 있는지 검토한다. 9장은 나치 시기 히틀러의 과대망상이 낳은 대규모 도시 건축과 도시 공공기념물 건립을, 뮌헨·뉘른베르크·베를린을 통해 살펴본다.

3부는 동유럽과 아메리카 도시를 대상으로 한다. 10장은 빈의 구성곽 철거에 따른 근대적 원형대로 건설 계획인 링슈트라세 프로젝트를 통해 건설된 각종 공공건축물의 복합적이고 중층적인 역사적 의미를 고찰한다. 11장은 나치에 맞선 '대조국전쟁'에서 승리한 소련이 나치의 도시 봉쇄를 영웅적으로 극복한 상트페테르부르크와 수도 모스크바에 건립한 전승기념비를 둘러싼 기억의 정치를 파헤친다. 12장은 20세기 초 멕시코혁명 이후 멕시코시에 건립된 다양한 혁명기념물의 상징과 의미 등을 검토한다. 13장은 9·11로 파괴된 뉴욕의 세계무역센터 자리에 들어선 새로운 건축물과 9·11 관련 기억의 정치를 통해 미국 예외주의를 분석한다.

도시가 다양한 공공기념물을 통해 무엇을 기억하고자 하는지는 시민의 집단적 역사인식 수준을 보여 준다. 정치권력에 의해 위로부터 기획되고 조성된 대규모 건축물이나 조형물 등은 다양한 역사 이해나 해석을 가능케 하기보다는 국가가 제시하는 단일한 역사 해석과 기억을 강요하는 매개가 될 수도 있다. 민주주의 사회에서 공공기념물은 올바른 역사인식을 가진 시민의 주도와 참여로 아래로부터 기획되고, 시민 역사교육의 소중한 계기로 활용돼야 한다. 서양 고대부터 현대까지 주요 도시 공공기념물의 역사를 다룬 이 책이 향후 우리 도시들에 들어설 많은 공공기념물이나 조형물, 공공미술 작품을 둘러싼 여러 논의에 좋은 참고자료가 되기를 희망한다.

2017년 여름, 저자들을 대표해

민유기

서문

차례

서유럽의 도시들
2

동유럽과 아메리카의 도시들

3

1

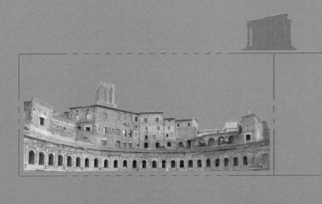

지중해 권역 도시들

아테네 공공기념물

마라톤전투 승리의 기억

이상덕

공공기념물과 마라톤전투의 기억

      기원전 5세기 초 에게Aegean해를 둘러싼 해안 지역들과 에게해에 있는 섬들은 대부분 작은 도시국가들로 이뤄져 있었다. 마케도니아Macedonia 이남의 그리스 본토에 있는 도시국가들은 지방에 따라 방언을 사용하기는 했지만, 모두 헬라스어 계통을 사용하는 헬레네스Hellenes, 곧 헬라스 민족이었다.[1] 그리스 본토의 헬라스인들은(이하에서는 좀 더 친숙한 표현인 '그리스'를 사용하도록 한다) 땅이 척박해 마케도니아와 트라키아Thracia의 해안 지대나 소아시아, 특히 이오니아Ionia 지역으로 이주해 정착했다. 이오니아로 이주한 사람들은 에페소스Ephesos, 밀레토스Miletos 등지에 비교적 큰 규모로 정착했는데, 이들은 기원전 547년 페르시아제국의 왕 키루스Cyrus(재위 기원전 559~기원전 529)가 이오니아를 정복하자 페르시아의 압박을 받게 된다. 마침내 기원전 499년 밀레토스의 참주僭主, tyrant(민주정의 지도자와 반대되는 의미로 사용된 1인 절대군주) 아리스타고라스Aristagoras가 페르시아에 대한 저항을 선동했다. '이오니아 반란'이라고 부르는 이 저항을, 페르시아제국은 군대를 동원해 진압했다.

　이오니아인들이 그리스 본토, 특히 아테네로부터 지원받는다는 사실을 안 당시 페르시아의 왕 다리우스Darius(재위 기원전 522~기원전 486)는 그리스 본토를 공격하는데, 이것이 페르시아전쟁(기원전 492~기원전 479)의 시작이다. 기원전 490년의 첫 번째 원정에서 페르시아는 에게해의 섬들과 에레트리아Eretria에서 소기의 성과를 거뒀으나, 마라톤Marathon 전투에서 아테네에 대패하게 된다. 기원전 480년 두 번째 원정은 다리우스의 아들 크세르크세스Xerxes(재위 기원전 486~기원전 465)가 지휘했다. 그는 테르모필라이Thermopylae 전투에서 승리를 거뒀으나 이어진 살라미스Salamis 해전과 플라타이아이Plataeae 전투에서는 또다시 그리스군에게 대패하는 바람에 원정에 실패하고 말았다. 이후, 페르시아와 전쟁을 계속하려는 도시국가들이 아테네를 중심으로 델로스동맹The Delian League을 맺어, 펠로폰네소스전쟁(기원전 431~기원전 404)이 시작되는 기원전 431년까지 큰 전쟁이 없는 50년Pentecontaeteia을 보낸다.[2] 이 시기에 아테네는 페르시아전쟁의 승리로 얻은 자신감과 델로스동맹의 맹주로서 얻은 경제 효과를 바탕으로 그리스 세계의 패권자로 부상하게 된다.

　기원전 490년 마라톤전투에서의 승리는 아테네가 자신감을 얻게 된 전환점으로, 고전기 아테네의 시작을 알리는 역사적 사건이다. 작은 도시국가 하나가 거대한 제국을 상대로 처음으로 승리를 거둬 그리스 전체의 맹주로 떠오르게 됐다는 것은 아테네 시민들에게 긍지가 되는 사건이었기에 고전기 내내 회자되고, 기억됐다. 마라톤전투가 단지 전투로서의 의미뿐 아니라 아테네 영광의 상징이 된 것이다. 그러므로

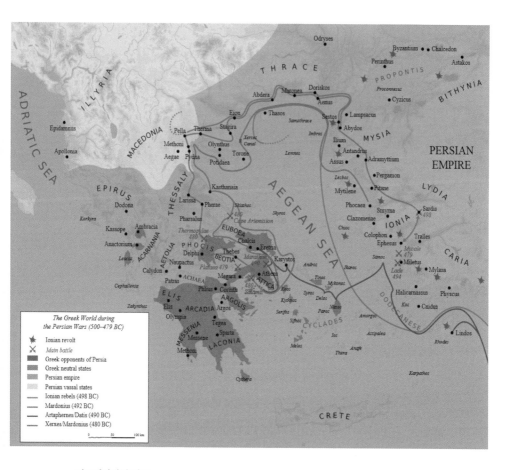

The Greek World during
the Persian Wars (500–479 BC)

★ Ionian revolt
✕ Main battle
▇ Greek opponents of Persia
▇ Greek neutral states
▇ Persian empire
▇ Persian vassal states
— Ionian rebels (498 BC)
— Mardonius (492 BC)
— Artaphernes/Datis (490 BC)
— Xerxes/Mardonius (480 BC)

0   50   100 km

페르시아전쟁 지도

마라톤전투에 대해서는 전투 자체뿐 아니라 그 이후 승리의 기억이 어떻게 생산되고, 또 재생산됐는지에 대한 연구도 중요하다. 기억을 생산한다는 것은 다소 생소한 표현인데, 이 글에서는 승리를 선전한다는 의미로 사용했다. 아테네인들은 자신들에게 유리한 기억, 즉 영광스러운 전승의 기억이 오랫동안 잊히지 않도록 기념물 등을 통해 '기억을 생산했다'. 이를 통해 자신들의 정체성을 만들어 낸 것이다. 전투의 기억이 이처럼 중요한데도 이에 대해 지금까지 국내 학계에 소개된 연구는 지극히 제한적이다.[3] 대부분의 연구가 마라톤전투 자체에 중점을 두고 있기 때문이다.

따라서 아테네 도시 공공기념물을 통해 마라톤전투의 기억을 살펴보는 것은 다음과 같은 의미가 있다. 첫째, 마라톤전투를 새로운 각도로 이해할 수 있다. 이를 통해 마라톤전투를 단지 전쟁사적으로 보는 것이 아니라 전투 이후 승리의 기억이 어떻게 생산되고, 또 한 세대가 지난 후에 어떻게 재생산돼 아테네 시민들과 그리스 세계에 선전됐는지 알 수 있다. 둘째, 아테네의 공공기념물과 같은 고고학 사료로 연구 범위를 확대하면서 문헌 사료가 가지는 한계를 뛰어넘을 수 있다는 점에서 의미가 있다. 고대사 연구에서 고고학 사료는 특히 큰 의미가 있다. 남아 있는 문헌 사료가 제한적이기 때문이기도 하지만, 고대 그리스인들이 문자만큼이나 혹은 그 이상으로, 이미지를 통한 메시지 전달을 효과적이라고 여겼기 때문이다. 하지만 고고학 사료를 역사학적으로 해석하는 데는 세심한 주의가 필요하다. 고고학 사료는 문헌 사료보다 자의적으로 해석할 여지가 더 많기 때문에 엄밀한 고고학적 방법론을 적용해야 한다. 당대 건축과 도상학적 관습의 폭넓은 이해 위에서 해당 사료의 특징적 부분을 파악해야 하며, 이를 역사적 콘텍스트 안에서 해석하기 위해 문헌 사료를 함께 연구해야 한다.

이 글에서는 마라톤전투 이후 세워진 공공기념물들을 통해 아테네인들이, 그들이 기억하고자 했던 영광을 어떻게 이미지화하고, 그것을 어떻게 효과적으로 선전했는지 광범위한 고고학 사료를 통해 살펴볼 것이다. 먼저 마라톤의 위치를 알아보고 전투 직후 전장에서의 기억이 어떻게 생산됐는지 알아본다. 그 다음으로 유동 인구가 많은 델포이와 아테네 시내에서 어떻게 전투 승리의 기억이 재생산됐는지 알아보겠다.

고대 마라톤의 위치

고대의 마라톤 데메deme(아테네의 행정 단위)는 정확하게 현재 마라톤시 자리에 있지 않았던 것으로 보인다. 현재 마라톤시에서는 고대에 그렇게 큰 데메였다고 볼 수 있는 유적이나 유물이 출토되지 않았기 때문이다. 발굴 작업이 시작된 이후로 고대 마라톤 데메의 위치가 어디였는지에 대한 논의는 지속됐다. 현대의 고고학자들은 대부분 미국 고고학자 반더풀Eugene Vanderpool의 주장을 가장 그럴듯하다고 생각한다. 그는 마라톤의 위치를 다음과 같이 추정했다.

이는(마라톤 데메는) 아그리엘리키산 밑에 있는 마라톤평원의 남서쪽 평평한 지대에 있다. 이는 바다로부터 2.5킬로미터 안쪽에 있는 것이고, 아

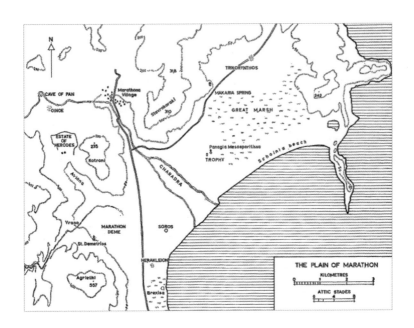

마라톤 지도

테네로부터 오는 도로가 남쪽에서 평원과 만나는 지점에서 2킬로미터 정도 떨어진 곳에 있는 것이다.

해당 위치를 처음 발굴했던 그리스의 고고학자 소테리아데스Georgios Soteriades는 이곳을 공동묘지라고 생각했지만, 반더풀은 거주지라고 판단하고 이곳을 마라톤 데메의 위치라고 주장했다.[4] 이 위치는 기원후 2세기 그리스의 여행가 파우사니아스Pausanias가 여행한 경로와도 일치한다.[5]

마라톤 데메의 위치를 이곳으로 파악하면 마라톤전투의 전장은 명확히 이해된다. 아테네 군대는 마라톤전투 때 데메의 남동쪽에 위치한 헤라클레스 신전The Herakleion에 집결했다고 전한다. 소테리아데스는 이곳에서 큰 성소sanctuary(특정한 신에게 바쳐진 성스러운 구역을 의미하며 신전이 들어서는 장소)를 발견하고 에페보스ephebos(시민으로 인정받기 전 훈련받던 16~20세 사이의 아테네 청소년)의 훈련장도 발굴했다.[6] 마침내 이 근처에서 기원전 5세기 중반의 헤라클레스에게 바친 헌정문 목록이 발굴돼 헤라클레스 신전임이 확실해졌다.[7] 이곳은 남쪽으로 내려가는 길목을 차단하기에 최적의 장소였고 헤라클레스는 마라톤 토착 영웅이었기에 이곳에 아테네 군대가 집결했다는 것은 매우 설득력이 있다. 전투가 종결됐을 때, 아테네인들은 페르시아 군대가 후퇴하기 시작한 지점에 승전비Trophy를 세웠고, 헤라클레스 신전과 아테네의 공격 개시선 중간 지점에 전몰자들을 위한 무덤을 만들었다(이에 대해서 아래에서 좀 더 자세히 살펴보도록 한다). 위와 같은 지역에 대한 이해를 토대로 마라톤에 생성된 아테네 영광의 기억을 살펴보도록 하자.

마라톤전투 전장에서의 기억 생산

아테네 전몰자 무덤

기원전 490년, 마라톤전투에서 페르시아제국을 상대로 첫 승리를 거둔 아테네는 전몰자 192명을 전장에 묻었다.[8] 스파르타의 도움 없이 작은 도시 플라타이아이의 도움만으로 거의 홀로 거둔 승리였기에, 또한 불과 20년 전 참주를 살해하고 클레이스테네스Cleisthenes의 개혁을 거치면서 설립된 민주주의의 승리였기에, 아테네인들은 들떠 있었고, 이 승리를 기념하고 선전하는 데 온 힘을 기울였다.[9] 투키디데스Thucydides에 따르면, 아테네의 전몰자들은 대개 전통 관습patrios nomos에 따라 '케라메이코스Kerameikos'라고 부르는 공동묘지에 매장됐으나, 예외적으로 마라톤전투 전몰자들은 "탁월한 무공을 세운 것으로 인정받아 전사한 곳에 매장됐다."[10] 전쟁으로부터 약 600년이 지난 후인 기원후 2세기에 이 마라톤 무덤을 직접 답사한 파우사니아스는, 근처에 전몰자들의 이름을 부족별로 기록한 비석이 있었다고 했다.[11] 그는 또한 마라톤인들이 이 전몰자들을 마라톤 데메 이름의 기원이 된 영웅인 마라톤과 이 데메의 수호영웅인 헤라클레스와 함께 영웅으로 숭배했다고 전한다.[12]

고대의 저자들이 언급하고 있는 이 무덤은 현재 마라톤평야의 한 무덤 유적과 연관 지을 수 있다. 그동안 많은 논란이 있었지만, 지금은 학자들이 대체로 소로스Soros 유적을 아테네 전몰자 무덤이라고 생각한다. 영국 고고학자 세쿤다Nicholas Sekunda는 소로스가 헤라클레스 신전의 아테네군 야영지로부터 아테네군 공격 개시선 중간에 해당하는 지점이었다고 주장했는데,[13] 이곳은 전몰자를 수습해 무덤을 만들기에 적합한 위치로 보인다.

소로스의 발굴 결과는 1884년 독일 고고학자 슐리만Heinrich Schliemann이 처음 발표했지만, 현대 학자들은 그리스 고고학자 스타이스Valerios Stais의 1890년 발굴 결과를 더 신뢰한다.[14] 그는 높이 9미터, 둘레 185미터, 지름 50미터에 달하는 이 무덤의 남동쪽에서부터 발굴을 시작해 지면으로부터 3미터 정도 밑으로 들어갔을 때 바다 모래와

전몰자 무덤

초록색 토사로 이뤄진 층을 발견했다.[15] 이 층에서 벽돌로 면을 댄 길이 5미터·너비 1미터 크기의 도랑을 발견했는데, 이곳에서 시신을 화장했을 것으로 추정했다. 스타이스는 이 화장터 도랑cremation tray 주위에서 기원전 5세기 초의 레키토스Lekythos(장례용으로 많이 쓰는 목이 긴 도자기의 한 종류)들을 비롯한 도자기 몇 점도 발견했다. 아마도 아테네인들은 이 화장터 도랑에서 전몰자들을 화장하고 장례를 치른 다음 봉분을 쌓았을 것으로 생각된다. 봉분 외부에는 벽돌로 면을 댄 도랑이 하나 더 있었는데, 이 안에서는 동물 뼈와 도자기 몇 점이 발굴됐다. 이곳은 스타이스가 '스테논stenon'이라 부르는 헌정물 도랑votive tray이다.[16] 이곳에서는 전몰자들을 위한 추모 예식이 꾸준히 거행된 것으로 보인다.

마라톤전투 승리의 기억, 아테네 공공기념물

무덤은 두 가지 면에서 기존 무덤들과 차이를 보인다. 첫째, 앞서 투키디데스가 말했듯이 전몰자 무덤을 전장에 만드는 것은 이례적이었다. 둘째, 헌정물 도랑을 무덤 옆에 만드는 것은 마라톤전투가 벌어진 기원전 5세기에는 이미 폐기된 상고기Archaic의 관습이었다.[17] 아테네인들은 어떤 의도로 이런 특별한 무덤을 만든 것일까?

영국 고고학자 위틀리James Whiteley는 이를 그리스의 영웅숭배 관습을 통해 설명하고자 했다. 그가 말한 영웅은 지역의 수호영웅이 아니라, 호메로스 서사시의 전쟁영웅을 뜻하는데, 그는 이 무덤이 "서사시의 무덤 양식과 유사했고, 그 형상이 서사시의 영웅을 떠올리게 한다"라고 주장했다.[18] 아테네인들이 마라토노마카이Marathonomachai('마라톤에서 싸운 자들'이라는 뜻의 복수형으로, 단수형은 Marathonomaches이다)를 호메로스의 전쟁영웅으로 격상시키려 했다는 것이다. 그는 이 주장을 뒷받침하기 위해 기원전 7세기 귀족들의 무덤 양식을 예로 들었다. 이 당시에는 주인을 모르는 미케네Mycenae의 무덤을 자신들의 영웅의 것으로 여기며 무덤숭배 형태로 영웅숭배가 이뤄졌고, 이 숭배 방법이 무덤 밖에 헌정물 도랑(이를 오퍼린네Opferrinne라고 한다)을 두어 헌정물을 바치도록 하는 것이었다. 귀족들은 이러한 영웅들의 무덤과 유사한 형태로 자신들의 무덤을 만들어 그 위엄을 자랑했다. 위틀리는 고고학적 증거에 근거해 이 기원전 7세기 무덤 양식이 호메로스 서사시의 것과 유사하고, 또 마라톤의 것과 유사하기 때문에 이 무덤들 사이에 상관관계가 있다고 주장한 것이다.[19]

실제로 호메로스의《일리아스Ilias》에는 파트로클로스Patroclus의 장례식 장면이 등장한다.[20] 여기서 이들은 첫 단계로 장작더미에 전몰자를 화장시킨다. 그러고는 두터운 잿더미에 포도주로 헌주해 불을 끈다. 아킬레우스Achilleus는 죽은 파트로클로스를 애도하며 온 땅이 젖도록 밤새 포도주를 헌주했다고 한다. 마침내 유골을 수습해 두 개의 기름 덩어리 사이에 싼 뒤, 황금 항아리 안에 넣고 아마포로 덮는다. 그리고 무덤 자리를 표시하고 장작더미가 있던 자리를 무덤 중심으로 삼아 봉분을 쌓는다. 이 문헌 사료에서 묘사하는 무덤은 마라톤 무덤 유적과 많은 부분에서 일치한다. 특히 두터운 잿더미 층이나 장작더미를 중심으로 해 봉분을 쌓은 것 등이 유사하다. 위틀리는 이러한 유사성에 착안해 자신의 이론을 만들어 낸 것이다.

그러나 그의 주장을 받아들이기에는 호메로스의 영웅 무덤과 마라톤 전몰자 무덤 사이에 간과할 수 없는 차이점이 있다. 바로 헌정물 도랑의 존재 유무다. 헌정물 도랑은 기원전 7세기 무덤숭배와 귀족 무덤의 특징이지만, 위에서 언급한 대로 호메로스 서사시의 장례식 안에서는 등장하지 않았다. 위틀리도 헌정물 도랑에 대해서는 그렇다 할 답이 없다고 인정한다.[21] 또한 문헌 사료에 마라토노마카이를 호메로스의 영웅과 비교한 예는 찾아볼 수가 없다. 리쿠르고스Lycurgus는 기원전 4세기에 마라토노마카이를 일컬어 "여러분의 조상들"이라며 그들의 용맹을 강조했고, 파우사니아스는 전몰자들이 호메로스의 영웅들이 아닌 지역 영웅들과 함께 숭배받았다고 했다.[22] 기원후 2세기의 한 비문에 따르면 마라토노마카이는 "자유를 위해" 죽었다고 하는데, 이는 호메로스 영웅들의 가치가 아니라 민주주의의 가치다.[23]

마라톤 무덤이 어떤 관습에 따라 만들어졌는지 파악하기는 어렵다. 이 무덤의 선례가 없기 때문이다. 그런 한계에도 불구하고 위틀리의 이론에 대안을 제시할 수 있을까? 왜 마라토노마카이의 무덤은 복고적 특징을 띠었으며, 특히 헌정물 도랑은 어떤 의미를 가지는 것일까? 복고적인 무덤에 대한 해답은 다소 오래된 이론에서 찾아볼 수 있다. 이는 위틀리의 이론을 반박한다기보다는 보완하는 것이다.

독일 고전학자 로데Erwin Rohde는 1925년 출판된 자기 책에서 '조상숭배'를 설명했다.[24] 이 연구는 꾸준히 피드백을 받다가 1980년대에 학계의 유행이 영웅숭배로 돌아서면서 외면당했다. 로데는 조상숭배는 원래 조상의 무덤에서 이뤄졌는데, 이오니아인들이 소아시아로 이주하면서 조상의 무덤을 떠나게 돼 실제적으로 숭배가 더 이상 불가능해졌다고 말했다. 그래서 주인을 모르는 미케네 무덤을 자기 조상의 무덤이라 여기고 숭배하게 됐다는 것이다. 미케네 시기가 바로 호메로스 서사시의 시기와 일치한다고 여겨졌기 때문에 무덤숭배는 영웅숭배와 연결되기도 했지만, 조상숭배에 익숙했던 이오니아인들이 고향에 두고 떠나온 조상의 무덤을 떠올리게 하기도 했다. 결국, 무덤숭배라는 공통점 때문에 조상숭배와 영웅숭배가 혼동됐던 것이다. 이에 따라 어떤 조상이 실제로 영웅이 되거나, 조상이 영웅처럼 숭배되는 경우가 생겼고, 영웅이 조상으로 여겨지는 등의 혼동이 생겼다.[25]

조상숭배는 조상의 실제 무덤과 연관돼 지역적 색깔이 강하다. 또한 무덤에 도자기나 작은 조각 등의 헌정물을 바치는 관습이 있었기 때문에 영웅숭배로는 설명되지 않았던 헌정물 도랑이 조상숭배로 설명하면 들어맞는다. 따라서 마라톤 무덤은 조상숭배 관습을 따른다고 보는 것이 더 자연스럽다. 무덤은 마라톤이라는 지역과 긴밀하게 연관됐으며, 전몰자들은 지역 영웅인 마라톤과 헤라클레스와 함께 숭배됐다.

무엇보다 아테네인들이 물려받고 싶었던 것은 호메로스 영웅들의 용맹이 아니라 자신들의 자유를 위해 싸워 준 실제 조상들의 용맹이었을 것이다. 한 가지 중요한 점은 마라토노마카이가 마라톤인들만이 아닌 아테네 모든 부족민들로 이뤄졌으므로, 마라톤 무덤은 마라톤인들만의 것이 아닌, 모든 아테네인들의 조상숭배 자리가 됐다는 것이다. 그리해 마라톤 무덤이 조상 대대로 아테네인들의 용맹을 기념하는 기념물이 된 것이다.

승전비

페르시아인들이 후퇴하기 시작한 지점, 현재의 대습지 근처에 아테네인들은 승전비를 세웠다.[26] 당시 관례로 보아 "나무 기둥에 적군의 갑옷과 무기를 걸어 둔" 단순한 형태였을 것이다.[27] 그랬던 것을 기원전 460년경 키몬Kimon이 대리석 승전비로 교체했다. 데모스테네스Demosthenes의 웅변을 통해 기원전 351년, 즉 전쟁이 있은 지 140여 년이 흘러서도 바라볼 수 있는 기념물이 있었다는 것을 알 수 있다.

내 생각은 그렇습니다. 여러분은 문제를 적극적으로 풀어 나가고 아테네인에 맞는 행동을 해야 합니다. 여러분은 연설가가 여러분 조상님들의 업적을 설명하며 그들의 승전비를 셀 때 얼마나 즐거워했는지를 기억하십시오. 자, 그러면 조상님들이 단지 여러분이 황홀하게 쳐다보라고 만든 것이 아니라, 그것을 세운 자들의 덕목을 본받으라고 세운 승전비를 떠올려 봅시다.[28]

마라톤전투 승리의 기억, 아테네 공공기념물

반더풀은 1965년 파나기아 메소스포리
티사 교회의 한 중세 시기 탑을 발굴했다. 탑
은 고대 대리석 건축물을 재활용해 쌓은 것
이었는데, 보존 상태가 매우 좋지 않았다. 재
활용된 대리석은 아테네 펜델리Pendeli산에
서 캔 것이었고, 모두 하나의 기둥에 속하는
것이었다. 이 중에는 "이오니아식 기둥머리,
이 기둥머리의 기둥 부분들, 그리고 기둥 위
를 장식했을 조각의 파편들"이 있었다. 그는
이 파편들을 기원전 5세기 중반의 것이라고
판단하고 마라톤 승전비를 찾았다고 주장했
다. 오늘날 승전비는 "이오니아식 기둥머리
위에 사다리꼴 받침대가 있고, 그 위에 대리
석 조각이 있는 모양"이었다고 추정된다.[29]

승전비의 이오니아식
기둥머리, 마라톤 박물관
전시물

　　이오니아 양식을 사용한 것은 이오니아인들의 승리를 상징적으로
표현하기 위한 것이라 생각된다. 아리스토파네스Aristophanes와 플라톤
Platon 등, 아테네의 많은 작가들은 승전비를 아테네, 즉 이오니아인들
의 자긍심의 상징으로 여겼다.[30] 간단한 모양으로 간소하게 만들어졌
던 승전비는, 모양은 이오니아 민족의 정체성을 담은 이오니아 양식을
따르고, 재료는 아테네의 정체성을 담은 펜델리산 대리석을 사용해 만
든 승전비로 교체됐다. 아크로폴리스Acropolis의 파르테논Parthenon 신
전도 이런 의미에서 펜델리산 대리석으로 지어진 만큼, 이 대리석 사
용에 아테네의 정체성을 드러내는 상징성이 있었다고 하겠다. 이 기

념물은 전투의 장에 세워져 오랫동안 아테네인들의 자긍심이 돼 주었을 것이다.

델포이에서의 기억 재생산

아테네 보고

아테네인들은 마라톤 데메에 기억을 생산하는 데 그치지 않고, 마라톤전투의 전리품으로 델포이와 아테네 시내에도 헌정물들을 바쳤다, 혹은 바쳤다고 믿었다. 파우사니아스가 그 헌정물들을 기록했는데, 아테네에는 에우클레이아Eukleia 신전과 청동 아테나Athena 상이 있고, 델포이에는 영웅군상, 아테네 보고, 그리고 아폴론Apollon 신전에 바친 방패들이 있었다고 전한다.[31] 아테네인들은 아테네시 중심에, 또 유동 인구가 많은 델포이에 승전기념물들을 세워 자신들의 승리를 선전했다. 그러나 파우사니아스가 이해하듯이 모든 헌정물이 마라톤전투의 전리품으로 만들어진 것은 아니었다. 후세에 마라톤전투의 영광이 기억되도록 기존 헌정물에 마라톤전투의 후광을 입힌 경우도 있었다. 먼저 델포이에 바친 헌정물들을 살펴보자.

가장 눈에 띄는 것은 헌정물들을 보관하는 창고인 아테네 보고Athenian treasury다. 델포이에 바쳐진 아테네 보고는, 파로스Paros섬의 대리석으로 도리아 양식을 따라 만들었다. 보고는 "헌정물들을 보관하는 건물이기만 한 것이 아니라, 그 헌정물들에 한 국가의 이름을 붙이고 그 국가가 신과 특별한 관계임을 보여 주기 위한 것"이다.[32] 파우사니아스는 이 보고가 승전을 기념하기 위해 전리품으로 만들어졌다고 했다. 보고 앞에서 발견된 비문에는 다음과 같이 적혀 있어 파우사니아스의 말과 일치하는 것으로 보인다.

아테네인들이 마라톤전투에서 메데인들Medes로부터 얻은 전리품을 아폴론 신에게 바친다.[33]

그러나 고고학적으로 이 유적의 연대는 논란이 돼 왔다. 이 유적은 20세기 초 프랑스 고고학자들이 처음 발굴했을 당시에는 마라톤전투 직후에 지은 것으로 생각됐다.[34] 그러나 이후 보고의 건축 양식이나 장식 특성들에 근거해 더 이른 연대가 제기됐다.[35] 저명한 비문 전문가인 메이그스Russell Meiggs와 루이스David Lewis도 보고 앞 비문이 나중에 세워진 것이라고 주장하며 보고의 연대를 기원전 506년에서 490년 사이로 잡았다.[36] 결정적 증거가 나오지 않았기에 보고의 연대에 대한 논쟁은 마라톤전투 직후에 지어졌다는 프랑스 학계와 기원전 507년에서 500년 사이에 지어졌다는 비프랑스 학계 사이에서 계속됐다.

나는 더 이른 연대를 지지한다. 보고가 마라톤전투 후에 지어졌다는 주장은 상당 부분 파우사니아스에 근거하는데, 그가 전하는 정보 가운데 잘못된 경우가 왕왕 있다. 델포이의 아테네 스토아stoa가 대표적이다. 그 건물 비문에는 어떤 전쟁이라는 언급 없이 전리품으로 지었다고 적혀 있었는데, 그가 그것을 근거로 펠로폰네소스전쟁에서 얻은 전리품으로 지었다고 적었던 것이다.[37] 아테네 보고는, 보고 앞의 비문이 건물과 함께 세워졌는지, 아니면 보고가 지어지고 난 후 몇 년이 지

델포이의 아테네 보고

나 세워졌는지도 확실치 않다. 비문이 건물 일부로 지어진 것이 아니라 건물 앞에 세워졌기 때문이다.[38] 오히려 비문이 처음부터 보고의 일부로 지어지지 않았다는 것은 비문이 이미 지어진 보고에 훗날 덧붙여졌다는 의미일 가능성이 크다. 아마 마라톤전투에서 이긴 아테네가 사람들이 많이 찾는 델포이에 자신들의 승리를 선전하기 위해 이미 있던 보고를 마라톤전투의 전리품으로 지은 것처럼 탈바꿈시키려 한 것일 것이다. 아테네 보고는 클레이스테네스가 아테네 민주주의의 승리를 기념해 지은 것으로 보는 학설이 우세하다.[39]

보고의 조각가 역시 마라톤전투를 의식하기보다는 클레이스테네스의 민주주의를 염두에 두고 만든 것으로 보인다. 델포이의 성소 꼭대기에 있는 아폴론 신전으로 가려면 구불구불한 성도Sacred Way를 올라가야 하는데, 아테네 보고는 입구에서부터 왼쪽으로 올라가다가 처음으로 꺾이는 부분에 있다. 당연히 건물 남쪽 방향은 방문객에게 잘 보이고, 북쪽 방향은 산과 면해 있다. 보고의 조각가는 남쪽 메토프metope(지붕 아래 벽면에 부조로 이뤄진 구간이 구분되는 장식)에 테세우스Theseus의 일화들을 묘사하고, 북쪽에는 헤라클레스의 업적을 묘사했다. 마라톤의 지역 영웅은 헤라클레스였으므로 만일 이 보고가 마라톤전투에서의 승리를 기념하려 만든 것이었다면 헤라클레스가 더 잘 보이는 면에 묘사됐을 것이다. 심지어 아테나 여신은 원래 보호하던 영웅 헤라클레스가 아니라 테세우스와 함께 묘사됐다. 오히려 조각만 본다면, 그 의도가 테세우스를 헤라클레스와 같은 지위의 영웅으로 격상시키고자 하는 데 있었음을 알 수 있다. 이는 플루타르코스Ploutarchos가 후일 테세우스를 "헤라클레스의 용맹을 흠모해, 밤에는 그의 업적에 대한 꿈을 꾸고, 낮에는 그(테세우스)의 열정이 그(헤라클레스)와 같은 업적을 달성할 수 있도록 채찍질했다"라고 묘사한 것과 일치하는 모습을 보여 준다.[40] 보고의 조각가는 아테네가 선호하는 영웅이 헤라클레스에서 테세우스로 바뀌었음을 공공연하게 보여 주고 있으며, 이는 마라톤전투 자체를 기념한다고 하기에는 무리가 있다.

아테네 보고는 클레이스테네스 시기에 만들어졌다고 보는 것이 타당하며, 아테네 보고의 비문은 아마도 키몬의 시대에, 다음으로 언급할 마라톤 베이스를 만들면서 함께 세웠을 것이다. 그러나 보고가 마라톤전투의 전리품으로 세운 것이 아니더라도 그 의미가 퇴색하지는 않는다. 키몬은 아버지인 밀티아데스Miltiades가 마라톤전투에 참전했던 업적을 기리기 위해 델포이에 여러 장치를 마련한 것으로 보이며, 아테네 보고에 고의적으로 비문을 새로 세워 클레이스테네스의 민주주의를 퇴색시키고 자기 아버지의 영예를 드높이려 한 것이다. 마라톤에서의 승리는 이처럼 새로운 기억을 만들어 내기도 했다. 다음의 예를 보면 이는 더욱 분명해진다.

마라톤 베이스

파우사니아스는 마라톤전투의 전리품으로 지은 헌정물로 마라톤 베이스라고 하는 조각군 역시 언급했다. 이는 현재 그 단상과 파편들밖에 남아 있지 않지만, 조각군을 실제로 본 파우사니아스는 긴 단상 위에 조각상들이 일렬로 배열돼 있는 모습이었다고 했다.

목마 아래에 있는 베이스에는 조각상들이 마라톤전투 전리품의 10분의 1

035

로 바쳐졌다는 문구가 새겨져 있다. 조각상은 아테나, 아폴론, 그리고 장군 중 한 명인 밀티아데스가 있다. 영웅에는 에레크테우스Erechtheus, 케크롭스Cecrops, 판디온Pandion, 레오스Leos, 필라스Pylas의 딸 메다가 낳은 헤라클레스의 아들인 안티오코스Antiochus, 아이게우스Aegeus, 그리고 테세우스의 아들 중 한 명인 아카마스Acamas가 있다. 이 영웅들은 델포이의 신탁에 따라 아테네의 부족(필레Phyle : 데메의 상위 단위)명이 됐다. 그러나 멜란토스Melanthos의 아들인 코드로스Kodros와 테세우스, 필라이오스Philaios[41]는 부족(필레)명이 되지 않았다. 안티고노스Antigonos와 그의 아들 데메트리오스Demetrios, 그리고 이집트의 프톨레마이오스Ptolemaios의 조각상은 아테네인들이 나중에 델포이에 보낸 것이다. 이집트인의 조각상은 좋은 마음에서 보낸 것이고, 마케도니아인들의 조각상은 두려움에 보낸 것이다.[42]

마라톤 베이스는 마라톤전투 직후에 세워지지 않았음이 분명하다. 밀티아데스는 마라톤전투 승리 후 무리하게 파로스섬으로 원정을 떠나 아무것도 얻지 못하고, 섬을 함락하지도 못한 채 아테네로 돌아왔다. 그는 겨우 처형은 면했지만, 50달란트의 벌금형에 처해진 바 있다.[43] 영예롭지 못한 죽음 바로 뒤에 그의 조각상을 헌정했을 가능성은 낮다.[44] 한편, 밀티아데스가 아테나와 아폴론 옆에 세워졌다는 것은 인간을 신의 위격으로 끌어올리려는 시도로 볼 수 있다. 또한 필레명 영웅eponymous hero 셋(히포툰Hipothoon, 아이아스Aias, 오이네우스Oineus)이 코드로스, 테세우스, 필라이오스로 대체됐다는 점이 눈에 띈다. 이 세 필레는 마라톤전투에서 오른쪽 날개를 맡아 가장 성공했는데, 이들의 이름을 밀티아데스와 그의 아들 키몬과 관계된 아테네의 애국 영웅들로 대체한 것이다. 밀티아데스는 오이네이스 필레의 장군이었으므로 그의 선조인 필라이오스가 오이네우스를 대체했고, 아이아스는 키몬이 스키로스Skiros 원정에서 유골을 수습해 숭배의 대상으로 만든 테세우스로 대체됐고, 히포툰은 멜라이나이 필레의 필레명 영웅인 멜란토스의 아들 코드로스로 대체됐다.[45]

이러한 정황들이 마라톤 베이스가 키몬에 의해 처음 세워졌을 가능성을 보여 준다. 키몬은 아버지의 불명예를 씻고 마라톤전투의 기억을 재생산하는 의미로 델포이에 선전 도구를 세웠을 것이다. 그런 의미에서 아테네 보고 앞의 비문 역시 키몬이 세웠을 가능성이 있다. 아테네 민주주의의 승리를 기념하는 보고를 마라톤전투의 전리품으로 지었다고 함으로써 마라톤전투의 승리를 상징하는 건물로 보이게 하려는 의도였을 것이다.[46] 이는 아테네 시내에 들인 노력과 함께 보면 더욱 명백해진다.

아테네에서의 기억 재생산

스토아 포이킬레

스토아 포이킬레Stoa Poikile 는 아테네 아고라Agora 에 위치해 있던 '그림이 그려진 주랑'이라는 뜻을 가지고 있는 건물이다. 이 건물 역시 고고학 발굴에 의해 기원전 450년보다 몇 해 앞선 것으로 추정돼, 키몬이 세운 것으로 생각된다.[47] 이 건물은 현재 기초만 남아 있지만, 외관은 도리아 양식으로 돼 있었고, 내부는 이오니아 양식으로 돼 있었으며, 아마도 탈부착이 가능한 네 개의 커다란 패널 그림이 전시 돼 있었을 것으로 보인다.[48]

네 개의 그림은 각각 오이노에, 아마존과의 전투, 트로이 함락, 그리고 마라톤전투를 묘사하고 있었다고 하는데, 유일한 증인인 파우사니아스가 그림이 진열된 순서만을 알려 주고 있으므로(앞에서 언급한 순서다), 그림이 정확히 어떤 구조로 전시돼 있었는지 알 수 없다.[49] 프란시스Eric Francis와 비커스Michael Vickers는 이 그림들이 연결된 마라톤전투의 서사를 가지고 있다고 주장했다.[50] 그들에 의하면, 마라톤의 한 지역 이름인 오이노에는 전투의 서막을 알리며, 아마존과의 전투는 마라톤전투의 신화적 대응으로 볼 수 있다. 트로이 함락은 아시아인에 대항해 거둔 또 다른 승리로서 기억되고, 마침내 실제 역사인 마라톤전투가 묘사된다는 것이다. 프란시스와 비커스는 더 나아가 리쿠르고스가 인용한 문구들이 이 그림들의 캡션에서 왔다고 주장한다. 리쿠르고스는 연설에서 "헬레네스를 방어하기 위해, 아테네인들은 마라톤에서, 페르시아인들의 황금을, 무력하게 했다"라는 문구를 인용했는데, 이 문구들이 각각 "헬레네스를 방어하기 위해"는 오이노에 그림에, "아테네인들은 마라톤에서"는 아마존전투 그림에, "페르시아인들의 황금을"은 트로이 함락 그림에, "무력화했다"는 마라톤전투 그림에 대응한다고 본 것이다.[51] 파우사니아스가 남긴 마지막 그림에 대한 묘사를 자세히 살펴보면 이 주장은 더 그럴 듯해진다. 보우덴Bowden은 "(마지막 그림이) 마라톤에서 숭배하던, 혹은 마라톤전투에서 아테네 편에서 싸웠다고 보고된 신이나 영웅을 집중적으로 묘사하고 있다"라고 정확히 지적했다.[52] 다음은 파우사니아스가 마지막 그림을 묘사한 부분이다. 그림은 전투의 중심부를 묘사했으며, 신과 영웅들, 특히 지역 영웅들이 표현됐음을 알 수 있다.

마지막 그림에는 마라톤에서 싸운 자들이 묘사돼 있다. 플라타이아이에서 온 보이오티아Boeotia 군대와 아테네 군대가 이방인들과 맞붙는다. 어느 한쪽의 우세가 결정된 것은 아니지만, 전투의 중앙에는 정신없이 서로를 밀며 도망가는 이방인들이 묘사돼 있다. 한편, 그림의 한쪽 끝에는 페니키아Phoenicia 함선에 올라타려는 이방인들을 죽이는 그리스인들이 묘사돼 있다. 여기에는 이 평원의 이름을 따게 된 영웅 마라톤과 지하세계에서 올라오는 테세우스, 그리고 아테나와 헤라클레스의 모습이 보인다. 마라톤인들에 의하면 그들은 처음으로 헤라클레스를 신으로 대접했다고 한다. 군인들 중에 가장 눈에 띄는 인물은 아테네인들에 의해 최고 장군으로 뽑힌 칼리마코스Callimachos와 장군 중 한 명인 밀티아데스, 그리고 에케틀로스Echetlos라는 영웅이다. 그에 대해서는 뒤에 다시 설명하겠다.[53]

그는 뒤에 실제로 에케틀로스에 대해 설명한다.

그들은 또한 전투에 촌스러운 꼴을 한 남자가 있었다고 한다. 그는 쟁기로 많은 이방인들을 죽였지만, 전투 후에는 더 이상 볼 수 없었다. 아테네인들이 신탁을 묻자 신은 다만 그를 에케틀라이오스Echetlaios(쟁기를 뜻하는 남자 이름)라는 영웅으로 숭배하라 일렀다.[54]

039

영웅 마라톤은 마라톤평원에 이름을 지어 주었고, 헤라클레스는 마라톤의 오래된 지역 영웅이었으며, 에케틀로스는 "이 시기 땅을 부쳐 먹고 살던 많은 아테네 농부나 군인과 같은" 농부였다.[55] 작가는 이들을 신경 써서 한 화면에 배치했다. 마라톤전투를 단순히 페르시아에 대한 아테네의 승리가 아니라, 페르시아의 거대한 부와 힘에 대항해 마라톤이라는 아테네의 한 지역에서 아테네인들이 토착 영웅들의 도움을 받아 그들만의 힘으로(그들을 도운 것은 소수의 플라타이아이인들뿐이었다) 싸워 이겼음을 강조한 것이다. 키몬은 또 다시 아테네의 승리를 기념물을 통해 선전했고, 그 승리에 자기 아버지가 한몫을 차지하도록 배치했다.

니케 신전

1897년 아테네 아크로폴리스에서 발굴된 비문은 양면에 조각이 돼 있었다. 이 비문의 뒷면에는 "아테나 니케Nike 신전 여사제의 급여를 규칙화하라"라는 기원전 424/3년의 법령이 쓰여 있었다.[56] 앞면의 연대에 대해서는 논쟁이 있어 왔지만, 필로스Pylos에서 스파르타를 상대로 승리한 기원전 425년이 가장 유력하다.[57] 앞면에는 "아테나 니케 신전의 여사제, 성소 대문을 만들기 위한 자금, 그 일을 하는 데 있어서의 노동 시간 규제, 여사제의 급여, 희생 제물 준비, 그리고 연마된 석조 신전과 제단을 만들도록" 한 법령이 적혀 있다.[58] 이렇듯 아테나 니케 신전을 재단장하는 일련의 법령이 세워졌다는 것은 당시 중요한 사건을 기억하기 위함이라고 이해할 수 있다. 필로스에서의 승리는 아테네인들에게는 아르키다모스전쟁(펠로폰네소스전쟁의 한 시기)의 승리

중 가장 값졌다. 영국 고고학자 길David Gill은 아테나 니케 신전 건설을 다음과 같이 설명한다.

> 페르시아가 아테네를 침공한 후, 아마도 키몬에 의해서, 아크로폴리스의 니케 성소와 프로필라이아Propylaia가 동시에 재건됐다. 페리클레스 Perikles가 아크로폴리스를 재단장하기로 결정했을 때, 프로필라이아와 아테나 니케 성소를 더 멋지게 단장할 자금 또한 마련됐다. 아마도 기원전 426년과 425년에 그리스 북서쪽에서 거둔 승리의 전리품이나, 필로스에서 스파르타를 상대로 승리를 거두었을 때의 감사 예물로 새로운 성소를 짓는 법령이 통과됐을 것이다.[59]

아테나 니케 신전은 기원전 420년경 지어졌다. 이 건물의 프리즈 frieze(건물 외벽 상부에 둘러져 있는 띠 모양의 부조 장식)는 건설 당시 아테네인들의 과거와 현재에 대한 기억을 보여 준다. 여기에서 기억의 매개체가 바로 마라톤전투다. 페르시아에 대한 승리와 스파르타에 대한 승리가 비교되면서 승리가 강조됐다.

프리즈는 신전 네 면에 둘러져 있었다. 동쪽에는 신들의 모임이, 남쪽에는 그리스인들과 페르시아인들 사이의 전투가, 서쪽과 북쪽에는 그리스인들 사이의 전투가 묘사됐다. 여기에서 그리스인들과 페르시아인들 사이의 싸움이 마라톤전투를 묘사한 것이라고 할 수 있다. 페르시아의 기병대와 궁수들이 무기가 없는 그리스인들과 싸우고 있는데, 이는 헤로도토스의 보고를 참조하면 플라타이아이전투가 될 수 없기 때문이다. 헤로도토스는 플라타이아이전투에서 한 그리스 궁수

마라톤전투 승리의 기억, 아테네 공공기념물

아테나 니케 신전

가 적을 공격했다는 유명한 일화를 전하는데, 만약 이 프리즈가 플라타이아이전투를 묘사한 것이라면 이 일화를 빼놓았을 리가 없다.[60] 또한 남쪽 프리즈 E블록에 있는 말은 늪지에서 꼬리와 머리가 크게 요동치며 당황한 것으로 묘사되는데, 이는 스토아 포이킬레의 묘사를 연상케 한다.

북쪽과 서쪽 프리즈는 무엇을 묘사하고 있는지 알아내기가 조금 더 까다로운데, 가장 그럴듯한 해석은 헤라클레스의 후예들과 에우리스테우스Eurystheus 사이의 싸움으로 보는 것이다. 슐츠Peter Schultz는 이 해석을 뒷받침하는 네 장면을 지적했다.

(북쪽 프리즈의) M블록은 이러한 사항들을 잘 묘사하고 있다. 첫째, 이 프리즈의 전투는 그리스인들 사이의 "서사시적" 묘사다. 이는 이 장면을 아테네인들의 에우리스테우스에 대한 전투로 볼 수 있게 한다. 둘째, 이 전투는 한 늙은 남성(M5)(그는 전장에서 도망가고 나중에 붙잡혀 그 자리에서 혹은 그 후에 살해당한다)을 중심으로 묘사됐다… 셋째, M3은 초인적인 힘을 가진 용사로 등장하는데, 그는 칼을 높이 든 채 늙은 용사 뒤를 재빠르게 쫓아가는 모습으로 묘사됐다. 이는 에우리피데스Euripides와 핀다로스Pindaros의 주석자에 의해 알려진 이올라오스Iolaos가 기적적으로 다시 젊어진 모습을 연상케 한다. 마지막으로, 부서진 전차가 상황을 나타내 준다. 위에서 언급한 에우리스테우스에 대항한 전투에 대한 대부분의 사료에서 에우리스테우스 왕은 전차를 타고 도망가다가 전차에서 떨어지거나 전차가 부서져서 잡힌다.[61]

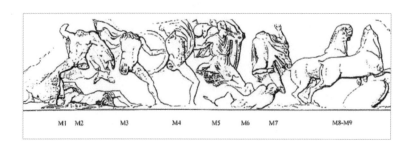

숄츠의 북쪽 프리즈 그림, 1895년 푸르트뱅글러의 그림을 따름

숄츠는 블록의 각 인물을 그럴듯하게 해석해 내고, 이 장면이 아테네인들의 용맹arete을 보여 주어 니케 신전의 남쪽 면에 있는 마라톤전투 장면과 잘 어울린다고 주장했다.[62] 에우리피데스의 비극《헤라클레스의 후예들》에 잘 남아 있는 이 신화는 극에서는 제우스 제단에서 시작하지만, 그 외의 출처에서는 배경이 마라톤이라고 알려져 있다.[63]

에우리피데스의 극에 따르면, 미케네의 왕 에우리스테우스는 전령을 보내 헤라클레스의 자손들과 그들을 돌보고 있던 헤라클레스의 오랜 친구 이올라오스를 아테네로부터 잡아가려고 한다. 이때 테세우스의 아들인 데모폰Demophon이 헤라클레스의 자손들은 아테네가 평생 보호할 것이라며 데려가지 못하게 하자, 전령은 전쟁을 선포한다. 데모폰은 전쟁에 이기기 위해 신탁을 묻는데, 소녀 한 명을 페르세포네Persephone에게 바치라는 결과가 나온다. 전쟁을 포기하려는 때, 헤라클레스의 자손인 마카리아Macaria가 나서서 제물이 된다. 이올라오스는 연로했지만 전쟁에 나가기를 고집한다. 결국 나가게 됐을 때, 그는 기적적으로 젊음을 되찾아 에우리스테우스를 붙잡는다. 헤라클레스

의 노모인 알크메네Alcmene는 그를 당장 처형하자고 주장한다. 에우리스테우스가 아테네인들에게 자신을 죽인 뒤 자신의 운명의 장소(아테나 팔레네 Pallene 성지 앞)에 매장해 주면 평생 헤라클레스의 자손들로부터 아테네를 보호하겠다고 맹세하자, 아테네인들은 그대로 해 준다.[64] 고대 그리스의 학자 스트라보Strabo는 아테네인들이 영토를 보호하기 위해 에우리스테우스의 유해를 둘로 나눠 중요한 길목 두 곳에 매장했다고 전한다. 그중 한 곳이 마라톤의 옆 데메인 트리코린토스였다. 여기서 에우리스테우스의 마지막 맹세가 중요한데, 그는 아테네시에는 우호적이겠지만, 헤라클레스의 후예들이 은혜를 저버리고 아테네에 침입해 들어올 때, 그들을 응징할 것이라고 했다.[65] 헤라클레스의 후예들이란 자신들을 헤라클레스의 후예로 여기는 스파르타와 아르고스인들을 가리킨다. 아테네인들은 기원전 425년 필로스에서 스파르타에 승리를 거두고 나서 이 건물을 지을 때, 에우리스테우스의 맹세를 기억했을 것이다.

아테나 니케 신전은 이름이 나타내듯 승리의 신전이다. 아테네인들은 페르시아전쟁 이후 점차 회복하기 시작해 번영의 시대eudaimonia를 맞이한다. 그러나 또다시 큰 전쟁을 겪게 되는데, 스파르타와의 펠로폰네소스전쟁이 그것이다. 마라톤전투에서 승리한 기억은 아테네인들에게 희망이 됐다. 그리고 다시금 필로스에서 승리를 거뒀을 때, 이 기억이 현실로 되풀이됐다는 느낌을 받았을 것이다. 아테네인들은 아테나 니케 신전의 프리즈에 마라톤전투의 영광과 스파르타에 대항해 승리할 수밖에 없는 신화 속 맹세를 나란히 묘사함으로써, 과거와 현재의 승리를 승리의 신전에 새겨 넣었다.

마라톤전투 승리기념물과
아테네인의 자긍심

마라톤전투는 전투 자체로도 의미가 있지만, 이 글에서는 마라톤전투의 전술이나 경과를 설명하지 않고, 전투 이후 그 기억을 어떻게 만들어 냈는지를 살펴보았다. 그 전투에서의 승리가 아테네인들의 기억에 큰 영향을 미쳤기 때문이다. 마라톤전투에서 승리한 아테네인들은 전투 직후, 전몰자들을 위해 무덤을 만들고, 페르시아인들이 도망간 자리에 전승기념비를 세웠다. 기원전 5세기 아테네의 주요 정치가였던 키몬은 마라톤전투에서 공을 세웠음에도 불구하고 불명예스러운 죽음을 맞이한 자기 아버지 밀티아데스를 위해 마라톤전투 기념물을 재단장하거나 기존 기념물에 마라톤전투 승리의 영광을 덧붙이는 등의 노력을 기울였다. 그는 밀티아데스를 마라톤전투 기념물에 등장시킨다. 페리클레스는 펠로폰네소스전쟁 중에 스파르타에게 거둔 승리를 마라톤전투의 영광과 연결 지었다. 아크로폴리스 아테나 니케 신전의 프리즈는 스파르타와의 승리를 연상케 하는 신화 모티브와 마라톤전투의 모티브가 적절하게 연결돼 있다.

아테네인들은 페르시아 대군을 도움 없이 격파해 낸 선조들을 자랑스러워했고, 그들의 업적을 아테네인 전체의 덕목으로 이상화시켜 나갔다. 정치권력자 키몬은 아버지의 명예를 회복하기 위해 마라톤전투 승리기념물을 활용하기도 했다. 하지만 각종 공공기념물을 통해 재생산되고 확산된 마라톤전투 승리의 기억은 페르시아전쟁과 시간 격차가 있는 펠로폰네소스전쟁 때도 아테네인들에게 희망이 되고 자신감의 근원이 됐다. 마라톤과 관련된 다양한 공공기념물은 아테네인들이 어떻게, 그리고 무엇을 위해 승리의 기억을 생산하고 재생산해 냈는지 증언해 주고 있다.

마라톤전투 승리의 기억, 아테네 공공기념물

로마 포룸

고대 로마의 심장

김경현

문화경관 로마 포룸

로마 포룸Forum Romanum은 팔라티누스Palatinus 언덕과 카피톨리누스Capitolinus 언덕 사이에 위치한 직사각형 모양의 작은 광장이다.[1] 크기도 가로세로로 길이가 대략 250미터와 170미터 정도에 불과하다. 로마의 희극 작가 플라우투스Plautus에 따르면, 포룸은 다양한 인간 군상들이 몰려드는 삶의 터전이었다.[2] 그렇다고 포룸이 단순히 일상생활을 위한 물리적 공간만은 아니었다. 그것은 로마인에게 가장 중요한 경제적·종교적·정치적 중심으로 로마의 심장이었다. 다시 말해서 로마 포룸은 거의 1000년 이상 동안 고대 로마문명의 진원지였을 뿐만 아니라 문명 그 자체였다.

포룸은 원래 시장으로 활용됐다. 후에 도시 로마 곳곳에 세워진 특정 시장들이 포룸이란 용어를 사용하고 있다는 사실이 이를 입증한다.[3] 포룸은 도시의 중심으로서 상품과 서비스의 교환과 거래를 위한 장소를 제공했다. 특히 포룸 중앙광장 양 측면을 따라 상점들이 줄지어 들어섰다. 기원전 2세기에는 상점들 뒤로 다목적 용도의 바실리카basilica

오늘날 로마 포룸의 경관

들이 건설됨으로써 포룸의 경제적 위상은 한층 더 고양됐다. 포룸 내더 많은 곳에서 매우 다양한 상업과 무역이 이루어졌다.

포룸은 상업과 거래를 위한 경제 공간인 동시에 종교 공간이었다. 사투르누스 신전Aedes Saturnus을 위시해서 여러 신전들이 포룸의 경계를 에워싸고 있는 경관은 포룸 전체가 신성한 장소임을 암시한다. 포룸 도처에 있는 제단들과 신전들 앞에서는 연일 희생제와 연회가 번갈아 개최됐다. 하지만 로마인의 종교 생활이 포룸의 공식 성소나 신전

에만 국한된 것은 아니다. 주지하듯이 로마인의 세계에는 인간과 신이 공존한다. 그 때문에 로마인의 모든 공적·사적 영역은 종교와 매우 밀착돼 있다. 로마의 모든 공무는 종교의식이 거행된 후 시작됐다. 게다가 포룸에서 빈번하게 개최되는 거의 모든 행사는 종교와 연결돼 있다. 마르스 광장Campus Martius에서 카피톨리누스언덕의 유피테르 신전까지 향하는 개선식 행렬과 귀족들의 장례 행렬이 통과하고, 추도 연설이 거행됐던 곳도 바로 포룸이다.[4] 또 로마 포룸은 개선식 공식 행사가 끝난 후 열리는 연회 장소였으며, 장례식과 관련된 검투 경기가 개최되는 경기장이었다.

고대 로마의 심장, 로마 포룸

상고기 도시 로마의 자연경관

　마지막으로 포룸은 로마의 정치가 공적으로 표현되는 무대였다. 원로원이 개최되고, 정무관의 선거·입법 및 사법과 관련된 정치 행위들이 이뤄졌다. 무엇보다도 포룸은 극적인 정치 드라마의 상연장이었다. 로마 최고의 연설가인 키케로Marcus Tullius Cicero(기원전 106~기원전 43)의 목과 손이 전시되고 갈바Servius Sulpicius Galba(재위 68~69) 황제가 처참하게 죽은 정치 폭력의 현장이었다. 아우구스투스Augustus(재위 기원전 27~기원후 14)와 이후 황제들이 자신들의 포룸을 건설하면서, 로마 포룸의 정치적 중요성은 많이 감소됐지만, 상징적 의미는 그대로 유지됐다.

하지만 현재 포룸의 민낯은 다소 당황스럽다. 이해할 수 없는 돌무더기와 웅덩이로 가득 차 있기 때문이다. 게다가 고대에 세워진 것으로 믿고 있는 기념 건축물들은 거의 대부분 후대에 재건됐다.[5] 포룸의 현재 모습으로 고대 로마인들의 역사와 문화를 제대로 이해하는 것은 다소 불가능해 보인다. 그럼에도 수많은 예술가와 관광객이 포룸에 끌리는 이유는 무엇일까? 그것은 아마도 포룸의 이미지일 것이다. 다시 말해서 방문객들은 포룸을 메우고 있는 알 수 없는 유물들이 아닌 로마제국에 대한 지식과 상상력을 투영해 만들어 낸 가공의 건축물들에 압도된다. 하지만 이런 가공의 정적 이미지는 로마 포룸의 다양한 성격과 그것의 변화에 대한 구체적 이해를 방해한다. 심지어 포룸에 대한 왜곡된 시선을 갖게 할 수도 있다. 왜냐하면 포룸에 있는 건축물들의 외형에 대한 단순한 관심은 경관의 특성인 보편성과 역사성을 간과하기 때문이다.

로마 포룸은 고대 로마인의 공통된 생활 방식, 즉 문화가 축적돼 표현된 문화경관이다. 문화경관은 인간의 문화가 축적되고 기록돼 있는 일종의 텍스트다. 포룸은 결코 하루아침에 만들어지지 않았으며 항상 동일한 경관을 유지하지도 않았다. 그 때문에 문화경관을 단순히 보는 것이 아니라 문화경관의 역사와 그 속에 내포된 함의를 읽을 필요가 있다. 이 글은 포룸의 문화경관이 고대 로마 전체 시기 동안 어떻게 변화했는지를 추적한다. 아울러 그 변화에 어떤 역사적 의미가 있는지를 정치적 측면으로 제한해 탐색해 보고자 한다.[6]

053

무덤에서 정치 중심으로

사람들이 로마에 본격적으로 정착하기 시작한 것은 대략 기원전 10세기 초부터다. 테베레Tevere강 왼쪽 제방에서 대략 1.6킬로미터 정도 떨어진 포룸 지역은 주기적 범람과 침수의 위험이 상존한 지역이었다.[7] 포룸의 지형학적 특징과 안전상의 이유로 사람들은 자연스럽게 포룸 주변 언덕들을 중심으로 촌락을 형성했다. 포룸의 어원인 포리스foris가 문밖 공간 또는 입구를 의미하듯이, 포룸은 처음에는 주거지 밖에 있는 공간에 불과했다. 하지만 언덕 위 사람들은 포룸을 그대로 방치하지 않았다. 그들은 차츰 포룸을 임시 시장으로 활용하기 시작했다. 그뿐만 아니라 포룸의 동쪽 지역, 특히 훗날 안토니누스·파우스티나 신전Templum Antonini et Faustinae이 세워진 자리가 무덤으로 이용됐다. 이는 사자의 시신이 인간 정주지 내에 있어서는 안 된다는 종교적 심성이 나타나고 있었음을 보여 줄 뿐만 아니라 팔라티누스언덕 위 공동체가 이동이 아닌 정착을 결정했음을 암시한다.[8]

기원전 10세기 말 언덕 위 인구가 증가하면서, 사람들은 자연스럽게 포룸에서 상대적으로 침수 위험이 적은 북쪽 지역으로 이동했다. 그 결과 포룸이 무덤으로 활용되는 빈도는 점점 줄어들었으며, 대신 에스퀼리누스Esquilinus언덕 위 더 넓은 장소가 무덤 지역으로 조성됐다.[9] 주변 다른 지역에 커다란 무덤을 별도로 마련했다는 사실은 주변 언덕들에 흩어져 있던 개별 촌락들이 하나의 공동체로 통합하는 데 동의하고 있었음을 의미한다. 실제로 기원전 9세기 로마 인구는 더욱 증가했으며, 로마의 더 많은 지역들이 이용됐던 것 같다.

로마 포룸 상상도

    기원전 8~7세기경 언덕 위 오두막 촌락들은 본격적으로 도시 공동
체로 발달하기 시작했다. 초기 로마인들은 시장과 무덤으로 이용되
던 포룸을 정치 중심지로 개발하기 시작했다. 로물루스Romulus는 포
룸 북서쪽 모퉁이에 정치적·사법적 활동을 위한 공적 집회 장소 코미
티움Comitium을 조성했으며, 누마 폼필리우스Numa Pompilius는 포룸 동
쪽 끝에 왕의 거처 또는 집무실인 레기아Regia를 건설했다. 그리고 툴
루스 호스틸리우스Tullus Hostilius는 코미티움 위쪽 지역에 자기 이름을

딴 원로원 의사당 호스틸리우스 쿠리아Curia Hostilia를 건설했다.[10] 도시 로마의 발달에 관해 고대의 문헌 사료가 전하는 내용을 액면 그대로 수용하기는 어렵다. 그런데 도시 공동체 형성과 정체성 함양을 위해서 정치적 중심이 필요하다는 점을 고려한다면, 전거의 내용을 완전히 거부할 필요는 없다.

개인의 지위 또는 재산을 과시하는 성격을 가진 무덤 조성이 아닌 공공건물 건설에 비용을 지출하는 문화적 선택은 도시 공동체 발달과 밀착돼 있다. 그렇다고 정치 공간으로 처음 형성되기 시작했던 로마 포룸의 경관을 너무 과장해선 안 된다. 경관은 주위 언덕들과 포룸을 관통하는 시냇물들이 더 특징적이었을 것이다. 로마는 아직 정치 중심지 개발을 본격화할 수 있는 물질 기반을 갖추고 있지 못했다. 로마의 지배자들은 이 점을 인지했던 것 같다. 왜냐하면 정치 공간이 만들어지거나 정치 권위를 상징하는 공공건물이 세워진 장소들이 공통점 하나를 갖고 있기 때문이다. 다시 말해서 그것들은 모두 기존의 종교 공간과 밀접하게 연결돼 있었다.

호스틸리우스 쿠리아와 코미티움이 위치한 지역은 로물루스에 의해 종교적 성소templum로 지정된 곳이었다. 특히 코미티움은 고대의 불카누스 제단Vulcanal과 관계가 깊다. 불카누스Vulcanus는 불의 신으로서 항상 화재의 위험을 안고 있기 때문에, 그의 제단은 로마가 도시로 발전하기 이전부터 마을들의 경계 밖인 포룸 지역에 위치했을 것이다. 게다가 라틴인의 왕인 로물루스와 사비니Sabini인의 왕인 타티우스Titus Tatius가 무기를 내려놓고 평화조약을 체결한 곳이 바로 불카누스 제단이 있던 지역이라고 한다. 이는 불카누스 제단이 처음에는 민회의

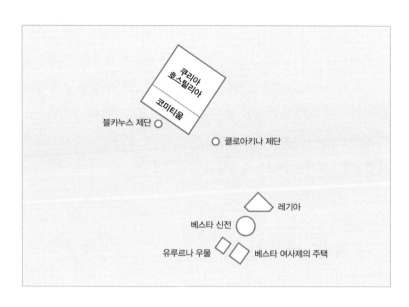

기원전 8~7세기 로마 포룸의 단면도

장소로도 활용됐을 가능성을 시사한다.

왕궁인 레기아도 종교적인 지역을 차지하고 있었다. 세 공간으로 구분된 레기아 서쪽 공간에는 군신 마르스Mars, 동쪽 공간에는 수확의 여신인 옵스 콘시바Ops Consiva를 위한 제단이 각각 위치하고 있다. 이는 이곳이 레기아가 건설되기 전에 위의 신들에게 봉헌된 장소였음을 암시한다. 레기아 주변 또한 성소들이다. 바로 아래 지역에는 베스타 신전Aedes Vestae과 베스타 여사제의 주택Atrium Vestae이 자리 잡고 있다. 화로의 여신인 베스타를 숭배하고 불을 보존하는 베스타 신전은 상당히 오래된 신전인 것 같다. 사실 팔라티누스언덕이 불의 신을 숭배했던 것 같은데, 언덕의 인구가 계속 증가하면서 공동의 불을 포룸

고대 로마의 심장, 로마 포룸

지역으로 옮겼던 것 같다. 또 베스타 여사제가 기거하는 주택 밑으로
는 유투르나 우물Lacus Iuturnae이 있다. 이는 단순한 우물이 아니라 물
의 요정인 유투르나에게 봉헌된 제단의 일부다. 로마인들은 도시 통합
을 위해 포룸 내에 있는 종교 공간들을 정치적으로 이용하는 치밀함을
보여 주었다. 시장과 무덤으로 이용되던 포룸은 기원전 8~6세기경부
터 종교적·정치적 중심으로 발달하기 시작했다.

로마 헤게모니의 전시장

에트루리아Etruria계 왕들이 통치하던 시기에 로마는 전례
없던 정치적·경제적 번영을 누리게 됐다. 이는 대규모 건축 사업으로
표출됐다. 루키우스 타르퀴니우스 프리스쿠스Lucius Tarquinius Priscus(재
위 기원전 616~기원전 578)는 유피테르 신전Aedes Iupiter Optimus Maximus 건
축을 위한 사전 작업에 착수했으며, 대경기장Circus Maximus을 건설했
다. 세르비우스 툴리우스Servius Tullius(기원전 578~?)는 아벤티누스Aventi-
nus언덕 위의 다이아나 신전Aedes Diana을 기점으로 여러 지역에 많은
신전을 세웠다. 에트루리아계의 마지막 왕 루키우스 타르퀴니우스 수
페르부스Lucius Tarquinius Superbus(재위 기원전 534~기원전 510)는 프리스쿠
스가 시작한 유피테르 신전 건축을 거의 마무리했다. 대규모 건축 사
업은 도시 로마의 통합과 발전에 기여했을 뿐만 아니라 왕들 자신의
권력과 명예를 더욱 고양시켰다. 나아가 유피테르 신전과 다이아나 신
전 건축은 라틴인에 대해 점증하고 있던 로마의 영향력을 상징화하는

좋은 기회를 제공했다.[11]

또 왕들은 종교·정치 중심지로 조성되기 시작한 포룸에 사회비용을 투자하기로 결정했다. 레기아와 코미티움이 수차례 개축돼 포룸은 좀 더 위엄을 갖춘 공간으로 변모했다.[12] 그럼에도 포룸은 정치 중심으로서 한계가 있었다. 왜냐하면 주기적인 범람과 침수의 위험이 여전히 포룸을 위협했기 때문이다. 이에 따라 자연 장애를 극복하려는 기념비적 토목 건설 사업이 시작됐다. 프리스쿠스는 대규모 매립 공사를 통해 포룸의 지면을 해발 9미터까지 상승시켰으며, 회색 자갈로 포장 공사를 실시했다.[13] 그리고 매립 효과를 최대한 유지하기 위해 포룸을 관통하는 시냇물의 흐름을 통제할 수 있는 대대적인 배수로Cloaca 공사를 단행했다.

포룸 경관의 역사에 한 획이 된 기념비적 매립과 배수로 공사는 포룸을 사용 가능하고 영구적인 공간으로 전환시켰다. 다만 배수로 공사를, 새롭게 평평해진 포룸 지역의 물을 빼내는 공사로만 이해해서는 안 된다. 이는 공동체 통합과 발전을 위한 정치·사회적 사업이었다. 동시에 로마가 대규모 토목 공사를 수행할 힘과 경제적 부를 가지고 있음을 주변 도시국가들에 보여 주려는, 다분히 과시 성격이 짙은 정치 선전이었음이 분명하다. 로마인들이 당시 사용되던 유압식 공법이 아닌 새로운 석조 공법을 무리하게 적용하는 등 다소 불필요해 보이는 도전을 강행했기 때문이다. 노동자들의 도주와 저항 및 처형 등에 관한 전거는 공사의 규모와 어려움을 반증한다.[14]

도시 로마의 팽창은 왕정이 무너진 후에도 중단되지 않았다. 공화정의 처음 20년 동안 공공건물들이 계속 건설됐다. 먼저 공화정의 첫 해

059

인 기원전 509년, 카피톨리누스언덕에서 유피테르 신전이 봉헌됐다. 그것은 에트루리아 왕들의 공공건축을 상기시킨다. 신전의 토대와 상부구조 공사가 이미 에트루리아 왕들에 의해서 완성됐을 뿐만 아니라 신전 내부에 있는 세 곳의 신상 안치실cella은 에트루리아 신전을 연상시키기 때문이다. 왕을 축출했던 신생 공화정이 왜 에트루리아 왕정의 특징이 강한 신전을 봉헌했을까? 세르비우스 툴리우스 왕과 관련이 있는 포르투나 신전Aedes Fortuna이 철저하게 방치됐음을 고려한다면, 신전 완공을 단순한 우연으로 간주해서는 안 된다. 주지하듯이, 왕들은 자신들의 통치와 명성을 기념하기 위해서 뿐만 아니라 라틴인과의 경쟁에서 로마가 우위에 있음을 보여 주기 위해서 신전 건축을 선택했다. 로마 공화정도 라틴인과 전쟁을 하고 있었기 때문에 유피테르 신전의 완공을 통해 로마의 정체성을 더욱 강조하고 로마가 라틴 세계의 중심임을 선언할 필요가 있었을 것이다. 그뿐만 아니라 공화정의 첫 해에 신전을 봉헌함으로써, 새로운 공화정이 유피테르의 보호를 받으면서 출범했음을 선언하고자 했던 것 같다.[15]

유피테르 신전 완공은 로마 공화정 지도자들이 에트루리아계 왕들처럼 공공건축 사업의 정치적 의미를 인식하고 있었음을 시사한다. 그들은 먼저 공화정의 정체성을 분명하게 할 필요가 있었다. 유피테르 신전 봉헌의 권한을 추첨을 통해 콘술consul(로마 공화정 시대의 최고 정무관. 집정관으로 번역하기도 한다)에게 부여했다는 사실도 동일한 맥락에서 이해할 수 있다. 정치 중심인 포룸에 위치한, 왕정 성격이 강한 건물들은 조정의 대상이 됐다. 왕의 벽난로는 공공화로로 변형됐으며, 왕의 딸들이 맡던 사적 임무는 여섯 명의 베스타 여사제들이 공적 방식으로 위

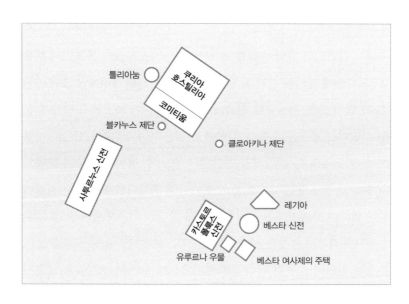

틀리아눔 ○

쿠리아·
호스틸리아

코미티움

블카누스 제단 ○

○ 클로아키나 제단

사투르누스 신전

레기아

카스토르·
폴룩스
신전

베스타 신전

유루르나 우물

베스타 여사제의 주택

기원전 6~5세기 로마 포룸의 단면도

임받았다. 그리고 그들은 베스타 여사제의 주택에 살게 됐다. 레기아
는 성구 저장소로 재건됐다.[16]

또 공화정 지도자들은 기원전 5세기 초에 차후 포룸의 영구적 경계
가 될 사투르누스 신전과 카스토르·폴룩스 신전Aedes Castor et Pollux을
건축했다. 포룸 남서쪽 모퉁이에 들어선 사투르누스 신전이 언제 누구
에 의해서 건설됐는지는 분명치 않다.[17] 하지만 사투르누스가 라틴인
의 고유 신이자 건설자임을 고려할 때, 로마인이 사투르누스 숭배를
통해 전달하고자 한 메시지는 라틴인과의 정치적 통합이었던 것 같다.
게다가 신전을 로마 중심에 위치시킴으로써 라틴인이 로마의 정치적
영역에 통합됐음을 상징화했을 것이다.[18] 기원전 483년 딕타토르 아

울루스 포스투미우스 알부스Aulus Postumius Albus는 레길루스Regillus 호수에서 라틴인과 싸워 승리할 때 쌍둥이 신 카스토르와 폴룩스가 도움을 준 사실에 감사해 신전 봉헌을 약속했다.[19] 기원전 484년 그의 아들 중 한 명이 특별 위원으로 선출돼 쌍둥이 신들이 자신들의 말에게 물을 먹였다는 유투르나 우물 자리에 신전을 건립했다. 카스토르·폴룩스 신전도 앞의 두 신전처럼 라틴인의 종교적·정치적 복종과 로마와의 통합을 상징화했으며, 포룸은 로마의 헤게모니를 과시하는 성격이 강한 역사적 승리기념물을 위한 물리적 공간을 처음으로 제공했다.

에트루리아계 왕들과 신생 공화정 지도자들은 모두 정치 공간인 포룸에서 일련의 공공건축 사업을 벌임으로써 로마의 정체성을 고양시키려 했을 뿐만 아니라 라틴인들에 대한 로마의 우위를 과시하고자 했다. 그럼에도 포룸의 경관은 여전히 도시화 수준에 도달하지 못했다. 사투르누스 신전과 카스토르·폴룩스 신전이 포룸의 경계를 분명히 했지만, 공공건물 건설은 여전히 부족했다. 게다가 신전들 건립을 마지막으로 로마에서의 건축 사업은 중단돼, 로마는 이른바 '5세기의 위기'를 맞이했다.[20] 물론 이탈리아 모든 지역과 서부 지중해 전역이 함께 쇠퇴를 맞이했다고 하지만, 도시국가 로마의 발전 속도에 제동이 걸렸음은 분명하다.

정치 경쟁의 광장

기원전 4세기 초부터 로마는 다시 힘을 회복하기 시작했다.

기원전 396년 숙적 베이이Veii를 함락·병합시켰다. 6년 뒤 갈리아Gal-lia인이 침입해 피해를 입었지만 로마의 팽창은 중단되지 않았다.[21] 이와 함께 건설 사업도 다시 활기를 띠기 시작했다. 먼저 기원전 378년 로마시 주변에서 성벽 축조가 시작됐다. 성벽은 로마의 유명 언덕 일곱 개를 모두 포함했으며, 공사 기간은 30년 이상 소요됐다.[22] 갈리아인의 침입이 성벽 축조의 기폭제가 됐을 것이다. 하지만 사업 규모와 기간은 성벽 축조가 여러 함의를 포함하고 있었을 가능성을 증폭시킨다. 로마는 성벽 건설을 통해 방어 문제 해결뿐만 아니라 주변 국가에 메시지를 전달하려는 정치적 의도를 가지고 있었음이 분명하다. 즉 로마의 회복된 힘과 부를 과시하고자 했다.

기원전 4세기는 로마가 이탈리아 내에서 지배권을 확립하기 시작하는 시기일 뿐만 아니라 정치 체제 정비의 시발점이기도 했다. 주지하듯이, 기원전 367년의 리키니우스-섹스티우스법Lex Licinia Sextia은 평민에게 콘술로 선출될 수 있는 자격을 부여함으로써 귀족과 평민의 권력 공유라는 공화정 정치의 새로운 원칙을 천명했다. 정치 중심인 포룸에 새롭게 등장하는 건축물들이 그 증거다. 로마 제2의 건국자 마르쿠스 푸리우스 카밀루스Marcus Furius Camillus(?~기원전 365)는 귀족과 평민의 역사적인 화해를 기념하기 위해 기원전 367년 콘코르디아 신전Aedes Concordia을 포룸에 건설했다. 기원전 338년 콘술 가이우스 마이니우스Gaius Maenius는 정치 집회 장소인 코미티움을 재건했으며, 원로원 앞 연단을 안티움Antium 지역에서 탈취해 온 여섯 개의 뱃머리rostra로 장식했다. 이로 인해 연단의 명칭이 로스트라Rostra가 됐다.[23] 또 그는 아마도 기원전 318년 켄소르censor(처음에는 재산·호구 조사

063

를 담당했다. 이후 원로원 명부 작성과 풍기 단속 등의 임무를 맡게 되면서 고위 정무관이 됐다. 보통 감찰관으로 번역된다)로 재직할 때 그리스의 영향을 받아 코미티움을 원형 계단을 갖춘 모습으로 개축했으며, 불카누스 제단을 복구했던 것 같다.[24]

기원전 4~3세기 로마의 정치 변화와 군사적 연승은 과거 소수의 혈통 귀족들이 향유하던 정치 독점을 무너뜨림으로써 새로운 귀족들 간의 치열한 정치 경쟁을 유발했다. 이는 에트루리아계 왕들 시기에 나타났던 개인의 명예와 공적 건축 간의 밀착 관계를 다시 부활시켰다. 일례로 카밀루스는 개선식 의미를 재활용했다. 이때부터 군사령관들은 전승을 위해 신들에게 약속했던 신전을 마르스 광장과 개선식 행렬이 지나가는 도로 주변에 봉헌했다. 신전 건축은 일차적으로는 신에게 감사하고 더 나아가 로마의 승리를 찬미하고 선전하기 위해서였다. 하지만 기원전 4세기경부터 등장하는 신전들은 국가가 아닌 사령관 개인의 전리품으로 건설됐음을 기억할 필요가 있다. 물론 승리는 국가에 속했지만 영광은 개인의 것이 되었다. 그 때문에 개인의 승리를 기념하는 신전 건축은 차후 건축과 관련된 사령관 또는 그의 가족이 정치 경력을 신장시키는 데 매우 중요한 역할을 했다.

사실 포룸은 종교·정치 중심으로서 개인의 승리 또는 업적을 기념하는 건축물들을 세우는 데 매우 적합한 공간이다. 기원전 338년 마이니우스는 라틴인에 대한 자신의 승리를 기념하기 위해 코미티움에 자기 이름을 딴 마이니우스 원주Columna Maenia를 세웠다. 이것은 포룸에 처음으로 세워진 자기 찬미의 기념물이다.[25] 이후 승리를 기념하는 구조물들이 포룸 지역을 가득 메우기 시작했다.[26] 그 결과 로마의 정체성

을 강화하고 대외에 로마의 힘을 과시하는 공간으로 활용됐던 포룸의
성격이 변하기 시작했다. 물론 포룸이 과거의 기능을 완전히 상실했다
고 주장하는 것은 아니다. 하지만 로마 포룸은, 평민의 정치 참여가 활
발해지면서부터 치열해진 정치 경쟁 상황에서, 귀족들이 승리하기 위
해 자신들을 찬미하고 선전할 수 있는 기념물들을 경쟁적으로 세우는
선전 공간으로 발달하기 시작했다.

기원전 2세기 초 로마가 그리스 세계와 본격적으로 접촉하면서 귀
족들은 기존의 소규모 신전 또는 기념물 건축을 지양하고 그리스의 공
공건축과 기념 건축 형태들을 본격적으로 차용하기 시작했다. 이는 도
시 로마의 외관에 중요한 영향을 미쳤다. 기원전 196년 루키우스 스테
르티니우스Lucius Stertinius는 포르투나 신전과 마테르 마투타 신전Aedes
Mater Matuta 앞에 로마 최초의 개선문들을 세우고 금도금한 동상으로
장식했다. 그나이우스 옥타비우스Gnaeus Octavius도 마케도니아의 페르
세우스Perseus와의 해전에서 승리한 것을 기념해 기원전 168년에 플라
미니우스 경기장Circus Flaminius 근처에 옥타비우스 포르티쿠스Porticus
Octavia를 건설했다.

하지만 로마 위엄을 물리적으로 보여 준 건축물은 로마 포룸을 에
워싸게 된 바실리카였다. 기원전 184년 켄소르 마르키우스 포르키우
스 카토Marcius Porcius Cato는 원로원의 반대에도 불구하고 포룸 북쪽
모퉁이 지역에 포르키우스 바실리카Basilica Porcia를 건설했다. 기원전
179년 켄소르들은 카토의 선례를 따라 훨씬 더 큰 아이밀리우스 풀비
우스 바실리카Basilica Aemilia-Fulvia를 포룸 북동쪽 끝을 따라 신상점들
Tabernae Novae 뒤에 건설했다. 이것은 기원전 170년 구상점들Tabernae

065

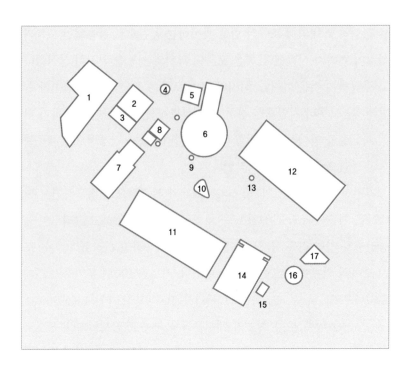

공화정 후기 로마 포룸의 단면도
① 타불라리움 ② 콘코르디아 신전 ③ 오피미우스 바실리카 ④ 툴리아눔 ⑤ 포르키우스 바실리카
⑥ 쿠리아, 코미티움 ⑦ 사투르누스 신전 ⑧ 세나쿨룸 ⑨ 불카누스 제단 ⑩ 쿠르티우스 우물 ⑪ 셈프
로니우스 바실리카 ⑫ 아이밀리우스-파울루스 바실리카 ⑬ 클로아키나 제단 ⑭ 카스토르-폴룩스
신전 ⑮ 유투르나 우물 ⑯ 베스타 신전 ⑰ 레기아

Veteres 뒤에 건설된 셈프로니우스 바실리카Basilica Sempronia와 균형을
이뤘다.[27] 로마 건축사의 한 획을 그은 바실리카는 상인, 정치가, 법률
가 들이 기후에 상관없이 업무를 볼 수 있게 해 주는 복합 건축물이다.
이는 대규모 건축 사업을 수행할 만한 권력을 가진 정치가들이 나타나
고 있었음을 시사한다. 또 한편으로는 공화정기 로마에서도 도시 공간

을 체계적으로 조직하고 그에 부합하는 기념물을 건축할 수 있다는 가
능성이 태동하고 있었다.[28]

그러나 포룸의 물리적 위엄을 고양시킬 수 있는 공공건설은 주춤했
다. 그라쿠스Gracchus 형제 이후 정치 혼란이 도시 공간의 체계적 조직
과 계획을 불가능케 했다. 결국 포룸은 귀족들의 업적과 군사적 승리
를 기념하는 건축물로 다시 채워지게 됐다. 기원전 121년 콘술 루키우
스 오피미우스Lucius Opimius는 가이우스 셈프로니우스 그라쿠스Gaius
Sempronius Gracchus(기원전 153~기원전 121)가 죽은 이후 화합을 위해 콘코
르디아 신전을 재건했으며, 신전 별관으로 오피미우스 바실리카Basilica
Opimia를 건설했다. 같은 해에 퀸투스 파비우스 막시무스 알로브로기
쿠스Quintus Fabius Maximus Allobrogicus가 포룸 최초의 개선문Fornix Fa-
biorum을 레기아 너머 포룸 남동쪽 모퉁이에 세웠다. 기원전 117년에
는 루키우스 카이킬리우스 메텔루스Lucius Caecilius Metellus가 에트루리
아 양식의 카스토르·폴룩스 신전을 더 크고 그리스적 특징이 강한 신
전으로 재건했다.[29]

기원전 1세기에도 상황은 비슷했다.[30] 즉, 로마 포룸의 경관은 여전
히 비조직적이고 무질서해 보였다. 다만 공화정의 마지막 50년 동안
에는 정치권력이 소수의 예외 인물에게 집중됨으로써, 건축 주권을 소
수의 정치가들만이 전유하는 현상이 나타나기 시작했다. 사실 당시 건
설됐던 많은 구조물이 궁극적으로는 소수의 정치가들을 위한 것들이
었다. 기원전 78년 퀸투스 루타티우스 카툴루스Quintus Lutatius Catulus
는 루키우스 코르넬리우스 술라Lucius Cornelius Sulla의 조력자로서 기록
보관소Tabularium를 건설했던 것 같다. 심지어 율리우스 카이사르Julius

Caesar(기원전 100~가원전 44)의 지지자들은 그가 암살된 후에도 그를 위해 건축 사업을 진행시켰다. 예를 들어, 기원전 40년 콘술 가이우스 아시니우스 폴리오Gaius Asinius Pollio는 달마티아Dalmatia 전쟁에서의 전리품으로 카이사르를 위한 로마 최초의 공립도서관Atrium Libertatis을 완공했다.

황제와 황제 가문을 위한 박물관

카이사르는 일찍부터 제국의 위상에 어울리는 화려하고 웅장한 수도 건설을 위한 광범위한 청사진을 갖고 있었으며, 동시에 권력 기반으로서 수도 로마가 차지하고 있는 정치적 의미를 간파하고 있었다.[31] 그는 대제사장Pontifex Maximus 자격으로 포룸에 거처를 정했을 뿐만 아니라 포룸을 자신의 정치 메시지를 전달하기 위한 장소로 활용하고자 했다. 카이사르는 비좁은 로마 포룸을 확장하려 했지만 계획을 수정했다. 먼저 코미티움 지역을 철거하고 포장을 한 뒤 그 위쪽에 자기 이름을 딴 율리우스 포룸Forum Iulium을 기원전 46년 개선식에 맞춰 완성하지 않은 채 봉헌했다. 같은 해에 그는 셈프로니우스 바실리카를 철거하고 율리우스 바실리카Basilica Iulia도 미완성 상태로 봉헌했다. 마지막으로 카이사르는 기원전 44년에 파우스타 술라Fausta Sulla가 재건했던 호스틸리우스 쿠리아를 철거하고 율리우스 쿠리아Curia Iulia를 건설하기 시작했다. 그러나 카이사르가 갑자기 암살당하자 사업은 결국 옥타비아누스(미래의 아우구스투스)에 의해 완성됐다. 카이사르의 건축 사업은 포룸의 성격을 급격하게 변화시켰다. 로마 포룸은 원래 기능을 점차 상실했으며, 그 대신 카이사르의 권력과 영광을 보여 주는 박물관으로 변모했다.

벽돌의 로마를 대리석의 로마로 바꿨다는 아우구스투스의 유명한 자랑은 로마 포룸에 관한 것이었다.[32] 하지만 그는 포룸의 외관을 변화시키는 데 만족하지 않았다. 그는 카이사르의 계획을 잘 이해했을 뿐만 아니라 그것을 더욱 치밀하게 실천한 현실 정치가였다. 종래의 경쟁적인 귀족들에게 허용됐던 건축 사업은 최대한 억제됨으로써, 포룸은 온전히 아우구스투스 자신과 가문의 기념 공간으로 탈바꿈했다. 옥타비아누스는 양부의 시신이 화장된 지역에서 삼두 정치가들이 건설하기 시작했던 신격 율리우스 신전Templum Divi Iulii을 기원전 29년에 봉헌했다. 포룸의 중심축을 차지하고 있는 신전은 율리우스 가문의 권력을 영구적으로 상기시킨다. 또 그는 신전 앞에 신격 율리우스 로스트라Rostra Divi Iulii라고 하는 새로운 연단을 세워, 안토니우스Marcus Antonius의 전함에서 탈취한 청동 뱃머리로 장식했다. 그리고 신전 옆쪽에는 악티움 승전, 파르티아 승전 및 자기 손자들의 미래를 기념하는 아우구스투스 개선문Arcus Augusti이 들어섰다. 결국 포룸 남동쪽 지역은 아우구스투스 가문의 3대가 지배하는 왕조의 기념 공간이 됐다.[33]

포룸의 상징적 종교 건물 레기아와 베스타는 율리우스 가문의 건축물에 가려 과거의 유물로 전락했다. 포룸 남쪽에 위치한 율리우스 바실리카도 율리우스 가문 3대를 시각적으로 잘 상징화하고 있다. 이미 언급했듯이 카이사르가 완공되지 않은 상태에서 봉헌했던 바실리카를 아우구스투스가 화재 후에 아들로 입양한 손자들인 가이우스 카이

사르와 루키우스 카이사르를 기념하기 위해 더 큰 규모로 12년에 봉헌했기 때문이다.[34]

아우구스투스는 포룸 북쪽 지역도 자기 권력과 영광을 기념하는 공간으로 변형시키려 했다. 그는 카이사르처럼 율리우스 포룸에 맞춰 율리우스 쿠리아와 로스트라의 정렬을 변화시켰다. 더 나아가 원로원과 평민의 상징들을 자기 것으로 만들었다. 카이사르에 의해 철거됐다가 재건된 로스트라에는 금으로 도금한 아우구스투스의 기마상이 세워졌다. 또 아우구스투스는 율리우스 쿠리아를 완공한 뒤 건물 정면에 자기 이름을 새겼으며, 쿠리아 내부에는 승리의 동상과 아우구스투스의 네 가지 덕목을 새긴 황금 방패를 안치했다. 로마인의 정치 전통과 역사를 품고 있던 공적 공간이 개인의 영광을 기념하는 사적 공간으로 변형됐다.

아우구스투스는 치밀한 정치가답게 자신을 공화정 전통의 수호자로 부각시키려는 노력도 게을리하지 않았다. 그는 포룸의 경계가 됐던 신전들을 위시해 수많은 종교적 건물들을 복구했다. 또 포룸이 로마인의 감성을 자극하는 전통적인 흔적들이 흩어져 있는 장소임을 십분 활용했다. 움블리쿠스Umbilicus Romae, 불카누스 제단, 클로아키나Cloacina 제단, 유투르나 우물 등을 현재 우리가 볼 수 있는 이유다. 그가 공화정의 민회 장소인 코미티움과 로스트라를 사라지게 했다는 사실을 염두에 둔다면 더더욱 그렇다. 과거 구조물들의 생존이 아우구스투스에 의해 결정됐던 것이다. 그런 점에서 아우구스투스는 로마 포룸에서 살아 있는 과거의 전통을 보여 주었다기보다는 과거의 전통을 조심스럽게 골동품화시켰다고 할 수 있다. 그는 전통을 조작하는

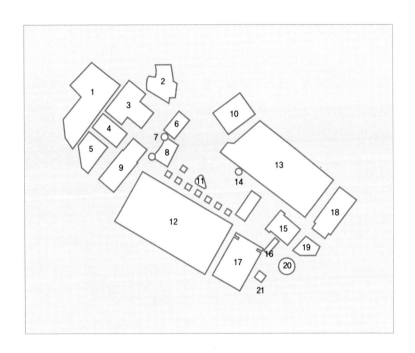

제정기 로마 포룸의 단면도
① 타불라리움 ② 툴리아눔 ③ 콘코르디아 신전 ④ 베스파시아누 신전 ⑤ 조화로운 신들의 포르티
쿠스 ⑥ 셉티미우스 세베루스 개선문 ⑦ 움블리쿠스 ⑧ 로스트라 ⑨ 사투르누스 신전 ⑩ 율리우스
쿠리아 ⑪ 쿠르티우스 우물 ⑫ 율리우스 바실리카 ⑬ 아이밀리우스-파울루스 바실리카 ⑭ 클로아키
나 제단 ⑮ 율리우스 신전 ⑯ 아우구스투스 개선문 ⑰ 카스토르-폴룩스 신전 ⑱ 안토니누스-파우스
티나 신전 ⑲ 레기아 ⑳ 베스타 신전

데도 매우 능숙해 야누스 신전Aedes Ianus을 주요 의식의 중심으로 전
환시켰다. 로마 세계가 평화로울 때 황동 문을 닫는 '잊힌' 의식을 부
활시켰다.

아우구스투스가 사망한 후 포룸에서의 건설은 다소 간헐적으로만
나타났다. 황제들의 포룸들이 건설되면서 로마 포룸의 의미가 많이 퇴

고대 로마의 심장, 로마 포룸

색됐기 때문일 것이다. 그럼에도 카이사르와 아우구스투스가 세워 놓은 전통이 사라지지는 않았다. 티베리우스Tiberius(재위 14~37)는 가이우스 카이사르와 루키우스 카이사르를 기념하기 위해 카스토르·폴룩스 신전을, 그리고 자신과 죽은 동생 드루수스를 위해 콘코르디아 신전을 봉헌함으로써, 그 신전들을 자기 가문과 연결시켰다.[35] 율리우스 신전의 예를 따라 죽은 황제 또는 가족을 신격화하는 사업도 계속 나타났다. 도미티아누스Titus Flavius Domitianus(재위 81~96)는 자기 형 티투스를 계승해 베스파시아누스 티투스 신전Templum Vespasiani et Titi을 건설했으며,[36] 안토니누스 피우스Antoninus Pius(재위 138~161)는 141년에 사망한 자기 부인 파우스티나를 위해 신전을 건립했는데, 그가 죽자 마르쿠스 아우렐리우스가 부부를 기념하는 신전을 봉헌했다.

티베리우스는 과거 게르만인에게 빼앗겼던 바루스Varus의 군기를 되찾은 것을 기념하기 위해 16년 사투르누스 신전 근처에 입구가 하나인 티베리우스 개선문Arcus Tiberii을 건설했다. 포룸은 여전히 황제의 군사적 승리를 기념하는 공간으로 이용됐다. 도미티아누스는 91년 게르마니아에서 거둔 승리를 기념하는 기마 동상을 세웠다.[37] 2세기 말엽 권좌를 차지한 세베루스왕조는 포룸 북서쪽 모퉁이 쪽 콘코르디아 신전 앞에 입구가 세 개인 셉티미우스 세베루스 개선문Arcus Septimi Severi을 건설했다.[38]

포룸 또는 주변에서의 체계적이고 기념비적인 마지막 프로젝트는 막센티우스Marcus Aurelius Valerius Maxentius(재위 306~312) 황제에 의해 시작됐다. 그는 수도 로마를 복구하고 고대의 정치적 심장을 다시 활성화시키길 원했다. 그는 307년에 사망해 신격화된 아들 로물루스를 위한 로물루스 신전Templum Romuli을 세웠으며, 자기 이름을 딴 바실리카를 건설했다. 하지만 그는 콘스탄티누스 황제에게 패배함으로써 계획을 실현하지 못했다.[39]

포룸의 쇠퇴와 부활

330년 콘스탄티누스 황제가 로마제국의 행정 중심을 콘스탄티노폴리스Constantinopolis로 옮기고, 테오도시우스Theodosius 황제 등이 로마의 전통적이고 관용적인 종교 정책을 포기하면서, 포룸과 그 주변은 쇠퇴하기 시작했다. 608년 이탈리아 총독 스마라그두스Smaragdus가 동로마제국 황제 포카스Phocas(재위 602~610)를 위해 로스트라와 쿠르티우스 우물Lacus Curtius 사이에 포카스 원주Columna Phocae를 세웠지만, 이것은 고대의 마지막 건축물일 뿐이다. 서로마제국이 몰락한 후 포룸은 철저하게 망각됐다고 할 수 있다. 8세기에 익명의 작가가 서술한《아인지델른 여행안내서Einsiedeln Itinerary》는 포룸의 쇠퇴 상태를 잘 보여 준다. 게다가 847년에 발생한 지진은 포룸과 주변에 남아 있던 건축물들에 심각한 피해를 입혔다. 남은 구조물들은 건축 자재로 약탈됐으며, 야외의 사용되지 않던 공간들은 임시 거처나 쓰레기 처리장으로 활용됐다. 그리고 결국은 목초지로 변해 방목장으로 활용되기까지 했다.

유물들의 무덤으로 전락한 포룸에서 본격적으로 변화가 나타난 것은 19세기 초였다. 1803년 교황 피우스Pius 7세(1742~1823)의 명령을 받은 이탈리아의 고고학자 카를로 페아Carlo Fea가 셉티미우스 세베루스 아치 주변을 발굴하면서 포룸은 고고학 발굴의 메카로 부상했다. 게다가 오늘날의 '고대사 붐'은 매년 수백만 관광객들을 포룸으로 유인하고 있다. 이는 다시 고고학 발굴을 자극하고 있다. 하지만 그것들은 대체로 포룸 내에 위치한 개별 건축물들의 기원과 기능 등을 규명하는 데 집중돼 있다. 문화경관 포룸의 역사 변천에 대한 종합적 이해가 필요한 이유다. 다만 경계할 점은 문화경관 포룸의 역사를 고대 로마 시대에 국한시키려는 고고학자들의 이기심이다. 그들은 고대 이후의 문화경관에 관한 증거를 많이 없앴다. 와트킨Watkin은 포룸에 대한 고고학자들의 지배를 종식시키는 것이 너무 늦었다고 탄식하고 있다.[40] 이제라도 포룸의 문화경관에 대한 관심의 공시적 외연을 확대해 볼 필요가 있겠다.

피렌체 공공기념물

끝나지 않은 정치의 도시

라영순

마법의 피렌체

영화를 통해 한국인에게도 널리 알려진 소설《냉정과 열정 사이》에서 주인공인 아오이는 연인인 준세이에게 다음과 같이 묻는다.

"약속할 수 있니?"
"무슨?"
"내 서른 살 생일날, 피렌체의 두오모, 쿠폴라 위에서 만나기로, 어때?"[1]

사랑에 빠진 아오이가 준세이에게 10년 뒤에 만나자고 한 곳이 피렌체의 두오모Duomo, 즉 산타마리아 델 피오레(꽃의 성모마리아) 대성당 Cattedrale di Santa Maria del Fiore인 이유는 무엇이었을까. 소설에서는 피렌체의 두오모를 "부드러운 색상을 가진, 사랑스럽고 따뜻한 사랑하는 사람들의 두오모"[2]라고 평가한다. 표현처럼 두오모와 두오모를 담고 있는 이 도시는 소설 내내 헤어져 있다 마지막에서야 다시 만난 아오이와 준세이의 마음을 따뜻하게 녹이고 이를 바라보는 사람들에게

077

피렌체 전경
피렌체는 고대 로마와 중세의 구조 속에서 적지 않은 기념물을 만들어 낸 도시다.

피렌체의 상징인 두오모, 산타마리아 델 피오레 대성당

그들의 사랑이 당연한 것이었음을 받아들이게 만든다.

 소설 속 인물인 아오이와 쥰세이만이 피렌체의 마법에 빠져 있었던 것은 아니다. 20세기의 중요한 과학자 중 하나였지만 동성애자라는 이유로 결국 자살을 선택할 수밖에 없었던 앨런 튜링Alan Turing의 전기를 쓴 데이비드 리비트David Leavitt는 자신의 동성 연인과 피렌체에 터전을 잡았다. 그는 자신을 포함해 여러 작가들이 갖고 있던 피렌체에 대한 특별한 감정들을 한 권의 책에 담아내기도 했다.[3] 사실 작가라는, 특별한 감수성을 지닌 사람들까지 언급할 필요는 없었을지도 모른다. 지금 이 순간에도 수많은, 이름 모를 연인들이 피렌체 곳곳을 누비며 사랑을 확인하고 있을 테니 말이다.

피렌체에서는 사랑이라는 감정만 느낄 수 있는 것은 아니다. 연인이던 루 살로메Lou Andreas-Salomé(1861~1937)에게 보내는 편지글이었지만, 1898년 피렌체를 둘러보며 릴케Reiner Maria Rilke(1875~1926)가 느낀것은 자기 내면에 잠자고 있던 시인으로서의 예술가적 욕구였다. 그는 피렌체 여행을 통해 시인으로서의 자기 본질에 한층 더 다가갈 수 있었다.[4]

한편, 피렌체라는 도시가 한 사람에게 어떤 영향을 미칠 수 있는지를 가장 극적으로 보여 주는 사례는 스탕달Stendhal(1783~1842)이 겪은 일련의 사건일 것이다. 1817년 스탕달은 피렌체의 산타크로체 성당 Basilica di Santa Croce에서 조토Giotto di Bondone(1266~1337)가 그린 〈성 프란체스코의 장례식〉을 감상하며 강렬한 감흥을 받는다. 이때 그는 심장이 쿵쾅거리고 정신이 몽롱해져 거의 쓰러질 것 같은 신체 현상들을 경험했다고 하는데, 이후 '스탕달 증후군'이라고 명명된 이러한 정신적·육체적 특이 현상은 피렌체를 방문해 예술 작품을 감상하는 관광객들에게서 여전히 발견된다고 한다.[5]

그렇다면 아르노Arno강 변에 고고히 서 있는 이 도시는 사랑과 같은 특별한 감정 또는 예술과 같은 특별한 문화적 형식을 통해서만 사람의 마음을 뒤흔들어 온 것일까. 사실 모두의 마음을 뒤흔드는 피렌체의 예술과 같은 풍경들은 정치라고 표현되는 역사의 과정들을 통해 창조된 것들이다. 특히 수많은 연인들이 지금 이 순간 피렌체 곳곳을 거닐며 마주치는 건축물과 이들 사이에 쉼표처럼 자리 잡은 광장들, 그리고 광장에 미묘한 긴장과 균열을 낳는 각종 기념물은 중세 내내 피렌체를 휘감았던 정치적 열정의 결과물이다.

도시의 기원과 로마 시대의
피렌체

이탈리아 중부 토스카나Toscana주의 주도인 피렌체가 언제, 누구에 의해 건설됐는지에 대해서는 의견이 분분하다. 자신들의 역사에 관심을 갖기 시작한 피렌체의 초기 역사가들은 주로 공화정 로마에서 피렌체의 기원을 찾았지만, 오래된 도시들이 흔히 그러하듯 신화적 기원이 제시되기도 했다. 1589년 시인 라파엘로 괄테로티Raffaello Gualterotti는 헤라클레스가 피렌체를 건설했다는 일부 피렌체인들의 견해를 전한다. 이들에 따르면, 토스카나를 지나가던 헤라클레스가 도시를 건설했으며, 이 도시를 관통하는 아르노강의 흐름이 느려지며 개흙이 퇴적돼 도시를 위협하자 이를 해결하기 위해 피렌체 서쪽 곤폴리나Gonfolina에서 아르노강의 흐름을 저해하던 바위들을 파괴했다는 것이다.[6]

이러한 신화적 기원을 검증할 수 있는 방법은 없지만, 오늘날 우리는 고고학을 통해 토스카나를 포함한 북부 이탈리아에 '빌라노바문명Civiltà Villanoviana'이라 명명된 철기문명 유적들이 분포하고 있음을 확인할 수 있다. 유적이 발견된 장소 목록에서 피렌체가 빠질 리 만무하다. 오늘날 피렌체의 중심인 공화국광장Piazza della Repubblica 근처에서 기원전 8세기경으로 추정되는 여섯 기의 무덤 유적이 19세기 말에 이미 발견됐기 때문이다. 이뿐만이 아니다. 구시가Centro Storico에서도 동시대의 토기 조각들이 발견됐는데, 이러한 자료들은 아르노강을 따라 내륙과 해안을 연결하고 동시에 강 이북과 이남의 소통을 통제할 수

있던 피렌체의 지리적 중요성에 대해 많은 점을 시사한다.[7]

빌라노바문명의 자취가 남아 있던 피렌체를 위시한 토스카나에 새로운 터전을 잡은 사람들은 에트루리아인들이었다. 에트루리아인들은 방어를 위해 언덕 위에 마을을 건설했는데, 오늘날 피렌체 외곽의 소도시인 피에솔레Fiesole가 그중 하나였다. 기원전 4세기경 피에솔레는 토스카나와 아펜니노Appennino산맥 넘어 에밀리아Emilia를 연결하는 교통로상의 중요 거점으로 성장했다. 피에솔레는 아르노강에 쉽게 도달할 수 있다는 점에서 더욱 빛을 발할 수 있었다. 중세 피렌체의 연대기 기록자인 조반니 빌라니Giovanni Villani(1275~1348)도 이 점을 강조한다. 그의 시대에는 더 이상 존재하지 않지만 "피에솔레인들이 아르노강을 건너는 다리를 건설해 이를 통해 로마와 피에솔레를 연결했다"[8]라는 것이다. 아마도 로마와 동맹 관계를 체결한 기원전 3세기 이후 피에솔레인들이 아르노강 주변으로 진출했을 것으로 보인다.

공화정 수립 이후 이탈리아의 중심으로 떠오르기 시작한 로마인들도 아르노강을 남북으로 연결하는 이 지역의 중요성을 인식했을 것이다. 로마인들이 이 지역을 얼마나 중요하게 인식했는지는 도로 건설을 통해 확인할 수 있다. 기원전 2세기 말 로마인들이 로마와 에트루리아를 연결하기 위해 건설한 카시아 도로Via Cassia의 최종 목적지가 바로 피렌체 지역이었다.[9]

그러나 아르노강 주변으로 진출한 피에솔레인들에 의해 카시아 도로의 종착 지점에 건설됐던 마을을 오늘날 피렌체의 실질적 기원으로 보는 것은 무리일 듯하다. 왜냐하면 기원전 1세기 민중파와 귀족파 사이의 정치적 위기로 피에솔레를 비롯한 이 지역의 도시와 마을이 크게 손상됐기 때문이다. 내전에서 승리한 로마의 장군 술라는 민중파를 지지하던 피에솔레를 파괴하고 그 잔해 위에 은퇴한 자기 병사들의 정착을 위한 도시를 새롭게 건설했다. 이 도시는 에트루리아식 이름이던 빕술Vipsul 대신 파에술라에 로마나Faesulae Romana라는 새로운 이름을 얻고 로마의 도시로 거듭나게 됐다.[10]

아르노강을 통제할 수 있는 중요한 위치에 피에솔레인들이 건설했던 마을도 이러한 정치 소용돌이를 피할 수 없었던 것으로 보인다. 피렌체의 기원을 찾으려 했던 피렌체의 초기 역사가들은 이 시기에 일어난 파괴와 재건에 주목한다. 피렌체의 기원을 술라에게서 찾은 프란체스코 귀치아르디니Francesco Guicciardini(1483~1540)나,[11] 특별한 출처를 제시하지는 않았지만 "기원전 70년에 피렌체가 건설됐다"[12]라는 기록을 남긴 조르조 바사리Giorgio Vasari(1511~1574)가 바로 그러한 사례다.

전통적 관점에서 피렌체가 건설된 해라고 인정받아 온 기원전 59년 역시 이러한 시각에서 크게 벗어나지 않는다. 기원전 62년 피에솔레인들이 공화정을 전복하려 했던 카틸리나Lucius Sergius Catilina(기원전 108~기원전 62)를 지지하자 로마에서는 피에솔레와 멀지 않은 곳에 새롭게 군사 거점을 건설하고자 했는데, 기원전 59년 집정관으로 당선된 카이사르는 이러한 역할에 더해 은퇴 군인들이 정착할 수 있는 터전을 함께 제공하는 정책을 추진한다. 이러한 목표에 맞춰 '플로렌티아Florentia'가 새롭게 건설됐는데, 이를 오늘날 피렌체의 기원으로 여기고 있는 것이다.

그렇다면 카이사르가 새롭게 건설한 마을에 플로렌티아라는 이름이 붙게 된 이유는 무엇일까. 카이사르는 이 도시를 자기 이름을 따 '카이사리아'라고 부르고 싶어 한 것으로 보인다. 그러나 그를 경계한 원로원이 이를 거부했고, 결국 이 도시의 이름은 이곳에서 피에솔레인들에게 살해당했던 카이사르의 부장 피오리노(플로리아누스)에게서 유래하게 된다.

　빌라니는 이 지역에 "꽃이 풍성했기에 붙은 이름일 수도 있다"라는 견해를 제시하기도 했는데, 여기에서 그치지 않고 한 걸음 더 나아가 "꽃에 비견할 수 있는 가장 훌륭한 로마의 시민들이 이 도시에 넘쳐났다는 의미에서 플로렌티아라는 도시의 이름이 붙었을 수도 있다"[13]라고 역설한다. 꽃과 관련돼 있긴 하지만 조금은 다른 견해도 있다. 이 도시가 로마 신화 속 꽃의 여신인 플로라Flora를 기념하는 봄 축제(Ludi Florales 또는 Floralia) 시기에 건설된 것에서 유래한다는 해석이다. 이 해석대로라면 피렌체는 봄 축제 기간인 4월 28일에서 5월 3일에 즈음한 시점에 건설됐을 것이다.[14] 물론 그 어느 것도 정확하게 규명하기는 어려운 견해다. 그렇지만 도시의 기원을 꽃과 관련해 해석하는 견해가 다수 발견된다는 것은 주목할 만하다. 피렌체의 문장이 백합꽃인 것, 더 나아가 도시의 상징인 두오모의 공식 이름이 꽃의 성모마리아 대성당인 것도 이와 관련돼 있을 것이다. 그것은 꽃의 이미지, 즉 만개하는 번영의 이미지를 구현하려 한 피렌체인들의 노력을 담고 있는 것은 아니었을까. 이러한 피렌체인들의 의지와 바람은 카이사르 시대 이후 피렌체가 수행한 역할에서도 확인할 수 있다. 피렌체는 피에솔레를 능가하며 지역 일대를 관할하는 로마 통치의 중심으로 성장했다.

　오늘날 피렌체의 토대를 닦은 것은 로마인들이었지만, 이들이 피렌체를 독창적 도시로 건설한 것은 아니었다. 로마인들은 군단이 주둔

하기 위한 사각형의 표준화된 도시를 건설했다. 이 도시는 각 방향별로 성문을 구비한 성벽에 의해 보호받았으며, 성문들은 동서 방향과 남북 방향의 대로를 통해 연결됐다. 대로가 만나는 곳에는 광장, 즉 포룸이 설치됐다. 포룸 주변에는 통치를 위한 건물들과 함께 극장, 원형경기장 및 목욕장과 같은 여흥을 위한 시설들이 조성됐다. 포장된 도로들이 도시 구석구석을 연결했으며 생활용수 공급과 하수 처리를 위한 시설들이 구비됐는데, 이것이 바로 로마인들이 건설한 도시의 모습이었다.[15]

오늘날 피렌체에서도 로마 도시로서의 흔적을 발견할 수 있다. 로마인들이 조성한 피렌체의 포룸은 로마가 쇠퇴한 이후에도 살아남아 상업을 비롯한 각종 도시 활동의 중심으로 기능했다. 피렌체가 통일이탈리아왕국의 수도로 잠시 기능했던 1865년, 피렌체의 도시 환경 개선을 위해 포룸에 자리 잡고 있던 옛 시장과 게토 철거를 포함한 대대적 공사가 진행됐다. 오늘날에는 공화국광장이지만, 당시에는 국왕의 이름을 따 비토리오 에마누엘레 2세 광장이라 불렸던 이곳에서 발굴된 로마의 유물들을 국립 산마르코 박물관Museo nazionale di San Marco에서 확인할 수 있다.[16] 한편 로마 유적은 우연히 발견되기도 했다. 2차대전기인 1944년 독일군에 의해 베키오 다리Ponte Vecchio와 연결되는 포르 산타마리아 거리Via Por Santa Maria 주변이 심각하게 파괴됐는데, 이를 1950년대에 복원하던 중 로마 시대의 성문 흔적이 발견된 것이다.[17]

이러한 발견 이외에도 오늘날 피렌체의 거리와 광장을 통해 로마의 흔적을 찾을 수 있다. 산타크로체 광장Piazza Santa Croce으로 연결되는 토르타 거리Via Torta와 벤타코르디 거리Via De' Bentacordi 및 페루치 광장Piazza de' Peruzzi의 전체 모습은 이곳에 로마의 원형경기장이 존재했었음을 고스란히 보여 준다.[18] 한편 피렌체 외곽에서도 로마의 흔적을 발견할 수 있다. 아르노강 건너편 남서쪽에는 친토이아Cintoia라는 이름을 가진 마을이 있는데 이 지명은 켄투리아지오네Centuriazione에서 유래한 것이다. 켄투리아지오네는 도시민들에게 안정적으로 식품을 공급하기 위해 도시 외곽에 격자형으로 조성된 로마의 농지 구조였다.[19]

로마 시대의 피렌체는 로마 통치의 핵심인 도로가 통과하는 곳으로서, 그리고 아르노강을 통제할 수 있는 전략적 위치로서 발전했음이 분명하다. 이것은 기원후 14년의 사례로 확인된다. 당시 티베리우스 황제는 테베레강의 범람을 막기 위해 테베레강으로 흘러드는 지류 중 하나인 키아나Chiana강의 흐름을 아르노강으로 전환하는 토목 사업을 추진하고자 했으나 피렌체인들의 강력한 반대로 결국 좌절된다.[20] 피렌체의 중요성은 3세기경 다시 한 번 확인된다. 285년 디오클레티아누스Diocletianus(재위 284~305) 황제는 제국을 재정비하며 하위 행정 체제인 관구Diocese를 수립하는데, 이때 피렌체가 투시아Tuscia 관구의 수도로 선정된다.[21] 피렌체의 정치적 중요성은 제국 말기에도 존속했다. 그러나 로마는 그 내부에서부터 서서히 몰락으로 향하고 있었고, 피렌체는 중세라는 새로운 시대 변화를 맞아 도시의 모습을 다시 한 번 근본적으로 바꿔야 하는 운명을 맞았다.

중세 초기 피렌체의 성장

　　게르만족으로 대표되는 이민족들이 유입하면서 로마의 도시 문화는 퇴보하기 시작했다. 405년 라다가이소Radagaiso가 이끄는 동고트인들의 피렌체 포위는 실패했고, 그 결과 피렌체는 명맥을 유지할 수 있었다. 그렇지만 도시의 기능은 심각하게 축소될 수밖에 없었다. 아르노강을 통제하고, 로마와 포Po강 유역을 잇는 전략 요충으로서 피렌체가 가진 중요성이 분명했기에 피렌체는 그 이후에도 계속 갈등의 중심에 놓일 수밖에 없었다.

　　6세기 중반, 동로마인들이 통치하던 이탈리아반도에 랑고바르드Longobardi인들이 진입해 영향력을 확대한 것은 피렌체에 또 다른 위기였다. 랑고바르드인들은 이전 민족들과는 달리 이탈리아반도를 완전히 장악하는 데 실패했으며, 그 결과 반도 각지에 잔존한 동로마인 세력과 경계를 이루게 된 지역들은 랑고바르드인의 세력권이 구축되는 과정 속에서 점차 주변부로 밀려났다. 포강 유역을 빠르게 연결할 수 있었던 피렌체의 지리적 이점은 이러한 환경 속에서 사라지고 말았다. 랑고바르드인들은 동로마인들의 세력권에서 멀리 떨어진 토스카나 서부로 눈을 돌렸고, 그 결과 루카Lucca가 피렌체를 대신해 토스카나의 통치 중심지로 자리 잡았다.

　　이전까지 누리던 통치 중심지로서의 의미를 상실했지만, 피렌체의 존재가 완전히 소멸된 것은 아니었다. 이 시대의 피렌체는 중세 유럽의 새로운 세계관이자 지도 이념으로 자리 잡은 그리스도교와의 관계 속에서 새롭게 입지를 구축하기 시작했다. 가장 널리 알려진 피렌체의 수호성인은 세례자 요한이지만, 그 밖의 중요한 피렌체의 성인들이 이 때 모습을 드러낸다. 그리고 그들의 모습은 피렌체 곳곳에 건설된 성당들을 통해 오늘날까지 전해지고 있다.

원형의 모습은 거의 찾아볼 수는 없지만, 오늘날에도 그 자리를 지키고 있는 산로렌초 성당Basilica di San Lorenzo은 라다가이소가 이끄는 동고트인들의 침입에 맞서 피렌체인들의 저항 정신을 일깨운 피렌체의 주교 성 자노비Zanobi가 4세기 말 축성한 것으로 알려져 있다. 성 자노비는 또 다른 피렌체의 수호성인인 성녀 레파라타Reparata와도 관련을 맺고 있다. 빌라니는 이에 대해 "성 자노비가 성녀 레파라타의 축일인 10월 8일에 라다가이소의 군대를 격퇴한 것을 기념하기 위해 산타레파라타 성당Chiesa di Santa Reparata을 봉헌했으며, 이후 성 자노비의 유해가 산로렌초 성당에서 산타레파라타 성당으로 이관되며 산타레파라타 성당이 피렌체의 주교좌성당으로 자리 잡게 됐다"[22]라고 언급한다. 라다가이소를 격퇴한 것이 8월의 일이라는 주장도 있으므로 성녀 레파라타에 대한 피렌체인들의 존경심의 유래를 그대로 받아들이는 것은 어렵지만,[23] 성녀를 기념하는 성당은 오늘날에도 그 흔적을 남기고 있다. 두오모가 그것이다. 두오모는 산타레파라타 성당이 있던 자리에 새로이 건축된 성당으로 1353년 피렌체 정부에서는 이 성당의 건립 이유로 성녀에 대한 감사를 언급하기도 했다.[24]

피렌체와 연관된 초기 그리스도교의 성인을 기리는 성당이 또 있다. 피렌체의 전경을 감상할 수 있는 곳으로 유명한 미켈란젤로언덕 근방에 위치한 산미니아토 성당Basilica di San Miniato al Monte이다. 산미니아토는 피렌체의 첫 순교자로 기억되는데, 3세기 중반 로마 황제 데키우스Decius(재위 249~251)에 의해 참수된 후 참수된 자기 머리를 들고 지금의 성당이 서 있는 곳에 이르렀다는 전설이 있다. 물론 오늘날의 성당은 원래의 성당이 있던 자리에, 11세기 신성로마제국의 황제 하인리히 2세의 명에 따라 새롭게 건설되었다.[25]

중세 초의 피렌체는 오늘날에도 자리를 지키고 있는 성당들처럼 살아남아 도시로서의 명맥을 유지한 것으로 보인다. 그러나 그 규모는 이전과 비교해 매우 작았다. 9세기 말 새롭게 건설된 성벽은 로마 시대에 건설된 성벽 규모를 능가하지 못했다. 이것은 오늘날 프로콘솔로 거리Via del Proconsolo와 토르나부오니 거리Via Tornabuoni, 그리고 두오모와 베키오 궁Palazzo Vecchio 정도를 에워싸는 규모에 불과했다.[26] 즉 오늘날 피렌체 관광의 중심지라고 할 수 있는 지역의 일부만 포함하는 크기였다.

두오모 근처 산타엘리자베타 광장Piazza Santa Elisabetta에 위치한 팔리아차 탑Torre della Pagliazza을 통해 중세 초 피렌체의 규모가 얼마나 축소됐는지를 짐작할 수 있다. 이제는 박물관으로 사용되고 있는 이 원형 건물은 6~7세기에 방어를 위해 건설된 탑이었다. 하지만 로마 시대에는 목욕장이 위치해 있었던 것으로 추정되며, 그 원형 목욕장을 기반으로 원형의 탑이 건설된 것으로 추정한다. 즉 로마 시대에는 도시의 중심이었던 구역이 이 시대에는 중심에서 밀려나 성벽 근처의 경계 지역으로 변화한 것이다. 이 탑은 이후 피렌체가 확대되는 시기에 다른 용도로 사용된다. 13세기 이 탑은 여성들만을 수감하는 감옥으로 사용되는데, 당시 감옥의 바닥에는 짚Paglia을 깔았고 그것이 오늘날 짚더미탑이라는 이름으로 남아 있다. 피렌체가 유럽을 선도하는 도시로 성장한 15세기에는 더 이상 감옥으로도 사용되지 않았다. 위치가 위치였던 만큼 상점과 주거를 위한 공간으로 개조된 것이다.[27]

성벽이 건설된 9세기의 유럽은 카롤링거왕조Carolingian dynasty로 접어든 프랑크왕국Kingdom of the Franks 시대였다. 중세 유럽 역사에서 프랑크왕국은 중요한 하나의 분기점이었지만, 피렌체는 그 안에서 크게 주목받지 못했던 것 같다. 중세의 피렌체는 왕국 주변부의 작은 도시 이상은 아니었다. 이러한 관점에서 본다면 신빙성을 의심할 수밖에 없긴 하지만, 카롤링거왕조의 전성기를 열었던 카롤루스대제Carolus Magnus(샤를마뉴)와의 인연을 주장하는 성당이 피렌체에도 하나 존재한다. 유서 깊은 산티아포스톨리 성당Chiesa dei Santi Apostoli의 명패에는 성당 봉헌식에 카롤루스대제와 그의 기사로서 중세의 여러 무훈시에 주인공으로 등장하는 롤랑Roland이 참석했다는 내용이 기록돼 있다. 성당이 11세기 건축물이라고 추정되므로 8세기 후반과 9세기 초에 생존했던 이들의 참석은 사실이 아니다. 그렇다면 왜 이 성당은 카롤루스대제 및 롤랑과의 인연을 강조하는 것일까. 성당이 단순히 예배를 드리는 곳만은 아니었음을 보이고 싶었던 것은 아니었을까.

11세기에 접어들며 그리스도교 내부에서는 교회 개혁의 목소리가 확산된다. 이러한 개혁 목소리는 성직임명권을 둘러싸고 황제와 교황 사이에 일어난 주도권 갈등, 즉 '서임권 투쟁'으로 표현됐지만 그 근간에는 신앙에 대한 순수한 관심이 존재하고 있었다. 이것은 순례와 같은 신앙부흥운동으로 나타나기도 했다. 성 야고보Jacobo(제베데오의 아들인 대 야고보)의 무덤을 참배하기 위한 산티아고 데 콤포스텔라Santiago de Compostela로의 순례가 확산된 것이 하나의 중요한 사례이지만, 성

베드로를 참배하기 위한 로마로의 순례도 결코 무시할 수 없었다. 알프스 이북과 로마를 연결하는 중요한 교통로였던 프란치제나 길via Francigena은 로마로의 순례를 위해 중요하게 활용되던 길이었다. 이탈리아 북부에서 내려와 토스카나에 도달한 길은 루카, 산지미냐노San Gimignano, 볼테라volterra와 시에나siena를 거쳐 로마로 연결됐다. 이들 도시들의 경제 번영은 이러한 분위기의 산물이기도 했다.

피렌체는 프란치제나 길에서 벗어나 있었기에 순례가 가져다 줄 수 있던 경제 혜택으로부터는 벗어나 있었다. 그렇지만 그리스도교 내부의 개혁 분위기가 피렌체에 아무런 영향을 미치지 못한 것은 아니었다. 그 중심에는 수도원이 있었는데, 이 시대의 수도원은 종교적 열정을 지닌 자들이 결집해 있던 시설이었을 뿐만 아니라, 중세 유럽인들의 삶과 관련된 실용 기술이 축적된 곳이기도 했다. 수도원 건설은 피렌체의 부활을 가져올 수 있던 하나의 배경이었다.

오늘날 프로콘솔로 거리에 위치해 있는 피오렌티나 수도원Badia Fiorentina에서 이러한 시대의 변화를 읽을 수 있다. 978년 토스카나 후작의 부인이었던 빌라willa di Toscana가 건립한 이 수도원은 피렌체 역사에서 몇몇 중요한 장면에 등장한다. 1274년, 당시 아홉 살이었던 단테 Dante Alighieri는 수도원 내 판돌피니 예배당Cappella Pandolfini에서 필생의 연인이 된 베아트리체 포르티나리Beatrice Portinari를 처음 보았다. 이곳에서 어린 단테의 사랑만이 싹튼 것은 아니었다. 14세기 중반,《데카메론》의 저자인 조반니 보카치오Giovanni Boccaccio는 단테가 베아트리체를 처음 본 그 예배당에서 단테의《신곡》을 강독하기도 했다.[28]

이 수도원에서는 빌라의 아들이자 토스카나 후작으로 수도원에 많

두오모 정상(돔)에서 바라본 바르젤로 궁과 피오렌티나 수도원

은 후원을 아끼지 않았던 우고Ugo di Toscana의 관을 찾아볼 수 있다. 관 뿐만 아니라 제단에서는 붉은색과 흰색으로 이뤄진 그의 문장도 확인 할 수 있는데 여기서 오늘날 피렌체의 문장 색깔이 유래했다. 그렇다 면 우고는 왜 이곳에 있는 것일까. 피오렌티나 수도원이 어머니가 건 립한 것이기 때문에? 사실 그는 어머니가 건립한 피오렌티나 수도원 에만 관심을 쏟지는 않았다. 그와 연관된 또 다른 수도원이 피렌체 인 근 보르고 산로렌초Borgo San Lorenzo에 있는 산바르톨로메오 수도원 Badia di San Bartolomeo in Buonsollazzo이다. 산기슭에 조성된 이 수도원의 건립 배경으로 우고가 목격한 기적의 이야기가 전한다. 어느 날 이 지 역 숲에서 사냥을 하던 우고는 길을 잃고 헤매다 지옥을 목격하고는

093

두려움에 떨게 됐는데, 여기서 벗어나기 위해 성모마리아에게 기도를 드린 뒤 주변에 일곱 개의 수도원을 건립했다는 것이다. 그중 산바르톨로메오 수도원이 지옥을 목격한 그 자리에 건설됐다는 이야기가 전한다.[29]

한편, 단테는 《신곡》〈천국〉 편에서 이러한 우고를 '위대한 남작'이라고 칭송한다.[30] 결국 고향인 피렌체에서 축출됐으나, 단테가 교황과 손잡았던 정치 세력인 겔프Guelf의 일원이었기에 피렌체의 수도원에 대한 우고의 관심과 지원을 높이 평가한 것이었을까. 사실 우고는 이후 피렌체 역사에서 중요한 전환점이 될 하나의 정치적 결정을 단행했다. 그것은 바로 후작령의 중심 도시를 루카에서 피렌체로 옮긴 것으로서, 이 결정으로 인해 피렌체는 다시금 토스카나의 중심으로 도약할 수 있는 기회를 갖게 됐다. 어쩌면 여러 수도원 건설도 새로운 후작령의 중심 도시에 무게를 실어 주고자 했던 정치적 결정이었을지 모른다. 분명 피렌체로의 이동은 이후 토스카나의 정치적 무게 중심을 결정한 중요한 사건이었다. 피오렌티나 수도원에서는 오늘날까지도 그를 기념하는 미사를 기일인 12월 21일에 진행하고 있다.[31]

피렌체의 많은 건물들이 그러하듯, 오늘날의 피오렌티나 수도원도 원형을 그대로 간직하고 있는 것은 아니다. 13세기 말 수도원은 고딕 양식 건물로 변화했다. 그렇지만 정치적 의미를 지닌 장소라는 특징은 이 시기에도 변함없이 발견된다. 당시 피렌체의 정치를 장악하고 있던 귀족들이 이 수도원에서 회합을 가졌으며, 이들에 대항했던 민중들, 즉 포폴로Popolo 들도 수도원의 부속 건물이던 밤탑Torre della Castagna 에 집결했다. 이 탑은 수도원 방어를 위해 건설됐으나 탑의 이름에는 분명 정치적 의미가 녹아 있다. 피렌체에서는 지정된 주머니에 밤을 넣어 정치 의사를 표시했으며, 이 탑이 그 주머니를 걸어 두기 위한 용도로 사용됐기 때문이다.[32]

한편, 앞서 언급한 것처럼 그리스도교의 주도권을 둘러싸고 일어난 교황과 황제의 갈등은 11세기를 지나며 본격적 투쟁으로 전개됐다. 우고의 결정 이후 지역 중심으로 자리 잡기 시작한 피렌체는 이러한 정치 투쟁 속에서 교황과 손을 잡았고, 이를 통해 성장하며 정치도시로서의 성격을 강화했다. 1055년 교황 빅토르Victor 2세에 의해 당시 피렌체의 주교좌성당이었던 산타레파라타 성당에서 공의회가 선포됐다. 공의회를 전후해 산타레파라타 성당과 산조반니 세례당이 증·개축됐다. 산타레파라타 성당은 결국 사라졌지만, 팔각형 모양을 한 산조반니 세례당의 기틀이 놓인 것이 이때의 일이었다. 건물만 새롭게 추가된 것은 아니었다. 공의회 당시 피렌체의 주교이던 부르고뉴의 제라르Gerard de Bourgogne는 4년 후 교황 니콜라우스Nicholaus 2세가 됐다. 피렌체와 교황의 관계는 점점 각별해졌다.

피렌체와 교황의 각별한 관계에서 정점에 있던 사람이 바로 '카노사의 굴욕'으로 역사에 각인된 토스카나 여후작 마틸데Matilde di Toscana였다. 아버지로부터 토스카나를 상속받은 마틸데는 어머니를 통해 신성로마제국 황제 가문과도 혈연이 닿아 있었다. 그러나 서임권 투쟁을 비롯한 교황과 황제의 갈등 속에서 황제 하인리히Heinrich 4세가 이탈리아에 대해 적극 공세를 취하자 그녀는 교황 그레고리우스Gregorius 7세를 후원하며 황제와 갈등 관계에 돌입했다.

카노사의 굴욕 사건이 일어난 뒤인 1078년 그녀는 도시 규모가 점차 커지고 그 역할이 강화되기 시작한 피렌체에 새로운 성벽 건축을 명했다. 아마도 여기엔 카노사의 굴욕 이후 복권된 황제군에게 공격 받을 것을 대비하고자 했던 목적이 있었을 것이다. 이때 건설된 새로운 성벽 규모는 과거 로마의 그것과 유사했다. 성벽의 동쪽과 서쪽은 과거 로마 시대 피렌체의 경계와 일치했으며, 기존 성벽 밖이었던 지역에 건립된 건물들을 포함하도록 북쪽으로 성벽이 확대됐다. 단테가 《신곡》〈천국〉편에서 자기 선조인 카치아구이다Cacciaguida를 이야기하며 언급한 '옛 성벽'[33]은 마틸데 시대에 건설된 성벽이었다. 이제 산 조반니 세례당과 산타레파라타 성당, 그리고 알타프론테 성Castello d' Altafronte 등이 성벽 안으로 포함됐다. 이중 알타프론테 성은 방어 요새로, 오늘날 갈릴레오 박물관Museo Galileo이 위치한 아르노강 변의 카스텔라니 궁Palazzo Castellani에 존재했다. 강의 포구를 보호하고자 요새가 성벽 안에 건설된 것에서 이제 강을 활용한 경제가 피렌체에서 발돋움하고 있음을 엿볼 수 있다.[34] 12세기 초, 피렌체는 이전 로마 시대의 규모로 돌아가는 데 성공했으며, 동시에 정치·경제적 중요성을 회복하고 있었다.

공화정으로의 길 : 코무네의 형성과 경제 성장

40여 년간 교황과의 제휴를 통해 이탈리아 중북부에서 정치적 영향력을 행사했던 마틸데는 1115년 후사 없이 사망했다. 그리고 그녀의 계승자들은 온전한 통치 권력을 수립하는 데 실패했다. 이탈리아 중북부에서 영향력을 확대하고자 했던 신성로마제국 역시 1125년 황제 하인리히 5세가 사망한 이후 제위 계승 문제가 발생하며 내부 갈등에 빠져들었다. 이로 인해 이탈리아 중북부에서는 정치권력 공백이 발생했다.

한편 11세기를 지나며 이탈리아 중북부에서는 도시를 중심으로 경제가 발전하기 시작했다. 도시가 상업 중심지로서 기능하며 상거래를 주도한 상인들과 상품을 생산한 수공업자들이 도시 경제의 핵심으로 떠올랐다. 그렇지만 도시에는 결코 이들만 존재한 것이 아니었다. 도시 밖 농촌 지역에 세력 기반을 두었던 귀족들이 새로운 부의 원천인 도시로 이주했으며, 노동자들도 성공을 꿈꾸며 도시로 이주해 각종 생산 활동에 뛰어들었다. 경제 규모가 커지고 경제생활이 다양해지면서 공적으로 그리고 법적으로 이들에게 서비스를 제공하는 자들도 존재했으며, 당연히 성당과 수도원을 중심으로 활동하던 종교인들도 존재했다. 마지막으로 도시의 가장자리에는 도시에서 성공하지 못하고 밀려난 자들이 있었다. 이렇듯 도시에는 온갖 종류의 사람들이 뒤섞여 있었으며, 때로는 각자가 가진 경제력에 따라 같은 직업군 내에서도 이해관계를 달리했다. 결국 외부 정치권력이 상당기간 공백 상태였던 이탈리아 중북부에서 하나의 계층이 도시 권력을 장악하는 일은 쉽게 일어날 수 없었다. 시민들이 도시 내부의 각종 정치 문제를 해결하기 위해 선택한 것은 도시를 발전시키고 각 계층들의 경제 이해관계를 조정할 자치 정부인 코무네Comune를 구성하는 것이었다.[35]

초창기 코무네의 주민들은 직접민주주의 방식으로 도시 문제를 논의했지만 도시 규모가 확대되면서 도시 행정을 담당할 행정관들로 구

097

성된 평의회가 이를 대신했다. 평의회 구성원이자 행정관들인 콘술은 도시 전체를 위해 일했으며 때로는 이를 위해 다른 코무네의 콘술들과 연합하기도 했다. 1138년 피렌체의 콘술들은 피렌체 외곽의 산제네시오San Genesio에서, 루카 및 피사Pisa 등지에서 온 콘술들과 회합을 갖고 제국의 위협으로부터 공동 방어를 추진하기도 했다.[36]

코무네 체제 아래에서 피렌체는 계속 성장했다. 인구 증가로 인해 마틸데 시대에 건설된 성벽 밖으로 주거지역이 확장되며 1172년 코무네는 성벽을 다시 확장해야 했다. 1175년 완성된 새로운 성벽은 아르노강 건너편을 일부 포함했는데, 오늘날 올트라르노Oltrarno라고 불리는 아르노강 건너편 지역을 완전히 포함한 것은 아니었지만 피렌체 역사상 처음으로 아르노강을 도시 내부에 편입시켰다는 점에서 중요한 의미를 가진다.[37] 이제 강이 도시를 관통하게 됐다. 도시의 번영을 위해 정보와 인적 교류의 중심에 놓이기 시작한 강을 어떻게 관리하고 도시 조직으로 통합시킬지가 중요한 문제로 대두됐다.

이러한 관점에서 아르노강의 다리들은 피렌체의 정치·경제 성장의 상징이라고 할 수 있다. 사실 피렌체가 아르노강을 통제할 수 있는 위치에 건설된 도시이기에 로마 시대부터 다리는 존재했겠지만, 당시의 다리에 대해 정확한 정보를 확인하기는 쉽지 않다. 10세기 피렌체의 한 주교가 산타펠리치타 성당Chiesa di Santa Felicita에 대해, 아르노강에 있는 다리 건너 멀지 않은 곳에 있다고 했으니 하나의 다리는 존재했다고 할 수 있다.[38] 그러나 그 다리가 피렌체에서 가장 오래된 다리라고 알려진 베키오 다리라고 확신할 수는 없다. 베키오 다리는 1117년 홍수로 파괴된 다리를 재건한 것으로, 피렌체가 아르노강 건너편으로

아르노강의 다리들

베키오 다리 너머로 카라이아 다리가 보인다. 두 다리 사이에는 베키오 다리에 가려 사진에서는 거
의 보이지 않는 산타트리니타 다리가 있다.

확장된 1175년을 전후해서 본다면 유일한 다리였다. 사실 이 다리도 오늘날 우리가 확인할 수 있는 베키오 다리는 아니다. 이 다리는 1333년 홍수로 다시 심각하게 훼손됐고, 이때 살아남은 두 개의 석주를 바탕으로 1345년부터 1350년까지 재건한 다리가 오늘날 베키오 다리다. 바사리는 조토의 제자인 타데오 가디Taddeo Gaddi가 다리를 건설했다고 했지만 그것을 뒷받침하는 구체적 증거는 사실 없으며, 동시대의 또 다른 건축가인 네리 디 피오라반테Neri di Fiorabante가 후보로 꼽히기도 하지만 이것도 근거는 전무하다.[39]

어쨌든 13세기 중반에 이르면 피렌체에는 네 개의 다리가 놓여 있었다. 베키오 다리를 제외한다면 나머지 다리들은 도시의 통합적 발전을 코무네가 주도하던 당대의 정치 현실을 보여 주는 사례라고 할 수 있을 것이다. 먼저 1218년 목조로 된 '새 다리Ponte Nuovo'가 건설되기 시작했다. '옛 다리'라는 의미인 베키오 다리의 뒤를 이어 건설된 이 다리는 몇 번의 손상과 복구를 거쳐 오늘날 카라이아 다리Ponte alla Carraia로 불리고 있다. 이어 1227년에는 그라치에 다리Ponte alle Grazie가 건설됐다. 석조로 건설된 이 다리의 특이한 점은 베키오 다리 남쪽, 즉 상대적으로 도시의 중심에서 먼 곳이자 성벽 밖, 아르노강의 폭이 가장 넓어지는 지점에 건설됐다는 것이다. 그것은 균형적이고 장기적인 도시 발전을 염두에 두었다는 점에서 의미가 있다. 마지막으로 1252년 상대적으로 인구가 집중됐던 아르노강 건너 남서쪽과 보다 편리하게 연계하기 위해 베키오 다리와 카라이아 다리 사이에 산타트리니타 다리Ponte Santa Trinita가 건설됐다.[40]

한편 피렌체의 성장이 경제에만 국한되지는 않았다. 경제 성장과 인구 증가 속에서 종교적 열정 또한 새롭게 설립된 수도회를 통해 확산 됐다. 각 수도회들은 도시 내부에 자리를 잡고 그 지역을 중심으로 영 향력을 확대했다. 1221년 도시 북서쪽에 자리 잡은 도미니쿠스회에서 는 기존의 산타마리아 성당Chiesa di Santa Maria delle Vigne을 허물고 1278 년 새롭다는 의미를 덧붙여 산타마리아 노벨라 성당Basilica di Santa Ma- ria Novella을 조성했다. 반면 비슷한 시기에 프란체스코회는 도시 동쪽 에 산타크로체 성당을 세웠으나 1295년 수도회 규모가 확대되자 같은 자리에 더 큰 규모의 산타크로체 성당을 조성하기 시작했다. 한편 아 르노강 이남에도 수도원이 설립됐다. 1250년 아우구스티누스회가 산 토스피리토 성당Basilica di Santo Spirito을 건설했으며, 1268년에는 더 서 쪽에 가르멜회가 산타마리아 델 카르미네 성당Basilica di Santa Maria del Carmine을 조성했다.[41]

이들의 도시 내 배치에서는 한 가지 흥미로운 점이 있다. 이 수도원 들은 마치 대도시의 부도심처럼 적절하게 분산, 배치돼 기능하는 것처 럼 보인다. 그러나 피렌체 도시 구조의 핵심은 결국 정치를 위한 건물 들이 건립돼 있는 도시 중심이었다. 그러므로 도시 내에서 발생한 다 양한 갈등 요인에 대해 비타협적 자세를 취했던 수도원들은 도시 외곽 에 배치됐다. 이것은 타 수도원과 마찰 없이 활동할 수 있게 배려한 것 일 수도 있다. 이러한 정치적 중심과 종교적 중심의 분리가 바로 피렌 체의 독특한 특징일 것이다.[42]

끝나지 않은 정치의 도시, 피렌체 공공기념물

도시 귀족 가문들의 갈등

피렌체를 비롯한 이탈리아 중북부 도시들은 코무네 체제를 통해 성장을 거듭했다. 그러나 성장이 항상 조화로운 도시 생활을 의미하지는 않았다. 도시 내부 각 계층 사이의 복잡한 이해관계는 간단하게 조정될 수 없었다. 결국 상류 귀족 가문들이 정치적으로 다른 계층들을 능가하는 영향력을 행사하기 시작했다. 이들의 영향을 받는 콘술들이 늘거나 또는 자기 세력들로 콘술을 독점하기 시작하면서 코무네의 정치 구조는 도시 내 갈등을 해결하는 데 실패했다. 이제 코무네는 도시 민주주의의 표상이 아니라, 귀족들의 집단 통치 체제가 군주로 표상되는 일인 지배 체제를 대체한 것과 같은 모습으로 전락했다.[43]

도시민들이 이러한 문제에 대책 없이 손을 놓고만 있지는 않았다. 이들은 갈등을 해결하기 위해 중요한 정치적 결정을 한 사람에게 위임하는 체제를 도입하기도 했다. 12세기 말 등장하는 포데스타Podestà 직위는 콘술과 마찬가지로 고대 로마의 요소들에서 이름만 차용한 것이었다. 6개월에서 2년까지 임기를 보장받은 이들은 도시 행정과 사법을 관장한 일종의 공무원이었다. 중립적 위치가 요구됐기 때문에 코무네에서는 다른 도시 출신을 포데스타로 선임하기도 했다. 때로는 이들에게 군사권이 부여되기도 했지만, 군사권을 포함해 이들의 권력은 결국 코무네의 구조에 기반을 두었다.[44]

피렌체에서는 1207년경 포데스타가 등장했는데 이들의 흔적을 그라치에 다리에서 찾을 수 있다. 1237년 이 다리가 건립됐을 때 명칭은 루바콘테 다리Ponte Rubaconte였으며, 이는 당시 피렌체의 포데스타인

루바콘테 다 만델로Rubaconte da Mandello에서 비롯했다. 단테가 《신곡》 〈연옥〉 편에서 그가 다리의 주춧돌을 놓았다고 언급하기도 했다.[45] 사실 단테는 그의 시대에 발생한 부패를 풍자하기 위한 목적으로 그것을 언급했지만,[46] 다리 건설 이외에도 벽돌로 도로를 포장해 피렌체가 안전하고 아름다워졌다고 빌라니가 언급하는 것을 감안한다면 루바콘테는 피렌체 발전의 한 단계를 상징한다고 볼 수도 있다.[47]

루바콘테처럼 자기 이름을 남긴 포데스타도 존재했지만, 단테가 부패를 언급했듯 포데스타라는 제도만으로는 코무네 내부의 갈등을 해결하기 어려웠다. 13세기에 접어들며 코무네를 둘러싼 갈등은 다양한 방향으로 확대됐다. 먼저 이탈리아 중북부에서 코무네의 수가 증가하고 크기가 확대되며 경계가 맞닿은 코무네들 사이의 갈등이 심화됐다. 이들은 경쟁 관계에 놓인 코무네를 제압하기 위해 동맹을 통해 세력 확대를 추진했고, 이로 인해 교황과 황제가 다시 이탈리아 도시 정치의 중심으로 부상했다. 코무네들은 이제 교황파인 겔프와 황제파인 기벨린Ghibelline으로 분열돼 대립했다.[48]

한편, 코무네 내부의 갈등도 확대됐다. 도시 내 귀족 가문들은 콘술직을 점유하거나 콘술 임명에 영향력을 행사하는 것을 넘어 파벌을 형성하며 도시 정치를 좌우하기 시작했다. 파벌은 혈연이나 혼인에 의해 결성됐으나 곧 이를 넘어 경제·정치적 연대로 발전했다. 콘소르테리아Consorteria라고 불린 이러한 연대는 이 시대 도시의 성장과 발전 정도를 역설적으로 보여 주기도 한다. 이들이 도시 내에서 자신들의 구역을 이루며 거주했기에, 이러한 구역의 존재로 도시 규모를 짐작할 수 있기 때문이다. 그렇지만 이러한 구역들은 평화롭게 공존하지 못했

103

다. 이들은 도시 권력을 독점하기 위해 다른 콘소르테리아와 폭력을 수반한 갈등을 불러일으켰다. 결국 이들도 승리를 위해 가능한 동맹들을 찾았고 이로 인해 한 도시 내부에서도 겔프와 기벨린이 갈등하는 양상이 나타나기 시작했다.[49]

이들이 도시 내부에서 집단 거주지를 조성한 목적은 다른 콘소르테리아의 예기치 못한 공격으로부터 방어해야 했기 때문이다. 도시에는 성벽이 있었지만, 성벽이 도시 내부의 폭력을 막아 주진 못했다.[50] 이들은 자신들의 거주 지역에 군사시설을 설치했다. 그중 방어와 정찰을 위해 탑은 필수였다. 도시 내에 성채를 지을 수는 없었지만 탑과 그것을 포함한 고층의 방어용 주택은 주거 기능을 만족시키면서도 군사적 유용성을 놓치지 않으려 한 고민의 결과였다.

오늘날 중세의 탑과 관련해서는 탑 열네 개가 비교적 온전하게 형태를 유지한 채 남아 있는 산지미냐노와 같은 지역들이 대표적으로 언급되지만, 피렌체에도 탑이 다수 존재했다. 탑 건설이 정점에 달했을 무렵 산지미냐노에 건설된 탑은 72개에 불과했지만, 같은 시대 피렌체에서는 186개가 건설된 것으로 파악된다.[51] 그러나 피렌체에서는 탑 흔적들만 도시 곳곳에서 발견된다. 그 이유는 겔프와 기벨린 세력이 번갈아가며 도시 권력을 장악한 뒤 반대파에 복수를 했기 때문인데, 여기엔 사람에 대한 복수 이외에 그들이 소유했던 탑을 파괴하는 것도 포함돼 있었다.

두오모와 산조반니 세례당 사이에서 시작돼 시뇨리아 광장Piazza Signoria으로 연결되는 칼자이우올리 거리Via Calzaiuoli 초입에는 반원형 아치가 인상적인 2층 건물 로지아 델 비갈로Loggia del Bigallo가 자리 잡고 있다. 오늘날에는 박물관으로 사용되는 이 건물은 고아나 버림받은 아이를 돌보고 입양시키는 자선사업을 운영하던 세속 평신도 단체인 '자비의 성모마리아 형제단Confraternita di Santa Maria della Misericordia' 본부로 14세기 중엽 건설됐다. 그러나 이 건물에는 더 깊은 정치사가 숨어 있다. 로지아 델 비갈로가 건설되기 전 이곳에 서 있던 것은 시체 안치소의 탑Torre del Guardamorto이었다. 탑 일부가 시체 안치소로 사용됐기 때문에 붙은 이름이다. 코무네는 사망자를 열여덟 시간 동안 이곳에 보관했으며, 그 사이에 사인 규명을 포함해 사망을 공인하고 그를 시민 명부에서 삭제했다. 그리고 나서야 시신은 매장될 수 있었다.[52]

탑을 포함해 이곳에 세력을 형성한 사람들은 아디마리Adimari 가문의 일원이었다. 토스카나 후작의 후손들로 유서 깊은 가문이었던 이들은 칼자이우올리 거리를 중심으로 세력권을 구축했다. 칼자이우올리 거리의 원래 이름은 아디마리 거리Corso degli Adimari였다. 그러나 1248년 기벨린이 정권을 장악하며 겔프인 아디마리 가문은 붕괴했고 이 탑을 포함해 아디마리 가문의 탑 서른여섯 개가 해체됐다.[53] 그 자리에 새롭게 건설된 것이 로지아 델 비갈로였다. 비록 시체안치소의 탑은 사라졌지만, 주변에는 여전히 아디마리 가문의 탑이 존재한다. 그러나 얼핏 봐서는 그것을 탑이라고 인지하기 어렵다. 산지미냐노의 그것과는 달리 피렌체의 탑은 쉽사리 구분되지 않는다. 탑은 분명한 이유로 인해 탑으로서 각인되는 데 실패한 것이다.

포폴로 정부 : 도시 민중의 성장

　　콘소르테리아로 대표되는 피렌체 내 귀족들 사이의 정치적 그리고 폭력적 갈등은 13세기를 지나며 포폴로, 즉 귀족을 제외한 나머지 도시 민중들의 정치적 성장을 통해 점차 극복됐다. 이들은 갈등과 분열 양상을 보이던 귀족들로부터 도시 권력을 최종적으로 획득했다. 그렇다면 이들이 피렌체 정치의 중요한 요소로 기능할 수 있던 이유는 무엇이었을까? 이들은 토지를 중심으로 세력을 형성하던 귀족들과는 달리 피렌체의 경제적 흥망에 자신들의 생존을 전적으로 의존할 수밖에 없던 사람들이었다. 그러므로 귀족들 사이의 갈등으로 인해 발생한 피렌체의 정치·경제적 위기 속에서 포폴로는 정치에 눈을 뜨기 시작했다.

　그러나 귀족과 포폴로가 단순히 계층 간 대결을 벌인 것은 아니었다. 포폴로는 정치·경제적으로 단일한 의식을 가진 집단이 아니었으며, 그 구성원들은 사회·경제적으로 다양한 격차를 보였다. 포폴로 중에서도 부유했던 대상인들은 토지를 매입해 귀족에 가까운 정체성을 드러냈고, 겔프와 기벨린의 대립에도 적극 참여했다. 그러므로 포폴로의 정치적 목소리는 귀족과 구별되는 포폴로로서의 계층 정서로도 드러났지만, 그보다는 공동의 목적을 달성하기 위해 이해관계를 같이하는 자들이 쉽게 조직할 수 있던 직업 집단, 즉 길드를 통해 표현됐다. 길드를 중심으로 도시 정치에 참여하기 시작한 포폴로는 겔프와 기벨린의 갈등을 넘어 13세기 말 피렌체에 새로운 시대를 구현했다.[54]

　포폴로 중심의 정부가 피렌체에 최초로 구축된 시점은 1248년 겔프와 기벨린의 폭력이 최고조에 이르자 도시의 안정을 도모하기 위해 각 세력들이 타협하며 포폴로가 정치의 중심으로 부상한 1250년이었지만, 1266년 베네벤토Benevento 전투 결과 기벨린이 이탈리아반도에서 약화되고 겔프 중심의 정부가 구성된 이후 포폴로는 피렌체의 정치권력을 점차 장악하기 시작했다. 토지 귀족들이 핵심을 이루던 기벨린에 비해 겔프에는 도시 상공업 경제에 기반을 둔 자들이 상대적으로 많았고, 앞선 시대에 지속된 폭력 갈등으로 인해 귀족 수가 전반적으로 감소한 측면도 있었기에 겔프의 승리는 궁극적으로 포폴로의 승리로 귀결될 수 있었다.

1282년 포폴로가 본격적으로 피렌체 정치의 중심으로 부상했다. 포데스타의 권위가 길드의 대표인 프리오리Priori들로 구성된 위원회로 이관됐다. 그리고 사법 행정을 담당하는 민중대장Capitano del Popolo들로 구성된 평의회가 프리오리들로 구성된 위원회와 함께 법령을 통과시켰다. 1293년 발표된 '정의의 법령Gli Ordinamenti di Giustizia'은 귀족으로 분류된 147개 가문이 피렌체의 모든 정치적 직위에서 영원히 축출됐음을 명시함으로써 피렌체의 길드 중심 정치 체제를 확고히 했다. 또한 정의의 법령은 탑 건축을 금지했으며 기존 탑은 완전히 해체하거나 최소한 부분적으로 해체할 것을 명령함으로써 탑으로 상징됐던 귀족들 및 그들이 주도했던 폭력과 갈등의 시대를 종결하고 포폴로의 승리를 선언했다.[55]

포폴로의 승리는 새로운 시대와 새로운 정치 체제를 상징하는 건축물을 통해 더욱 명확하게 구현됐다. 1250년 최초의 포폴로 정부 시기부터 이러한 점이 관찰된다. 코무네의 새로운 핵심 기구로 떠오른 평

탑의 위치가 비대칭적인 베키오 궁
또한 베키오 궁은 흉벽의 모양이 각각 다른데, 시계 주변의 아래 흉벽이 직선형인 것에 반해 탑 상단
부의 흉벽은 제비 꼬리 모양으로 되어 있다.

의회와 프리오리 위원회를 위한 건물이 포폴로 궁Palazzo del Popolo이라는 이름으로 건설되기 시작한다. 오늘날에는 미술관으로 사용되는 바르젤로 궁Palazzo del Bargello이다.[56] 그렇지만 1282년에 포폴로 정부가 다시 정권을 장악했을 때 바르젤로 궁은 규모나 위용에서 그 사이의 변화를 따라잡지 못했다. 비록 정치적 소요는 발생했지만 이 시기에도 경제 성장은 계속됐으며, 인구 증가로 도시는 나날이 확대돼 갔다. 1284년 새로운 성벽이 또 다시 건설되기 시작했지만, 피렌체에 필요했던 것은 성벽 확장이 아니라 새로운 도시 그 자체였다. 정치·경제적으로, 그리고 종교적으로 도시는 새로운 기념물에 의해 칭송돼야 했다.

건축가 아르놀포 디 캄비오Arnolfo di Cambio에 의해 이러한 계획이 구현됐다. 1292년 그는 포폴로 중심의 공화정 피렌체의 가치를 강조하기 위한 새로운 정부 청사를 건설하기 시작했다. 그것은 길드의 승리를 상징하는 것이어야 했다. 오늘날 베키오 궁으로 알려진 이 청사가 처음엔 프리오리 궁Palazzo dei Priori이라고 불린 것은 그러한 이유 때문이다. 물론 단순히 이름만으로 새로운 시대를 상징하는 것은 아니었다. 이 건물은 기벨린에 속했던 우베르티Uberti 가문 주택의 잔해 위에 건설된 것으로, 귀족을 제압하고 등장한 포폴로의 권위를 상징했다. 한편, 귀족에 대한 일방적 승리가 아닌 그들도 포용하는 포폴로 정부의 관대함 역시 보여야 했다. 베키오 궁의 종탑은 중앙이 아닌 건물 남쪽에 치우쳐 있는데, 그것은 미완이던 기존 탑을 완전히 파괴하지 않고 그 기반 위에 탑을 건설했기 때문이다. 포폴로 정부의 포용성은 탑의 흉벽 장식에서도 나타난다. 탑이 솟구치기 전 지붕에 해당하는

오르산미켈레
성 미카엘에게 봉헌된 이 교회의 터는 원래 베네딕트회 수도원이 가꾸던 텃밭Orto이었다.

하단부에는 직선의 겔프 양식이, 그리고 탑의 상단에는 가운데가 오목
하게 들어간 기벨린 양식이 사용됐는데, 이것은 이 건물이 정치적으로
의도된 건축이라는 점을 입증한다.[57]

새로운 도시에 대한 경제적 칭송은 오르산미켈레Orsanmichele에서
확인할 수 있다. 오늘날에는 성당으로 사용되지만, 이 건물은 원래 피
렌체의 곡물 저장고로 건설되었다. 도시에 필요한 곡물을 비축하는 창
고를 건설함으로써 포폴로 정부의 안정적·계획적 측면을 강조하려
한 것으로 볼 수도 있다. 포폴로 정부의 경제적 관심을 입증하는 오르
산미켈레의 이러한 성격은 15세기에 성당으로 전환되며 사라진 듯 보

이지만, 오히려 성당으로 전환되며 경제적 성격이 더욱 부각되는 역설을 낳는다. 전환된 성당은 바로 길드들을 위한 성당이었다. 성당 외벽 조각들은 단순한 조각이 아니라 길드가 의뢰한 것으로, 조각들이 곧 길드의 힘을 보여 준다. 로렌초 기베르티Lorenzo Ghiberti(1378~1455), 도나텔로Donato di Niccolò di Betto Bardi(1386~1466), 안드레아 델 베로키오 Andrea del Verrocchio(1435~1488) 등 뛰어난 예술가들이 제작한 조각상들은 그것을 의뢰한 길드의 힘을 그대로 보여 준다.[58]

포폴로의 도시는 이제 종교적으로도 새로워야 했다. 1296년 아르놀포 디 캄비오는 도시 북쪽에 위치해 있던 산타레파라타 성당을 확장하는 계획을 수립했다. 길이 145미터, 폭 40미터의 새로운 성당은 규모만으로도 엄청났지만, 그로부터 100여 년 뒤 42미터의 돔을 건설하겠다는 대담한 계획의 수혜자가 됐다. 이것은 시에나, 피사와 같은 경쟁 도시에 정치와 경제를 넘어 신앙에 대해서도 대결을 하겠다는 피렌체인들의 선전포고이면서 동시에 완성에 대한 확신이 없으면서도 계획을 세웠던 피렌체인들의 낙관주의와 자신감의 표현이기도 했다.[59] 산타마리아 델 피오레, 즉 꽃의 성모마리아에게 봉헌된 이 성당은 이제 분열을 넘어 하나의 도시로 거듭나는 피렌체의 대성당이자 도시의 정신적·물리적 중심임을 분명하게 선언했다.

끝나지 않은 정치의 도시

준세이와 아오이가 만나 사랑을 확인했던 두오모는 피렌체에 새롭게 등장한 정치 체제를 표상하는 기념물이었다. 두오모뿐만 아니라 바르젤로 궁, 프리오리 궁(베키오 궁) 그리고 오르산미켈레와 같은 건물도 위치와 크기, 그리고 겉모습은 각기 달랐지만 결국 같은 의미를 내포하는 기념물이었다. 도시의 정치적 중심에서 벗어나면 산타마리아 노벨라와 산타크로체 같은 성당으로 표상되는 또 다른 기념물들이 피렌체에 자리 잡고 있다. 이들은 정치를 위한 직접적 건물은 아니었지만, 그 구역의 중심으로 존재했다. 직접 정치를 하지 않았다 해도 성당은 당대의 다양한 도시 활동의 중심에 있었다. 결국 광의의 정치를 수행한 셈이다.

지금까지 정치적 기능에 주목해 중세에 이르는 시점까지의 피렌체의 형성과 발전 과정을 건축물을 중심으로 살펴보았다. 정치도시로서 피렌체의 여정은 결코 끝나지 않았다. 기벨린과 겔프의 분열을 수습하고 최종 승자로 등극한 포폴로 정부 아래에서 피렌체는 발전을 가속화했다. 포폴로 정부의 중심이 길드에 있었던 만큼 길드 중심의 정치는 곧 경제 발전을 추구한 정치였다.

그러나 14세기에 접어들며 길드를 중심으로 한 정치 체제에 균열이 발생하기 시작했다. 포폴로는 균등한 경제 수준과 생활 수준을 보유한 자들이 아니었다. 더 나아가 모든 도시 내 직업들이 동등하게 인식된 것도 아니었기에 길드 역시 처음부터 동등한 위치에 놓여 있지 않았다. 경제에서 차지하는 비중이나 소속 구성원들의 사회적 위치 등 많은 차별이 존재했다. 길드 정치의 중심엔 일곱 개의 대길드가 있었다. 1285년 이후 중간 규모의 길드에도 정부에 대한 참여가 허용됐지만, 모든 길드가 도시 정치에 참여한 것은 결코 아니었다.

한편, 노동의 변화가 길드 내부에서 일어났다. 길드란 동일 직업인 집단이었으므로 현재 그 직업을 수행 중인 장인과 장차 그 직업에 참여하게 될 도제 사이의 협력은 필수였다. 그러나 14세기 중반 페스트와 같은 질병 발생은 사회·정치 불안을 야기하고 노동 구조를 왜곡시켰다. 도제로 머무는 기간이 장기화되거나 도제가 임금노동자로 전락하는 현상이 발생했다. 노동 왜곡 속에 계층별 경제 격차가 벌어지고 길드는 폐쇄적으로 변화했다. 길드가 폐쇄화되면서 길드 중심의 정치는 시민이 아닌, 길드 구성원만을 위한 정치로 변화했다. 임금노동자층이 확대됐는데 그중 모직물 분야 저임금노동자인 치옴피Ciompi들이 있었다. 노동 조건 개선을 위해 정치적 의사 표시가 필요했고, 피렌체에서 정치에 참여하는 것은 결국 길드의 결성을 인정받아야 했음을 의미한다. 그러나 이들의 길드 결성은 기득권 침해를 우려했던 다른 길드들에 의해 거부됐고, 이들에게 사회적 소요 이외에 다른 선택은 존재하지 않았다. 1378년 치옴피의 반란은 이러한 길드 정치의 모순을 드러낸 장면이었다.[60]

전염병 발생이나 치옴피의 반란과 같은 사회 갈등의 결과 도시 정치에서는 일부 부유한 가문과 그들을 따르는 자들이 세력을 형성해 권력을 장악하는 현상이 다시금 나타났다. 이들은 귀족이 아니라 포폴로에 속했지만, 도시 경제를 장악하며 귀족과 다름없는 영향력을 미치기 시작했다. 이들은 프리오리 궁과 같은 공화적 지배를 상징하는 기념물들을 새롭게 건설할 이유가 없었다. 시뇨리아Signoria라고 불린 가문 중심의 당파적 지배 체제를 구축한 이들은 이제 가문을 과시하고 가문의 안녕을 기원하기 위해 저택과 예배당을 장식했다. 프리오리 궁이 시뇨리아 궁으로 이름이 바뀐 것도 이러한 과정이 심화돼 가던 15세기에 발생한 일이었다.

피렌체를 대표하는 역사적 상징 중 하나라고 해도 지나치지 않을 메디치Medici 가문 역시 그러한 과정 속에서 등장해 결국 최종 승자가 됐다. 이들의 등장은 치옴피의 반란 시기에 치옴피를 비롯한 하층민들에게 우호적으로 상황을 중재하고자 했던 살베스트로 데 메디치Salvestro de' Medici(1331~1388)에서 비롯한다. 그는 잘 알려진 '국부' 코시모 데 메디치Cosimo de' Medici(1389~1464)와는 먼 친척이었지만 메디치 가문은 하층민들에게 우호적이었으며 동시에 이들을 정치적으로 활용할 줄 알았다.

1434년부터 메디치 가문의 지배를 구축한 코시모는 공적인 통치자의 자리에 오르는 대신 기존 정치 체제를 존중했다. 그러나 정치 체제에 참여하는 자들은 메디치의 입장을 대변하는 자들로 이뤄졌다. 이러한 방식의 이면에는 '후원과 겸양'이라는 전략이 숨어 있었다. 그는 공적인 후원을 통해 정치적 영향력을 구축했으며 겸양의 자세를 통해 이를 후대로 전할 수 있었다. 1419년 시작된 산로렌초 성당 재건축은 1442년 그가 후원한 이후 급물살을 탈 수 있었으며 산마르코 수도원 Convento di San Marco 건립에서도 그의 후원은 역시 절대적이었다.[61] 그는 사적 거주 공간인 메디치-리카르디 궁Palazzo Medici Riccardi을 조성하면서도 같은 전략을 동원했다. 건축가 미켈로초Michelozzo di Bartolomeo(1396~1472)를 후원하며 자기 능력을 과시했지만 그러한 사적 거주 공간 건축의 한계를 인지하고 보다 화려했던 브루넬레스키의 계획을 거절하는 겸양을 보여 준 것이다.[62] 여전히 정치는 피렌체의 기념물들

우피치 미술관
우피치Uffizi는 사무실Office이 모인 일종의 청사다.

에 영향을 미치고 있었다.

메디치 가문의 코시모 1세 공작이 군주로 등극한 이후 겸양은 더 이상 필요 없었다. 피렌체는 코무네로 대표되는 적극적인 공화정치의 원리가 표출되는 곳이 아니라 새로 수립된 군주국의 통치 중심지가 됐다. 시뇨리아 궁은 1540년 공작궁Palazzo Ducale으로 명칭이 변경됐으며, 1590년 대공이 피티 궁Palazzo Pitti으로 거주지를 옮기자 베키오 궁, 즉 옛 궁이 됐다. 그리고 베키오 궁 옆에는 통치를 위한 사무실Uffici, 즉 우피치Uffizi가 들어섰다.[63] 메디치가의 대공들은 이제 아르노강 남쪽의 새로운 거주지에서 전용 통로를 통해 사무실로 이동했다. 오늘날 베키오 다리 한편에 솟아 있는 회랑, 건축가 바사리의 이름을 딴 이 회랑은 그렇게 건설된 것이다. 그리고 1593년 군주의 권위를 위해 베키오 다리에 가득했던 푸줏간들이 쫓겨났다.[64] 그 자리를 금 세공사들이 차지하면서 '아름다운' 피렌체의 기념물이 또 하나 조성됐다.

남종국

사라진 공화국의 사라지지 않은 상징

베네치아 날개 달린 사자

신화의 탄생

베네치아 하면 우선 떠오르는 이미지는 '물의 도시'다. 아드리아해 북쪽 끝에 위치하고 있으며 바다로 이어지는 석호 위에 건설된 물의 도시 베네치아는 120여 개의 작은 섬과 그 섬들을 연결하는 600여 개의 다리가 하나의 도시를 형성하고 있다. 물의 도시답게 곤돌라, 수상 버스와 택시, 개인용 보트가 베네치아 이곳저곳을 연결해 준다. 베네치아를 대표하는 또 다른 이미지는 '관광도시'다. 일반인에게는 잘 알려져 있지 않지만 중세부터 베네치아는 성지순례의 출발지로서 인기를 누렸고, 수많은 그리스도교 순례자들이 예루살렘으로 가는 순례선을 타기 위해 베네치아로 몰려들었다. 17~18세기 베네치아는 로마와 함께 그랜드 투어 Grand Tour의 최종 종착점으로서 유럽인들에게 큰 인기를 누렸다.[1] 오늘날에도 매년 1000만 명 이상의 관광객이 베네치아의 아름다움을 보기 위해 이 바다의 도시를 찾고 있다.

역사에 관심이 있는 사람이라면 베네치아가 이룩했던 신화와 같은 역사를 떠올릴 수도 있을 것이다.[2] 오랜 역사 동안 베네치아인들을 하나로 묶어 주고 대외적으로 베네치아를 대표하며, 작은 물의 공화국이 기적과도 같은 역사를 쓰는 데 기여한 역사적 상징물이 있었다. 바로 '산마르코San Marco'와 '날개 달린 사자'다. 산마르코와 사자는 1000년 동안 베네치아공화국을 대표하는 제일 상징이었다. 16세기 후반 팔마Palma il Giovane가 그린 〈캉브레Cambrai동맹의 알레고리〉는 베네치아를 날개 달린 사자로 은유적으로 표현한다. 이 그림은 16세기 초 프랑스, 신성로마제국 그리고 교황청이 결성한 신성동맹과 베네치아 사이의 전투 장면을 비유해서 그린 것이다. 그림 중앙에 베네치아 도제doge(베네치아공화국을 이끄는 수장. 원래 라틴어 dux에서 나온 중세 베네치아어) 레오나르도 로레단Leonardo Loredan(1436~1521)은 날개 달린 사자를 이끌고 소를 데리고 있는 신성동맹, 즉 유럽과 싸우고 있다. 이 그림에서 소가 유럽이라면 날개 달린 사자는 바로 베네치아 자체다.

　산마르코와 날개 달린 사자는 그림, 조각 등의 시각 매체를 통해 베네치아의 이미지와 정체성을 대외적으로 드러내는 수단으로 활용됐다. 오랜 역사 속에서 산마르코와 날개 달린 사자는 베네치아와 동일시됐다. 날개 달린 사자가 오랫동안 베네치아와 운명을 같이했다는 사실을 오늘날에도 여전히 베네치아 곳곳에서 확인할 수 있다. 주의 깊은 관찰자라면 몇 분 걷지 않아도 베네치아 여기저기서 날개 달린 사자를 발견할 수 있을 것이다. 베네치아의 정치와 행정 중심지 역할을 했던 산마르코 광장 곳곳에 날개 달린 사자가 있다. 광장에 설치된 두 개의 큰 기둥 위 날개 달린 사자상은 아드리아해를 내려다보고 있다.[3] 도제 궁 입구에는 15세기 이탈리아로의 팽창을 주도했던 베네치아 도제 프란체스코 포스카리Francesco Foscari(1373~1457)가 날개 달린 사자

팔마, 〈캉브레동맹의 알레고리〉, 1590, 베네치아 도제 궁

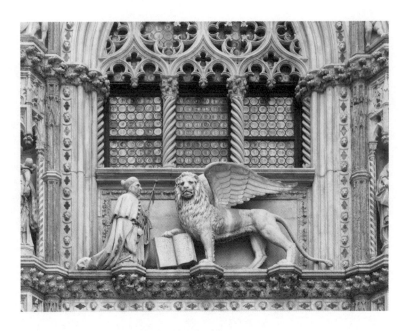

프란체스코 포스카리와 날개 달린 사자. 베네치아 도제 궁

앞에서 무릎을 꿇고 있는 조각상이 있다. 대성당 곳곳은 날개 달린 사
자와 산마르코의 전설을 보여 주는 그림들로 가득 차 있다. 한때는 국
영 조선소로 사용됐다가 현재는 이탈리아 해군기지로 사용되는 건물
입구에 위풍당당하게 서 있는 사자는 영광스럽던 과거를 회상하게 만
든다. 과거에 동업조합 건물로 사용됐던 그란데 스쿠올라Grande scuola
입구에서도 여전히 문을 지키고 서 있는 날개 달린 사자를 발견할 수
있다.

　어떤 연유로 산마르코와 날개 달린 사자가 베네치아를 대표하는 상
징물이 됐을까? 왜 그렇게 오랫동안 산마르코와 날개 달린 사자는 베

네치아를 보호하면서 도시와 운명을 공유했을까? 그 역사는 9세기 초 산마르코의 유해가 베네치아로 옮겨 오면서 시작됐다. 그 긴 역사 속으로 들어가 보자.[4]

산마르코 유해의 베네치아 이송

산마르코와 날개 달린 사자가 베네치아의 상징이 됐는지를 살펴보기 전에 왜 산마르코와 날개 달린 사자가 함께했는지를 알아야 한다. 날개 달린 사자가 산마르코의 수호신물이 돼 운명을 같이하게 된 데에는 오랜 역사가 있다. 하지만 산마르코보다 날개 달린 사자가 더 오래된 연원을 가지고 있다. 형태 측면에서 보면 날개 달린 사자의 기원은 기원전 3000년경 페르시아와 이집트문명에서 믿던 상상의 동물 '그리핀griffin'이었다. 그리핀은 날짐승의 왕인 독수리의 머리와 날개를, 들짐승의 왕인 사자의 몸을 가진 명실공히 동물의 왕이었다. 그리핀과 베네치아의 날개 달린 사자와의 차이점은 머리 부분이다. 그리핀과 달리 베네치아를 상징하는 사자는 사자의 머리를 하고 있다. 이러한 차이는 있지만 날개 달린 사자는 그리핀에서 유래한 것으로 추정된다.

날개 달린 사자와 산마르코가 직접 관련성을 가지게 된 것은 성경 이야기였다.[5] 사자는 〈에제키엘 예언서Book of Ezekiel〉에 나오는 네 생물, 즉 사자·소·사람·독수리 중 하나다. 사자를 포함한 이들 동물은 〈요한계시록〉에도 다음과 같이 나온다. "보좌 주위에 네 생물이 있는

123

데 앞뒤에 눈들이 가득하더라. 그 첫째 생물은 사자 같고, 그 둘째 생물은 송아지 같고, 그 셋째 생물은 얼굴이 사람 같고 그 넷째 생물은 날아가는 독수리 같다." 이후 네 생물은 각각 네 복음서의 저자와 쌍을 이루게 됐다. 마태와 인간이 한 쌍을 이루게 된 계기는 《마태복음》이 인류의 계보를 언급하는 것으로 시작되기 때문이다. 루가가 소와 쌍을 이루게 된 이유는 루가의 복음서가 신전에서 희생된 자카리아스 이야기로 시작되기 때문이다. 요한이 독수리와 쌍을 이루게 된 이유는 《요한복음》의 신학적 날카로움이 독수리의 민첩함과 유사하기 때문이다. 마가가 사자와 짝을 이루게 된 이유는 《마가복음》이 사막에서 유혹을 받는 예수 이야기로 시작되고, 복음서에 "마가여 너의 목소리가 사막에서 사자의 목소리처럼 울려 퍼지는구나"라는 구절이 있기 때문이다. 그런 연유로 날개 달린 사자는 마가를 상징하고 보호하는 신물이 된 것이다.[6]

날개 달린 사자가 베네치아와 운명 공동체가 된 결정적 계기는 산마르코의 유해가 베네치아로 옮겨 오면서부터였다. 알렉산드리아에 안치돼 있던 산마르코의 유해가 베네치아로 옮겨 오면서[7] 마르코의 상징인 날개 달린 사자도 함께 베네치아로 오게 된 것이다. 이 이송translatio은 베네치아 역사에서 가장 중요한 순간이다. 여러 면에서 이송 이전과 이송 이후의 베네치아 역사는 달라졌고 베네치아인들도 그렇게 믿었다. 실제로 이송 이후 베네치아는 번영을 누렸고 중세 말 지중해 전역을 누비는 강력한 해상 세력으로 부상했다. 당시 베네치아인들은 이 모든 것이 산마르코와 사자가 보호한 덕분이라고 생각했다. 그들은 예수그리스도의 사제이자 복음서의 저자인 산마르코와 그의 사자가 지켜 주는 한 베네치아는 천하무적이라고 생각했다.

산마르코의 유해가 베네치아로 옮겨 오게 된 것은 도둑질 덕분이었다.[8] 828년 알렉산드리아에서 불법 거래를 하고 있던[9] 베네치아 상인 부오노Buono 와 루스티코 디 토르첼로Rustico di Torcello 는 알렉산드리아에 있는 산마르코 성당에 들러 기도하다가 그리스 출신 그리스도교 사제Theodorus 와 수도사Stauracius 를 만났다. 그들은 최근 이슬람 당국이 그리스도교인들을 박해하고 교회의 대리석을 훔친다고 베네치아 상인들에게 불평을 늘어놓았다. 이 이야기를 들은 베네치아 상인들은 과격한 제안을 했다. 산마르코의 유해를 훔쳐서 베네치아로 가져가자는 것이었다. 하지만 사제들이 성인의 유해를 함부로 옮기는 일은 불경한 짓이라며 두려워해 선뜻 제안을 수락하지 않자, 베네치아 상인들은 산마르코가 알렉산드리아로 오기 전에 베네치아에 들렀기 때문에 베네치아로 유해를 옮겨 갈 정당한 이유가 있다고 사제들을 설득했다. 결국 네 사람은 유해를 돼지고기로 싸서 기다리고 있던 베네치아 선박에 옮겨 실었다. 화물을 검사한 이슬람 관리는 상자에 들어 있는 생돼지 고기를 보고 기겁하며 뚜껑을 닫아 버렸다. 그 덕분에 산마르코의 유해를 들키지 않고 베네치아로 수송할 수 있었다. 전설에 따르면 알렉산드리아에서 베네치아로 오는 항해 도중 산마르코는 기적을 행했다. 선원들이 자는 도중에 악마들이 배를 공격하자 산마르코는 악마를 물리치고 배가 자초하는 것을 막았다. 이 전설은 산마르코의 유해를 베네치아로 이송하는 것이 정당한 일임을 보여 주기 위해 창안된 이야기였다.[10]

당시 서유럽 그리스도교 사회에서는 이런 종류의 도둑질이 성스러운 도둑질furta sacra로 간주됐고 때론 권장되기도 했다. 중세 그리스도 교인들은 성인의 유해와 유물이 신비한 힘을 가지고 있다고 생각했고, 성유물에 특별한 가치를 부여했다. 그런 연유로 성유물을 가진 도시와 개인도 그만큼 성스러운 권능과 힘을 가진다고 생각했다. 그래서 그들 은 산마르코의 유해를 훔치는 것이 아니라 이슬람 손에서 구출한다고 생각했다.

실제로 9세기 초 산마르코의 유해가 베네치아로 이송됐는지에 대한 논란은 여전히 남아 있다. 일부 역사가들은 이 이야기가 후대에 만들 어진 신화일 뿐이라고 주장한다. 어쨌든 9세기 후반엔 베네치아가 산 마르코의 유해를 가지고 있다는 소문이 서유럽 그리스도교 세계에 널 리 퍼져 있었다.[11]

산마르코 신화 만들기

이스트리아Istria에 도착한 두 상인은 베네치아를 이끄는 도 제 주스티니아노 파르테치파치오Giustiniano Patercipazio에게 알렉산드 리아에서의 불법 거래를 용서해 주면 산마르코의 유해를 넘기겠다는 제안을 했고 도제는 이 제안을 흔쾌히 수락했다. 도제, 그라도Grado의 대주교와 모든 주교가 산마르코의 유해를 환영했다. 환영이 끝나자마 자 산마르코의 유해를 차지하기 위한 경쟁이 본격화됐다. 산마르코의 유해는 워낙 중요한 성유물이었기 때문에 이러한 분쟁은 당연히 예상 됐다. 베네치아, 그라도의 대주교, 아퀼레이아Aquileia의 대주교, 카스텔로Castello의 주교가 모두 권리를 주장했다.

당시까지만 해도 베네치아보다는 아퀼레이아, 그라도와 카스텔로가 역사적으로 더 정당한 권리를 가지고 있었다. 왜냐하면 이곳들이 역사적으로 산마르코와 관련돼 있었기 때문이다. 오래된 전승에 따르면 베드로의 명으로 아퀼레이아로 파견된 마르코는 그곳에서 그리스도교 공동체를 건설하고 주교가 됐다. 마르코는 자기 제자였던 헤르마고라스Hermagoras에게 아퀼레이아의 주교직을 넘겨준 다음 이집트의 알렉산드리아로 향했다. 알렉산드리아에 도착한 후 마르코는 그곳에 교회를 세우고 최종적으로 순교했다.[12] 산마르코가 처음으로 복음을 전파한 곳이 바로 아퀼레이아였기 때문에 아퀼레이아 대주교는 그만한 권리를 주장할 수 있었다. 그라도의 대주교가 권리를 주장할 수 있던 역사적 배경은 롬바르드족이 침입했을 당시 대주교 관구가 일시적으로 아퀼레이아에서 그라도로 옮겨 갔기 때문이다.[13]

사실 이들 세 도시 간의 갈등은 오래됐다. 유해 이송 이전 베네치아는 비잔티움Byzantium제국과 카롤루스대제의 서로마제국으로부터의 간섭에서 벗어나고 싶어 했다. 서로마제국의 후원을 받은 아퀼레이아 대주교는 주변 지역에 대한 대주교 관할권을 결코 상실한 적이 없다고 주장했다. 베네치아는 이전에 아퀼레이아 대주교였던 파울루스가 그라도에서 다시 베네치아로 피난을 와서 베네치아에 대주교직을 수립했기 때문에 자신들이 아퀼레이아 대주교의 지배를 받을 필요가 없다고 반박했다. 이런 갈등을 해결하기 위해 827년 만토바Mantova에서 공의회가 개최됐다. 서로마제국이 주최한 공의회였기 때문에 당연히 친서로마제국 세력이던 아퀼레이아 대주교의 주장이 받아들여졌다. 패트릭 기어리Patrick J. Geary는 이러한 상황을 만회하기 위해 베네치아가 산마르코의 유해를 훔치기로 결정했다고 주장한다.

여러 논란 끝에 최종 결정이 내려질 때까지 성인의 유해를 도제 궁에서 임시로 보관하고, 이를 위해 도제 궁 옆에 작은 예배당을 건설하기로 합의했다.[14] 832년 완성된 이 작은 예배당이 훗날 산마르코 대성당Basilica di San Marco으로 발전했다. 도제 조반니 파르테치파초Giovanni Partecipazio가 산마르코의 유해를 베네치아에 안치하기로 결정한 이유는 유해와 자기 가문을 연결시켜 항구적으로 정권을 유지하기 위해서였다. 하지만 예배당이 건설되고 4년 후 조반니 파르테치파초는 귀족들 간의 당파 싸움으로 권좌에서 쫓겨나고 피에트로 트라도니코Pietro Tradonico가 새 도제가 되면서 산마르코의 유해와 산마르코 대성당은 베네치아 시민과 공화국의 것임을 천명했다. 그런 연유로 산마르코 대성당은 로마교회와 일정 정도 거리를 둘 수 있었고, 그 결과 한 도시의 중심에 그 도시를 대표하는 대성당이 위치하는 일반적 경우와 달리 산마르코 대성당은 로마교회를 대변하는 대성당이 아니라 베네치아 시민을 대변하는 성당이 될 수 있었다. 실제로 베네치아의 대성당은 카스텔로 섬에 있는 베드로 성당이었고 베네치아 주교는 시의 정치·종교 권력 중심에서 떨어져 있었다. 산마르코 대성당은 계속해서 도제 궁의 부속 성당으로 베네치아 시민 모두의 자산으로 남았다.[15]

이후 몇 세기 동안 산마르코 대성당은 베네치아공화국이 유해의 정당한 소유주임을 보여 주는 전시장으로 활용됐다.[16] 11세기 성당 벽면에는 산마르코가 아퀼레이아에 복음을 전파하는 장면, 알렉산드리아에서 순교하는 장면, 그의 유해를 베네치아로 옮겨 오는 장면 등이 그려졌다.[17] 피에트로 폴라니Pietro Polani가 도제로 재임하던 시절 (1130~1147)에는 산마르코가 자기가 그려진 깃발을 서 있는 도제에게 전달하는 장면이 그려졌다. 이 장면은 베네치아의 주권이 산마르코로 부터 나온다는 것을 상징한다.[18] 베네치아공화국은 도시를 방문한 외국인에게 마르코의 전설적인 일생이 그려진 성당을 참배하게 함으로써 산마르코가 베네치아를 지키는 수호성인임을 선전했다.

산마르코의 유해가 베네치아로 옮겨지고 도시를 수호하는 성인이 되면서 기존 성인은 자리에서 물러날 수밖에 없었다. 이러한 교체는 베네치아 역사의 전환을 의미했다.[19] 원래 베네치아를 지키고 보호하는 성인은 그리스 전사 출신 테오도르였다.[20] 4세기 그리스 출신인 테오도르는 이집트에서 악마에 사로잡힌 악어를 창으로 찔러 죽인 일화로 잘 알려져 있다. 테오도르가 베네치아를 수호하는 성인이었다는 사실은 베네치아가 비잔티움제국의 속국임을 보여 주는 증표이기도 했다. 베네치아가 테오도르를 대신해 산마르코를 새로운 수호성인으로 삼을 수 있던 것은 비잔티움제국이 처한 위기 덕분이었다. 당시 비잔티움제국은 아바스Abbās제국으로부터 수차례 공격받았고 이로 인해 이탈리아반도 내 영토를 실질적으로 통제할 힘을 상실했다. 그 덕분에 베네치아는 비잔티움제국으로부터 사실상 독립을 얻었고 나아가 수호성인 교체를 통해 이를 대외적으로 천명할 수 있었다.[21]

산마르코의 유해가 베네치아로 이송됐다고 모든 논란이 종결된 것은 아니었다. 왜냐하면 베네치아보다는 산마르코가 복음서를 저술한 로마, 첫 복음 전파의 임무를 맡고 파견된 아퀼레이아, 교회를 세우고 순교한 이집트의 알렉산드리아 그리고 아퀼레이아의 주교 관구가 잠

깐 옮겨 갔던 그라도가 유해에 대해 더 정당한 권리를 가지고 있었기 때문이다. 이러한 상황에서 베네치아는 산마르코의 유해를 차지할 수 있는 정당한 이유를 만들어야만 했다. 또한 베네치아를 보호하는 성인 마르코가 신비한 권능을 가지고 있음을 보여 줄 필요도 있었다. 한마디로 새로운 전설과 신화를 만들 필요가 있었던 것이다. 이렇게 해서 13세기 무렵에 '예정 이야기Praedestinatio'와 '출현Apparitio'이라는 두 전설이 만들어졌다.[22]

베네치아가 산마르코 유해의 최종 주인임을 정당화해 준 '예정 이야기'는 바로 "너의 육신이 여기(베네치아)에 쉴 것이다Hic requiescet corpus tuum"라는 전설이었다. 이 전설은 산마르코의 유해가 베네치아로 옮겨 오기 이전에는 없었다. 그리스도교 초기 산마르코와 관련된 대표 전설은 "내 복음서의 저자 마르코야, 너에게 평화가 있기를Pax tibi Marce evangelista meus"이었다. 산마르코와 날개 달린 사자가 함께 나오는 그림이나 조각에 가장 자주 등장하는 이 말은 원래 알렉산드리아에서 복음을 전하다가 수감된 마르코에게 예수그리스도가 나타나 건넨 위로의 인사였다.[23]

결국 이 문구를 변형해 새로운 전설이 만들어졌다. 이야기는 이러하다. 마르코가 아퀼레이아 지방에 복음을 전하는 임무를 마치고 배를 타고 돌아오는 도중에 폭풍우를 만나 베네치아로 떠밀려 오게 됐다. 그 와중에 마르코의 꿈에 나타난 천사는 마르코에게 "너의 육신이 여기서 안식을 취하게 될 것이다"라고 예언했다.[24] 이 새로운 전설은 알렉산드리아에서 순교한 마르코의 유해가 최종적으로 베네치아로 옮겨 오게 된 것을 사후에 승인하는 문구였다. 이 이송이 천사의 계시를

산마크코의 꿈속 천사의 예언, 베네치아 산마르코 대성당 카펠라 젠Cappella Zen

통해 미리 예정돼 있었다는 것이다.[25]

이 외에도 마르코의 위대한 권능을 보여 주는 전설들이 계속해서 만들어졌다. '출현'은 사라졌던 마르코의 시신이 갑자기 다시 나타났다는 이야기다. 11세기 후반 산마르코 대성당을 재건하는 과정에서 산마르코의 유해가 사라지는 사건이 발생했다. 사실 사라진 것이 아니라 공사 중에 안전을 위해 숨겨 두었는데, 도제가 시민들에게 이 사실을 숨겼다. 재건 공사가 마무리돼 갈 무렵까지도 성유물을 찾지 못하자 도제 비탈레 팔리에르Vitale Falier는 수행원을 대동하고 이를 찾기 위해 기도를 드렸다. 마치 간절한 기도에 응답이라도 한 것처럼, 3일째 되는 날 기둥 위에서 돌이 하나 떨어졌고 그 안에서 성유물이 발견됐다. 이

사라진 공화국의 사라지지 않은 상징, 베네치아 날개 달린 사자

이야기는 산마르코가 자신이 선택한 베네치아를 계속해서 지켜 주겠다는 의미로 받아들여졌다.

16세기 중엽 화가 야코포 산소비노Jacopo Sansovino는 도제 궁 안 법정 벽면에 산마르코의 일생과 그와 관련된 기적을 조각했다. 그중 하나가 산마르코가 비를 내리는 기적을 행하는 부조다. 전설에 따르면 이탈리아 남부 풀리아Puglia 지방 사람들이 산마르코 경배를 거부하자 끔찍한 가뭄이 그 지역을 강타했다. 가뭄에 직면한 사람들은 산마르코에게 도움을 청했고 산마르코의 축일을 기념하겠다는 약속을 하자마자 산마르코가 가뭄을 몰아내고 비를 보냈다. 또 다른 부조는 부상당한 기사의 손을 치료한 내용을 담고 있다. 롬바르디아 출신 기사가 전투 중에 거의 손이 잘려 나갈 정도로 심한 부상을 입었다. 부상당한 기사는 손을 절단해야 한다는 의사와 친구들의 충고를 거절하고 산마르코에게 도움을 청했고 그 덕분에 금방 나았다. 부상당한 부위에 남은 것은 약간의 상처였고, 이 상처는 기적의 증거였다. 산마르코가 곤궁에 처한 노예를 구원한 이야기를 표현한 부조도 있다. 프로방스 지방에 있는 한 노예가 산마르코의 유해를 순례하고 싶다고 주인에게 이야기했는데, 주인은 이를 거부했다. 노예는 주인의 처벌보다는 신에 대한 두려움 때문에 신에게 약속한 대로 산마르코의 유해를 참배하고 돌아왔다. 하지만 주인은 순례에서 돌아온 노예를 고발하고 온갖 고문을 받게 만들었다. 노예가 산마르코에게 도움을 청하자 기적적으로 산마르코가 나타나 고문 도구를 없애 버렸다. 이를 지켜본 주인은 신의 용서를 구하고 노예와 함께 산마르코의 무덤을 참배했다.

베네치아공화국의 상징이 된
날개 달린 사자

산마르코의 유해가 베네치아로 옮겨진 것은 9세기 초였다. 그렇지만 산마르코와 날개 달린 사자가 베네치아공화국의 공식 상징 물이 되기까지는 몇 세기가 소요됐다. 많은 학자가 사자가 베네치아공 화국의 공식 상징물이 된 것은 13세기 초엽부터였다고 이야기한다.[26] 산마르코의 사자 중 가장 오래된 것은 산마르코 대성당 천장에 그려 진 그림이다. 13세기 초엽에 제작된 것으로 추정되는 이 그림은 사자 몸의 일부가 바다에서 나오는 모습이다. 실제로 13세기 말에는 공공 기관뿐만 아니라 길드의 인장에도 이런 모양의 사자 문양이 들어갔다. 앞면에는 산마르코의 사자가 그려져 있고, 뒷면에는 베네치아공화국 Dominium Venetiarum이라는 글자가 새겨진 인장은 1797년까지 변하지 않고 사용됐다. 당연히 공적 기록, 외교 문서, 법령에도 산마르코의 사 자가 베네치아공화국을 대표하는 상징으로 들어갔다.

화폐에도 산마르코와 사자 문양이 들어가 베네치아공화국의 공식 화폐임을 인증했다. 13세기부터 주조되기 시작한 은화 그로소grosso와 13세기 후반부터 발행되기 시작한 금 화 두카토ducato에는 산마르코가 공 화국을 대표하는 깃발을 도제에게 수 여하는 장면이 새겨져 있었다. 동전 의 다른 한쪽 면에는 예수그리스도가 새겨져 있었다. 나중에는 산마르코

베네치아의 금화 두카토

133

대신에 날개 달린 사자가 베네치아 화폐 도안으로 사용됐다. 날개 달린 사자가 베네치아공화국을 대표하는 상징으로 부상하면서 산마르코를 대변하는 상징 동물로서의 역할과 이미지는 점차 축소됐다.[27] 이제 사자는 산마르코의 부속물이 아니라 홀로서도 베네치아를 대표하는 독자성을 확보하게 된 것이다. 화폐 도안 변화는 베네치아 대외 정책의 기조 변화를 잘 보여 준다. 왜냐하면 마르코 성인의 온화한 모습보다는 기세등등한 사자가 해외 식민지를 개척하는 베네치아의 힘과 위력을 더 잘 보여 주기 때문이다.

사자는 공식 문서, 인장과 화폐뿐만 아니라 깃발, 다양한 종류의 장식물 등에 베네치아공화국을 상징하는 문양으로 사용됐다. 이러한 과정에서 사자의 모습도 변했다. 초기 사자는 몸 전체가 아니라 몸의 반만을 보여 주는 형태였다. 대표적 사례가 산마르코 대성당 천장에 그려진 비잔티움 양식의 그림이다. 그렇지만 13세기 공식 상징물이 되면서 몸 전체를 보여 주고 걸어가는 형태의 사자Leone andante로 변했다. 이후 이 모양의 사자가 일반적으로 사용됐다.

베네치아공화국의 수호성인으로서 확고한 지위를 확보한 산마르코는 점차 자기 분신인 날개 달린 사자에게 주도권을 내주게 됐다. 13세기 후반부터 산마르코보다는 날개 달린 사자가 더 자주 등장하기 시작했다. 이러한 변화의 계기는 베네치아의 본격적인 영토 팽창이었다.[28] 4차 십자군 이후 본격적으로 영토 팽창의 길로 접어든 베네치아공화국은 성스러운 이미지의 산마르코보다는 동물의 왕 사자를 활용해 대외적으로 힘을 과시하려고 했다. 사자는 여러모로 이런 용도에 적합했다. 왜냐하면 밀라노의 암브로시우스Ambrosius와 피렌체의 세례자

요한 등의 수호성인들은 사자와 같은 수호신물을 가지고 있지 않아서 정복과 팽창이라는 군사적 이미지에 적합하지 않았기 때문이다.[29] 또한 베네치아의 사자는 동물 위계 서열상 로마를 지키는 늑대보다 높았다.[30]

십자군 시절 베네치아공화국은 경제·군사적으로 빠르게 팽창했다. 특히 4차 십자군 이후 베네치아는 본격적인 영토 팽창의 길로 나섰다. 팽창 과정에서 베네치아인들은 힘, 단호함, 공격성을 보여 주는 사자의 이미지를 적극 활용했다. 특히 해외에서 베네치아를 표현하는 매개체 역할을 하는 깃발과 화폐에 사자 이미지를 적극적으로 도입했다. 베네치아는 정복한 영토에 사자가 그려진 베네치아공화국 깃발을 꽂고 사자상을 세움으로써 자신들의 지배를 가시적으로 드러내고자 했다.

산마르코와 사자는 베네치아 병사들과 함께 전쟁터를 누비고 다녔다. 4차 십자군 시절 도제 엔리코 단돌로 Enrico Dandolo(1107~1205)는 선루에 산마르코의 깃발을 단 갤리선을 타고 콘스탄티노폴리스 공략을 진두지휘했다. 그는 병사들에게 갤리선을 해안가에 데라고 외쳤다. 상륙하자마자 병사들은 산마르코의 깃발을 해안가에 꽂았다. 도제가 보여 준 이 용감한 행동에 자극받은 나머지 베네치아 병사들은 산마르코의 깃발을 향해 앞다퉈 상륙했고 결국 전투에서 승리했다.

베네치아의 영토 팽창이 진행되면서 날개 달린 사자의 모습도 변화했다.[31] 4차 십자군 이후 본격화된 바다로의 영토 팽창 시기 날개 달린 사자는 주로 물에서 나오는 모습을 하고 있었는데 몸 전체가 아니라 몸의 반만 보여 주는 형태였다. 이런 모습을 대표하는 사례가 산마르

코 대성당 천장에 그려진 사자로, 머리와 몸의 앞부분이 바다 거품을 헤치고 솟아오르는 모습이다. 당시 베네치아는 새로 획득한 에게해 주변 해상 식민지에 대한 정당한 권리를 주장할 근거를 만들 필요가 있었다. 이러한 상황에서 바다에서 솟구쳐 오르는 사자의 위풍당당함은 대외적으로 베네치아가 해상 영토를 차지할 만큼의 힘을 가지고 있음을 보여 주기에 적합했을 것이다. 이런 형태의 사자는 14세기까지도 지속됐다.[32]

베네치아가 바다와 육지로 영토를 확장하던 시절 산마르코의 사자는 바다와 육지를 모두 지배하는 이미지로 표현됐다.[33] 영토 확장의 야

카르파초, 〈산마르코의 사자〉, 1516, 베네치아 도제 궁

욕을 한껏 품은 위협적인 사자는 몸의 반은 바다에, 나머지 반은 육지
에 걸쳐 놓은 모습으로 그려졌다. 특히 비토레 카르파초Vittore Carpaccio
(1465~1526)의 작품으로 도제 궁에 있는 산마르코의 사자는 제국으로
팽창하는 베네치아의 모습을 가장 잘 보여 주는 그림이다. 우선 그림
의 중앙에 있는 날개 달린 사자는 그림 전체를 지배하는 인상을 준다.
오른쪽 사자 뒤 바다에 떠 있는 범선들은 베네치아의 해상력을 보여
준다. 그림 속 사자는 바다와 육지를 모두 차지하겠다는 베네치아공화

사라진 공화국의 사라지지 않은 상징, 베네치아 날개 달린 사자

국의 강한 의지를 시각적으로 표현하고 있다. 15세기 이런 모습의 사자가 베네치아를 대표하는 상징으로 고착되기에 이르렀다. 이후 약간 변형되긴 했지만 이와 비슷한 형태의 사자가 반복적으로 제작됐다.[34] 때론 칼을 들고 있는 사자를 활용하기도 했다.

날개 달린 사자의 운명에서 15세기 초는 매우 중요한 순간이다. 왜냐하면 당시 베네치아는 평화 노선이냐, 팽창 노선이냐를 선택해야 하는 기로에 서 있었기 때문이다. 1423년 베네치아 도제였던 톰마소 모체니고Tommaso Mocenigo는 임종 직전에 베네치아가 팽창, 즉 전쟁의 길로 나아가서는 안 된다고 경고했다. 하지만 그의 염려에도 불구하고 새로이 베네치아를 이끌 수장으로 선택된 사람은 팽창 정책을 열렬히 지지하는 프란체스코 포스카리였다.[35] 이러한 팽창 노선에 발맞춰 베네치아공화국은 강인하고 호전적인 백수의 왕 사자를 적극 활용했다. 15세기 베네치아 출신의 한 수도승은 베네치아가 모든 적을 물리치고 승리할 것이라는 의지를 천명하면서 산마르코의 사자를 결코 정복된 적이 없던 유대 민족의 사자에 비유했다.[36] 베네치아 출신의 교황 파울루스 2세를 기리는 비문에는 "나는 베네치아를 다스리는 사자다 Sum leo qui regnum Venetis"라는 문구가 적혀 있다. 피렌체의 마키아벨리 Niccoló Machiavelli는 베네치아가 대외 팽창 과정에서 사자의 공격적 이미지를 선전용으로 이용하고 있다고 지적했다.[37] 15세기 중반 조선소 Arsenale 입구에 설치된 사자는 팽창하는 베네치아의 해상력과 군사력을 대외적으로 과시할 의도로 제작됐다.

14~15세기를 거치면서 날개 달린 사자는 베네치아와 동일시됐다. 베네치아인들뿐만 아니라 외국인들도 사자를 베네치아로 생각했다.

베네치아는 해상과 육지에서 점령한 영토에 사자상을 가장 잘 보이는 도시의 메인 광장에 설치해 베네치아 지배를 가시적으로 드러냈다.[38] 또한 이를 위해서 정복지에 사자가 그려진 베네치아공화국 깃발을 세우기도 했다. 사자가 베네치아의 지배를 드러내는 상징으로 활용됐기 때문에 베네치아 영토를 점령한 적들은 우선 날개 달린 사자를 파괴해 저항 의지를 꺾으려 했다. 1509년 아냐델로Agnadello 전투에서 베네치아에 승리한 신성동맹은 곧바로 사자상 파괴에 돌입했다.[39]

또한 날개 달린 사자는 최종적으로 산마르코를 대신해 베네치아의 주권을 상징하게 됐다. 이러한 변화는 도제가 통치권을 위임받는 의식 변화에서 잘 드러난다. 초기에는 도제가 통치권을 상징하는 세 물건, 즉 칼과 홀 그리고 도제 관을 수여받았다. 이러한 초기 의식에서는 산마르코도 날개 달린 사자도 없었다. 11세기 말엽이면 홀만 남게 됐는데 이것조차 12세기 초엽에 사라졌다. 이후 도제에게 정당한 통치권을 부여하는 주체는 산마르코로 바뀌었다. 이제 산마르코가 도제에게 '곤 팔론Gonfalon'이란 불리는 깃발을 통치권의 증표로 수여했다. 물론 실제로 산마르코가 도제에게 깃발을 수여하지는 않았지만 조각이나 그림을 통해서 통치권 위임 의식을 시각적으로 표현했다.

15세기 무렵이면 산마르코가 아니라 사자가 도제에게 깃발을 수여하는 형식으로 바뀌었다. 게다가 사자의 위상은 한층 높아졌다. 왜냐하면 산마르코로부터 깃발을 수여받을 때에는 도제가 선 상태였지만, 날개 달린 사자로부터 깃발을 받을 때에는 무릎을 꿇은 상태였기 때문이다. 이러한 변화는 파격이었다. 왜냐하면 베네치아 역사에서 도제는, 역사가 오토 데무스의 표현을 빌리면, "숭배받는 존재였고 그 자신

139

이 하나의 신성한 유물"이었기 때문이다.[40] 아마 이러한 변화는 13세기에서 16세기 사이 도제의 권한이 상대적으로 약화됐기 때문에 가능했을 것이다.[41]

1477년 대위원회는 도제와 사자가 함께 있을 때에는 도제가 사자 앞에 무릎을 꿇어야 한다고 결정했다. 이런 결정은 이미 진행되고 있던 관행을 사후에 승인하는 것이었다. 이런 모습의 사자가 처음으로 제작된 것은 1413년이었고 설치 장소는 대위원회 발코니였다. 당시 도제였던 미켈레 스테노Michele Steno가 사자 앞에서 무릎을 꿇고 있었다. 20년 후에 동일한 형태의 상이 도제 궁 출입구에 설치됐다. 당시 베네치아 최고 예술가들이던 조반니 본과 바로톨로메오 본이 1438년 이 상을 완성했다. 사자 앞에서 무릎을 꿇은 도제는 다름 아닌 프란체스코 포스카리였다.[42] 결국 15세기 날개 달린 사자가 산마르코를 제치고 베네치아공화국을 대표하는 제일 상징이자 주권을 부여하는 주체로 부상할 수 있던 것은 4차 십자군 이후 베네치아의 영토 팽창 덕분이었다.

15세기 사자는 명실공히 바다와 육지에 넓은 식민지를 가지고 있는 베네치아공화국을 대외적으로 대표하는 상징이 됐다. 사자는 본토뿐만 아니라 식민지에서도 베네치아 주권을 과시했다. 하지만 영광의 순간은 그렇게 길지 않았다. 1509년 아냐델로전투에서의 패배는 베네치아공화국 역사에서 하나의 분수령이었다. 1508년 교황청, 프랑스, 신성로마제국, 에스파냐는 북부 이탈리아로 팽창해 오는 베네치아를 저지하기 위해 신성동맹이라 불리기도 하는 캉브레동맹을 체결했다. 다음 해 베네치아는 아냐델로전투에서 완패하고 북부 이탈리아에 있는 모든 영토를 상실했다. 얼마 지나지 않아 외교 협상으로 베네치아는 전쟁 전 영토를 다시 회복했다. 그러나 베네치아는 이탈리아 본토에서 더 이상 전성 시절의 명성과 세력을 유지할 수 없게 됐다. 이제 베네치아는 세력을 확장해 가는 주변 영토 국가들 틈 사이에서 국가 존립을 고민해야 했다. 다시 말해 이전의 팽창주의 정책을 고수할 수 없게 된 것이다.

대외 정책 변화는 사자의 이미지 변화로도 나타났다. 동물의 왕이자 용맹함의 상징인 사자가 아이러니하게도 평화의 상징으로 변모해 갔다. 때론 수동적이고 굴복하는 모습으로 바뀌었다. 변화된 국제정세에 직면한 베네치아공화국은 평화와 중립, 때로는 굴복을 선언하는 것 이외의 다른 방법을 찾지 못했다. 도제 궁을 장식할 사자 조각과 그림 또한 공격적 이미지를 줄이고 평화적이고 수동적인 이미지를 부각시키는 방향으로 제작됐다. "행복은 거대한 제국을 지배하는 데 있는 것이 아니라 정의와 시민의 평화와 고요함을 유지하면서 통치하는 데 있다"라고 선언한 마테오 단돌로의 이야기는 베네치아가 처한 변화된 시대 상황을 잘 보여 준다.[43]

한편 유럽 열강의 침입에도 불구하고 살아남은 베네치아인들은 이를 신의 은총으로 생각하고 자신들을 선택받은 사람들이라고 믿었다. 그리고 베네치아가 캉브레동맹의 침입을 막아 낼 수 있던 것은 수호성인 산마르코 덕분이었음을 선전하기 위한 작품들을 제작했다. 특히 엄청난 폭풍우로부터 베네치아를 구한 산마르코 이야기가 중요한 모티브로 활용됐다.

그 이야기의 시작은 1341년 2월 25일 밤으로 거슬러 올라간다. 엄청난 폭풍우가 베네치아를 덮쳐 해수면 높이가 높아지자 베네치아는 잠길 위험에 처했다. 다리 밑에서 폭풍우를 피하고 있던 한 늙은 어부에게 산마르코 대성당으로부터 누군가가 걸어왔다. 그는 신분을 밝히지 않고 어부에게 자신을 산조르조 마조레San Giorgio Maggiore섬으로 데려가 달라고 요청했다. 마조레섬에 도착하자 또 다른 이방인이 자신을 산니콜라스의 리도Lido섬으로 데려가 달라고 요청했다. 리도섬에 도착한 어부는 그곳에서 세 번째 인물을 만났다. 그곳에서 세 명의 이방인은 어부에게 자신들의 정체(산마르코, 산조르조, 산니콜라스)를 밝히고 노를 저어 바다 한가운데로 나가라고 말했다. 폭풍우 치는 바다 한가운데 악마가 이끌고 있는 갤리선 한 척이 나타났다. 악마들은 베네치아를 파괴하려고 했다. 성인들의 기도와 산마르코가 만든 십자가 표식 덕분에 악마의 배는 침몰했고 베네치아는 기적적으로 구출됐다. 그러고 나서 산마르코는 어부에게 반지를 건네주면서 그 반지를 이 위대한 기적의 증표로 도제에게 전달해 달라고 이야기했다.

산마르코가 폭풍우와 악마로부터 베네치아를 구한 14세기의 전설은 특히 캉브레동맹전투 이후 더욱 감동적인 색조로 그림과 조각에서 다뤄졌다. 팔마 베키오Jacopo Palma il Vecchio(1480~1528)와 그의 제자 파리스 보르도네Paris Bordone(1500~1571)는 세 성인이 폭풍우 속에서 악마로부터 베네치아를 구하는 장면을 생생하게 재현해 냈다. 이처럼 베네치아인들은 16세기 초의 위기 상황을 극복하면서 산마르코가 위험에 처한 베네치아를 구하기 위해 언제라도 나타나는 영원한 수호성인이라는 믿음을 버리지 않았다.

베네치아의 쇠락과 날개 달린
사자의 운명

　　영국을 중심으로 유럽 상류층 귀족 자제들이 사회에 나가기 전에 프랑스나 이탈리아를 돌아보며 견문을 넓힌 여행을 뜻하는 '그랜드 투어' 덕분에 18세기 베네치아는 영국과 프랑스인들에게 잘 알려져 있었다. 1743년부터 1744년까지, 한 해 동안 베네치아에서 지냈던 프랑스 계몽철학자 루소Jean Jacques Rousseau (1712~1778)는 "이 도시는 오래전부터 쇠퇴하고 있었다"라고 말했다. 볼테르Voltaire (1694~1778)도 저서 《캉디드》에서 베네치아를 퇴폐적이고 쇠퇴한 도시로 묘사했다. 영국인들은 베네치아의 오랜 정치 전통을 높이 평가하기도 했지만, 시민의 자유를 억압하는 정부의 감시와 처벌을 비난했다. 1781년 존 무어John Moore는 "당신들은 그렇게 오랫동안 견고하게 유지됐던 (베네치아) 정치 체제의 힘을 존경할지도 모르지만 입을 벌리고 고발장을 기다리는 사자의 입을 보면 경악을 금치 못할 것입니다"라면서 베네치아의 압제적인 통치를 고발했다.

　　베네치아 곳곳에 설치돼 있던 '사자의 입bocca dei leoni'이라 불리는 조형물은, 시민들이 공화국에 해가 되는 불법 행동을 고발하는 장치였다. 사람들은 이단과 불경죄, 범죄, 반란 음모, 공공 안전 위협 등 다양한 행위들을 이 입을 통해 고발했다. 사람들은 고발장을 써서 사자의 입에 던져 넣었다. 사자의 입을 통해 들어온 고발장은 10인위원회에게 넘겨졌는데, 10인위원회는 익명의 고발장을 대부분 기각했고 정보가 정확한 경우에만 좀 더 정밀하게 조사했다.

18세기에 베네치아를 방문했던 유럽 지식인들은 한때 지중해를 주름잡던 중세 말의 해상제국이 찬란했던 과거의 영광만을 간직한 채 초라하게 쇠퇴해 가고 있음을 목격했다. 결국 1000년 이상 독립을 유지했던 베네치아는 1797년 나폴레옹 군대에게 무너졌다. 그 해 5월 12일 대위원회는 정권을 나폴레옹에게 이양하는 발의안을 통과시켰다. 베네치아공화국의 마지막 도제였던 루도비코 마닌Ludovico Manin (1725~1802)은 마지막 대위원회 회의를 마치고 사저로 돌아와 자기 도제 관을 시종에게 맡기면서 "이 관을 가져가라. 더 이상 이 도제 관이 필요치 않을 것 같다"라며 망국의 슬픔을 토로했다.

베네치아공화국을 상징하는 사자도 수모를 피할 수 없었다. 나폴레옹은 사자가 베네치아인들에게 매우 소중한 상징임을 간파하고 외부로 보이는 모든 '산마르코의 사자'를 파괴하라고 명했다. 게다가 나폴레옹은 파괴 임무를 베네치아 출신 석공들에게 맡겨 베네치아인들이 더 큰 굴욕을 맛보게 했다. 너희 스스로 너희의 상징물을 파괴하라는 것이었다. 이는 베네치아의 정체성과 저항 의지를 말살하려는 의도였다. 또한 나폴레옹 군대는 베네치아공화국의 지배하에 있던 베로나Verona 시청 광장에 있는 사자상을 부숴 버림으로써 북부 이탈리아에서도 베네치아의 지배가 끝났음을 공개적으로 천명했다. 현재는 사자상 흔적만 남아 있을 뿐이다.

나폴레옹 점령 시기 사자의 굴욕은 여기에 그치지 않았다. 당시 그려진 베네치아 문장에는 하단부에 작은 날개만 달린 초라한 사자 머리가 있고 그 위에는 위풍당당한 나폴레옹을 상징하는 알파벳 'N'이 새겨져 있으며, 제일 윗부분에는 독수리가 그려져 있다. 이 문장은 나폴

레옹이 베네치아를 위에서 지배하고
있음을 시각적으로 표현한 것이다.

이 모든 것에도 성이 차지 않은 정복
자들은 사자를 인질로 데려갔다. 1797
년 나폴레옹이 베네치아를 점령하고
나서 승리를 과시하기 위해 베네치아
광장 기둥 위에 얹혀 있던 청동 사자
상과 산마르코 대성당의 네 마리 청
동 마상을 비롯해 많은 보물을 파리로
가져갔다. 이송 도중 날개, 꼬리, 사자

나폴레옹 점령기 베네치아 문장

가 밟고 있는 복음서 등이 떨어져 나갔
다. 이후 사자상은 수리돼 파리 앵발리드Invalides 광장에 설치됐다. 나
폴레옹이 몰락하고 베네치아가 오스트리아제국령이 되자 사자와 말
들은 다시 베네치아로 돌아왔다. 하지만 1815년 10월 2일 베네치아
로 이송하기 위해 사자상을 해체하는 과정에서, 프랑스 노동자의 고의
적 실수인지 아니면 우연한 사고인지 모르겠지만 사자상은 80여 조각
으로 산산이 부서졌다. 베네치아로 이송된 사자상은 1816년 4월 13일
수리돼 원래 장소에 안치됐다. 사자상은 다시 원래 자리로 돌아왔지만
나폴레옹의 점령으로 무너져 내린 베네치아의 자존심은 다시 회복되
지 않았다.

베네치아공화국이 사라지고 한 세기가 지나서도 날개 달린 사자는
여전히 부름을 받았다. 하지만 사자를 불러낸 것은 베네치아가 아니라
이탈리아, 그것도 파시스트 정권이었다. 파시스트 정권은 베네치아가

145

지배했던 아드리아해와 아직 수복하지 못한 동아드리아해의 영토에 대한 권리를 주장할 수단으로 날개 달린 사자를 호출한 것이다. 파시스트 정권은 산마르코의 수호신물인 날개 달린 사자가 과거 위대했던 조상들의 영토를 보여 주는 표상 중 하나라고 선전했다.

1930년대 초 산마르코의 사자는 파시스트 정권의 실지 회복주의 irredentism와 제국주의를 대내외적으로 표방하는 상징이 됐다. 1932년 말 달마티아Dalmatia 해안에 위치한 토로기르(베네치아인들은 트로Trau라고 불렀음), 닌(이탈리아어로는 노나Nona) 등의 여러 도시에서는 사자상을 파괴하는 일이 봇물처럼 번졌다. 이러한 파괴는 이탈리아의 팽창에 반대하는 차원에서 발생했다. 파시스트 정권은 이를 산마르코의 사자 사냥이라고 비난했다. 파괴된 사자상들은 베네치아로 옮겨졌고, 수리가 된 후 베네치아시와 본토를 연결하는 새로운 다리 입구에 설치됐다. 트로기르의 사자상을 복제해서 로마 외곽에 건설된 신도시 리토리오 광장을 장식하기 위한 계획이 세워졌다. 수많은 이탈리아 도시들, 특히 베네치아와 연관이 있는 도시들은 프랑스 치하에 있을 당시 조각된 대리석 석상들을 사자상으로 대체하라고 요구했는데, 달마티안 지역에서 베네치아 사자상이 파괴된 이후 이러한 요구는 더욱 거세졌다.[44] 벨루노Belluno와 베르가모Bergamo에서는 기존 석상을 사자상으로 교체했고, 이탈리아 해외 식민지에는 새로 조각한 사자상을 보냈다.

파시스트 세력들이 일으킨 2차 세계대전이 종결된 이후에도 날개 달린 사자는 계속해서 호출을 받는다. 베네토Veneto 지방은 1975년 제작한 주 깃발에 산마르코의 사자를 그려 넣었다. 이 깃발의 사자는 육지에 발을 딛고 당당하게 서 있으며, 사자 뒤에는 아드리아해가 펼쳐져 있다. 깃발 오른쪽 끝에는 일곱 개의 작은 깃발이 있는데, 한때 베네치아의 속국이던 베네토 지방 주요 도시들의 문장이다. 베네치아 공화국은 사라졌지만 날개 달린 사자는 여전히 베네치아와 그 주변

베네토 지방의 깃발

지역인 베네토를 대표하고 있다.

산마르코의 유해가 베네치아로 이송돼 온 9세기 초 이후 산마르코와 날개 달린 사자는 베네치아와 운명을 같이했다. 산마르코와 사자는 1000년 이상 베네치아공화국을 대표하고 상징하는 역할을 해 왔다. 공화국이 몰락한 이후에도 날개 달린 사자는 계속해서 부름을 받고 때론 이탈리아 전체를, 때론 베네토 지방을 대표하는 상징으로 활용되고 있다. 그런 점에서 산마르코와 사자는 베네치아와 이탈리아 역사의 산 증인이다. 날개 달린 사자는 인격을 가진 배우로서 시대적 상황에 맞춰 다양한 역할을 수행했다. "항상 넘어지기는 하지만 결코 몰락하지는 않는다Sempre crolla, ma non cade"라는 베네치아 속담을 빌리면 최종적으로 베네치아공화국은 사라졌지만 사자는 결코 완전히 부서져 사라지지 않았다.

사라진 공화국의 사라지지 않은 상징, 베네치아 날개 달린 사자

2

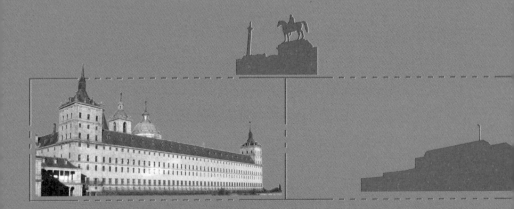

서유럽의
도시들

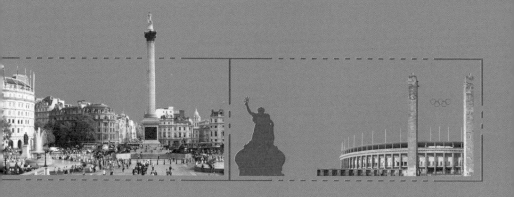

김원중

에스파냐 역사의 영광과 비극

마드리드 엘에스코리알과 망자들의 계곡

영광과 비극의 기념물

마드리드에서 북서쪽으로 45~50여 킬로미터쯤 가다 보면 에스파냐 역사에서 가장 존재감이 두드러진 두 시기를 상징할 만한 두 기념물이 있다. 그중 하나는 16~17세기 에스파냐제국을 대표하는 '엘에스코리알El Escorial'이고, 다른 하나는 20세기 에스파냐사를 집약하고 있는 '망자亡者들의 계곡'이다. 이 두 기념물은 행정구역상 마드리드도Comunidad Autónoma de Madrid에 속한 작은 지방도시 산로렌소 데 엘에스코리알San Lorenzo de El Escorial에 포함된 과다라마Guadarrama산맥 산자락에 자리 잡고 있으며, 차로 5분 정도 걸리는 가까운 거리에 나란히 위치해 있다. 400년이라는 시차를 두고 건립됐지만 기이하게도 둘 다 공동 무덤과 수도원, 그리고 바실리카basilica(성당)를 주요 구성 요소로 가지고 있으며, 뚜렷하게 종교적 성격을 띠고 있다는 공통점이 있다.

그러나 두 건축물이 가진 상징적 의미는 전혀 다르다고 할 수 있다. 엘에스코리알은 에스파냐 역사 가운데 가장 빛나는 시기인 16~17세

151

기 에스파냐제국을 대표하고 상징하는 건물인 데 반해, '망자들의 계곡'은 에스파냐사의 가장 비극적 사건으로 간주되는 에스파냐내전(1936~1939)과 그 결과물인 장기간의 군사독재를 상징하며, 최근 그 존폐 혹은 용도 변경을 둘러싸고 뜨거운 논란의 대상이 되고 있는 구조물이다. 말하자면 전자는 '영광의 상징'인 데 비해 후자는 '비극의 상징'이다. 이 글에서는 이처럼 비슷하기도 하고 상반되기도 한 두 공공기념물의 역사적 의미와 최근 논란의 대상이 되고 있는 몇 가지 측면을 살펴보고자 한다.

펠리페 2세의 엘에스코리알 건축 동기

프랑스의 역사가 페르낭 브로델Fernand Braudel은 "파리에 베르사유 궁이 있다면 마드리드에는 엘에스코리알이 있다"라고 말한 바 있다.[1] 이 언급은 엘에스코리알이 가진 의미를 잘 말해 준다. '엘에스코리알'의 완전한 이름은 '레알 모나스테리오 데 산로렌소 데 엘에스코리알Real Monasterio de San Lorenzo de El Escorial(우리말로는 '산로렌소 데 엘에스코리알 왕립수도원')이며, 보통 엘에스코리알, 혹은 에스코리알로 불린다(이 글에서는 일반적 명칭인 엘에스코리알로 부르기로 한다). 엘에스코리알 건물이 세워진 부지는 가로 224미터, 세로 153미터로 축구장 두 개를 합쳐 놓은 정도의 크기며, 전체는 3층 구조로 돼 있다. 대부분 인근 지역에서 채취한 화강암으로 지어졌으며, 1563년에 공사가 시작돼 총 21년

엘에스코리알 전경

이 걸려 1584년에 완공됐다.

근대 초 세계 역사를 주도한 에스파냐제국의 상징물이라 할 만한 이 건축물은 그 명칭이 말해 주는 것처럼 무엇보다도 수도원이고, 동시에 왕궁으로 보기에는 너무나 소박한 왕의 거처를 갖고 있는 왕의 처소였으며, 수도승 양성을 위한 신학교와 성당, 그리고 에스파냐에서 가장 중요한 도서관 가운데 하나를 포함한다. 또한 특이하게도 16세기부터 지금까지 에스파냐를 다스린 대부분의 왕과 왕비 시신을 모신 공동 무덤(판테온)을 포함하고 있는데, 이처럼 한 건물에 여러 기능을 수행하는 공간들이 함께 들어서 있는 경우는 에스파냐뿐만 아니라 유럽 전체에서도 거의 유례를 찾을 수 없다.

기본 설계도는 직사각형, 좀 더 정확히 말하면 석쇠 모양을 하고 있으며, 사각형 네 모서리의 탑과 중심부, 그러니까 석쇠 손잡이 부분과 사각형이 만나는 지점에 높이 솟은 바실리카만 도드라져 보일 뿐 전체적으로 낮은 높이로 안정감 있게 펼쳐진 느낌이다. 외관도 그렇고, 내부도 그렇고 부드럽다거나 화려하다기보다는 딱딱하고 엄숙한, 그러면서도 당당하고 웅장하며, 수도원이나 왕궁이라기보다는 마치 튼튼한 요새 분위기를 풍긴다는 의견이 지배적이다.

이 건축물은 에스파냐의 대표 르네상스 양식 건물로 간주되는데, 전형적인 르네상스 양식이라기보다는 당대 북서유럽과 이탈리아 양식을 바탕으로 하는 에스파냐식 르네상스 양식을 표방하고 있다.[2] 건축가 이름을 따서 '에레라 양식'이라고도 하고, 시종일관 공사를 주도한 펠리페Felipe 2세(재위 1556~1598)의 이름을 따서 '펠리페 2세 양식'이라고 부르기도 한다.

엘에스코리알은 에스파냐 건축사에서 매우 중요한 의미를 갖는데, 이 건물이 그 후에 지어진 많은 주요 공공건물의 모델이 됐기 때문이다.[3] 엘에스코리알은 1984년 유네스코 세계문화유산으로 지정됐으며, 에스파냐에서는 '세계의 여덟 번째 불가사의'로 불리기도 한다.

엘에스코리알은 16세기 후반 '해가 지지 않는 세계제국'을 지배한 에스파냐의 지배자 펠리페 2세와 불가분의 관계를 가지고 있으며, 어찌 보면 펠리페 2세 혹은 그의 가문, 즉 에스파냐계 합스부르크Habsburg 가문의 사적 용도를 위한 건물이라고 말할 수 있을 정도다. 이 건물은 먼저 펠리페 2세에 의해 궁전과 수도원을 겸하는 복합 건물로 구상됐고, 그것이 건축가 후안 바우티스타 데 톨레도Juan Bautista de Toledo (1515~1567)의 설계로 형상화됐으며, 톨레도가 죽은 후 후안 데 에레라 Juan de Herrera(1530~1597)와 국왕의 논의를 거쳐 건물 형태가 약간 변형된 것으로 알려져 있다.

그러나 이 건축 공사의 전 과정을 이끌고 주도한 것은 펠리페 2세였으며, 사실상 이 건물의 가장 중요한 건축가도 바로 그였다. 그는 세계제국을 다스리느라 눈코 뜰 새 없이 바쁜 와중에도 자주 시간을 내서 공사 현장을 찾아 세세한 부분까지 챙기고 시정했다. 기술자와 미술가들을 직접 고용했으며, 그들의 생각과 작품이 자기 취향에 맞지 않으면 단호하게 거부했다.[4] 펠리페 2세는 건축과 조경 혹은 미술에 상당한 식견을 갖고 있었으며, 그것을 바탕으로 건축가들과 미술가들을 평가하고 자기 견해를 적극 반영했다.[5] 펠리페 2세는 가족과 함께 여름에 뜨거운 마드리드를 벗어나 엘에스코리알에서 지내는 것을 좋아했으며, 특히 종교 축일 때 이곳에서 보내는 경우가 많았다. 죽음이 임박

해서도 이곳으로 와 마지막 고통을 금욕적으로 견디다 죽었으며, 이곳에 묻혔다.

펠리페 2세가 왕으로 즉위한 것이 1556년인데, 그 이전 왕들은 고정된 수도를 두지 않은 채 왕실과 함께 이리저리 떠돌아다녔다. 물론 바야돌리드Valladolid나 톨레도Toledo처럼 자주 머무는 도시가 있기는 했다. 그런데 펠리페 2세는 1560년 지금의 마드리드를 처음으로 항구적 수도로 정했고, 곧이어 오래전부터 구상해 온 야심찬 계획, 즉 에스파냐제국의 위엄과 가톨릭 신앙의 위대함을 보여 줄 수 있는 기념비적 건물을 건축하는 일에 착수했다. 적당한 장소를 물색하며 돌아다니다가 결국 지금의 자리를 선정했는데, 이곳이 마드리드시에서 가깝고 높은 산맥 아래에 위치해 맑은 공기와 깨끗한 물을 쉽게 구할 수 있으며, 가까운 곳에서 양질의 화강암을 공급받을 수 있고, 들짐승도 많아 사냥하기에도 좋았기 때문이다.

많은 사람들은 이 건물이 '그것을 건축한 인물과 그가 살았던 시대를 상징적으로 보여 준다'고 말해 왔다. 과연 그러한가? 아니면 우나무노Miguel de Unamuno(1864~1936)의 언급처럼 사람들의 '편견이 만들어 낸 신화'에 불과한 것인가?[6] 아래에서는 이 문제에 대한 답을 중심으로 엘에스코리알의 의미를 생각해 보기로 한다.

펠리페 2세는 왜 이 거대한 건축물을 지을 생각을 했을까? 첫째, 이 건물은 독실한 가톨릭 신자였던 그가 품었던, 가톨릭 신앙의 위대한 기념비를 건축하겠다는 열망의 표현이었다. 16세기 유럽은 '종교개혁'의 시대였다. 루터와 칼뱅이 촉발시킨 프로테스탄트 종교개혁이 유럽 전체로 확산됐고, 결국 유럽은 프로테스탄티즘과 가톨릭으로 분열돼 여러 차례 종교전쟁을 치러야 했다. 설상가상으로 지중해 동쪽에서는 16세기부터 오스만튀르크라는 강력한 이슬람제국이 나타나 서유럽 기독교 세계를 위협해 왔다. 그러니까 당시 유럽 가톨릭은 들불처럼 퍼져 나가는 프로테스탄트 세력(가톨릭에서 보면 '이단'이었다)과, 동쪽에서 막강한 위세로 위협해 오는 이슬람 세력(이교 세력)에게 협공당하는 상황이었다. 이런 심각한 위기 상황에서 에스파냐는 16세기 내내 유럽 최강의 가톨릭 국가로서, 프로테스탄트와 이슬람 세력에 맞서 싸우는 '로마 가톨릭의 수호자' 역할을 자처했고, 그로 인해 유럽 전역에서 벌어진 수많은 종교전쟁에 주도적으로 참여해야 했다.

펠리페 2세는 당대 그 누구보다도 가톨릭 신앙에 헌신적이었다. 거의 광신적이라고 말할 수 있을 정도로 신앙에 충실했다. 영국의 역사가 파커Geoffrey Parker는 그의 지배 방식을 '그리스도교적 제국주의' 혹은 '메시아주의적 제국주의'라고 일컬을 정도였다.[7] 매일 미사 참여는 일상생활의 일부였으며, 매년 부활 주간이면 수도원에 은거하면서 기도와 참회 속에서 살았다. 그는 "종교와 신에 대한 봉사가 털끝만큼이라도 위해를 당하느니 차라리 짐이 모든 나라들을 포기하고, 만약 그럴 수만 있다면 내 목숨을 수백 개라도 내놓는 것이 낫다"라고 말한 왕이었다.[8] 이처럼 누구보다도 독실한 신앙심의 소유자였기에 그는 당시 유럽 전역을 휩쓸고 있던 '신앙의 적들'에 맞서 싸우는 데 오랜 치세 동안 모든 에너지와 재원을, 특히 신세계에서 들어오는 엄청난 귀금속을 아낌없이 쏟아부었다. 그런데도 유럽의 많은 지역이 프로테스탄트 국가로 바뀌었다는 점에서 그의 노력은 실패로 돌아갔다고 할 수 있다. 게다가 수많은 전쟁으로 인한 재정 파탄은 17세기 들어 에스파

엘에스코리알 수도원 서쪽 파사드

냐제국이 급속히 몰락하는 결정적 원인이 됐다.

　가톨릭을 수호하려는 펠리페 2세의 노력은 이교나 이단 세력들과의 부단한 전쟁으로도 나타났지만, 다른 한편으로 가톨릭 신앙의 위대함을 보여 줄 수 있는 기념비적 건축물로도 나타났으니 엘에스코리알이 그 대표적 예라 할 수 있다. 그는 자신의 '가톨릭 제국'을 상징하는 이 건물을 짓고 주요 용도를 수도원으로 했으며, 수도승을 교육하는 학교와 도서관을 부설함으로써 뚜렷하게 종교적 성격을 부여했다. 제국의 위엄과 권위를 상징하는 건축물을 갖고 싶은 열망이 프랑스 루이 14세에게서는 화려하고 웅장한 베르사유 궁으로 나타났다면, 펠리페 2세에게서는 웅장하지만 금욕적인 모습의 수도원으로 나타난 것이다.

둘째, 이 건축물은 펠리페 2세가 왕이 된 뒤 벌인 첫 번째 전투인 프랑스와의 전투, 즉 생캉탱Saint-Quentin 전투(1557)에서 대승을 하사하신 신께 감사하는 마음의 표현이었다. 1557년 8월 10일 수요일 성 라우렌시오(에스파냐 이름으로는 산로렌소San Lorenzo)의 축일, 펠리페 2세가 직접 참전하지 않았지만 그의 휘하 장군들이 이끄는 군대가 2만 2000명의 프랑스 군대와 싸워 대승을 거두었다. 프랑스군 사망자가 5200명, 포로가 7000명에 이른 데 비해, 펠리페 2세 측 사망자는 500명을 넘지 않았다. 이 승전을 펠리페 2세는 신의 가호 덕분이라고 확신하고, 보답하는 의미로 수도원 건립을 약속했다. 1561년 그는 히에로니무스 수도회 총장에게 보낸 편지에서 "짐은 1557년 성 라우렌시오 축일에 주님께서 나에게 허락하신 승리를 기념하는 의미로 수도원을 지어 바치기로 결심했습니다"라고 말했다. 그러니까 이 전투가 벌어진 날이 라우렌시오 성인의 축일이었고, 그래서 이 건물 이름도 성인의 이름을 따서 '엘에스코리알 산로렌소 왕립수도원'으로 명명된 것이다.[9]

셋째, 펠리페 2세가 이 독특한 건물을 지으려고 결심하게 만든 진짜 중요한 동기는 따로 있었는데, 그것은 작고한 자기 부친의 위상에 걸맞은 무덤(영묘)을 마련해 드리겠다는 것이었다. 펠리페 2세의 부친 카를Karl 5세(재위 1519~1556, 에스파냐의 왕으로는 카를로스Carlos 1세며, 신성로마제국의 황제로는 카를 5세)는 공직에서 은퇴해 에스파냐 유스테Yuste에 있는 수도원에서 수도승처럼 살다가 눈을 감았다. 그는 숨을 거두면서 자기 시신을 그라나다 대성당Catedral de Granada의 왕실 가족예배당(채플)에 이미 안치돼 있는 부인(이사벨) 곁에 묻어 달라는 유언을 남겼고,

엘에스코리알 왕실 가족무덤

당시 네덜란드에 머물고 있던 펠리페 2세는 자기 대신 에스파냐를 통치하고 있던 누이 후아나에게 부친의 시신을 유언대로 그라나다로 보내라고 명령했다. 그러나 후아나는 비용 문제 때문에 이 일을 실행에 옮기지 못했고, 펠리페 2세는 에스파냐로 귀국하기 직전 직접 부친의 재매장 문제를 결정하겠다는 말과 함께 누이에게는 부친의 시신을 유스테에 그대로 놓아두라고 지시했다. 아마도 펠리페 2세는 이때 이미 염두에 두고 있던 성 라우렌시오를 기념하는 수도원 건립 계획과 양친을 모시기 위한 영묘 마련 계획을 결합시킬 계획을 굳힌 것으로 보인다.[10]

여기에다 펠리페 2세의 가문에 대한 충성심과 가족 구성원들에 대한 깊은 애정은 이 계획을 전국 각지에 흩어져 있던 다른 가족 구성원들의 유해까지 수집해 한 공간에 그들을 재매장하고, 그들 영혼의 안식을 빌겠다는 바람으로 확대하게 만들었다. 다시 말해 펠리페 2세의 궁극적 바람은 일종의 가족무덤을 마련하겠다는 것이었으며, 그 공간이 수도원 형태로 표출된 것은 수도원 수도승들로 하여금 끊임없이 기도를 바치게 해 가족들의 영혼이 천국에 들게 하려는 것이었다.

요컨대 펠리페 2세는 하나의 특별한 건축물을 통해 가족에 대한 의무감과 애정을, 승전을 허락하신 창조주에 대한 감사의 마음을, 그리고 당시 세계에서 가장 광대한 제국을 지배하고 있는 지위에 걸맞은 문화적 열망을 종교적으로 표현하고 싶었던 것으로 보인다. 그리고 그 열망이 수도원과 왕궁을 결합하는 방식으로 나타났는데, 에스파냐 혹은 유럽에서 완전히 새로운 방식은 아니었다. "이베리아반도 수도원주의의 분명한 특징은 수도원과 왕궁의 결합이었다"는 지적이 있을 정도로 에스파냐에는 그 같은 전통이 자리 잡고 있었다. 즉, 이베리아반도에서는 군주가 한 수도 교단에 자기 권력에 대한 정신적 지지자로서 수도원을 지어 하사하고, 거기에 자주 머물고, 그 수도원에 부속된 무덤에 묻히는 경우가 적지 않았다." 당장 펠리페 2세의 부친 카를 5세도 말년을 에스트레마두라Estremadura 지방 유스테라는 작은 마을의 왕궁 겸 수도원에서 지내다가 거기서 죽고 거기에 묻히지 않았던가?

엘에스코리알은 펠리페 2세의 감옥?
절대권력의 상징?

엘에스코리알은 완공 직후부터 지금까지 비범한 규모와 자태 때문에 보는 사람들에게 특별한 경외감을 불러일으켰다. 그 때문에 사람들은 이 건물에 대해 상당히 색다른 설명을 제시했는데, 그 가운데 하나가 성경에 기록된 전설상의 '예루살렘의 솔로몬 신전'을 모방해 지었다는 것이다. 그리고 같은 맥락에서 펠리페 2세는 자기 부친(16세기의 대표적 전사 왕)을 다윗(전사 왕)으로, 자신을 솔로몬(지혜의 왕)으로 생각하는 경향이 있었다는 이야기도 전해 온다. 그러니까 펠리페 2세는 솔로몬 같은 현명한 왕이 되고 싶었고, 그래서 솔로몬 신전을 모델로 건물을 지으려고 했다는 것이다. 그리고 사람들은 그 증거로 엘에스코리알에 다윗과 솔로몬과 관계되는 흔적을 많이 발견할 수 있다는 점을 언급한다. 실제로 엘에스코리알 내 바실리카의 파사드façade(전면)에는 다윗과 솔로몬상이 세워져 있고, 건물 내 도서관의 프레스코화도 솔로몬의 전설적 지혜를 형상화하고 있다.

그러나 결론적으로 말하면 이 주장을 뒷받침하는 사료상의 증거는 어디에서도 찾아볼 수 없다. 펠리페 2세가 이 건물을 계획하고 건축한 16세기에 구두로나 문서로나 누군가 솔로몬 신전과의 연관성을 시사하는 언급을 했다는 증거는 어디에서도 발견할 수 없다. 펠리페 2세가 솔로몬 신전을 모방하려고 했다는 생각은 그가 죽고 나서야 떠돌기 시작했다. 예를 들어 1640년 소설가 발타사르 그라시안Baltasar Gracián은 《엘크리티콘El Criticón》에서 이 수도원을 '가톨릭 솔로몬의 거대한 신

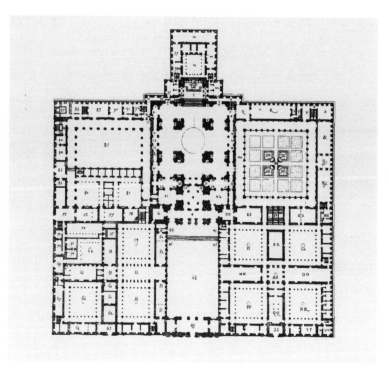

엘에스코리알 평면도

전'이라고 표현했다. 아마도 종교적 목적을 가진 경이로운 건물이라는
사실이 후대 사람들로 하여금 엘에스코리알과 성서 속 신전 간에 어떤
관련성을 끌어들이게끔 한 것으로 보인다.

또 회갈색의 거대한 화강암 덩어리, 그리고 끝없이 펼쳐진 무수한
창문들로 이루어진 3층짜리 건물은 많은 사람들에게 음울한 감옥 이
미지(아우라)를 떠올리게 한 것으로 보인다. 그 때문에 이 건물은 하나
의 성채 혹은 감옥이고, 펠리페 2세를 비롯해 그 안에 거주하는 사람

들은 포로처럼 외부 세계와 단절된 삶을 살았을 것이라는 생각이 자연스럽게 생겨났다. 19세기 여행가 리처드 포드Richard Ford는 펠리페 2세가 "이 거대한 수도원에서 14년 동안 반은 왕, 반은 수도승으로 살았으며, 이 산골짜기에서 세계의 반을 지배한 것을 자랑스럽게 생각하면서 살았다"라고 말했다.[12] 1840년대 말 프랑스의 문예비평가 고티에Théophile Gautier는 "웅장한 궁전 엘에스코리알에서 성수聖水와 음침한 둥근 천장의 차갑고 병적인, 형용할 수 없는 냄새에 의해 지배되는 침울한 돌무더기"만을 발견했을 뿐이다. 그리고 그는 진지하게 다음과 같이 썼다. "엘에스코리알에 들어가서 살아 돌아오는 사람은 아무도 없다. 거기 들어가면 모든 사람이 2~3일이 지나지 않아 폐병으로 죽는다."[13]

이처럼 이 건물은 물리적으로뿐만 아니라 정신적으로도 거대한 하나의 성채로 소개됐고, 이 불길한 구조물의 한가운데에는 물론 가톨릭 군주 펠리페 2세가 있었다. 그는 프로테스탄트 이단의 국내 유입을 차단하기 위해 종교재판소를 적극 지원하고, 서적 검열을 실시하고, 에스파냐인들의 해외 유학을 금했다. 이처럼 그가 자기 왕국들을 고립시키고 외부 세계와의 접촉을 차단한 것과 똑같은 방식으로 스스로를 엘에스코리알에 유폐시켰다고 생각됐다.

그러나 이러한 이미지 역시 후대에 만들어진 하나의 신화일 뿐이다. 펠리페 2세는 결코 엘에스코리알에 갇혀 살지 않았다. 그가 이곳에 유폐돼 살았다는 생각은 후대의 논객들이 만들어 낸 허구일 뿐이다. 그는 엘에스코리알 말고도 마드리드시 안에 있는 공식 왕궁을 비롯해 여러 별궁들을 주변에 가지고 있었고, 엘에스코리알에서 보낸 시간보다 더 많은 시간을 그 궁들에서 보냈다. 케이멘H. Kamen은 이에 대해 다음과 같이 말했다. "왕은 결코 엘에스코리알의 포로가 아니었다. … 그의 일반적 습관은 이동의 연속이었다. 그는 보통 겨울을 마드리드의 궁에서 보내고, 봄에 엘에스코리알이나 아란후에스Aranjuez로 가서 지낸 다음 6월에 마드리드로 돌아오고, 여름에 찜통더위를 피하기 위해 세고비아Segovia의 숲에 지은 발사인Valsain 궁이나 엘에스코리알로 간다." '엘에스코리알에 유폐된 왕'이라는 이미지는 19세기 에스파냐인들과 특히 유럽의 프로테스탄트 문필가들에 의해 생겨난 것이다. 그들은 유별나게 신앙심이 강해 종교적 일에서는 추호의 타협도 거부하는 펠리페 2세에 대해 "외부 세계에서 나타나고 있는 자유와 진보에 눈을 감은 채 골방에 갇혀 광신적인 수도승처럼 살아가고 있는 왕"이라는 신화를 만들어 낸 것이다.

왕과 그의 수도원을 서술하는 용어로 가장 자주 사용되는 용어가 '음울하다'다. 1840년 에스파냐를 여행한 고티에가 엘에스코리알에 대해 쓴 글에서 "이단 심문관이 되기 위해 태어난 음울한 왕 펠리페 2세"라고 언급한 것은 그동안 축적돼 온 여러 사람들의 생각을 대변하는 것이었다.[14] 지금도 엘에스코리알을 설명하는 많은 텍스트들은 이 건물이 "펠리페 2세의 성격과 마찬가지로 암울하고 음울하다"라고 언급하고 있다. 브리태니커 백과사전에서도 이 건물이 "왕(펠리페 2세)의 음울하고 금욕적인 정신을 체현했으며, 과다라마산맥의 삭막하고 으스스한 풍경과 뒤섞여 하나가 되고 있다"라고 주장했다. 20세기 에스파냐의 한 역사가도 펠리페 2세의 성격을 "침울하고 음울하고 광신적이며 전제적이고, 잔인하다"라고 요약했다.[15]

펠리페 2세의 '음울한 기질'이라는 신화는 그의 옷 입는 습관으로까지 확대됐는데, 음울한 정신 상태가 그로 하여금 항상 검은색 옷을 입게 만들었다는 것이다. 실제로 검은색 옷을 입고 있는 모습은 그의 여러 초상화에서 확인할 수 있다.

펠리페 2세 초상화

그렇다면 펠리페 2세의 실제 모습도 그러했는가? 결코 그렇지 않았다. 그에 대한 답으로 펠리페 2세가 여가를 보내는 사례 가운데 한 예를 통해 살펴보자. 1564년 바르셀로나를 공식 방문한 그는 "말을 타고, 벨벳velvet 더블릿doublet과 면직물 망토를 착용하고 있었으며, 하얀색 깃털이 달리고 검정색 호박단이 부착된 모자를 쓰고 있었다. 그는 르네상스식 아치와 꽃으로 장식된 도시로 입성했다. 거기서는 가장무도회가 자주 열렸고, 그(펠리페 2세)는 모든 사람들과 잘 어울렸다. 그가 방문한 때는 마침 카니발이 거행되는 시기였는데, 그것은 왕이 가장 좋아하는 여흥거리 가운데 하나였다. 아이토나 백작은 자기 저택에서 이틀에 걸쳐 대규모 축제를 개최했는데, 거기서 왕은 그중 하루 가면을 쓰고 축제에 참가해 아가씨들과 어울렸다"라고 돼 있다.[16]

이와 비슷한 기록은 매우 풍부하게 남아 있다. 신앙의 적들인 서유럽의 프로테스탄트들이나 그에게 사적 원한을 가진 사람들이 남긴 기록이 아닌 객관성이 담보된 사적 편지나 외국 외교관 혹은 왕을 지근 거리에서 모신 수도승들이 남긴 문서들은 펠리페 2세가 가족들에게 지극히 다감하고, 자연을 사랑하며, 유머와 활기를 겸비한 사람이었음을 보여 준다.[17] 그는 행사·축제·춤·마상창시합을 즐겼으며, 야외 생활·말타기·사냥, 그리고 숲속에서 걷기를 좋아했다. 젊었을 때는 여성들과의 교제도 즐겼다. 그러나 그는 즐거움을 적극 표현하기보다는 조심스럽게 표출했다. 몇몇 관찰자들은 그의 이런 과묵한 성품을 '우울한 성정'이라고 표현했다. 그러나 왕이 심각한 우울증이나 침울감으로 고생했다는 증거는 찾아볼 수 없다. 다만 여기에서 두드러진 예외가 있었으니, 그것은 정치적 이유로 방에 가둔 자신의 장자 돈 카를로스Don Carlos de Austria (1545~1568)가 죽었을 때, 그리고 아르마다Armada (무적함대)가 패배했을 때였다. 이 두 사건은 그에게 심각한 충격을 가져다주었고, 한동안 그는 충격에서 헤어나지 못했다.

그가 말년에 검은 옷을 즐겨 착용한 것은 사실이다. 그러나 그것은 대부분 죽은 가족들에 대한 애도를 표현하기 위해서였다. 에스파냐인들의 애도 표현에서 검은색은 특별한 의미가 있었다. 가족 중에 죽은 사람이 있으면 적어도 1년 동안은 검은 옷을 입어야 했다. 그런데 가족에 대한 사랑이 남달랐던 펠리페 2세는 1년이라는 상복 착용 기간을 자주 넘겼다. 그리고 치세 말에 발생한 가족들의 연이은 죽음이 그가 검은 옷을 벗을 기회를 별로 주지 않은 것으로 보인다. 그러나 기록에 의하면 그는 검은 옷을 입은 상태에서도 미소와 본분을 잊지 않았다고 한다.[18]

엘에스코리알의 거대한 화강암 구조물과, 주변 풍경을 압도하는 웅

장한 자태를 지켜본 사람들은 그것을 군주의 절대권력과 일치시키는
데 의심을 품지 않았다. 무엇보다도 사람들은 이 건물을 절대권력과
권위주의적 국왕의 분명한 표현으로 봤다. 프랑스 역사가 라비스Ernest
Lavisse는 이 건물을 펠리페 2세의 전제주의 상징으로, 그리고 대부분의
논객들 역시 이 건물을 펠리페 2세의 권력 의지 표현으로 보는 데 주저
함이 없었다. 프랑스 역사가 오제Henri Hauser는 엘에스코리알을 에스
파냐 왕의 무제한적 권력의 분명한 이미지로 간주했다.

　20세기 에스파냐제국사의 대가들도 그런 설명에 동조했는데, 에스
파냐 근대사 연구에서 최고 권위를 자랑하는 엘리엇John Huxtable Elliott
의 말을 들어보자. "1563년에 착공해 1584년 완공된 이 거대한 건축
물은 건축을 주도한 사람과 그 시대를 집약하고 있다. 냉정하고 무뚝
뚝한 파사드를 가진 엘에스코리알에서는 에스파냐 초기 르네상스의
화려한 도금은 사라지고 그 대신에 장엄하고 위엄 있고 초연한 모습의
압축된 고전주의의 차가운 대칭이 나타났다. 그것은 가톨릭 종교개혁
의 중심이 됐던 에스파냐에서 절제의 승리이자 무정부적 분열에 대한
권위주의적 왕권 승리의 표상이었다."[9]

　그러나 분명한 사실은 엘에스코리알 안에서도 그리고 밖에서도 펠
리페 2세는 절대군주가 아니었고, 절대권력을 꿈꾸지도 않았다는 점
이다. 당대인들뿐만 아니라 오늘날까지도 많은 역사가들이 펠리페 2
세가 엄청난 권력과 재원을 가진 절대군주였다고 생각하는 경향이 있
지만 사실 그는 그런 지배자와는 거리가 멀었다. 우선 그의 지배 영토
들은 원래 자기가 상속받은 카스티야Castilla와 정복을 통해 획득한 아
메리카를 제외하고는 대부분 해당 영토의 완전한 자치권을 보장하는

조건으로 병합됐기 때문에 제국 전체를 왕이 절대적으로 통치한다는 것 자체가 원천적으로 불가능했다. 펠리페 2세의 에스파냐제국은 동일한 군주를 모실 뿐, 서로 독립된 여러 영토들의 연합체였다. 그러므로 제국 내 여러 영토들이 단일한 군주하에서 중앙집권적으로 통제되지 못했음은 물론이고 제국 영토들 간에 긴밀한 협력조차 여의치 않았다.

각 지배 영토들은 자치권과 특권을 완강하게 수호하려 했고, 에스파냐의 왕들 또한 그 영토들의 전통 자치권을 파괴하려고 하지 않았다. 많은 사람들이 국왕의 요구에 매우 순종적이었다고 생각해 온 카스티야왕국조차도 엘리트들을 중심으로 왕의 자의적 요구에는 강력하게 맞섰으며, 그 저항에서 상당한 성공을 거뒀다는 것이 최근 연구자들의 결론이다. 에스파냐에서는 "도덕률을 무시하고 정의를 짓밟는 왕은 폭군이고, 그런 폭군의 명령에는 복종하지 않아도 된다는 것이 일반적으로 받아들여지고 있었다."[20]

절대군주라고 자주 비난을 받아 온 펠리페 2세지만 살아생전에 자의적 권력을 주장한 적은 거의 없었다. 그는 모든 공적 문제들에 대해 내각 성격을 가진 각종 평의회들Councils이나 조언자들의 의견을 구했지, 결코 자기 의견 혹은 선호를 강요하지 않았다. 베네치아 대사 티에폴로는 왕이 '각료들의 조언 없이 결정하는 경우는 극히 드물다'라고 말했다.

펠리페 2세는 분명 당대 최강 군주였고, 거대하고 단호한 자태의 엘에스코리알은 그와 그의 시대를 상징하는 기념비적 건축물이다. 이 건물의 자태와 크기는 그의 권력을 상징한다. 실제로 엘에스코리알이

169

'도덕적 권력의 천명statement of moral power'이라는 것을 부인할 수는 없다. 그러나 왕이 이 건물을 이용해서 혹은 그 안의 회화나 조각을 통해서 절대권력을 천명하려고 했는가라고 묻는다면 그 대답은 부정적일 수밖에 없다. 그가 수도원의 당당한 구조물을 통해 종교적 권위를 증대시키려고 했고, 에스파냐 내에서 정치·종교적 수장으로서의 지위를 강화하려고 했는가? 그 대답은 아니라는 것이다. 후대 사람들이 이 건물에 대해 그런 이미지를 떠올린 것은 왕이 의도한 것이 아니라 건물 자체가 사람들에게 그런 생각을 갖게 했기 때문이다.

에스파냐내전과 망자들의 계곡

'망자들의 계곡Valle de los Caídos'은 1939년에 집권해 1975년 죽을 때까지 36년 동안 에스파냐를 철권으로 통치한 독재자 프랑코 Francisco Franco(1892~1975)가, 자기가 주도해 벌인 에스파냐내전의 승리를 기념하고, 전쟁에서 싸우다 숨진 병사들의 유해를 모시기 위해 건립한 세계 최대의 납골기념물이다. 확실치는 않지만 현재 4만~7만 구 정도의 전몰자 유해가 안치돼 있는 것으로 알려져 있다.[21] 일반 병사들 외에도 1930년대 에스파냐 파시스트 단체인 '팔랑헤Falange'를 창건한 호세 안토니오 프리모 데 리베라José Antonio de Primo de Ribera(1903~1936) 와, 1975년 눈을 감은 프랑코 자신의 시신도 이곳에 안치돼 있다.[22] 일반 병사들의 유해는 바실리카(동굴 모양의 이곳 성당도 바실리카로 불린다) 벽 뒤편에 있어서 방문객들이 볼 수 없지만 프리모 데 리베라와 프랑코의

수도원 쪽에서 바라 본 망자들의 계곡 전경

유해는 바실리카 안에 위치해 있어서 직접 참배할 수 있게 돼 있다.

　20세기 에스파냐 건축의 랜드마크 가운데 하나인 이 기념물은 전쟁 직후인 1940년에 착공돼 총 18년 공사 끝에 1959년 4월 1일 완공됐다. 이 기념물 단지의 전체 면적은 3360에이커(13.6제곱킬로미터)이며, 해발 910미터의 화강암 지대에 자리 잡고 있다. 이 거대한 복합 납골기념물은 크게 세 부분으로 구분할 수 있는데, 이 기념물의 상징과도 같은 거대한 십자가와 바실리카, 그리고 산 뒤편에 위치한 베네딕트 수도원이 그것들이다.

　그 가운데 거대한 십자가는 건물 입구 지면에서 150미터 높이의 화강암 언덕 위에 다시 150미터 높이로 솟구쳐 있다. 세계 최대 규모를 자랑하는 이 십자가는 40킬로미터 떨어진 곳에서도 선명하게 보일 정도다. 바실리카는 거대한 십자가 바로 아래쪽 지하에 만들어진 독특한 형태의 성당인데, 이 바실리카로 들어가는 입구 문을 중심으로 양쪽으로 날개 모양의 반원형 회랑 구조물이 대칭으로 만들어져 있으며, 입구 바로 위에는 세로 5미터·가로 12미터 크기의 피에타Pietà상이 자리 잡고 있다. 긴 동굴 모양으로 조성된 이 지하 성당은 단단한 화강암 지역을 뚫고 들어가 거대한 십자가 바로 아래에 위치한 주 제단에 이르는데, 총 길이가 262미터로 로마의 산피에트로 대성당San Pietro Basilica보다 규모가 더 크며, 이 역시 성당으로는 세계 최대를 자랑한다. 그리고 산 뒤편에 위치한 베네딕트 수도원은 에스파냐내전과 그 후 전쟁에서 전사한 영혼들의 안식을 위해 기도하고 미사를 드리는 사제들이 거하고 있다.

　이 기념물은 1936~1939년에 벌어진 에스파냐인들의 동족상잔 전

망자들의 계곡 지하 바실리카 입구

망자들의 계곡 지하 바실리카

쟁(즉 '에스파냐내전')과 직접적 관계를 가지고 있다. 이 전쟁은 선거를 통해 합법적으로 들어선 좌파 공화주의(인민전선) 정부를 타도하기 위해 우파 정치군인들이 일으킨 쿠데타에서 비롯했고, 35만 명의 사망자와 50만 명의 망명자, 30만 명의 수감자를 남긴 채 프랑코 장군이 이끄는 반란군의 승리로 끝났다. 승리 이후 프랑코 장군은 화해와 평화 대신 패자들을 근절하기 위한 '소탕전'을 벌였다. 프랑코는 소급 입법을 통해 수년 전의 '죄'까지 물어 패자들을 죽이고, 투옥하고, 고문하고, 재산을 몰수하고, 강제 노동에 동원했다. 그로 인해 전쟁이 끝난 뒤 독재 초기 약 10년 동안 20만여 명의 공화 정부 지지자들이 정치적 이유로 죽음을 당하고, 수십만 명이 감옥·포로수용소·강제 노동단에 수용됐다.[23]

체제 초반 약 20년 동안 프랑코 정권은 자신들이 타도한 '합법적인' 제2공화 정부의 '불법성'을 부각시키고 전쟁의 정당성을 강조하는 일에 몰두했다. 자신들의 쿠데타와 그로 인해 발발한 전쟁이 불가피했을 뿐만 아니라 필수 불가결했다고 선전했다. 즉 쿠데타는 '영광스런 봉기'였으며, 전쟁은 '성전'이요, '해방전쟁'이었다는 것이다. 프랑코 정권은 또한 승리의 기억을 항구화하고 자신들의 행동을 합법화하는 데도 노력을 아끼지 않았으니, '성전'과 승전을 기념하는 기념물을 수없이 세우고, 전쟁과 관련된 여러 중요한 날들을 국경일로 정해 기념했다. 수많은 교회의 벽에는 '신과 조국을 위해 순교한 영웅들'의 이름을 내걸어 국민 진영, 즉 반란 세력 쪽 전몰자들의 숭고한 희생이 영원히 기억되게 만들었다. 그에 비해 패자들, 즉 공화 진영의 기억은 철저히 억압되고 무시됐다.[24]

프랑코 정권이 세운 수많은 승리의 기념물 혹은 '기억의 장소들' 가운데 가장 중요하고 가장 대표적인 것이 바로 이 '망자들의 계곡'이다. 프랑코는 전쟁이 끝나자마자 이 대규모 납골 사업을 서둘러 진행시켰고, 공사가 완료될 때까지 지대한 관심을 기울였다. 완공 후에도 이 구조물에 대한 자부심이 대단해 이곳은 그의 뜻에 따라 프랑코 정부의 가장 중요한 행사의 단골 무대가 됐으며, 에스파냐를 방문한 외국 원수들이 반드시 들러야 할 장소가 됐다.[25]

그렇다면 '망자들의 계곡'은 어떤 기념물인가? 이 문제는 최근 이 기념물의 철거 혹은 용도 변경을 둘러싸고 벌어진 논란에서 철거나 변경에 반대하는 보수 우파들이 이 기념물이 에스파냐내전에서 전사한 좌·우파 장병 모두를 위한 공간이며, 그들의 영혼을 위로하기 위한 종교 시설일 뿐이라고 주장하면서 논란거리가 되고 있다. 실제로 기념물이 개관되기 직전 공화 진영 전몰자들의 시신 약 1만 구가 이곳으로 이장됐으며, 그것은 후에 우파 사람들이 이에 대해 승자와 패자 양쪽 모두를 위한 시설이라고 주장할 수 있는 근거를 제공하기도 했다.

이 기념물이 어떤 목적으로 만들어졌는지를 알기 위해서는 다른 무엇보다도 이 기념물을 생각해 내고 기본 윤곽을 설계하고, 모든 건축 과정을 지휘한 프랑코 혹은 그의 복심이랄 수 있는 측근들의 언급을 살펴봐야 할 것이다. 망자들의 계곡 건립 계획을 알리는 법령은 전쟁이 반란 세력의 승리로 끝난 지 정확히 1년이 되는 1940년 4월 1일에 발표됐다. 이 법령의 서문에는 "이번 전쟁처럼 영광스럽고 중요한 사건을 작고 간단한 건축물로 기념할 수는 없으며, 우리의 망자들…, '성전의 영웅들과 순교자들'에 대한 경의敬意 속에서 '시간과 망각을

175

거스를 수 있을 정도로' 거대한 장소를 통해 기념돼야 한다"라고 돼
있다.[26]

여기에서 언급된 '성전의 영웅들과 순교자들'에 누가 포함되고 누
가 배제되는지를 판단하는 것은 그리 어렵지 않다. 프랑코 정부는 항
상 에스파냐내전을 내전이 아니라 '성전이자 해방전쟁'으로 간주했으
며, 따라서 '신과 에스파냐를 위해 죽은 사람들'이 프랑코 쪽 전몰자들
을 지칭했음은 의심의 여지가 전혀 없다. 내전이 끝나고 나서 프랑코
정부는 '성전'을 위해 싸우다 죽은 사람들의 시신을 발굴해 예를 갖춰
재매장하는 사업을 벌였는데 그들의 무덤에 예외 없이 "신과 에스파
냐를 위해 죽은 사람"이라는 글귀가 붙은 점도 그 같은 사실을 분명히
하고 있다. 그에 비해 공화 진영 전사자들은 프랑코 정부의 언급에서
악마화되고 조롱거리가 됐을 뿐이며, 그들의 무덤에는 아무런 표식도
세워지지 않았다.

프랑코 정권하에서 부수상을 역임하고 말년에는 그의 후계자로 인
정받은 루이스 카레로 블랑코Luis Carrero Blanco(1904~1973)의 말대로 그
들에게 에스파냐내전은 "내전이 아니라 외세로부터 조국을 지키기 위
해 벌인 해방전쟁이었고, 또한 외세가 무신론을 통해 근절시키려고 했
던 가톨릭 신앙을 수호하려는 성전이었다." 그리고 '망자들의 계곡'은
"신과 조국을 위해 자기 목숨을 바친 사람들을 기리고," "후세대에게
모범으로 삼기 위한", 그리고 "망자들의 기억을 항구화"하려는 것이었
다.[27] 프랑코 체제 초반기 20년 동안 '전쟁 중에 죽은 사람들'을 언급할
때, 공화 진영 사람들은 완전히 무시됐고, 그들의 존재는 망각됐으며,
그들에게는 어떤 종류의 인정도 허용되지 않았다.

프랑코에게 망자들의 계곡은 승리를 항구화하기 위해 바쳐진 여러 기념물 가운데 하나였고, 애초에 공화 진영 전사자들이 승자들의 기념물에 포함될 사람으로 전혀 고려 대상이 아니었음은 의심의 여지가 없다. 그러나 완공 직전에 패자 측 전몰자들 가운데 일부가 이 공동 무덤에 포함되는 것으로 바뀌었다. 그렇다면 이 변화는 우파들의 주장대로 프랑코가 승자와 패자를 구분하지 않고 모든 전사자를 안치함으로써 양쪽의 화해를 추구하려고 했음을 말해 주는 증거일까? 그렇지 않았음을 여러 증거들을 통해서 알 수 있다.

우선 프랑코는 망자들의 계곡에 들어갈 수 있는 패자 전몰자의 범위를 엄격하게 제한했다. 우선 공화 진영 망자들의 가족은 그 망자가 가톨릭교도였음을 입증해야 했다. 그중 많은 사람이 그 조건을 충족시킬 수 없었고, 충족시켰더라도 그것을 증명하지 못했음이 분명하다. 실제로 매장을 신청한 많은 공화 진영 사람들에게 그것이 허용되지 않았다.[28] 그리고 이곳으로 옮겨 온 공화 진영 유해 가운데 대부분은 독재 정부가 그 누구의 동의도 구하지 않고 전국 각지에 산재된 공동 무덤들fosas comunes[29]에서 이곳으로 자의적으로 옮겨 온 경우였다. 거기다가 망자들의 계곡에 이장되고 나서도 국민 진영 전몰자들과 공화 진영 전몰자들 간에는 분명한 차별이 존재했다. 후자는 엄격히 말해 '망자들'이 아니었고 단지 '하급의 시신들'이었을 뿐이다. 즉 그들은 이름 없는 에스파냐인들Spaniards without a name로 간주됐으며, 유해는 철저히 도구화됐을 뿐이다.[30] 거기다가 공동 무덤들을 파괴하고 그 안에 묻혀 있던 시신들을 '망자들의 계곡'으로 이전한 것은 전쟁 당시 승자들이 자행한 만행의 증거를 파괴하고 은폐하는 일이기도 했다.

그렇다면 프랑코는 왜 이런 유화 태도를 보이려고 했을까? 무엇보다도 변화된 주변 상황 때문이라는 것이 일반적 견해다. 당시는 전쟁이 끝난 지 거의 20년이 지났고, 에스파냐의 국제 상황도 크게 변하고 있었다. 그렇게도 바라던 국제사회의 인정이 드디어 이뤄졌고, 국제적 고립에서도 벗어날 수 있었다. 이 시기에 에스파냐는 미국과 수교하고 있었고, 유엔과 국제통화기금을 비롯한 국제기구에도 가입해 있었다. 이런 외부 상황 변화는 내부에도 반영될 수밖에 없었다. 국제사회는 프랑코 정부를 인정하는 대가로 개방과 관용, 그리고 더 많은 자유를 강력히 요구했고, 이에 대해 프랑코 정권은 전쟁 패자들에 대해 본심이야 어떻든 외형적으로라도 좀 더 관용적이고 화해적인 태도를 취할 필요가 있었다. 요컨대 프랑코의 태도 변화는 그의 정신적 변화의 소산이라기보다는 프랑코 체제의 태도 변화를 요구해 온 민주주의 열강들과의 우호적 공존이라는 새로운 기회에 적응해야 할 불가피성 때문이었다.

망자들의 계곡에 처음부터 공화 진영 전사자들을 포함시킬 생각을 갖고 있지 않았음은 공화주의자들의 시신을 포함시킨다는 공식 선언이 1958년 5월에야 나타났다는 사실에서, 바실리카 안의 조형물이나 회화 들의 내용이 여러 사람들의 반대에도 불구하고 결국 전쟁과 승리를 강조하는 호전적 내용으로 채워진 사실에서, 패자들과 그들의 가족들이 그 후로도 여전히 법적 차별을 당한 점에서도 알 수 있다. 요컨대 모든 증거와 정황이, 망자들의 계곡이 처음부터 화해 성격을 갖고 있다는 일부 우파의 주장이 사실이 아님을 말해 준다.

프랑코는 처음부터 공사를 어떻게든 서둘러서 끝내려고 했다. 그러나 경제적으로 매우 어려운 전후 상황 속에서 정상적 방법으로 대규모 공사를 단기간에 끝내기는 불가능했다. 그래서 프랑코는 공사에 속도를 내고, 건축 비용을 줄이기 위해 전쟁에서 반대편에서 싸웠던 공화진영 전쟁 포로들 혹은 종전 후 정치적 이유로 감옥에 수감돼 있던 사람들에게 형기 단축을 대가로 노동력을 이용하는 기이한 방안을 생각해 냈다.[31] 그러니까 패자들을 동원해 승자들을 찬미하는 기념물을 짓게 한 것이다.

노동을 통해 형기를 단축받는 이 제도에 대해 프랑코 정부는 상당한 자부심을 표했다. 그것은 '조국을 파괴하는 데 앞장섰던 사람들에게 조국을 재건하는 데 기여할 수 있는 기회를 제공하는 것'이었다. 그리고 여기에는 가톨릭 논리도 깔려 있는데, 노동을 통해 죄수들과 그들의 가족들에게서 증오심과 비애국심이라는 독을 빼냄으로써 "그들의 정신적, 정치적 개선"에 도움이 되게 한다는 것이었다. 요컨대, "정치적으로 혹은 도덕적으로 훼손되고 오염된 사람들을 그대로 사회에 내보낼 수 없다"고 그들은 생각한 것이다.[32]

패자 측 포로 노동력 이용은 그것의 성격, 거기에 동원되고 그 과정에서 사망한 죄수의 수를 중심으로 현재 뜨거운 논란거리가 되고 있다. 당시에도 그렇고 오늘날에도 그렇고 프랑코 쪽 사람들은 '망자들의 계곡'에서 일한 죄수들의 수를 의도적으로 축소하는 경향이 있다. 이 '계곡' 공사에 건축가로 참여한 디에고 멘데스는 80명 정도의 죄수가 그곳에서 일했을 뿐이라고 주장하면서 그들이 공사에 투입된 이유를 다음과 같이 말했다. "이 사람들은 대부분 잔인무도한 죄를 저지른 사람들이었고, 그들은 그러한 기질 때문에 겁이 없었으며, 위험하

179

기 짝이 없는 일에 투입되는 것에 개의치 않았다. 그들은 화강암 암반에 구멍을 뚫고, 까마득하게 높은 곳에 설치된 발판에 올라가서 작업을 하고, 다이너마이트를 취급했다. … 그들이 없었다면 공사는 훨씬 더 오래 걸렸을 것이고, 기계 사용은 훨씬 더 많아졌을 것이며, 비용은 훨씬 더 많이 소요됐을 것이다."[33] 이 언급은 역설적으로 승자들의 무덤 건설 공사에서 가장 큰 위험을 감당해야 했던 사람들이 정치범들이었음을 말해 준다. 최근의 연구들은 이 공사에 동원된 죄수 수를 최대 2만 명이라고 제시하고 있다.[34]

이와 같은 형기 감축 제도는 당시 상당히 일반적이었고, 죄수 가운데 상당수는 그 외에도 도시 재건, 댐이나 도로 건설, 그리고 그 밖에 여러 다른 공사에도 투입됐다. 많은 죄수들이 지극히 위험한 조건에서 일했다. 그리고 그 과정에서, 정확한 수는 알 수 없지만 많은 사람이 공사 현장에서 사고로, 노동 과정에서 얻은 질병으로 젊은 나이에 목숨을 잃었다.

에스파냐 민주화와 망자들의 계곡

그렇다면 왜 이 독재의 상징물들이 프랑코가 죽은 지 반세기가 다 돼 가는 지금까지도 건재할까? 그것은 독특하게 진행된 에스파냐의 '민주주의로의 이행'과 직접 관련이 있다. 1975년 독재자 프랑코가 죽고 나서 에스파냐에서는 권위주의 체제 붕괴와 '민주주의로의 이행'이 시작됐다. 에스파냐의 권위주의 체제로부터 민주주의로의 이행 과정은 다른 비슷한 처지에 있던 나라들이 모델로 삼을 정도로 중요한 성공 사례 가운데 하나로 꼽혀 왔는데, 그것은 비교적 단기간에 과도한 혼란이나 희생 없이, 대화와 협상을 통해 안정된 민주주의를 만들어 냈기 때문이다. 그리고 오늘날 에스파냐 민주주의는 그동안 몇 차례 위기가 있었지만, 영국이나 프랑스 등 이른바 선진 민주주의 국가들에 비해 크게 손색이 없다는 평가를 받고 있다.

그렇다면 민주주의로의 이행과 독재 상징물의 존속이라는, 일견 모순돼 보이는 현상은 왜 나타났을까? 우선, 에스파냐의 민주주의로의 이행은 어떤 정치적 사변에 의해서가 아니라 독재자의 자연사를 계기로 시작됐음에 유념할 필요가 있다. 다시 말해서 그것은 군부 등 독재 정권의 인적·제도적 기반이 붕괴되지 않은 상태에서 진행됐고, 그 같은 상황에서는 과거 인권유린의 당사자지만 여전히 실세로 군림하고 있는 군부와 기존 관리들을 포함한 보수 강경파의 죄를 묻고 그들의 단죄를 요구할 수 없었다.

이행기 당시 에스파냐의 극우 반동 세력은 민주화를 주도하는 사람들의 행동을 못마땅한 시선으로 주시하면서 반격의 기회를 엿보았다. 1981년 2월 23일 실패로 끝난 테헤로Antonio Tejero 중령의 쿠데타가 그 좋은 예라 할 수 있다. 그와 같은 상황에서 민주화를 주도하던 두 집단, 즉 체제 내 온건 세력과 반체제 민주화 세력 내 온건파는 혼란을 초래할 수 있는 급격한 변화보다는 점진적 개혁을 추구하게 됐고, 극우나 극좌 세력에게 분쟁의 빌미를 제공하지 않기 위해서 서로 협력하고 양보해야 한다고 생각했다. 그들은 최악의 결과, 즉 군부의 정치 개입과 그로 인한 내전과 같은 혼란 재발을 막기 위해 자신들에게 만족스

럽지 않더라도 타협을 받아들일 준비가 돼 있었다.[35]

　1975~1977년의 여론조사들은 그 같은 분위기가 비단 정치 엘리트들 사이에서만 나타난 현상이 아니었음을 보여 준다. 즉 그것은 당시 에스파냐 대중의 최우선 요구가 민주주의나 정의가 아니라 평화, 질서, 안정이었음을 보여 준다. 이행기 동안 치러진 몇 차례의 선거 결과는 항상 중도와 온건을 지향하는 정당들의 압도적 승리로, 그리고 내전과 대립을 연상시키는 급진 좌파와 강경 우파의 참패로 나타났고, 이 또한 일반 국민들이 과거에 대한 공포에서 결코 자유롭지 못했음을 말해 준다.

　그 같은 상황에서 해당 시기 에스파냐에서 진정한 의미의 과거청산은 시도조차 될 수 없었다. '책임자 처벌', '과거사 진상조사위원회' 구성, '피해자 보상'은 논의조차 되지 않았다. 에스파냐 정치가들이 할 수 있는 거의 유일한 과거사 문제 대처 방법은 정치범 사면과 일종의 제도화된 망각이었다. 1977년의 사면법으로 독재 시대에 민주화운동 등으로 구속돼 있던 정치범들에 대한 전면 사면 등이 이뤄지기는 했지만 이때 취해진 일련의 '화해' 조치들은 과거 문제의 해결이라기보다는 과거의 일은 그것으로 '잊어버리자'는 것이었고, 많은 학자들은 그것을 사실상의 '망각협정' 혹은 '침묵협정'이라고 말한다. 또 같은 맥락에서 독재 시대에 세워진 수많은 기념물에 대해서도 양쪽 모두 침묵으로 일관했다.[36] 일반적으로는 권위주의 체제가 민주주의로 이행하고 나서 취해지는 첫 번째 조치 가운데 하나가 구체제의 상징물이나 기념물 혹은 독재자의 동상 등을 제거하는 것이었지만 에스파냐에서는 그런 일이 전혀 일어나지 않았다.

이러한 상황은 '이행'이 끝나고 1982년부터 1996년까지 14년 동안 집권한 펠리페 곤살레스Felipe González가 이끄는 좌파 사회당 정권하에서도 마찬가지였다. 사회당 정권은 비록 자신들이 프랑코의 쿠데타와 내전에서 가장 큰 희생자였고, 전후 프랑코 정부가 자행한 가혹한 탄압의 주요 표적이었음에도 불구하고 과거사 문제에 거의 완전히 침묵으로 일관했다. 이 사회당 정권 시기는 에스파냐 학자들에 의해 '대침묵과 망각의 시기years of great silence and of no memory'로 간주되고 있다.[37]

그러나 1996년 이후 지금까지 에스파냐에서는 그 이전과는 전혀 다른 상황이 전개되고 있다. 망각의 시대가 끝나고 기억의 시대가 도래한 것이다. 과거사 문제가 다시 정치 이슈로 혹은 세간의 주요 관심사로 떠올랐다. 사람들은 이런 현상을 '역사적 기억회복운동'이라고 부른다. 왜 이때 다시 이 문제가 떠오르게 됐을까? 거기에는 여러 이유가 있겠지만 무엇보다도 중요한 이유는 '망각'과 '침묵'이 불가피한 상황의 산물이었기 때문에, 그 불가피한 상황이 약화되거나 사라지면 그것의 효력 또한 그렇게 될 수밖에 없었다는 점에서 찾아야 할 것이다.

'망각협정'은 그것이 필요하고 합법적이라고 보든 그렇지 않든 간에 독재 체제의 희생자들이 당해야 했던 역사적 불의를 항구화하는 것이었다. 그러나 불가피한 상황이 사라지고 난 후에도 계속 유지되기는 어려웠다. 독재자가 죽은 지 20년이 더 지나고, 민주주의가 들어선 지 15년 이상이 지난 1990년대 후반, 쿠데타나 내전 재발의 위험 없이 늘 마음 한 구석을 무겁게 짓누르던 아픈 상처의 기억을 깊은 어둠 속에서 끄집어내 어떻게든 합리적으로 정리하고 싶은 국민 다수의 바람이

망자들의 계곡 내 프랑코 무덤

'망각'을 뒤흔들어놓은 것으로 보인다. 요컨대 최근의 '역사적 기억회
복운동'은 시간의 경과, 그리고 이행기 이후 에스파냐에서 나타난 정
치·사회 발전과 변화와 밀접한 관계를 갖고 있다고 할 수 있다.[38]

　프랑코 정권의 후신이랄 수 있는 보수 국민당Partido Popular : PP 정권
(1996~2004)에서 싹튼 '역사적 기억' 회복, 그리고 과거 문제 해결 노력
은 2004년 3월 사회노동당 집권과 더불어 좀 더 강한 추진력을 얻게
됐다. 에스파냐내전과 프랑코 독재 체제 희생자들의 명예 회복을 위한
새 입법이 예고된 가운데 에스파냐 의회는 2006년을 "역사적 기억의
해Year of Historical Memory"로 선언했고, 2007년 12월 드디어 치열한 논
란을 거친 끝에 에스파냐판 과거사법이라 할 수 있는 '역사기억법Ley
de Memoria Histórica'이 의회를 통과했다. 이 역사기억법 제1조는 그 목

적을 "정치적 혹은 이념적 이유로 내전과 독재 체제의 처형과 폭력에 희생된 사람들의 권리를 인정하고 확대하기 위한 것"이라고 선언했다. 그러니까 이 법은 에스파냐 사회당 정부가 2004년부터 나름 관심과 열정을 가지고 추진해 온 과거사 문제 해결을 위한 노력의 최종적 결과물이라 할 수 있다.

이에 따라 자연스럽게 망자들의 계곡을 포함한 '독재의 기념물들'을 어떻게 처리할지를 둘러싸고 첨예한 공방이 나타났고 그것이 지금까지도 이어지고 있다. '역사기억법'에서도 이 문제가 언급됐는데, 이 법은 이에 대해 "전쟁을 치른 두 진영 가운데 한쪽을 찬양하는, 혹은 종전 후에 에스파냐에 들어선 체제를 지지하는 내용을 가진, 에스파냐 내전과 관련된 문장紋章, 현판, 상像 그리고 기타 기념물들의 철거"를 명시했다. 요컨대 역사기억법은 국가 소유 건물뿐만 아니라 정부 산하 기관들, 즉 시 정부와 자치 지역 정부들이 소장하거나 건물들에 부착돼 있는 모든 독재기념물 철거를 명한 것이다. 또한 '망자들의 계곡'에서 정치 집회를 갖거나, 내전이나 그 주인공 혹은 프랑코를 찬양하는 행동을 금한다는 내용도 포함됐다.[39]

역사기억법에 의거해 지역에 따라서는 많은 독재의 상징물이 철거됐지만 아직까지도 '망자들의 계곡'을 포함해 수많은 독재기념물의 상황에는 아무 변화도 나타나지 않고 있다. 그 이유는 무엇일까? 먼저, 이 법이 제정될 때 카탈루냐의 보수적 민족주의 정당CiU 발의로 "예술적·종교적으로 합당한 이유가 있는 경우에는" 그 상징물들을 철거하지 않아도 된다는 조항이 삽입됐고, '망자들의 계곡'을 포함한 많은 독재기념물이 종교 시설에 포함됐기 때문이다.[40]

에스파냐 역사의 영광과 비극, 마드리드 엘에스코리알과 망자들의 계곡

그보다 더 중요한 이유는 프랑코 독재 정부의 후신이랄 수 있는 보수 국민당과 그들을 지지하는 보수 세력의 완강한 반대다. 2011년 11월 재집권에 성공한 국민당은 기념물 철거 혹은 과거사 청산 작업에 부정적 태도로 일관했다. 집권 마지막 해였던 2011년 5월, 사파테로 José Luis Rodríguez Zapatero의 사회당 정부는 역사기억법에 근거해 망자들의 계곡을 "내전과 그 이후 프랑코 체제의 희생자들을 존엄하게 하고 재활하게 하는 기억의 장소"로 바꾸기 위한 조언 기구로 '망자들의 계곡의 미래를 논의하기 위한 전문가 위원회'를 설치했고, 이 위원회는 2011년 11월 29일 제출한 보고서에서 프랑코의 시신을 망자들의 계곡에서 파내 그의 가족이 선택한 장소에 재매장하고, 프리모 데 리베라의 유해는 바실리카 벽 뒤의 공동묘지로 옮길 것을 권고 사항으로 채택했다. 위원회는 또한 망자들의 계곡에 가톨릭 신자가 아닌 사람들을 위한 '명상 센터' 건립과, 망자들의 계곡이 생긴 이유와 경위를 설명하는 '설명의 공간'을 세울 것을 권고했다.[41]

그러나 이 전문가 위원회의 보고서는 발표되기 직전에 치러진 총선에서 사회당이 국민당에게 정권을 넘겨줌으로써 무용지물이 됐다. 2012년 7월 17일 국민당 정부의 부수상 겸 정부 대변인이던 소라야 사엔스 데 산타마리아Soraya Sáenz de Santamaría는 국민당 정부가 프랑코와 프리모 데 리베라의 시신 이장과 관련해 전문가 위원회의 권고를 따를 생각이 없다고 말했다. 2013년 8월 5일에도 국민당 정부는 사회당 대표이자 전임 장관인 라몬 하우레기Ramón Jáuregui에게 보낸 서신에서 전문가 위원회의 권고 사항은 이행되지 않을 것이라고 재확인하면서, 국민당 정부의 입장에서 볼 때 그 같은 행위는 "쓸데없이 옛 상처를 다시 헤집어 놓게 될 것"이기 때문이라고 했다. 그 후로 지금까지 국민당 정부의 입장은 바뀌지 않고 있다.[42]

2014년 12월 17일 국민당은 망자들의 계곡을 '공존의 문화'를 반영하는 쪽으로 재정의redefine하자는 에스파냐 사회당이 제안한 법률, 그리고 프랑코의 유해와 프리모 데 리베라의 유해를 다른 곳으로 이장하자는 수정안, 그리고 바실리카 공동 무덤에 묻힌 모든 내전 희생자들의 신원을 확인하고, 가족의 동의도 없이 묻힌 사람을 둔 후손들의 탄원을 수용하자는 주장을 표결로 부결시켰다. 사회당의 이러한 제안에 대한 의회의 논의에서 국민당 의원 로시오 로페스는 "죽은 사람들을 편히 쉬게 놔두자"라고 주장하면서 망자들의 계곡은 "정치적 의미가 없는" 평화스런 장소로 계획된 성당이자 공동묘지며, 내전에서 서로 싸운 양쪽 모두를 위한 화해의 장소이므로 변경돼서는 안 된다는 주장을 반복했다. 반면에 사회당의 오돈 엘로르사는 이 기념물이 에스파냐인들에게 "경멸과 배제의 상징"일 뿐이라고 주장했다.[43]

지금도 에스파냐 정치권에서는 이 기념물의 미래를 둘러싸고 논란이 활발히 벌어지고 있다. 대부분의 인권 단체들은 정부가 이 '망자들의 계곡'을 철거하는 대신 에스파냐내전과 프랑코 독재 체제의 공포를 환기시킬 수 있는 교육 공간으로 전환할 것을 요구하고 있다. 예를 들어 카탈루냐 녹색당의 하우메 보쉬Jaume Bosch 의원의 다음과 같은 주장은 그들의 견해를 대변하는 것으로 보인다. "아우슈비츠는 교육 센터로 바뀌었고, 아르헨티나는 정치범들을 고문한 감옥을 기억의 장소로 바꾸었다. 그에 비해 우리는 망자들의 계곡을 너무나 오랜 시간 동안 프랑코 시대 때와 똑같은 상태로 방치해 두고 있다."[44] 그러나 앞에서 언급한 것처럼 이에 대한 에스파냐의 현 보수 집권당과 우파 세력의 반대는 완강하다.

현재로서는 이 기념물의 미래가 어떻게 될지 예상하기가 쉽지 않다. 다만 분명해 보이는 것은 망자들의 계곡이 대다수 에스파냐인들에게 '바람직하지 않은 유산'으로 여겨지고 있다는 사실이다. 즉 파괴해야 할지, 아니면 다른 형태로 변경해야 할지를 두고 고민하게 만드는 유산이다. 그러나 '망자들의 계곡'은 적어도 당분간은 계속 존속할 것이고, 자라나는 세대의 집단 기억과 정체성에 적지 않은 영향을 계속해서 주게 될 것이다.

주경철

살아 있는 도시의 역사

암스테르담 운하 구역

살아 있는 박물관

네덜란드의 도시 암스테르담은 유럽의 '물의 수도'라 할 만하다. 이 도시에는 100킬로미터 이상의 운하망, 100개 가까운 섬, 1500개의 다리가 있다. 특히 구도심 지역에는 17세기에 만들어진 세 개의 주요 운하 헤렌흐라흐트Herengracht, 케이제르스흐라흐트Keizers-gracht, 프린센흐라흐트Prinsengracht가 반원을 그리며 둘러 있다. 흐라흐텐호르델Grachtengordel, 즉 '운하들의 띠'라고 불리는 이 운하 구역에는 1550채에 달하는 기념비적인 옛 건물들도 남아 있다. 물과 땅이 함께 어우러진 이 장대하고 아름다운 구역 전체가 17세기 황금기에 체계적인 도시 계획에 따라 조성됐다는 사실이 경이롭다. 걸핏하면 홍수에 시달리던 늪지 지역을 거대한 주택단지 겸 상업 지구로 만든 이 사업은 당시 유럽 최대의 도시 개발 계획이었으며, 그 결과 만들어진 새로운 암스테르담시는 이후 유럽에서 이상 도시로 추앙받았고, 실제로 여러 도시들의 건설 혹은 재개발 모델이 됐다. 그야말로 천재적인 집단 창의성이 발휘된 걸작품인 이 운하 구역 전체는 유네스코 세계문화

살아 있는 도시의 역사, 암스테르담 운하 구역

암스테르담 운하 구역

유산 목록에 등재됐다. 유네스코는 이 구역의 가치에 대해 "수력공학과 도시 설계, 그리고 건축 양식과 부르주아 건축의 합리적 조합의 정수를 보여 준다"라고 기술했다.[1]

흥미로운 점은 다른 기념비적 문화유산과 달리 운하 구역에선 현재도 시민들의 생활이 이어지고 있다는 점이다. 17세기에 조성된 이래 이 지역의 원형이 거의 그대로 보존돼 있는 동시에, 박제화되지 않고 생생하게 살아 있는 공간으로 유지되고 있다는 사실이 놀랍기 그지없다. 운하에는 여전히 보트가 다니고, 운하 옆 도로는 사람·자전거·차들의 왕래가 이어지며, 좁은 골목길에서는 서민들의 삶이 펼쳐지고 있다. 특이한 모습의 주택들과 교회들 역시 옛 모습 그대로 온전하게 남아 있다. 물의 흐름을 통제하는 수력학적 시설들은 기술 발전의 결과로 17세기와는 다른 장치들을 사용하지만, 그래도 기본적으로는 같은 시스템으로 작동한다. 물론 도시 확대에 따른 필요 때문에 19세기 말에 일부 거리가 확대되고 렘브란트플레인Rembrandtplein(렘브란트 광장)처럼 전에 없던 큰 광장이 생기는 등 부분적 변화가 없지 않지만, 그래도 3~4세기 전 도시 구역이 이처럼 온전하게 잘 남아 있는 곳은 흔치 않다. 그야말로 살아 있는 박물관이라 불러도 좋을 것이다. 암스테르담 운하 구역에서는 곧바로 17세기의 세계와 마주하게 된다.

이곳은 세계를 대상으로 무역을 하던 대상인과 각종 공업 활동을 하던 장인들부터 가난한 서민들에 이르기까지 모든 시민이 어울려 살아가던 구역이다. 이 점이 다른 도시와 다른 암스테르담의 특징이다. 군주의 위엄을 과시하는 궁전이나 종교 권위의 구현체인 대성당이 아니라 시민들의 삶을 개선하기 위해 조성한 장대한 사업의 결과물이 핵심

193

역사기념물이라는 점이야말로 실로 중요한 사실이다.

어촌 마을에서 도시로 :
13~16세기 암스테르담의 성장

암스테르담을 비롯해 네덜란드의 역사는 물과 떼어 생각할 수 없다. 이 나라의 삶의 기반에는 늘 물 문제가 놓여 있고, 물을 어떻게 다스리며 살아왔는가가 곧 역사의 주요 내용이다.

네덜란드는 지대가 매우 낮아서, 국토의 많은 부분이 해수면 아래에 위치해 있다. 네덜란드라는 말 자체가 '낮은 땅'이라는 의미다. 네덜란드어로 Nederland, 영어로 Netherlands 혹은 Low Countries, 프랑스어로 Pays-Bas 등 이 나라를 가리키는 말은 한결같이 '저지대'라는 의미다. 유럽의 지리를 크게 개관해 보면 남쪽에 알프스산맥을 비롯해 높은 산지가 자리 잡고 있는 반면, 북유럽에는 광대한 평원이 펼쳐져 있는데, 그 가운데에도 북서쪽의 네덜란드 지방이 지대가 가장 낮다. 결과적으로 이 나라는 유럽 대륙의 배수구 역할을 떠맡게 됐다. 라인Rhein, 뫼즈Meuse(마스), 스헬더Schelde 등 유럽 북부의 큰 강 세 개가 유럽 중남부에서 발원해 대륙을 가로질러 흐르다가 결국에는 네덜란드로 모여서 바다로 들어간다. 이런 지리 요인 때문에 때로는 매우 기이한 일들이 벌어진다. 네덜란드 지역은 청명한데 멀리 떨어진 중부와 남부 유럽 지역에 큰비가 내리면 그 물이 모두 모여 네덜란드로 몰려와 이곳에 대규모 홍수를 일으킬 수 있다. 말하자면 이 나라는 유럽 대류의 물이 대서양으로 빠지는 하류 지역에 형성된 광활한 삼각주라 할 수 있다. 육지와 바다가 만나는 경계 지역은 끊임없이 변화했고, 그 때문에 이곳 주민들은 안전한 삶의 터전을 확보하기 위해 언제나 고단하기 짝이 없는 노고를 감당해야 했다.

네덜란드 역사는 홍수로 점철돼 있다. 13세기에는 무려 서른다섯 번의 대홍수가 연이어서 저지대를 휩쓸고 갔다. 특히 1287년에는 거대한 민물호수였던 플레보Flevo의 북쪽 입구가 해일로 휩쓸려 가는 통에 북해와 직접 연결돼 이후 자위더르해Zuiderzee('남해'라는 뜻)가 됐다. 1932년에 길이 30킬로미터의 둑을 쌓아 북해와 단절시킴으로써 자위더르해는 다시 민물호수인 에이설IJssel호로 변했다. 1421년의 소위 성 엘리자베스 축일의 대홍수 때에는 20여 마을이 물에 잠기고 1만 명이 사망하는 참사를 겪었다.

20세기에도 엄청난 규모의 홍수가 일어난 적이 있다. 1953년에 홍수가 일어나 64만 2000에이커가 물에 잠기고, 1845명이 사망했으며, 10만 명 이상이 집을 잃었고, 가축 100만 두 이상의 손실을 보았다. 암스테르담의 한 공원에는 역대 홍수 당시 물이 찬 높이를 표시한 기둥이 있는데, 1953년 홍수 때 지표면에서 5~6미터 높이까지 물이 찬 것을 확인할 수 있다. 이 사건 이후 라인강과 마스Maas강 하구의 델타(삼각주) 유역을 거대한 댐들로 봉쇄해서 홍수를 조절하는 델타 플랜Delta Plan 이 기획됐다. 중요 댐 네 곳과 여러 보조 댐을 건설해 델타 유역을 북해로부터 완전 봉쇄하는 이 계획은 원래 1978년 완공 예정이었으나, 그동안 환경 문제에 대한 논란이 일어나 완공을 미루고 계획을 재조정했다. 즉, 물길을 열어서 원래대로 물이 흐르도록 해 환경을 보호해야 한

195

1492년 성 엘리자베스 축일 대홍수 그림, 1490~1495년경

다는 주장과, 물을 가둬 안전을 확보하는 것이 더 중요하다는 주장이 대치했다. 오랜 논의의 끝에 평상시에는 물길을 열어 물이 흐르도록 하되 심한 폭풍우가 몰아칠 때는 수문을 닫는 방식으로 바꾸었다.

　이처럼 유사 이래 네덜란드 사람들은 자연과 한없이 싸워야 했다. 그 싸움에서 인간이 조금씩 우위를 차지하게 된 것은 대략 서기 1000년경 이후다. 이즈음부터 네덜란드인들은 스펀지처럼 물컹물컹한 토탄土炭질 땅을 농토와 거주지로 변형시켰다. 바닷물을 막기 위해 제방을 쌓은 다음 습지에 수로를 파면 자연스럽게 물이 강으로 흘러간다. 그런데 이렇게 되면 곧 다른 문제가 발생한다. 토탄이 습기를 잃으면 주저앉기 때문이다. 그래서 땅이 물 높이보다 낮아지면 다시 물에 잠기게 되고 그러면 또 제방을 더 높이 쌓고 물을 퍼내야 했다. 이런 일들이 지속되다 보니 땅이 계속 내려앉아서 사람들이 사는 지역보다 더 높은 곳에 강이 흘러가는, 다른 나라 사람들이 보기에는 실로 기이한 현상이 나타나게 된 것이다. 이와 같은 배수 작업을 통해 폴더polder라 불리는 간척지를 만들었는데, 13세기 이래 이렇게 만든 땅이 1만 제곱킬로미터로 현재 국토의 20퍼센트에 달한다. "신이 세상을 만들었다. 그러나 네덜란드는 네덜란드인이 만들었다."[2] 흔히 네덜란드인들이 자기 조국에 대해 말할 때 자부심을 가지고 하는 이 말이 분명 과장만은 아니다.

　마찬가지로 암스테르담 역시 암스테르담인이 만든 것과 다름없다.[3] 암스테르담은 13세기 초에 작은 어촌으로 시작됐다. 이곳 역시 네덜란드의 다른 지역과 마찬가지로 지표면이 매우 낮다는 문제를 안고 있다. 따라서 거주 공간을 확보하려면 우선 강과 바다가 만나는 지점에

살아 있는 도시의 역사, 암스테르담 운하 구역

제방을 쌓아야 했다. 자위더르해 내의 작은 만인 에이Ij에 합류하는 암스텔Amstel강에 제방Dam을 쌓아 물을 막고 그곳을 중심으로 거주지를 형성했기에, 이곳의 이름은 'Amstelredam'이었다가 나중에 'Amster-dam'으로 굳어졌다. 네덜란드의 많은 도시 이름이 '담'으로 끝나는 것도 이 때문이다. 에Ee강에 제방을 쌓아 만든 도시가 에담Edam, 로테Rotte강에 제방을 쌓아 만든 도시가 로테르담Rotterdam이다. 흙을 쌓아 만든 이 제방은 수송로로도 사용됐는데, 이 지역 지배자인 홀란드 백작 플로리스Floris 5세(1254~1296)가 통과세를 받지 않고 무료로 통과하도록 조치한 문서가 알려져 있다. 이 기록은 암스테르담 초기 역사를 말해 주는 얼마 안 되는 문서 중 하나다. 암스테르담은 1306년 시로 선포됐지만, 실상은 그 후로도 오랫동안 빈한한 어촌으로 남아 있었다.

이 상태에서 큰 변화를 겪게 된 것은 16세기 중반 이후다.[4] 여기에는 네덜란드 전체 역사 변화가 연관돼 있다. 많은 사람이 칼뱅주의를 받아들여, 네덜란드를 지배하던 에스파냐와 갈등 관계에 들어갔다가 종교적·정치적 자유를 위한 반란을 일으켜 네덜란드는 독립 공화국이 됐다. 동시에 이 나라는 놀라운 경제 성장을 이뤄 국제 중개무역의 중심지로 부상했다. 이 과정에서 주변 각지로부터 많은 사람이 유입돼 인구가 크게 증가했다. 이런 발전 혜택을 가장 크게 입은 곳이 바로 암스테르담이었다. 17세기에 이르면 이 도시는 번영하는 세계무역 중심지이자 공업 지역으로 성장하는데, 당연히 이런 변화를 지탱해 줄 도시 인프라를 증축하지 않을 수 없었다. 운하 지역은 이와 같은 필요를 충족시키기 위해 체계적인 도시 계획을 통해 만들어 낸 성과다.

16세기 이전에도 암스테르담이 아무런 변화를 겪지 않은 것은 아니다. 암스테르담은 중세에 점진적으로 상업을 발전시켜 나갔고, 제법 중요한 항구도시로 성장했다. 1369년에 한자Hansa 동맹에 가입한 것이 그 점을 잘 보여 준다. 그러나 오랫동안 교역 중심지로서 남쪽의 안트베르펜Antwerpen이 압도적으로 중요했으므로 17세기에 암스테르담이 진정 유럽의 경제 패권을 차지하기 전에는 아무래도 시 규모가 그리 크지 않았다. 그런 와중에 대형 화재 사건도 일어났다. 중세 도시는 대부분의 집이 목재로 돼 있기 때문에 한 번 큰불이 나면 시가 거의 전소되기도 한다. 암스테르담 역시 1452년에 대화재가 일어나 목재 집들이 전소됐고, 그 이후 벽돌로 지은 집이 대세가 됐다.

16세기 이전에 암스테르담이 보잘것없는 어촌에서 제법 번성하는 도시로 격상하게 된 데에는 두 가지 요인이 작용했다. 그중 하나는 '기적'이다. 이 도시가 칼뱅주의를 받아들이기 전, 아직 가톨릭 신앙을 유지하던 때인 1345년의 일이다. 종려주일棕櫚主日(부활절 한 주 전 일주일)을 앞둔 어느 날, 한 노인이 죽으며 마지막 성체성사聖體聖事를 받았다. 그런데 이 노인이 구역질을 하며 성체를 토했다. 전혀 손상되지 않은 상태로 튀어나온 성체, 다시 말해 밀가루 덩어리를 어떻게 할 것인가? 주변에 있던 여인들이 어찌하면 좋을지 몰라 당황해 하다가 차라리 불속에 던져 넣는 것이 그나마 가장 덜 불경스럽게 처리하는 방법이라 판단했다. 그런데 이 성체는 불속에서도 좀처럼 타지 않았다. 이 소식을 전해 들은 사제들이 이를 기적이라 선언하고, 노인이 있던 자리에 성당을 건립해 문제의 성체를 그곳에 모셨다. 그 후에 이 성당에 두 번이나 불이 났지만 성체는 여전히 온전하게 보존됐다.

이런 기적이 알려진 후 암스테르담은 뜻하지 않게 유명한 성지순례

199

장소가 됐다. 머잖아 이곳을 다녀온 후 병이 나았다는 이야기들이 퍼졌다. 그중에서도 특히 후일 신성로마제국의 황제가 되는 막시밀리안 Maximilian 1세(재위 1493~1519)가 1489년에 이곳을 찾았다가 건강을 회복한 이야기가 알려진 후 더욱 유명세를 타게 됐다. 1578년에 암스테르담이 공식적으로 칼뱅교를 국교로 정한 후 가톨릭 행사인 순례가 금지됐다가 19세기에 다시 재개됐다. 지금도 3월에 신실한 가톨릭 신도들이 수천 명씩 모여 이곳으로 야간 행진을 한다.

중세에 암스테르담이 성장하는 데에 이 동화와 같은 사건이 실제로 상당히 중요한 역할을 했다. 많은 순례자가 모여들자 온갖 성화와 기념품 판매가 급증했다. 이는 일정한 번영을 가져다주었고 인구도 늘었다. 또한 순례자들의 수요를 만족시키기 위해 새 성당을 지었는데, 바로 뉴케르크Nieuwe kerk(신교회)다. 오늘날에도 암스테르담 시내 여러 거리들은 당시 순례와 연관된 이름을 가지고 있다. '수도승 거리Monnikenstraat', '주기도문 골목Paternoster-steeg', '피의 거리Bloedstraat(범죄의 피가 아니라 예수의 피를 의미한다)' 등이 그런 사례들이다. 그토록 성스러운 사건이 일어났던 곳은 오늘날 성적性的으로 가장 대담하고 자유분방한, 세계적으로 유명한 홍등가가 됐다.

암스테르담의 성장에 종교적 기적보다 더 큰 영향을 미친 것은 청어가 가져온 경제 기적이다. 청어는 중세부터 유럽에서 중요한 생선 중 하나다. 워낙 많은 양이 잡히기 때문에 가난한 서민들이 싼값에 단백질과 열량을 얻을 수 있는 중요한 식품이었다. 암스테르담을 비롯한 네덜란드의 항구도시들에서 출항한 어선들은 엄청난 양의 청어를 잡아 와서 내륙 지역으로 보내 판매했다. 멀리 동유럽까지 팔려 간 청어는 가난한 서민들의 중요한 식품으로 애용됐다. 저명한 인류학자로서 음식 문제를 연구해 온 시드니 민츠Sidney Wilfred Mintz는 자기 아버지로부터 "청어가 없었다면 우리 유대인은 아마 다 죽었을 것이다"라는 이야기를 자주 들었다고 말한 바 있다.[5]

먼 내륙 지방까지 다량의 청어를 수송하기 위해서는 청어를 어떻게 보존·처리하느냐 하는 것이 핵심 문제다. 전통 방식은 내장을 떼어 내고 소금을 쳐서 통에 담는 것이다. 그런데 중세 말에 염장 방법에서 획기적인 기술 개발이 이루어졌다. 청어의 몸통 안에 유문수幽門垂, appendix pylorica라는 작은 주머니가 있는데, 이 기관과 췌장을 남겨 두고 내장을 제거하면 신선도가 훨씬 오래 유지되고 맛도 나아진다는 사실을 알게 된 것이다. 이 방법은 14세기에 제일란트Zeeland주 비르블리트Biervliet 출신 어부 빌럼 뵈켈스존Willem Beukelszoon이 개발했다고 전하는데, 네덜란드 경제 발전의 핵심 기술을 개발한 그는 오늘날까지도 네덜란드의 국민영웅으로 숭상된다. 더구나 이 염장법을 어선에서 직접 하면 훨씬 더 효율적이다. 생선을 잡자마자 그 자리에서 바로 처리하면 분명 더 오래 보존 가능하다.

이제 어선은 이전보다 더 먼 바다로 나가서 훨씬 더 많은 청어를 잡는 동시에 뱃전에서 바로 염장 처리를 한다. 이렇게 배 안에 염장 청어가 가득 쌓이면 운송선ventjager이 와서 상품을 받아 해안 지역으로 운송해 가고, 어선은 계속 바다에 머물며 고기잡이를 할 수 있다. 이런 식으로 배 안에서 염장 처리까지 할 수 있는 특화된 어선을 하링바위스Haringbuis라 하는데, 이 선박은 1416년 암스테르담의 이웃 도시인 호른Hoorn에서 개발됐다. 이로 인해 홀란드 지방에서는 이전과는 비교할 수 없을 정도로 어업이 성장했다.

어업 발전은 암스테르담의 놀라운 경제 성장의 첫 단계였다. 이후 연쇄적으로 여러 부문에서 성장이 일어났다. 많은 어선을 사용하려면 우선 조선업이 발전해야 한다.[6] 당시 조선업은 광산업 다음으로 많은 노동력이 집중된 분야며 동시에 엄청난 양의 목재를 필요로 하는 분야다. 큰 배 한 척을 만드는 데 들어가는 목재의 양은 거의 작은 도시 하나를 건설하는 정도라고도 한다. 구체적으로 계산한 연구자에 의하면 그 양이 1750세제곱미터로서 "말 두 마리가 끄는 수레 1800대분에 해당하는 양"이다.[7]

조선업에 필요한 목재는 스칸디나비아와 발트 지역에서 수입해 와야 했고, 자연히 국제 목재 무역이 발전했다. 해운업의 성장은 곧 일반적인 교역 발전의 기초가 됐다. 암스테르담이 서유럽과 동유럽의 중간 지점에 위치해 있다는 지리 여건이 유리하게 작용해 이 도시는 점차 유럽 내 중요한 중개 교역 항구로 발전해 갔다. 더 나아가서 수입 원자재를 가공하는 공업도 다양하게 발전했다. 예컨대 발트 지역에서 들여온 유채·대마·아마씨 그리고 탄산칼륨 물질 등을 이용해서 만드는 비누는 전 유럽으로 팔려 갔다. 원래 네덜란드 지역에서 전통적으로 발전해 있던 직물업에 더해 여러 공업 활동이 더해졌다. 이처럼 유럽 내 상공업 활동을 기반으로 성장한 암스테르담은 그 다음 단계에서 전 세계 국제 교역 중심지로 변모했다. 1602년에 동인도회사, 1621년에 서인도회사가 만들어진 것이 이를 증언한다. 전성기 때 암스테르담 항구에는 수많은 선박이 모여들어 '돛의 숲'을 이루었다고 묘사되곤 했다. 결과적으로 암스테르담은 17세기에 이르면 '세계의 창고'로 변모했고, 유럽에서 가장 잘사는 대도시로 도약했다.

16세기 네덜란드의 정치 변화와
암스테르담의 인구 증가

암스테르담 발전의 흐름을 더욱 가속화시킨 것은 네덜란드의 정치 변화였다.[8] 중세 이래 네덜란드는 17개 주로 구성됐다. 대체로 오늘날의 네덜란드와 벨기에를 합친 지역을 가리킨다. 각 주는 어느 정도 독립적 성격을 띠지만 그러면서도 17개 주 전체가 하나의 정치, 문화 및 생활 단위로서 통합성을 띤다는 의식을 공유했다. 일종의 고향 의식의 확대판 같은 개념이라고 할 수 있다. 중세 말과 근대 초 유럽 정치 변화의 결과로 1515년에 17개 주 전체가 카를 5세가 지배하는 신성로마제국하에 들어갔다가, 카를 5세가 양위하며 펠리페 2세에게 에스파냐의 통치를 맡겼을 때에는 에스파냐 소속의 주들로 남게 된다. 에스파냐는 17개 주 전체를 관장하는 총독을 파견해서 현지 귀족들과 협력하며 통치하도록 했다.

종교개혁이 이 상황에 큰 변화를 초래했다. 원래 네덜란드는 오래 전부터 종교 문제에서 교회 가르침을 있는 그대로 따르기보다는, 이의를 제기하고 논쟁하는 분위기가 비교적 강했다. 이런 분위기가 개신교가 일찍 수용되고 뿌리내리는 계기가 됐다. 그리고 종교적 '문법'에 따라 사회 개혁을 요구하는 목소리도 빈번하게 제기됐다. 하층민들은 흉작·질병·홍수·물가 상승 등 여러 힘든 요인 때문에 불만이 많았고,

상층 계급 사람들은 나름대로 에스파냐 국왕의 전제적 태도에 분개했으며, 도시민들 또한 조세 인상과 기타 경제 간섭의 폐해를 민감하게 느꼈다. 이런 점들로 인해 네덜란드인들은 개혁적인 종교에 호감을 가졌고, 새로운 급진 종교를 사회 개선을 요구하는 동력으로 삼았다.

신교의 여러 갈래 가운데에서도 특히 칼뱅의 교의를 따르는 시민들이 늘었다.[9] 이들 가운데 극렬한 인사들은 가톨릭 성당을 공격해 성상을 파괴하기까지 했다beeldenstorm, iconoclasm. 가톨릭 성당에는 그림·조각·유물 들이 많은데, 칼뱅주의자들은 이것을 일종의 우상으로 규정했고, 급기야 극단파들이 조직적으로 성당을 공격해 이것들을 때려 부쉈다. 사실 이 움직임은 네덜란드에서 시작된 것이 아니었고, 다른 나라에서 이미 광범위하게 퍼져 있었다. 그런데 이 운동이 뒤늦게 네덜란드 지역으로 들어온 다음 격렬하게 터진 것이다. 1566년 8월부터 약 3주 동안 400개 이상의 성당이 공격당했다. 마리아와 천사, 성인 들의 조각상이 부서지고 성화가 모두 찢기고 스테인드글라스가 깨졌다. 남쪽에서 시작된 이 운동은 곧 북쪽으로 퍼져 갔다.

가톨릭 최후 보루를 자처하는 에스파냐는 이 사건을 묵과할 수 없는 일로 판단하고 군사력을 동원해 잔혹하게 진압하려 했다. 에스파냐 국왕 펠리페 2세는 '이단'을 힘으로 뿌리 뽑기 위해 알바Fernando Álvarez de Toledo Alba(1507~1582) 공작의 지휘하에 1만 명의 에스파냐군을 파견하기로 결정했다. 알바 공은 프랑스, 이탈리아, 아프리카, 헝가리 등지에서 참전했던 당대 최고의 군 지휘관이었다. 그런 사람을 파견한다는 것은 네덜란드에 대한 에스파냐의 태도가 철권통치로 방향을 잡았음을 말해 준다. 반대로 이런 억압에 직면한 네덜란드로서는 전통적으로 누려 왔던 정치적 자유와 양심의 자유를 지키고자 분연히 봉기했다. 양측 간 갈등이 격화돼 결국 독립전쟁이 시작됐다. 전쟁 중에 남부 열 개 주는 에스파냐에 계속 충성하는 방향으로 돌아선 반면 북부 일곱 개 주는 끝까지 독립을 지향해 1581년 독립을 선언했다. 80년에 걸친 전쟁을 치른 끝에 1648년 뮌스터Münster조약으로 네덜란드는 독립국 지위를 공인받았다.

사실 네덜란드의 종교 현상을 간단하게 정리할 수는 없다. 지금까지의 설명을 보면 마치 가톨릭을 국교로 하는 에스파냐의 지배하에 있던 이 나라 사람들이 신교, 그 가운데 특히 칼뱅의 교리를 옹호하기 위해 독립전쟁을 벌인 것으로 이해하기 쉽다. 공식적으로는 그렇게 정리하곤 하지만 실상은 조금 다르다. 쉽게 말해서 '가톨릭 대 신교'의 투쟁이라기보다는 가톨릭만 강요하는 '억압'에 대해 모든 종교의 자유를 요구하는 '관용' 간 충돌의 성격이 강하다. 칼뱅주의 자체는 엄격한 교리를 사회 모든 면에 강하게 적용하려 하고, 제네바처럼 극단적인 경우는 종교 원칙의 지배를 철두철미하게 지켜, 결국 일종의 신정정치神政治로 변할 수도 있다. 그런데 이런 종교도 네덜란드에서는 다른 교파와 공존하는 태도를 취했다. '평화가 있는 곳에 신이 있다'는 네덜란드 속담이 그와 같은 분위기를 대변해 준다.

전성기 네덜란드 역사의 특징은 전쟁을 하면서도 동시에 경제적으로 크게 성장했다는 점이다. 상공업이 비약적으로 발전하자 주변 지역에서 많은 사람들이 일자리를 찾아 암스테르담으로 몰려들었다. 또 종교 문제에서 비교적 관대한 태도를 보이자 유대인, 위그노Huguenot 등도 많이 찾아왔다. 이와 관련해서 가장 중요한 사건이 안트베르펜의 몰락이다. 독집전쟁 와중에 봉급을 못 받은 에스파냐군이 이 부유한 도시를 약탈하는 사건이 터졌다. 이를 '스페인의 분노Spanish Fury '라고 부른다. 16세기 내내 유럽 최고의 교역 중심지였던 안트베르펜은 이 충격으로 완전히 쇠락해 버렸다. 그러자 이 도시의 대상인들이 주변 지역으로 이주해 갔는데, 그 가운데 가장 많은 사람들이 찾아간 곳이 암스테르담이었다. 유럽 최고 수준의 경제인들이 자본과 노하우, 인맥 등을 고스란히 안고 찾아온 뜻하지 않은 행운은 암스테르담의 경제 성장에 지대한 영향을 미쳤다.

이상의 여러 요소는 자연스럽게 암스테르담의 인구 증가를 불러왔다. 지난 시대의 인구 추산은 어디랄 것 없이 많은 어려움과 불확실성을 가지게 마련이지만, 암스테르담의 경우는 다른 지역에 비해 자료 여건이 훨씬 나은 편이다. 교회나 행정기관에서 관리하는 출생, 사망, 결혼 기록이 잘 보존돼 이를 근거로 비교적 정확한 인구 추산이 가능하다. 지금까지의 연구 결과를 이용해 암스테르담의 인구 상황을 개략적으로 정리하면 다음과 같다.

연도	인구
1570	30,000
1600	60,000
1620	100,000
1634	200,000

(단위: 명)

16~17세기에 놀라운 속도로 인구가 증가했음을 확인할 수 있다. 16

세기 말에 3만 명이던 인구는 이후 단기간에 계속 늘어나 1630년대에 20만 명에 달했다. 근대 초에 이런 정도의 급격한 인구 증가는 실로 예외적 현상이었다. 이처럼 빠른 속도로 늘어나는 인구를 감당하기 위해서는 도시 자체가 크게 확대되지 않을 수 없었다.

도시의 성장은 단순히 인구 증가에 비례해 면적이 늘어나는 것만 의미하지 않는다. 정치와 군사적 요인도 작용하고 무엇보다 해상 교역의 발전이 뒷받침돼야 한다. 여기에서 중요한 점은 암스테르담이 무질서한 난개발 방식이 아니라, 앞서 언급한 여러 요인들을 고려하며 체계적으로 도시 계획을 통해 팽창했다는 점이다.

암스테르담 도시 공간의 확대는 이미 16세기 전반에 계획됐다. 알려진 바로는 1548년에 마르코 데 베로나Marco de Verona라는 이탈리아 건축가가 만든 계획안이 있었다. 시의 동쪽으로 공간을 넓히자는 구상이었으나 어떤 이유에서인지 결국 시행되지 못했다. 본격적인 시 확장 계획이 시 당국에 의해 체계적으로 준비되고 하나씩 시행된 것은 1570년대부터다.

암스테르담의 역사와 네덜란드 역사에서 결정적 전환이 일어난 중요한 해는 1578년이다. 이해에 암스테르담시는 지금까지 에스파냐 국왕에 충성하던 태도를 바꿔 오라녜 공이 주도하는 독립파로 진영을 바꾸었다. 이를 '알테라치Alteratie(대변혁)'라 칭한다. 네덜란드에서 가장 부유하고 영향력이 큰 도시가 독립의 대의를 받아들임으로써, 종국적으로 네덜란드 북부 일곱 개 주의 독립운동이 탄력을 얻게 됐다. 암스테르담의 팽창이라는 문제로 시각을 좁혀도 알테라치는 지극히 중요한 변화를 가져온 사건이었다. 지금까지 시 행정부를 장악하던 가톨

릭계 인사들이 추방당했고, 반대로 이전에 추방당했던 신교 인사들이
귀환해 시의 정치와 행정을 장악하게 됐고, 이것은 시의 확장 사업에
도 즉각 영향을 미쳤다. 오라녜 공은 암스테르담시를 방어할 성채 건
설을 조언했고 새로 권력을 장악한 엘리트는 이 안을 수용했다. 1581
년에 암스테르담을 직접 방문한 오라녜 공은 요새 건설을 독려하면
서 자문관 중 한 명이며 성채 건설 전문가인 아드리안 안토니스Adriaen
Anthonisz(1541~1620)을 천거했다. 그가 제출한 도시 계획안이 채택돼 도
시의 팽창이 이루어졌다. 이렇게 첫 번째 팽창이 시작된 이후 여러 차
례 계획안이 제시됐고 체계적으로 도시 확대 사업이 진행됐다.

16~17세기 암스테르담의
팽창 과정

암스테르담의 팽창은 크게 4단계로 구분한다. 전체 흐름은
구도심을 고리처럼 둘러싸는 모양으로 운하들을 조성하면서 서쪽과
남쪽 방향으로 시가 확산해 가는 식이었다. 이제 운하 구역이 만들어
지는 과정을 구체적으로 추적해 보자.[10]

앞서 설명한 대로 중세 암스테르담은 암스텔강에 제방을 쌓아 거주
지를 만들며 시작됐다. 시 중심 구역은 오늘날 기준으로 보면 협소하
기 그지없었다. 1480년경, 도심을 둘러싸는 싱헐Singel(원래 '띠'라는 뜻이
며, 곧 도시를 둘러싼 방어선이라는 의미다) 운하가 조성됐다. 이것은 오늘날 암
스테르담역 가까운 에이만에서 출발해 뮌트플레인Muntplein까지 이어

져 그곳에서 암스텔강과 만났다. 현재는 싱헬이 암스테르담 내 가장 안쪽 운하지만, 당시에는 시의 변경이면서 군사 방어용 해자 역할을 했다. 이 주변에는 방어용 요새 시설들이 건설됐다.

16세기 이후 인구가 늘고 경제가 급성장하자 싱헬 내부 공간으로는 태부족이 돼 어떻게든 시 구역을 확대해야만 했다. 동시에 오라녜 공이 제안한 대로 군사 방어에 신경을 쓰지 않을 수 없었다. 이 두 목적을 위해 싱헬 외곽에 거주지를 확보하고 그 바깥으로 새로운 방어선을 구축하는 계획안이 준비됐다. 다니엘 스탈파르트Daniel Stalpaert가 디자인한 이 변화로 인해 시 외곽은 800미터 정도 확산됐다. 우선 이 지역에서 물을 빼고 흙을 덮는 공사를 해 주거지로 만드는 작업을 했다. 또 시 동쪽 끝에 있던 라스타디Lastadie(도크 구역)가 더 동쪽으로 이전해 가고 그 자리 역시 거주 지역이 됐다.

이렇게 해서 주거 지역을 약간 더 넓히는 데 성공했다. 그러나 이전의 군사 방어선이 시내로 들어오게 되면서 새로운 방어선을 만들어야 했다. 당시는 독립전쟁이 한창 전개되던 때이므로 당연히 군사적 고려가 중요했다. 새 거주 지역을 포함한 시 전체를 보호하기 위해 싱헬흐라흐트Singelgracht라는 새 해자를 팠고, 이전의 해자 싱헬은 도시 내 항구로 변했다. 군사 방어를 탄탄하게 해야 했으므로 이전에 있던 성벽 바깥에 보루들을 쌓고 그것을 찰흙 벽으로 연결하는 공사를 함께 수행했다. 1580년대에 이루어진 이 작업이 제1차 팽창이다.

이 팽창 사업은 군사적 고려가 주요 목적이었던 만큼 거주지 확대라는 면에서는 사실 큰 성과를 거두지 못했다. 그래서 이 시기에 크게 증가하던 인구를 다 감당해 내기에는 여전히 공간이 부족했다. 따라서 제1차 팽창이 완수되자마자 곧 다음 팽창을 준비해야 했다. 이런 식으로 이전 공사가 끝나자마자 그동안 인구 증가와 다른 요인으로 인해 다시 공간이 부족해지고, 그래서 다시 다음 팽창을 준비해야 하는 일이 계속됐다.

두 번째 팽창은 1591년에 홀란드 의회의 승인을 얻고 1593년부터 시작됐다. 그래서 2차 팽창을 일명 '1593년의 팽창uitlegging van 1593'이라고 부른다. 이것은 암스테르담시의 면모를 일신하게 될 아주 중요한 사업이었다. 계획안은 헨드릭 스타츠Hendrick Staets가 준비했는데, 새 거주 구역을 조성하고 항구를 재건축하는 것이 중요 목표였다. 이를 위해 싱헐을 축으로 해 그 주변에 세 개의 반원형 운하를 건설하고 그 주변 지역들을 주택지로 재건축하는 아이디어가 제시됐다. 이렇게 되면 항구에서 새로 지은 주택들까지 작은 보트로 접근하는 것이 가능해진다.

에이만에서 시작해 남쪽으로 운하를 파는 작업이 시행됐고, 1601년에 모든 사업이 끝났을 때에는 시의 모습이 크게 바뀌었다. 시 경계를 따라 성문 열두 개가 들어섰고 성벽 열두 개가 새로 건설됐으며, 그 결과 약 600~700채의 집이 들어설 공간이 새로 만들어졌다. 그러나 2차 팽창에서 가장 놀라운 일은 인공 섬 열 개를 만들었다는 것이다. 가로 세로로 운하를 파는 방식으로 네모난 작은 섬들을 만들고 찰흙을 이용해 탄탄하게 만들었다. 이렇게 해서 생긴 작은 섬들은 암스테르담의 주요 산업 지역이 됐다.

그러나 다시 똑같은 문제가 발생했다. 이 사업을 시행하는 동안 인구가 계속 증가해 사업 완료 시점에는 주거 공간이 여전히 태부족인

상태가 됐다. 도시 외곽에는 빈민촌이 계속 남아 있었다. 그래서 암스테르담시가 홀란드 의회로부터 세 번째 팽창 허가를 받아 냈을 때는 시의 팽창 사업에 관한 논의가 대단히 활발하게 전개됐다. 시 당국은 이 문제에 대한 조사를 몇 명의 인사들에게 위촉했다. 그중에는 여러 차례 암스테르담 시장을 역임한 정치인 코르넬리스 호프트Cornelis Hooft(1547~1627)도 포함됐는데, 그는 이 문제를 꼼꼼하게 연구했고 또 많은 정보를 접할 수 있어서 매우 자세한 기록을 남겼다. 위원들 사이에서는 이번 팽창을 가능한 한 큰 규모로 시행해서 다시 팽창 사업을 할 필요가 없도록 해야 한다는 의견이 모아졌다.

이 당시 도시 계획이 더 복잡하게 된 다른 이유는 거주지 확보 외에 다른 요소들도 고려해야 했기 때문이다. 예컨대 1602년에 동인도회사가 설립돼 이 회사를 위한 조선소와 창고 등을 만들어야 했다. 다른 사업 분야 역시 자기 사업에 필요한 공간 확장 내지 재배분을 요구하고 나섰다. 이제는 단순한 팽창이 아니라 이런 다양한 요구들을 얼마나 잘 수용하느냐가 중요해졌다. 암스테르담에서는 주거와 산업이 혼재하는 만큼 각각의 요구를 어떤 방식으로든지 조화롭게 수용하고 조정해야 했다.

우선 주요 산업 시설들이 재배치됐다. 서로 연관성을 갖는 산업 분야들을 한곳에 모이게 함으로써 효율성을 높여야 하지만, 동시에 너무 한곳에 집중되면 독점의 폐해를 가져올 위험이 있고 화재와 같은 불의의 사고가 있을 경우, 한 번에 특정 산업 기반을 모두 잃을 가능성이 있으므로 지나친 집중은 막아야 했다. 다시 말해 적절한 집중과 적절한 분산을 동시에 이루고자 했다. 그것은 대개 중요한 산업 시설들을 시

211

멀더Joseph Mulder, 네덜란드 동인도회사VOC 조선소, 1726

양쪽에 두 군데로 정리해서 모으는 방식으로 이루어졌다.

이런 점을 가장 잘 보여 주는 예를 든다면 목재 관련 업종, 특히 목재 무역업과 조선업을 들 수 있다. 이 두 업종은 암스테르담 경제 성장의 핵심 기반 시설이므로 특별한 고려하지 않을 수 없었다. 그런데 두 업종 모두 넓은 공간을 필요로 했고, 또한 바다와 직접 닿는 곳에 설비를 두어야 했다. 목재 적치장과 조선소 들을 에이만 연안을 따라 배치함으로써 이 문제를 해결했다. 16~17세기 암스테르담 지도를 보면 시양쪽으로 넓게 펼쳐진 해안 지역에 원목들이 쌓여 있는 적치장과 한참 배를 건조하는 조선소들이 그려진 것을 확인할 수 있다. 특히 조선업에서는 불을 많이 사용하기 때문에 화재 위험에 대한 고려도 중요 요소였음에 틀림없다. 이미 15세기에 대화재로 시 전체가 파괴된 적이 있기 때문에, 불을 많이 사용하는 조선업은 당연하게도 일반 주택가에서부터 떨어져 있어야 했다.

또 하나 중요한 사항은 어느 한 분야가 공공 생활이나 다른 분야에 악영향을 주는 일이 없도록 한다는 것이다. 화재의 위험성 외에도 공해 문제 역시 심각한 요소다. 공해 물질을 많이 배출하는 업소들을 시외곽 멀리로 내보내야 했다. 염색 공장이 대표적이다. 이런 시설들은 곧 인근 지역 수자원을 오염시키곤 한다. 따라서 거주 지역과 가급적 먼 곳으로 옮길 필요가 있다. 이와 같은 문제를 푸는 데에 암스테르담은 매우 특기할 만한 해결책을 내놓았다. 시 동쪽 외곽 지역에 상당히 큰 규모의 인공 섬 세 개를 만든 것이다. 각각 "앞섬Vooreiland, 중간섬Middeneiland, 뒷섬Achtereiland"이라 불린 이 섬들은 한참 발전해 가던 공업 부문을 수용하는 아주 중요한 구역으로 자리 잡았다. 산업 시설을 수용하는 인공 섬을 만들 정도로 암스테르담의 도시 계획은 혁신적이었다.

산업 시설 문제를 정리하는 한편 주거지 확보를 위해 운하 구역이 본격적으로 조성됐다. 운하 주변에는 상당히 넓은 지역에 주거지가 생겼는데, 여기에서 주목할 사실은 새 거주지에는 더 이상 서민이나 빈민 들을 위한 작은 주택이 아니라 신흥 부자들을 위한 커다란 주택이 많아졌다는 점이다. 세 운하의 이름이 '통치자', '황제', '공작' 같은 단어를 쓴 것부터 일종의 부동산 개발업자 전략의 일환이라 할 수 있다. 말하자면 부유한 상인층을 유도하기 위한 광고 같은 것이다. 첫 번째 운하는 헤렌흐라흐트다. 헤렌heren은 이 도시를 지배하는 통치자를 의미한다. 이 운하 주변의 일부 구역(황금빛 굽이)은 이미 부자들의 주거지로 조성돼, 넓은 정원과 마차 보관소를 갖춘 대저택들이 생겨났다. 후일 표트르대제가 암스테르담을 비밀 방문했을 때 이 운하 주변 저택에 살았던 적이 있다. 두 번째 운하인 케이제르스흐라흐트는 물론 케이제르Kaiser(황제)라는 말에서 나왔는데, 신성로마제국 황제인 막시밀리안을 가리킨다는 것이 정설이다. 세 번째 운하인 프린센흐라흐트는 오라네 공Prins van Oranje에서 따온 것이다. 세 운하 중 제일 바깥에 위치한 이 운하가 암스테르담에서 가장 긴 운하가 됐다. 오늘날 이 운하 주변에 보이는 저택들은 거의 모두 17세기 황금기에 지어진 것들이다. 또 북교회, 암스테르담에서 가장 높은 서교회, 안네프랑크하우스 등이 이 운하 주변에 위치해 있다.

세 번째 팽창이 이루어지고 난 다음 드디어 인구와 도시 공간 사이의 긴장이 어느 정도 완화됐다. 이번 사업에서 확보한 공간이 비교적 넓은 것도 하나의 요인이거니와 인구 증가의 리듬도 이 시기쯤에는 안정 단계에 들어갔기 때문이다. 심지어는 세 번째 팽창으로 생겨난 땅이 곧바로 주거나 사업 목적으로 사용되지 못하고 상당 기간 방치되는 일까지 생겨났다. 드디어 여유 공간이 생겨난 것이다.

1657년에 마지막으로 한 번 더 대규모 도시 공간 팽창이 이루어짐으로써 암스테르담의 팽창은 완수된다. 이번 계획은 주거 공간 확보라는 필요에서 어느 정도 벗어나 다른 목적을 갖고 시행됐다. 그중 가장 중요한 것은 공원plantagie 설립이다. 이제 암스테르담시는 급박한 공간 문제를 벗어나 사람들의 편리한 생활 편익까지 고려하는 여유를 얼

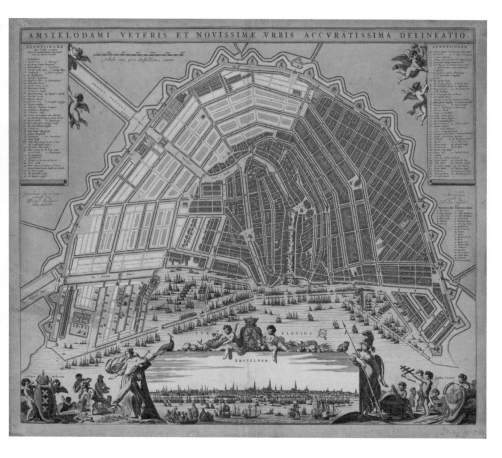

1662년 암스테르담 지도

었다. 이 네 번째 팽창으로 암스테르담시는 특유의 반달 모양으로 완성됐다.[11]

이렇게 해서 거대한 도시 확장 사업이 완성됐고, 그 결과 도시 면적은 다섯 배로 증가했다. 이 과정에서 조성한 운하 길이는 10킬로미터에 달하며, 운하에서 파낸 흙과 바지선으로 날라 온 모래를 쌓아 운하 옆에 둔덕을 만드는 식으로 약 20킬로미터의 땅을 만들었다. 동시에 20여 킬로미터에 달하는 도로와 다리 100여 개를 건축했다. 풍차 외에는 별다른 기계 장치가 없던 그 시절에 이런 초대형 개발 사업을 수행하는 데에는 엄청난 인력이 투입됐다. 당시로서는 실로 상상하기 힘든 엄청난 사업이었다.

이 시기에 운하 옆에 건설한 주택은 3000채 이상이었다. 17세기 암스테르담은 그야말로 한 세기 내내 주택 건설 공사판이었다고 해도 과언이 아니다.[12] 암스테르담에서 주택 건설은 결코 쉬운 일이 아니다. 늪지나 다름없는 땅 위에 집을 지어야 하므로 먼저 단단한 기초를 다져야 했다. 기초 다지기는 땅에 말뚝을 박는 방식으로 해결했다. 건물 한 채를 짓는 데 40쌍의 말뚝이 필요했고, 1653년에 담 광장Dam에 시청을 건축할 때에는 말뚝을 무려 1만 3659개나 박아야 했다. 스칸디나비아에서 들여온 곧은 소나무를 12~18미터 깊이로 박는 작업은 쉬운 일이 아니다. 이를 위해 세 개의 지지목 꼭대기에 0.5톤의 쇳덩어리인 헤이블록heiblok을 매단 형태의 장치를 사용했다. 30~40명의 장정이 노래에 맞춰 일시에 쇳덩어리를 들어 올렸다가 헤이바스heibaas(말뚝 박는 조장)의 호령에 맞춰 줄을 놓으면 말뚝을 내리쳐서 땅속 깊숙이 박혀 들어가게 한다. 일단 수면 아래 들어간 나무는 썩지 않기 때문에 이렇게 사용된 나무 말뚝들은 지금까지도 남아 있다. 현재 운하 구역은 17세기에 박은 말뚝 위에 여전히 서 있다. 이 때문에 '암스테르담시가 노르웨이의 숲 위에 지어졌다'는 말이 나왔다.

운하 주변 건물들은 다른 도시에서는 좀처럼 보기 힘든 특이한 수상水上 주거 양식을 선보였다. 상인들의 주택은 주거와 동시에 교역에 필요한 특별한 기능을 만족시켜야 했기 때문이다. 이 집들은 거주 주택이면서 동시에 상품을 보관하는 창고이기도 했다. 오늘날에도 프린센흐라흐트 주변 건물들에선 층마다 중앙에 덧문 달린 창들을 볼 수 있다. 이는 과거에 창고로 썼던 흔적들이다. 당시에는 1층 방이 사무실이고, 그 뒤에 가족 생활공간이 있으며, 위층들과 지하는 창고로 사용했다. 건물 꼭대기에는 쇠고리가 달려 있어서 밧줄과 도르래 장치를 써서 상품을 위층으로 올렸다. 현재도 이삿짐을 들이는 데 이 장치를 많이 사용한다. 그 결과 무역선이 암스테르담 항구에 들어온 다음 하역한 상품을 보트에 옮겨 싣고 운하를 이용해서 상인의 거래 사무소 겸 창고까지 직접 옮겨가는 게 가능했다. 다음 세기에는 여기에 일부 변화가 생겨, 일부 건물들은 거주 기능 없이 전적으로 창고로만 썼다. 이렇게 해서 암스테르담 전역에 세계 각지에서 실어 온 상품들이 분산 보관됐다. 1625년에 이처럼 보관된 후추의 양이 1814톤이었고, 그 다음 해에는 2721톤으로 늘었다.[13] 암스테르담은 문자 그대로 '세계의 창고'가 됐다.

이 건물들의 외관은 큰 창문들이 줄을 이루고 있는 좁은 박공과 페디먼트pediment가 특징이다. 가장 장식적인 부분인 페디먼트는 집주인의 취향에 따라 모습이 아주 다양할 뿐 아니라, 시대가 지남에 따라 양

케이제르스흐라흐트 453번지

식이 변화했다. 계단형 박공 stepped gable이 가장 초기 형태지만, 그 후 바로크 양식과 고전주의 양식이 도입되는 등 다양한 변주가 일어났다. 그 가운데 특히 암스테르담의 건축 특징을 이루는 것은 네크 박공neck gable, halsgevel 인데, 이는 필립스 빙본스 Philips Vingboons라는 인물이 개발했다고 한다.

이런 박공을 한 대표적 건물로 케이제르스흐라흐트 453번지 건물을 들 수 있다. 이 건물은 네덜란드 문화유산 담당국으로부터 "최고 가치zeer hoge waarde", "국가적 탁월성nationale kenmerkendheid"을 인정받은 고풍스러운 건물이다. 1669년에 지어진 이 집에는 유명한 화가 빈센트 반 고흐의 삼촌인 코르넬리스 반 고흐가 거주했다.

현재 기준으로 보면 이 집들은 그리 크다고 할 수 없다. 워낙 땅이 비좁고 저지대라는 입지 조건 때문이다. 그래서 집들이 좁고 높은 형태를 띠고 있다. 운하 주변에 이런 고풍스러운 3~6층 벽돌 건물들이 이어져 전반적으로 잔잔한 스카이라인을 이룬다. 이것이 암스테르담의 가장 특징적 풍경이다. 이것을 깨는 요소로는 교회 건물이 유일하다. 다른 건물에 비해 볼륨과 높이 면에서 매우 크기 때문이다. 특히 하늘로 높이 치솟은 종탑이 그러하다. 서교회, 북교회, 크레이트베르흐Krijtberg의 성당이 모두 그렇다. 그러나 교회와 성당 건물 역시 다른 건물들과 줄을 맞추고 있고 박공 파사드가 비슷해 주변 환경과 완전히 다른 면모를 보이지는 않으며 조화를 이룬다. 17세기에 지어진 특징적인 집들이 오늘날까지도 거의 옛 모습 그대로 남아 있는 암스테르담 구지역을 방문하면 마치 300년의 시간을 거슬러 올라가는 느낌이다.

암스테르담 팽창의 성격

지금까지 암스테르담시가 어떤 과정을 통해 팽창했는가를 추적해 보았다. 이 팽창은 단순히 지리적으로 확대해 간 것이 아니라 구조적 변화를 동반했다. 이 과정에서 계급·계층 간의 갈등과 충돌이 불가피했으리라는 점 또한 쉽게 짐작할 수 있다. 시의 팽창은 지리 문제일 뿐 아니라 사회 문제이기도 하다.

이 시기 네덜란드는 대단히 동적인 사회였다. 빠른 경제 성장과 많은 이민자 유입으로 암스테르담은 거대한 사회변동을 겪었다. 좋은 면을 보자면 하층민이 상층으로 상승하는 기회가 상대적으로 매우 커졌다. 극단적인 신분 상승의 예들도 알려져 있다. 야콥 포펜Jacop Poppen은 암스테르담 시장을 역임한 대상인으로서 사망할 때 그가 남긴 유산은 현재 가치로 황금 9톤에 해당한다고 알려졌는데, 사실 그의 아

버지는 청어를 통에 담는 미천한 직업을 가지고 있었다. 바닝 콕Ban-
ning Cocq이라는 대상인은 더 극적이어서, 그의 아버지가 네덜란드에
들어올 때에는 유랑 걸식하는 사람이었다고 한다. 이처럼 두 세대 만
에 최하층 출신이 최정상으로 올라갈 수도 있을 정도로 당시 사회는
유동성이 컸다.

　그러나 모든 사회가 그러하듯 경제 성장이 이뤄졌다고 모든 시민이
공평하게 부를 나눠 가진 것은 물론 아니다. 세계 최고 수준의 부호들
이 생겨나고 중산층이 성장했지만 여전히 빈곤에 시달리는 서민층, 또
그 아래의 극빈층이 다수를 차지했다. 빈부 격차도 분명 커졌다. 하루
열네 시간, 심지어는 하루 열여섯 시간이라는 기록적인 장시간 노동에
시달리는 사람들이 많았다. 아동노동 착취 현상도 심했고, 고아원 수
용 아동들을 싼 노동력으로 이용하기도 했다. 빈부 격차가 너무 큰 위
화감을 주는지라 시 조례 중에는 "가난한 사람들을 슬프게 만들 우려
가 있으므로 빵 가게에서 진열대에 내놓는 과자에 너무 사치스럽게 장
식을 해서는 안 된다"라는 내용이 있을 정도였다.

　이처럼 부자와 빈민 사이의 큰 격차는 다른 무엇보다도 주거 문제에
서 뚜렷한 대조를 보이게 된다. 가난한 사람들은 빈민촌을 이루며 비
참한 환경에서 살아가는 한편, 상업 등을 통해 큰 부를 획득한 부자들
은 지위에 걸맞은 고급 주택을 원하게 됐다. 부자들이 사는 동네가 나
타나는 한편으로 빈민촌 주거환경은 더욱 열악해졌다. 부촌의 화려한
주택이 인상적인 만큼이나 빈민층 거주 구역의 곤궁함도 눈에 띈다.
암스테르담은 워낙 저지대에 물이 많은 습지 지역이므로 제대로 기초
공사를 하지 않은 구역에서는 사람들이 물밑에서 살게 된다. 유덴베르

흐Judenberg 같은 빈민촌이 그런 곳으로서, 도시 계획의 성과가 미치지 못하는 대표적인 곳이었다.

더 나쁜 것은 도시 개발 과정에서 부정한 방식으로 부를 얻는 부패 문제가 일어난다는 점이다. 도시 개발은 대개 부동산 가치를 증대시키고 따라서 큰 부를 획득하는 기회가 될 수 있다. 특히 정보를 미리 알면 아주 손쉽게 부정 이득을 취할 수 있다. 실제 이런 일이 암스테르담 팽창 과정에서 일어났다.[14]

부동산 투기의 핵심 인물이 프란스 우트헌스Frans Hendricksz Oetgens다. 그는 도시 개발 담당자fabriksmeester 직책을 맡았고, 헨드릭 스타에츠와 함께 도시 확장에 관한 기본 계획을 세웠다. 더구나 그는 사업이 진행되는 동안, 시장의 수가 네 명인 암스테르담 시장단 일원으로 승진했다. 그는 자기 매부 바르톨트 크롬하우트Barthold Cromhout를 요직에 앉혀서, 둘이서 개발 사업을 총괄했다. 그들은 운영회의를 비밀로 해 정보를 통제했다. 그러고는 시의 확산과 관련된 고급 정보들을 이용해서 개발 예정지 땅을 많이 사들였다. 아직 개발이 되지 않은 늪지 같은 땅은 당연히 헐값에 살 수 있었고, 개발이 진행된 후 비싼 값에 되팔아 막대한 차익을 얻었다. 1611년에 두 사람은 다른 두 명과 합작으로 부동산을 1만 6179길더에 매입했다가 1615년에 12만 2247길더에 판매했다. 이들은 이런 식의 거래를 10여 건 성사시켰다.

우트헌스를 강력하게 비판한 인물은 앞서 언급한 코르넬리스 호프트였다. 그는 유명한 시인 피터 호프트Pieter Corneliszoon Hooft(1581~1647)의 아버지였다. 그가 남긴 비망록은 이 시대 도시 확장 사업에 관한 중요한 정보들뿐 아니라 이 문제를 둘러싼 많은 갈등, 그리고 우트헌스

살아 있는 도시의 역사, 암스테르담 운하 구역

처럼 부정 이득을 챙기려는 사람들에 대한 비판을 담고 있다. 호프트 같은 인사의 비난으로 인해 우트헌스는 결국 직위에서 쫓겨났지만, 얼마 뒤 온갖 수단과 방법을 동원해서 직위에 복귀했다. 부동산 개발에 연관된 부패는 세계 어디에서나 피할 수 없는 문제인 듯하다.

일부 개인의 비리보다 더 중요한 문제는 사회 전반적 주거 환경의 변화다. 우선 주목할 사실은 아직도 암스테르담의 여러 구역이 중세 모습을 보인다는 점이다. 즉, 같은 직종의 사람들이 같은 구역에 모여 살며 소규모 공동체를 이루고 나름대로 공동체 규제를 따르며 산다. 이 경우 집과 직장이 분리되지 않은 상태다. 1층에서 가게를 열고 그 곳에서 직접 물건을 팔며, 뒤채achterhuis 혹은 위층에 가족과 도제들이 사는 식이다. 상인들 중에도 최상류 부자들이 아니면 이런 방식의 주거 방식을 유지한다. 상인 주택의 전형적 구조는, 앞서 설명한 것처럼 주거와 창고의 복합형이다. 보트로 상품을 수송해 오고 운하 옆에서 하역한 화물을 크레인을 이용해 창고로 옮기기 편하게 지었다. 오늘날에도 마찬가지지만 암스테르담 상인들에게 가장 중요한 가치는 '돈과 자유'였고, 이런 가치를 구현하는 데에 거리낌 없이 헌신했다.[15] 그렇다 보니 돈 문제에 다소 과도하게 집착하는 느낌을 받기도 한다. 예컨대 웬만큼 잘사는 사람들도 집을 잘게 나눠 세를 주는 경향이 있었다. 이 시대에 셋방이 크게 는 것은 인구가 급증해 주택이 부족했기 때문이기도 하지만, 동시에 이를 이용해 돈벌이를 하려는 암스테르담 상인들의 심성과도 무관치 않다. 암스테르담 상인들은 한 분야에 특화하는 대신 돈벌이가 되는 모든 일에 다 달려드는 경향이 있었다.[16]

그런데 17세기에 암스테르담의 경제 수준이 더욱 크게 발전하고 유럽 최고 수준의 부상富商들이 등장하면서 드디어 이런 흐름에도 변화가 생겨났다. 최상층 상인들은 이제 자기 지위에 맞는 크고 안락한 주택을 원하게 됐다. 이런 집들은 주거와 일터가 분리되기 시작한다는 점에서 주목할 만하다. 늘 일과 떨어지지 않는 삶을 사는 기존의 심성에서 변화가 생겨 일하지 않을 때에는 조용히 쉬는 공간을 원하게 된 것이다. 그러려면 당연히 집 한쪽이 사무실과 창고여서는 안 된다. 주거지와 떨어진 사무실에 직원을 두고 사업을 관리하는, 새로운 삶의 방식이 만들어지기 시작한 것이다. 이런 부유층들이 모여 사는 고급 주택가가 형성됐다. 헤렌흐라흐트 주변 큰 집들이 바로 그런 새로운 주택 단지로 발전했다. 이 운하를 경계로 해서 양옆 지역을 비교해 보면 이런 변화를 감지할 수 있다.

　그러나 이런 경향도 다른 도시 지역과 비교해서 살펴봐야 한다. 부유한 주택들이 생겨난다고 하지만, 그렇다고 해서 한 구역 전체를 부유층이 독점하는 현상이 일어나지는 않았다. 여전히 부자들과 서민들이 한동네에서 함께 살아가는 점이 암스테르담 혹은 네덜란드 일반의 특징이다. 물론 빈부 간 주거 환경 차이가 전혀 없지는 않다. 부자들은 운하 바로 옆에 살고, 빈자들은 운하 뒤쪽 거리에 살되 구역 자체가 나뉘지는 않는다는 의미다. 이 사람들은 다들 교회에서 함께 만나는 사이였다. 이것이 현재까지도 내려오는 네덜란드 사회와 문화의 중요한 특징이다. 부자와 서민 모두 같은 시민이라는 의식을 가지고 있다. 부자라 하더라도 결코 자기 부를 지나치게 과시해서는 안 되며, 같은 지역 내 빈민들의 어려운 사정을 눈감아서는 안 된다는 원칙은 지금까지도 불문율로 견지되고 있다. "부자들은 그들 주위에 가시가 많이 돋

223

헤이든Jan van der Heyden, 〈헤렌흐라흐트 풍경〉, 1670년경

아 있다는 것을 기억하도록 하라. 그리해 가시에 찔리는 일이 없도록 특히 조심하라." 칼뱅의 이런 조언은 그때나 지금이나 네덜란드 시민들이 철저하게 지키는 중요한 가치다. 천박하게 부를 자랑했다가는 극심한 경멸을 감수해야 하는 곳이 네덜란드 사회다. 동시에 네덜란드는 빈민에 대한 동정과 원조를 가장 열심히 실천하는 나라기도 하다. 네덜란드는 현재 빈민국 원조를 가장 성실하게 하는 나라 중 하나다.

암스테르담 도시 계획의 의의

16세기 후반에 시작된 도시 개발 사업은 17세기 중엽에 거의 완성 단계에 이르렀다. 암스테르담의 특징적인 반달 모양이 완성됐다. 사업은 성공했다. 사업이 완료된 이후 13~14세기와 같은 거대한 홍수와 범람 사태가 없었다는 것이 그 점을 말해 준다.

암스테르담의 확장 사업은 기본적으로 중산층을 위한 사업이었다. 워낙 상업 활동이 활발한 항구도시라서 이들이 주체가 돼 이상적인 도시를 건설한 것이다. 그런 점에서 같은 시대 군주의 명예를 드러내기 위해 엄청난 작업을 한 프랑스의 베르사유 궁이나 프로이센의 상수시 Sanssouci 궁과는 성격이 다르다. 결국 시민들을 위한 공사였다는 점이 중요하다. 이 도시는 부르주아 계층의 삶에 최적화되도록 설계됐다. 따라서 중산층 상인들이 주도해 자금을 대고 계획을 세우고 사업을 조정하고 규정을 정하고 감시했다. 그렇게 해서 나온 결과는, 무엇보다 교역을 위한 실제적 필요, 군사적인 안전 요인 등을 목적으로 했다. 항구를 개축하고, 조선업 설비와 목재 적치장을 재배치하고, 주거와 상업을 동시에 만족시키는 운하 구역을 조성하고, 이 구역이 제대로 존립하도록 최상의 수력학 시설들을 운영한 것이다. 이 모든 것을 다 계획적으로 이뤄 낸 암스테르담 팽창 사업은 17세기 유럽 최대 도시 계획의 산물이었다.[17]

이 사업 이후 암스테르담은 더욱 발전했다. 1685년 도시의 1인당 소득은 파리의 네 배에 달했다. 이런 발전을 이루면서 암스테르담은 인문주의적이고 관용적인 성격을 더해 갔다. 유럽의 신교도들, 심지어 유대인들이 자유를 찾아 몰려왔고 이것이 또 도시의 경제 발전에 크게 도움을 주었다. 자유로운 분위기는 학문과 예술 발전에 긍정적 분위기를 조성해 이 시기 암스테르담은 유럽의 중요한 문화 수도 중 하나로 부상했다.[18]

다른 도시에도 유사한 도시 계획이 있었지만 운하, 가로, 주택을 건설하는 동시에 독창적인 수력학 엔지니어링이 함께 이뤄진 복합적 대규모 사업을 펼친 예는 드물다. 암스테르담은 18세기에 모방 대상이 되는 이상 도시로서, 유럽 전체에 중요한 모델이 됐다. 이곳의 기술자가 외국에 가서 작업을 맡기도 하고, 혹은 스웨덴이나 러시아 인사들이 찾아와서 견학했다. 특히 표트르대제가 페테르부르크Peterburg를 건설할 때 중요한 모범이 됐다. 페테르부르크 역시 늪지에 신도시를 건설하고 체계적인 계획안에 따라 건설해야 했기 때문이다.

다만 한 가지 고려할 사항은, 암스테르담이 100퍼센트 원형 그대로 완전히 보존된 것은 아니라는 점이다. 창고가 아파트로, 건물의 아래층이 카페나 가게 등으로 변하기도 했다. 이런 미시적 변화 외에 도시 전체 모습을 바꾸는 큰 변화도 일부 생겼다. 특히 18세기 말과 19세기 초부터 네덜란드 경제가 쇠락하고, 영국 및 프랑스와 전쟁에 들어갔으며 다음에는 다시 유럽 전체의 산업화 흐름을 맞으며 어쩔 수 없이 도시가 부분적으로 변해 갔다. 가장 큰 변화를 가져온 요소는 철도였다. 암스테르담도 중앙 정부가 운영하는 철도망 속에 편입됐다. 철도역이 항구에 세워지자 도심과 바다는 직접 만나지 않게 됐다. 이는 실제적으로나 상징적으로나 매우 큰 단절이었다. 항구에서 하역한 짐을 보트를 이용하고 운하를 통해 상인들의 주택-창고까지 직접 나르는 일은 불가능하고 또 불필요해졌다.

그런 면에서 암스테르담 운하 구역이 문자 그대로 16~17세기 원형 그대로 박제화되지는 않았다. 그렇지만 오히려 이것이 바로 이 구역이 가진 생명력을 말해 준다. 사회 변화를 수용하면서도 그것을 과거의 도시 인프라 안에 잘 담아내기 때문이다. 운하 구역은 암스테르담의 살아 있는 역사를 온전히 보여 주는 흥미로운 기념물이다.

염운옥

'제국의 심장'에서 '시민의 광장'으로

런던 트래펄가 광장

유동하는 공간, 트래펄가 광장

런던 시내 한복판에 위치한 트래펄가 광장Trafalgar Square은 영국을 대표하는 경관이다. 런던광역시 웨스트민스터Westminster 채링 크로스Charing Cross에 위치한 트래펄가 광장은 런던을 찾는 관광객이 라면 누구나 방문하는 관광 명소인 동시에 런더너Londoner의 일상이 영위되는 장소다. 크리스마스 축제, 새해맞이 카운트다운 이벤트가 거행되는 곳도 트래펄가 광장이다. 하지만 명성에 비해 규모는 초라하다. 모스크바 붉은광장이나 베이징 천안문광장에 비할 바가 못 되는 것은 물론 광화문광장이나 서울광장보다도 작은 규모다.[1] 인파로 가득 채운다면 7만 명쯤 수용할 수 있는 면적에 불과하다.[2] 결코 크지 않은 트래펄가 광장은 처음 생겨난 1840년대부터 오늘날까지 170년이 넘는 세월 동안 영국 근현대사의 주요 무대이자 산증인 역할을 해 왔다. 지워지지만 사라지지 않는 '팔림프세스트palimpsest'처럼 과거의 자취와 흔적, 영광과 상처를 안고 있는 공간이 트래펄가 광장이다. 그래서 유명하다.

광장은 유럽 역사와 문화의 산물이다. 고대 그리스의 아고라와 고대 로마의 포룸, 중세의 마을 광장, 르네상스 시대 이탈리아 도시들의 기념비적 광장에서 근대 국민국가 수도의 중심 광장에 이르기까지 유럽 어느 도시에나 크고 작은 광장이 존재한다. 그리스의 '아고라'와 로마의 '포룸'은 광장의 상이한 두 기원이다. '아고라'는 '만나다'는 뜻의 그리스어 동사 'ageirein'에서 파생된 말이다. 반면, '포룸'은 남북 방향의 주종축 도로 카르도cardo와 동서 방향의 주횡축 도로 데쿠마누스decumanus가 만나는 교차점에 조성된 네모난 공간을 말한다.[3] '아고라'가 시민들의 만남과 교역이 일어나는 공공장소로 주민 참여적 정치 공간이라면, '포룸'은 신전과 공공시설물이 들어선 권력 과시의 정치 공간이다.

'소통형' 광장 공간인 '아고라'와 '과시형' 광장 공간인 '포룸'으로 나뉘는 광장의 기원론과 유형학[4]에 비춰 보자면 트래펄가 광장은 '아고라'와 '포룸', '소통형 광장'과 '과시형 광장'의 중간 형태에 해당한다고 할 수 있다. 1814년 런던 개조 계획에서 유래한 트래펄가 광장은 1840년대 광장 공간이 조성되고, 넬슨 기념비Nelson's Column(1843), 찰스 네이피어Charles Napier 동상(1856), 헨리 해블록Henry Havelock 동상(1861)이 차례로 건립되면서 영제국의 상징이자 국가 정체성의 중심으로 자리 잡았다. 하지만 동시에 광장은 차티스트운동Chartism과 노동운동, 반정부 시위 같은 아래로부터의 정치가 펼쳐지는 공간이기도 했다. 이 글에서는 조성 당시부터 현재에 이르는 트래펄가 광장의 역사를 '트래펄가 = 권력과 제국의 상징 공간'과 '광장 = 아래로부터의 정치 공간'이라는 이중성을 중심에 놓고 그려볼 것이다.

'권력'과 '제국'의 정치는 조성 당시부터 오늘날에 이르기까지 트래펄가 광장의 역사를 관통하는 논리다. 트래펄가 광장은 내셔널 히스토리를 써내려 가는 상징 장소이며 국가 정체성의 창조와 재창조 같은 담론 작용이 일어나는 장소다. 이런 의미에서 트래펄가 광장은 '권력풍경landscapes of power'의 대표 사례라 할 수 있으며,[5] 광장 중앙의 넬슨 기념비를 정점으로 하는 제국적 정체성은 오늘날까지도 '영국성Britishness'에 그림자를 드리우고 있다.

물론 오늘날 포스트식민사회 영국에서 영제국의 유산에 기반을 두는 국가 정체성은 도전받고 있다. 다문화주의가 백인 중심의 영국성에 균열을 내고 있는 것이다. 특히 런던 같은 대도시는 "한 도시 안에 세계가 응축된 곳"[6]이다. 2005년 7월 7일 런던테러 희생자 52명의 국적과 민족이 매우 다양했다는 사실은 글로벌 메트로폴리스 런던의 초다양성super-diversity을 단적으로 말해 준다.[7] 트래펄가 광장에서 무슬림 라마단Ramadān 축제, 힌두 축제, 중국 설날 축제, 유대인 하누카Hanukkah 축제가 열린다거나,[8] '네 번째 좌대The Fourth Plinth' 공공미술 프로젝트에 아프리카계 미술가의 작품을 적극 선정하는 정책 등은 변화하는 정체성의 표현이다. 유동하는 공간 트래펄가 광장의 이런 변화상은 영국 사회가 정체성에 대한 도전을 어떻게 받아들이고 있는지 보여 주는 하나의 시금석이라 할 수 있다.

'아래로부터의 정치 공간'으로서 트래펄가 광장의 성격은 노동자계급운동, 여성 참정권운동, 반反인종주의운동, 반정부 민주화운동 같은 다양한 저항이 표출되는 장소였다는 사실과 관련된다. 1840년대 차티스트운동과 1880년대 사회주의운동의 대규모 집회로부터 에멀린 팽크허스트Emmeline Pankhurst(1858~1928)가 이끄는 전투적 여성 참정권 운동가 그룹 '서프러제트Suffragette'의 시위(1908), 남아공 샤프빌Sharpeville 인종 학살 항의 시위(1960), 대처 정부의 인두세人頭稅 도입 반대 시위(1990)에 이르기까지 트래펄가 광장은 다양한 저항의 무대였다. 넬슨 만델라가 감옥에 있을 때는 석방을 요구하는 시위가 벌어졌고, 만델라가 2013년 12월 5일 사망하자 추모 집회가 열렸다. 2016년 6월 23일 근소한 차이로 브렉시트Brexit 국민투표가 가결되자 반대표를 던졌던 영국민들은 트래펄가 광장에 모여 투표 무효와 재투표를 요구하기도 했다. 2016년 11월 5일 재영 한인과 유학생이 박근혜 대통령, 최순실, 새누리당의 국정농단 사태를 성토하고 '박근혜 퇴진'을 외치는 시위를 벌였던 장소도 트래펄가 광장이었다.

이렇듯 트래펄가 광장은 권력이 만든 제국의 공간인 동시에 국가권력과 인민의 대결, 권력의 부당한 억압에 맞서는 저항이 일어나는 공간이다. 광장에는 아래로부터의 정치가 주기적으로 출몰한다. 넬슨 기념비, 네이피어 동상, 해블록 동상 같은 제국의 상징물로 둘러싸인 곳에서 아래로부터 저항의 목소리가 울린다는 역설, 광장의 조성 목적과 전유 사이의 이 같은 간극이야말로 트래펄가 광장의 본질이 아닐까?

트래펄가 광장은 어떻게 조성됐는가? 영제국 수도 런던의 위상이 확립되는 과정에 트래펄가 광장은 어떻게 관여했는가? 19세기 후반 아래로부터의 대중 정치와 광장은 어떻게 관련을 맺는가? 21세기를 맞아 트래펄가 광장은 대규모 리모델링 공사를 통해 더 많은 이용객을 끌어들이고 보행자 편의성을 높인 시민의 공간으로 변신을 도모했다. 광장 재건축 설계를 담당한 영국의 유명 건축가 노먼 포스터Norman

Foster는 새 광장이 "모두를 위한 세계적 수준의 광장World Squares for All"을 목표로 한다고 밝혔다. 트래펄가 광장의 변모는 권력과 제국의 정치와 아래로부터의 정치가 맞부딪치는 광장 공간에 어떤 의미를 부가하고 있는가? 이 글에서 생각해 보려는 논점이다.

권력과 제국의 공간 :
광장 조성과 넬슨 기념비

트래펄가 광장은 내셔널 갤러리National Gallery, 세인트마틴 인 더 필즈St. Martin-in-the-Fields, 사우스 아프리카 하우스South Africa House, 캐나다 하우스Canada House로 둘러싸인 사각형 공간으로 광장 남쪽에는 높다란 넬슨 기념비가 서 있다. 넬슨 기념비 양옆으로는 두 개의 연못과 분수대가 있고, 광장의 사방 모서리에는 세 개의 동상이 서 있다. 북동에는 조지 4세 기마상이, 남동에는 헨리 해블록 장군 동상, 남서에는 찰스 네이피어 장군 동상이 놓여 있다. 오래 비어 있던 북서의 '네 번째 좌대'에는 1999년부터 현대 공공미술 선정 작품이 전시되고 있다.

광장 터는 원래 왕실 마구간Royal Mews이 있던 곳으로 1840년대 광장이 됐다. 광장이 있는 채링크로스 지역은 북으로는 영국박물관British Museum으로, 남으로는 화이트홀Whitehall 관청가를 거쳐 국회의사당으로 이어지는 길목으로, 예부터 교통의 요지였다. 채링크로스가 런던 북쪽에서 화이트홀과 세인트제임스St. James 공원으로 내려가는 관문

현대의 트래펄가 광장

으로, 배를 타고 남쪽 템스Thames강으로 들어오는 경우를 제외하면 화이트홀에 접근하기 위해 반드시 거쳐야 하는 길목이었기 때문이다. 귀족의 장례 행렬, 승전한 군대, 왕권을 노리는 비국교도 모두 채링크로스를 거쳐 갔다. 17세기 내전 시기에는 국왕에 반기를 든 반역 죄인들의 참수, 거형, 능지처참을 거행하는 처형장으로서 군주 권력의 과시장이기도 했다. 18세기 중엽부터 왕실 마구간으로 활용됐으나 1812년 무렵에 이르면 목재 마구간 건물은 관리 부실로 노후해 임시 막사로 사용됐다.[9]

왕실 마구간이 광장으로 개발된 계기는 건축가 존 내시John Nash (1752~1835)가 추진한 런던 개조 계획이었다. 1820년 국왕 조지George 4세(재위 1820~1830)는 웨스트엔드West end 팰맬Pall Mall 동쪽에서 세인트 마틴St. Martin을 잇는 신설 도로를 건설하자는 내시의 제안을 받아들였다. 도심 개발의 주체는 왕실의 삼림담당관Commissioner of Wood and Forests이었다. 웨스트엔드를 재정비하려는 왕권의 시도는 수도 런던에서 사회적 위계를 유지하고 예절 바르고 문명화된 사회성을 구현하려는 권력의 의도를 보여 준다.

내시의 계획은 런던 중심부 웨스트엔드를 남북으로 양분하는 리젠트Regent가街를 새로 만드는 것이었다. 조지 4세는 런던 전체를 개조하고 싶었으나 런던의 높은 지가 덕분에 막대한 임대 수익을 누리던 토지 소유자들이 전면 개조에 저항했다. 지주, 임대인, 임차인, 소상점주 등이 소유지와 소유물에 대한 저평가에 항의하면서 건설 비용이 예기치 않게 높아졌고, 구매 가능한 사유지만 수용하다 보니 도시 계획은 변경을 거듭할 수밖에 없었다. 토지 수용 대상이 된 런던 지주들은 사유재

1740년대의 왕실 마구간과 채링크로스

산의 공적 취득에 분노를 표출했고 더 많은 보상을 받기 위해 싸웠다. 결국 런던 개조 계획은 생각만큼 성공을 거두지 못했다. 완성된 경관은 완만하게 구부러진 리젠트가와 주변 시가지였다.[10] 1850년대 파리가 나폴레옹 3세와 센 지사 오스만 남작에 의한 도심 대개조 계획 '오스만화'를 통해 개선문에서 사방으로 뻗은 방사선형 대로를 갖추고 근대 도시로 변모하는 데 성공한 것에 비한다면 대조되는 결과였다.

내시의 런던 개조 계획은 또한 사회적 목적에서 중요했다. 리젠트가 개발 계획은 대로를 신설함으로써 웨스트엔드 지역을 개발하는 동시에 북서 런던의 고급 주택지와 동부 런던의 빈곤한 노동계급 거주지인

'혼잡한 소호'를 분리하는 데 목적이 있었다.[11] 귀족과 젠트리gentry의 거리(서쪽)와 기계공과 노동자의 거리(동쪽) 사이에 명확한 경계선을 설정하는 것이다. 도로, 공원, 광장 신설은 일상생활을 유지하는 데 필요한 상업과 산업의 흐름을 차단하는 시도였다. 상품을 실은 마차와 소, 말, 양 등의 출입과 통과를 금지함으로써 노동계급 거주지와 생활 터전인 시장이 파괴됐다. 그 결과 세인트제임스마켓, 헤이마켓, 레스터 스퀘어 동쪽의 저렴한 식료품점과 잡화점은 대부분 쫓겨나고 부유층을 위한 고급 상점으로 바뀌었다. 내시의 계획은 오늘날 젠트리피케이션gentrification과 유사한 도심 개발이었던 셈이다.[12]

계획 실행을 맡은 개발위원회는 팰맬에서 세인트마틴스 레인St. Martin's Lane으로 이어지는 도로를 확장·연결했고 이 과정에서 왕실 마구간 앞에 공터가 확보됐다. 이곳이 광장 터가 됐다. 개발위원회는 빈 공간을 확보하는 것이야말로 의회로 가는 접근성을 높이고 런던 중심부의 소통을 원활하게 하는 방법이라고 보았다. 팰맬에서 멀리 건너편에 있는 세인트마틴 인 더 필즈의 포르티코Portico(정문 장식)가 보이도록 너른 공간을 비우는 것은 교통 흐름을 활발하게 할 뿐만 아니라 도시 빈민을 추방하는 효과도 노릴 수 있었다. 광장 조성을 위해 빈곤층 거주지구인 세인트마틴 인 더 필즈 부근에 널려 있던 불량 주택들이 철거되자 이들은 다른 곳으로 이주할 수밖에 없었다. 그리고 수도 중심부는 아름답게 정비될 수 있었다.[13]

내시의 도시 계획에 따라 리젠트파크Regent Park에서 리젠트가로 이어지는 끝자락에 생겨난 빈 공간은 처음에는 '채링크로스 사각형quadrangle Charing Cross'이라 불렸다. '채링크로스 사각형'은 어떻게 '트래

237

펄가 광장'이 됐을까? 광장을 '트래펄가해전'과 연결시킨 사람은 해군 건축가 조지 리드웰 테일러George Ledwell Taylor(1788~1873)로 알려져 있다. 원래 1830년 6월 즉위한 윌리엄William 4세(재위 1830~1837)를 기념해 '킹스 스퀘어'로 부르기로 했지만, 테일러는 허레이쇼 넬슨Horatio Nelson(1758~1805) 제독의 트래펄가해전 승리를 기념하는 의미에서 '트래펄가'를 제안

존 내시의 리젠트가 건설 계획, 1814

했고 국왕이 흔쾌히 승낙했다고 한다. 테일러는 해군 건축가이자 새로 조성된 광장 동쪽에 주거용 건물을 지어 임대 사업을 하던 지주였다.[14]

'채링크로스 사각형'에서 '트래펄가 광장'이 되면서 넬슨 제독은 광장의 주인공으로 부상한다. 특히 기념비 건립은 넬슨의 기억을 국가 정체성과 영제국 자부심의 중심으로 세우는 행위였다. 넬슨 기념비는 원주, 동상, 부조, 사자상으로 이루어져 있다.[15] 화강암으로 만든 52미터 높이의 원주는 윌리엄 레일턴William Railton(1800~1877), 원주 꼭대기의 넬슨 동상은 에드워드 호지스 베일리Edward Hodges Baily(1788~1867), 네 마리 사자상은 존 그레이엄 러프John Graham Lough(1798~1876)의 작

품이다. 기단부 철판 부조에는 트래펄가해전, 나일강해전, 덴마크·러시아·스페인 연합함대와의 전투 장면이 새겨져 있다. 사자상은 노획한 프랑스 대포를 녹여 만들었다.

역사 속 많은 전쟁영웅 가운데 넬슨을 '광장'에 불러낸 이유는 무엇이었을까? 군주가 아니라 해군과 시티 상인들의 영웅 넬슨이 광장의 주인공이 됐다는 사실은 19세기 영제국이 상업과 무역에 기반하고 있음을 웅변한다.[16] 18세기 말 영국은 '영국 국민British nation'을 주조하면서 국민적 일체감과 사회적 응집력을 형성해 가기 시작했다. '영국 국민'의 정체성 형성에는, 영국은 가톨릭에 대항하는 프로테스탄트 국가라는 의식과 라이벌 프랑스에 대한 적대감이 크게 작용했다. 특히 19세기 초 나폴레옹전쟁은 '혁명 프랑스'에 대항해 입헌군주국 영국의 헌정을 수호한다는 애국주의적 열정을 고조시키는 계기가 됐다.[17]

나폴레옹전쟁에서 한쪽 눈과 한쪽 팔을 잃은 넬슨은 국민영웅이 됐다. 넬슨은 동인도, 서인도, 이집트에 이르기까지 영제국 전역을 누비며 족적을 남긴, 실로 '제국적' 인물이었다. 젊은 시절 북극 탐험선에 승선했고 동인도에서 근무했으며 서인도 니카라과에서 에스파냐군과 싸우기도 했다.[18] 그러나 넬슨에게 영광과 명예만 있지는 않았다. 사실 그의 민낯은 명령 불복종과 염문으로 얼룩졌다. 1798년 나폴레옹을 상대로 나일강전투를 승리로 이끈 넬슨은 곧바로 귀국하지 않고 지중해 함대 유지에 필요하다는 명분으로 나폴리에 머물렀다. 나폴리에서 넬슨은 영국 공사 윌리엄 해밀턴 경의 부인 에마와 사랑에 빠졌고 딸 허레이쇼를 낳았다.[19]

하지만 이런 스캔들도 상승하는 넬슨의 인기를 막지 못했다. 넬슨이 더욱 유명해진 계기는 1805년 트래펄가해전 승리였다. 트래펄가해전 승리로 영국은 프랑스와의 대결에서 최종 승리를 거두고 제국 건설을 향해 거침없는 항해를 시작했지만 넬슨은 목숨을 잃었다. 1806년 1월 9일 세인트폴 대성당St. Paul's Cathedral에서 거행된 넬슨의 국장에는 왕세자와 왕족, 귀족, 정치가 들을 비롯해 3만여 명의 군중이 운집했다. 오후 두 시가 넘어 시작된 장례식은 여섯 시가 다 돼서야 끝났지만, 엘리자베스 여왕 시대 이래 최고의 공식 의례에 압도된 조문객들은 몇 시간이고 자리를 뜰 줄 몰랐다. 장례식에 든 비용만 약 1만 4000파운드에 달했다. 넬슨은 세인트폴 대성당 지하 예배당에 묻혔고 숭배 대상이자, 일종의 부적 같은 국가의 수호신으로 화려하게 부활했다.[20]

넬슨 기념비를 건립해야 한다는 주장은 트래펄가에서 승리한 직후부터 제기됐다. 넬슨이 11월 5일 전사했다는 소식이 전해지자 유해가 영국에 도착하기도 전에 기념비 건립 논의가 시작됐다. 나폴레옹전쟁 때는 국가가 주도하는 전쟁기념비 건설의 필요성이 부상하던 시기였다. 이미 1809년 아일랜드 더블린과 1813년 리버풀에 넬슨 기념비가 세워졌으나 국가가 주도한 기념비는 아니었다. 국가 차원의 넬슨 기념비 건립은 1816년 하원에서 의결됐으나 예산 부족으로 여러 차례 연기돼 한참 후에야 실현됐다.

넬슨 기념비 위원회Nelson Memorial Committee는 1838년 2월 첫 모임을 열었다. 넬슨과 함께 전사한 비서 존 스콧John Scott의 아들 찰스 스콧Charles Davison Scott이 위원장을 맡았다. 위원회는 18개 대은행가, 상인, 무역업자, 해군, 육군에 기부를 요청하고 런던 트래펄가 광장을 국가적 기념 장소로 삼기로 정했다. 1840년 7월 넬슨 기념비 위원회는 레일턴

(원주)과 베일리(넬슨상)에게 제작을 발주했고, 1843년 말 넬슨 기념비가 완성됐다.[21]

넬슨 기념비가 처음부터 환영받은 것은 아니었다. 공모 당선작이긴 했지만 레일턴의 원주 디자인은 별로 인기가 없었다. 고대 로마나 파리 방돔 광장Place Vendóme 원주를 모방한 것에 불과해 독창성이 없다는 비판, 코린트Corinth식 단일 기둥의 안전성 논란이 제기됐다. 트래펄가 광장의 설계자 찰스 배리Charles Barry(1795~1860)는 지나치게 높은 원주 기둥은

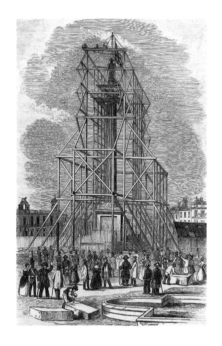

에베네저 랜델스Ebenezer Landells, 1843년 11월 16일 건설 중인 넬슨 기념비, 영국박물관 소장 크레이스 컬렉션 판화와 소묘 중에서

내셔널 갤러리와 세인트마틴 인 더 필즈로부터 시선을 빼앗으며 주변 경관과 어울리지 않는다며 레일턴의 디자인에 반대하기도 했다.[22]

한편 트래펄가 광장 공간은 설계 단계부터 사회적 통제를 염두에 두고 있었다. 1838년 넬슨 기념비 위원회가 발족하고, 왕실 마구간을 허문 자리에 내셔널 갤러리가 옮겨왔을 때만 해도 그 앞의 넓은 공터는 바람만 황량하게 부는 허허벌판, 도심 한가운데 을씨년스런 공동묘지 같다는 비난을 들었다. 사각형 공터를 광장으로 만드는 설계를 맡은

241

이는 찰스 배리였다. 배리의 설계 원안은 내셔널 갤러리가 있는 테라스에서부터 광장 아래로 대형 계단식 연못을 조성하고 그 안에 두 개의 분수대를 세우는 것이었다. 배리는 광장이 대중 집회 장소로 활용될 것을 우려해 대형 연못과 분수로 집회 군중의 대열을 분할하고 대중의 힘을 분산·약화시키는 효과를 노린 것이다. 그러나 당시 런던의 상수도 공급이 원활치 않았기 때문에 당초 계획은 축소될 수밖에 없었고, 현재 보는 것처럼 두 개의 작은 연못과 분수가 완성됐다.[23]

광장에 일찍이 조명이 도입됐다는 사실도 사회적 통제와 관련된다. 트래펄가 광장은 1839년부터 가스등 조명을 시작한다. 런던 시내 공원이나 광장에는 문이나 울타리를 설치하는 것이 일반적이었지만 가로를 만드는 과정에서 생겨난 트래펄가 광장에는 그런 장치가 없었다. 따라서 노상강도로부터 시민의 안전을 지키고, 몰려들지 모르는 노숙자를 쫓아내기 위해 어둠을 밝히는 조명이 필요했다. 당시는 런던 시내에 가스등이 도입된 지 얼마 안 된 때였으므로, 화이트홀에서 트래펄가 광장에 이르는 가로에 우선 가스등이 설치된 것이다.[24]

19세기 후반 파키스탄 신드Sind 지역 정복에 활약한 네이피어 장군 동상과 인도 항쟁을 진압한 해블록 장군 동상이 더해짐으로써 트래펄가 광장은 공식적으로 식민지 영토 병합을 정당화하는 제국의 선전장으로 활용됐다. 트래펄가 광장이 해군과 육군 영웅들의 신성한 거처이자 영제국 영광의 상징이었다는 사실은 히틀러의 영국 침공 전투 작전, 일명 '바다사자 작전Operation Sea Lion'을 통해서도 읽을 수 있다. 1940년 9월 히틀러는 브리튼 본토 상륙 작전에 넬슨 기념비를 베를린으로 옮긴다는 계획을 포함시켰다. 히틀러의 총애를 받던 건축가 슈페어의 지휘 아래 영국 해군력의 세계 지배를 상징하는 넬슨 기념비를 베를린으로 이전한다는 작전이었다. 만약 이 작전이 성공했다면 넬슨은 화이트홀과 웨스트민스터를 굽어보는 대신 베를린 제국의회를 내려다보고 있었을지도 모른다.[25]

19세기 말 수도 런던에는 영제국의 지배를 상징하는 기념물이 넘쳐났다. 화이트홀의 식민성 건물 파사드에는 유니언잭 깃발 아래 다섯 대륙을 상징하는 조각들이 장식돼 있었다. 템스강 변 임방크먼트em-bankment에는 일명 '클레오파트라의 바늘Cleopatra's Needle'이라 불리는 높이 20미터, 무게 180톤이 넘는 오벨리스크obelisk가 서 있었다. 오벨리스크는 아우구스투스 황제가 카이로 부근 헬리오폴리스Heliopolis에서 알렉산드리아로 가져온 것이었다. 런던으로 옮겨 온 것은 1878년이다.[26] 이런 기념물들과 더불어 제국 수도에서 단연 돋보이는 상징은 트래펄가 광장과 넬슨 기념비였다.

백인 자치령에서 '귀향'하는 여행객들을 위해 1930년대 출판된 한 여행 안내서는 트래펄가 광장을 이렇게 묘사했다. "트래펄가 광장은 진정한 제국의 중심이다. 역사적 의미에서 뿐만 아니라 캐나다 하우스, 사우스 아프리카 하우스가 있어서 자치령과 식민지가 식민 모국의 수도 런던에서 진정한 고향을 찾기 때문이다."[27] 캐나다와 남아프리카공화국은 백인 자치령으로 독립 후 영연방의 중심이 된 국가다. 캐나다와 남아프리카공화국대사관이 트래펄가 광장을 사이에 두고 마주 보고 있다는 사실은 이 광장이 19세기 영제국의 중심일 뿐만 아니라 포스트제국 시대 영연방 체제에서도 변함없는 구심점이라는 사실을 시사한다.

'제국의 심장'에서 '시민의 광장'으로, 런던 트래펄가 광장

광장의 정치 :
'트래펄가혁명'과 '피의 일요일'

권력은 광장을 만들지만 동시에 비우려 한다. 광장을 만든 권력은 광장을 두려워한다. 사람들이 모이는 광장은 사회적 위계가 전복되고 다성적 목소리가 울리는 카니발 공간으로 변해 버릴 수 있기 때문이다.[28] 역사상 광장이 혁명의 무대가 됐던 고전 사례로는 1789년 7월 파리 바스티유Bastille 광장과 1917년 10월 러시아 상트페테르부르크 황제궁 앞 광장을 들 수 있다. 19세기 영국은 어땠을까? 트래펄가 광장은 1840년대와 1880년대 두 차례 중요한 정치 사건의 무대가 됐다. 1848년 '트래펄가혁명Trafalgar Revolution'과 1887년 '피의 일요일Bloody Sunday'이 그것이다.

빅토리아Victoria 여왕(재위 1837~1901)의 치세가 번영과 평화의 시대였다는 '신화'는 반쪽짜리 진실에 지나지 않는다. 1851년 세계 최초로 개최된 런던 만국박람회는 세계의 공장이자 소비 시장 영국의 위상을 자랑하기에 부족함이 없었다. 하지만 불과 몇 년 전 까지만 해도 정부는 남성 노동자의 참정권을 요구하는 차티스트의 봉기에 대처하느라 골치를 앓았다. 박람회 개막식 행사에서 여왕은 하이드파크Hyde Park를 빽빽하게 메운 수많은 군중이 질서정연하게 환호하는 모습을 보고 감격했다.[29] 여왕의 이례적인 감동은 언제든 폭도로 변할 수 있는 대중에 대한 공포감의 역설적 표현이 아니었을까? 소란스럽게 권력에 저항하는 기질은 수세기 동안 영국인이 길러 온 특성이었다. 일례로 1769년 영국을 방문한 미국 정치가 벤저민 프랭클린Benjamin Franklin

1887년 11월 13일 피의 일요일 봉기, 시위대를 공격하는 경찰, 《일러스트레이티드 런던뉴스
Illustrated London News》에 실린 삽화

(1706~1790)은 1년 체류하는 동안 선거 폭동, 구빈원 폭동, 광산 폭동, 직공 폭동 등 수없이 많은 폭동을 목격했다는 글을 남겼다.[30]

휘그Whig 정부가 넬슨 기념비 건립을 통해 나폴레옹전쟁과 애국주의를 환기시키려고 한 정치적 이유는 차티스트운동에 대한 탄압과 관련이 있었다. 차티스트운동은 잉글랜드의 런던·맨체스터Manchester·브래드퍼드Bradford, 웨일스의 뉴포트Newport 등 전국적으로 전개됐고

245

1838년부터 1848년 사이에 그 세력이 절정에 달했다. 1847년 4월 10일, 차티스트들은 런던 케닝턴 코먼Kennington Common에서 대규모 군중집회를 열고 웨스트민스터 성당까지 행진했다. 전국적으로 550만의 서명을 확보했던 이 3차 청원운동이 실패로 돌아가자 대중운동으로서의 차티스트운동은 점차 쇠퇴해 갔다. 그러나 차티스트운동이 소멸된 것은 결코 아니었다.

1848년 3월 6일 런던에서 다시 한 번 차티스트운동의 불길이 타올랐다. 경찰의 집회 금지 명령에도 불구하고 차티스트 군중들은 트래펄가 광장에 모였다. 오후 한 시 광장에는 약 1만 명의 군중이 모여 노동자의 정치적 권리를 요구하는 집회를 이어 갔다. 시위를 주도한 인물은 노동자들에게 인기를 누리던 신문《레이놀즈 뉴스페이퍼Reynolds's Newspaper》의 발행인 레이놀즈G. W. M. Reynolds였다. 약 두 시간 동안의 평화 집회가 끝날 무렵 경찰이 도발해 왔다. 시위대는 아직 마무리 공사가 끝나지 않은 넬슨 기념비 주변에서 투석전을 벌이며 경찰과 대치했다. 돌이 바닥나자 기념비 건설 현장의 목책을 부수고 건설업자의 창고에 방화를 하고 급진적 구호를 외쳤다.[31]

런던에는 산업화 이전 시대 수공업 장인들의 급진주의와 도시 폭도urban mob 현상이 강하게 남아 있었다. 부자들의 부정 축재에 대한 빈자들의 항의라는 요소는 도시 폭동을 추동하는 힘이었다. 행상이나 청소부 같은 도시 하층민들은 1848년에 레이놀즈의 트래펄가 광장 집회 때도 눈에 띈 집단이다. 이들은 '인민헌장People's Charter 6개 조항'[32]이 무엇인지도 잘 몰랐지만 차티스트를 자처했고, 당국·경찰·치안판사를 증오하며 상하원 의원과 정치가들을 천적이라 여겼다.[33]

언론들은 프랑스의 1848년 2월혁명을 연상시키는 트래펄가 광장 시위를 '트래펄가혁명'이라 부르며 영국에 공화주의가 상륙해 프랑스 식 혁명이 일어날지도 모른다고 호들갑을 떨었다.《문화와 무질서Culture and Anarchy》의 저자이며 보수 입장에서 교양을 옹호한 문예비평가 매슈 아널드Matthew Arnold(1822~1888)는 트래펄가혁명을 지켜보았다. 아널드는 침묵하는 동조자로서 멀찍이 떨어진 곳에서 이날 시위 장면 을 목격했다. 아널드는 경찰의 거친 태도 탓에 유혈 충돌이 발생했다 고 회고했다.[34] 3월 6일부터 8일까지 계속된 소요 사태에서 체포자는 127명이었고, 이 가운데 61명이 20세 이하의 젊은이였다.[35]

차티스트 세력을 억누르기 위해서라면 토리Tory와 휘그는 기꺼이 연합했다. 1840년대 정치에서 에드윈 채드윅Edwin Chadwick(1800~1890) 의 위생 개혁은 중요한 정치적 함의를 갖는다. 1848년 공중보건법Public Health Act 제정으로 결실을 맺은 위생 개혁은 병든 '사회적 몸social body'을 치유하기 위해 공장 작업장이 아니라 가정생활에 초점을 두 었다. 광장이나 거리에서 밀실로, 공적 공간에서 사적 공간으로 이동 을 유도하는 것이다. 광장과 거리에서 어슬렁거리지 말고 작업장과 가정으로 돌아가라는 메시지다. 거리를 깨끗하게 정비하는 것은 날뛰 는 군중을 얌전하게 길들이는 일과 동일했다. 정치적 불만을 표출하 는 공간으로서 광장과 거리의 의미는 위생 개혁이 실현되고 차티스트 운동이 쇠퇴함에 따라 약화돼 갔다. 파리에서 1850년대 오스만화로 시가 정비 사업이 이루어지면서 시가전이 불가능해지고 혁명의 열기 가 질식하게 된 것과 유사한 현상이다.[36] 차티스트운동의 경험은 국가 가 피를 흘리지 않고 거리의 법과 질서를 유지하는 군사력과 경찰력을 동원하는 기술을 개발하는 기회를 제공했다. 이후 1850년대부터 1880년대까지 30여 년간 트래펄가 광장에서는 소요 사태가 발생하지 않았다.[37]

남성 선거권은 1867년 도시 노동자에게, 1884년에는 농촌 노동자에게까지 확대됐지만, 유권자 확대가 민주주의의 확장을 의미하지 않는다는 사실이 곧 증명됐다. 후보자의 선거비용뿐만 아니라 선거원 수당, 의원 활동비도 부담해야 하는 상황에서 노동자 후보가 의회에 진출하기란 쉽지 않았다. 독자적 노동자 정당이 절실히 필요했지만 현실적으로 가능하지 않았다. 그러나 산업 발달과 실질임금 상승, 생활 개선, 교육 기회 확대에 힘입어 노동계급의 역량은 서서히 성장했다. 1871년 결성된 노동조합회의Trade Union Congress는 제철공, 조선공, 가스 노동자, 부두 노동자 등 각 부분 노동조합의 대표 격으로 노동자들의 의회로 불렸다.[38]

1870년대부터 1890년대까지 20년간은 산업투자에 따른 이윤 감소로 경제 불황기였다. 불황기의 높은 실업률로 더욱 타격을 입은 계층은 비숙련·미숙련 비정규직 노동자들이었다. 1880년대 영국에서는 사회주의가 부활했고 사회민주연맹Social Democratic Federation, 사회주의동맹Socialist League, 페이비언협회Fabian Society 같은 사회주의 단체들이 생겨났다. 사회주의자들은 실업자 시위를 조직해 나갔다. 1886년 2월 8일, 헨리 메이어스 하인드먼Henry Mayers Hyndman(1842~1921)이 주도하는 사회민주연맹은 트래펄가 광장에서 실업자 구제를 위한 공공작업장 설치를 요구하는 시위를 조직했다. 노동조합 지도자 존 번스 John Burns(1858~1943)가 선동적 연설을 통해 군중의 행동을 유도했다.

1886년 시위는 혁명적 사회주의가 존재할 뿐만 아니라 대중이 혁명적 군중이 될 수 있다고 믿게 했다.[39]

1887년 여름에도 불황은 계속됐고 실업에 처한 런던의 미숙련 임시 노동자들은 거주지에서 쫓겨나 부랑자로 전락했다. 템스강 변, 런던브리지, 코번트가든Covent Garden 등 런던 시내 곳곳에 노숙하는 부랑자가 증가했다. 트래펄가 광장도 예외가 아니었다. 광장에 벤치가 설치된 후에는 부랑자들이 선호하는 장소가 됐다. 코번트가든에서 싸움을 하다가 체포돼 보우Bow가街 경찰법정에 선 18세 소녀는 "어디 사느냐, 어디서 자느냐"라는 심문에 "집이 없다, 트래펄가 광장에서 잔다"라고 답했다. 동트기 전 트래펄가 광장을 지나는 행인들은 노숙자에게 동전을 던져 주었고, 자선단체는 식권과 숙박권을 나눠 줬다.[40] 세인트 마틴 인 더 필즈 교구회는 수도 사업 위원회Metropolitan Board of Works와 런던 경찰청장 찰스 워런Charles Warren에게 보낸 편지에서 "부랑자들이 트래펄가 광장에서 밤을 지내고 아침이면 분수대 물로 세수하고 쓰레기를 함부로 버린다. 이들은 마치 해충이 들끓듯이 광장을 더럽히고 있다"[41]라고 불만을 토로했다.

이런 상황은 사회주의자와 급진주의자들에게 트래펄가 광장을 새로운 선동의 장으로 인식케 했다. 1880년대 이후 사회주의 부활과 노동운동 활성화로 광장은 계급 대립의 현장으로 부상한다. 1887년 10월부터 사회주의자들은 트래펄가 광장에서 실업자 선동을 시작했다. 1887년 10월 14일, 약 2000명의 실업자 시위가 조직됐다. 검은 깃발을 앞세우고 시 청사까지 행진해 시장에게 면담을 요청했지만 거절당했고, 트래펄가 광장에서 항의 집회를 했다. 집회의 연사로는 존 번스,

윌리엄 모리스William Morris(1834~1896), 조지 버나드 쇼George Bernard Shaw(1856~1950), 애니 베전트Annie Besant(1847~1933),《진보와 빈곤Progress and Poverty》의 저자인 미국인 헨리 조지Henry George(1839~1897), 러시아의 무정부주의자 피터 크로포트킨Pyotr Kropotkin(1842~1921) 등이 참가했다. 트래펄가 광장 인근 거주민들, 특히 보석상과 은행업자 들은 교통 체증·소음·악취·무질서를 비난하며 대책을 호소했고, 경찰청장 워런은 1887년 10월 17일 공공질서와 평화를 위한 예방 조치로서 트래펄가 광장에서 모든 집회를 무조건 금지한다는 명령을 내렸다. 하지만 11월까지 약 한 달 동안 집회는 계속됐다.[42]

1887년은 빅토리아 여왕 즉위 50주년이었다. 6월 21일 주빌리Jubilee 행사는 무사히 거행됐지만 불과 6개월 후인 11월 13일 일요일, 트래펄가 광장에서는 피비린내가 났다. 경찰이 집회를 원천 봉쇄하고 광장 인근 행진을 금지하면서 또 다시 위기가 도래했다. 시위는 사회민주연맹과 사회주의동맹이 조직했고 다른 급진주의 단체들도 동조했다. 주최 측은 행진 참가자들에게 무기가 될 만한 것은 아무것도, 심지어 우산도 소지하지 말도록 당부했다. 워런 경찰청장은 경찰관 5000여 명에게 일요일 근무를 명령했다. 2000명은 광장에 나머지는 광장 주변 진입로를 차단하도록 배치했다. 근위기병과 근위보병도 동원했다. 하지만 경찰은 개인적으로 광장에 모이는 것까지 차단하지는 못했다. 오후 늦게 광장에는 약 4000~5000명이 집결했다. 모리스, 쇼, 베전트 등 사회주의 지도자들도 오후 네 시경 광장에 집결해 "독재에 대한 항거는 신에 대한 의무"라는 구호를 외쳤다. 경찰의 강경한 진압으로 부상자는 200여 명에 달했고, 부상자 가운데 두 명이 나중에 사망했다.

경찰관도 77명이 부상했다.
체포된 사람은 40여 명에 달
했다.[43]

다음 일요일인 11월 20일
에는 일주일 전 '피의 일요
일'에 항의하는 집회가 트래
펄가 광장에서 열렸다. 저지
하는 경찰의 폭행으로 알프
레드 린넬Alfred Linnell이라
는 젊은 노동자가 사망했다.
12월 18일 린넬의 관 위에
는 "트래펄가에서 살해당했
다"라고 쓰여 있었다. 모리
스는 린넬의 장례식에서 추

1887년 11월 13일 피의 일요일 봉기를 진압하는
근위대

도시를 낭독했고, 예술가 월터 크레인Walter Crane(1845~1915)이 디자인
한 팸플릿이 린넬의 아이들을 돕기 위한 기금 모금을 위해 판매됐다.[44]

이렇듯 광장은 권력과 제국의 반대자들에게는 분노를 표출하는 장
소였다. 모리스는 '피의 일요일'을 끔찍한 사건으로 기억했다. 모리스
는 사회주의동맹의 기관지《코먼웰Commonweal》에 1890년 1월부터 10
월까지 연재한 소설《유토피아 소식News from nowhere》에서 사회주의
혁명이 완성된 2150년 시점에서 1887년 시위를 묘사했다. 미래 세계
유토피아로 여행하게 된 주인공은 익숙한 장소 트래펄가 광장에서 아
픈 기억을 회상하고 그곳에서 만난 노인에게 그날의 시위 진압에 대해

251

들려준다. 노인은 곤봉으로 때린 사람들이 아니라 곤봉으로 맞은 사람들이 감옥에 갔다는 말을 쉽게 믿지 못했다.[45] 모리스는 소설의 이 장면을 통해 비무장 대중을 향해 무자비한 폭력을 행사한 경찰과 국가권력을 고발했다.

1886년과 1887년 실업자 시위 실패는 사회주의자들에게 혁명을 재고하게 만들었다. 비무장 노동자들이 군인과 경찰에 맞서 싸울 수 없다는 사실을 자각하고 사회주의 진영의 혁명 전술을 되돌아보게 된 것이다. 이후 광장의 외침과 대중 열기는 점차 의회정치로 흡수되는 양상을 보였다. 두 차례 실업자 시위 실패로 노동자 정당 형성은 더 절실히 필요해졌다. 1900년 키어 하디Keir Hardie(1856~1915)의 독립노동당, 페이비언협회, 사회민주연맹, 노동조합이 노동대표위원회를 결성함으로써 자유당과 보수당 양당정치의 틀을 깨는 제3의 정당인 노동당 창당 계기가 마련됐다. 이제 광장의 아래로부터의 정치는 제도권 정치로 수렴돼 갔고 광장은 정치의 근간을 흔드는 사건보다는 다양한 사회운동 주체들의 운동에 자리를 내주었다.

생존권 때문에 국가권력에 순종할 수 없는 국민을 국가는 어떻게 다뤄야 하는가? 개인의 태만 때문이 아니라 자본주의에 주기적으로 찾아오는 경제 불황 때문에 실업자가 된 시민들의 요구에 정부는 어떻게 대처해야 하는가? 19세기 후반 영국 정부는 구조적 실업으로 생존 위기에 내몰린 시민들의 저항을 경찰과 근위병을 동원해 진압했다. 저항하는 시민을 주권적 주체가 아니라 권력의 지배 대상으로 보는 행태는 오늘날까지도 여전히 계속되는 문제다. 1840년대 차티스트운동과 1880년대 실업자 봉기, 두 차례 대중 분출을 경험한 트래펄가 광장은 저항의 중심 무대였다.

현대의 트래펄가 광장

2000년대 트래펄가 광장은 런던 시민에게 친숙한 공간으로 변모했다. 뉴밀레니엄을 맞아 역사적 유적과 기억을 보존한 위에서 '현대 도시' 런던의 정체성을 어떻게 만들 것인가에 관해 정부와 런던시 정부, 시민단체 간에 논의가 진전되는 과정에서 트래펄가 광장은 중심 대상이었다. 1996년부터 시작된 트래펄가 광장 재개발 사업은 '제국의 수도' 런던이라는 과거의 정체성에 얽매이지 않고 '지속가능한 도시Sustainable City', '인간 중심적 도시Humanistic City' 런던이라는 새로운 정체성을 만들어 가려는 노력의 일환이었다.

광장 재개발은 2003년 보행자 친화적 광장 재개발 프로젝트 완성으로 결실을 맺었다. 재개발로 '고립된 광장'이 시민을 위한 '열린 광장'으로 거듭났다. 굉음을 내며 질주하는 자동차들 사이에 고립된 섬 같았던 광장의 폐쇄성이 극복됐고 접근성이 좋아졌다. 광장 북쪽과 내셔널 갤러리가 계단과 콘코스concourse(옥외의 광장이나 철도역, 버스 터미널, 여객선 선착장 등의 홀을 가리킨다. 여기서는 양측 계단을 올라오면 이어지는 내셔널 갤러리로 들어가는 중앙통로 홀을 말한다)로 연결됐고, 장애인용 리프트, 공중화장실, 노천카페 같은 편의 시설이 마련됐다. 광장과 내셔널 갤러리 사이의 콘코스를 지나면 내셔널 갤러리 지상층 입구로 바로 접근할 수 있다. 보행자 전용 공간 확보로 도시 공공 공간으로서 트래펄가 광장의 기능

253

은 회복됐고 도시민의 일상 속으로 친근하게 다가갈 수 있게 됐다.[46] 1997년에만 해도 트래펄가 광장 이용객 가운데 런더너는 10퍼센트에 불과했지만 2003년 재개발이 완성된 후에는 관광객과 런더너의 이용 비율이 엇비슷해졌다.[47] 기념행사나 시위가 벌어질 때만 일시적으로 기능하던 광장이 시민의 일상에 녹아드는 공간이 된 것이다.

고풍스런 도시 런던을 젊은 도시로 쇄신하는 시도는 트래펄가 광장에도 영향을 주었다. '네 번째 좌대' 프로젝트가 그것이다. 1996년 토니 블레어Tony Blair 정부는 '네 번째 좌대 위원회Fourth Plinth Commission'를 구성하고 현대미술 작품 교환 전시를 결정했다. 광장 북서쪽 '네 번째 좌대'는 원래 윌리엄 4세 기마상이 들어설 예정이었으나 실현되지 못한 채 오랫동안 비어 있었다. '네 번째 좌대' 공공미술은 기념비를 비정형적이며 임시적 형태로 재해석한 일종의 반反기념비다. 당선작은 언제나 화제를 모았다. 2003년 당선작은 마크 퀸Marc Quinn 의 〈임신한 앨리슨 래퍼Alison Lapper 8 Months Pregnant〉였다. 팔다리와 한쪽 눈이 없는 장애인 여성 예술가 앨리슨의 조각을 광장에 세우는 일은 장애인 소수자 문화에 대한 시민들의 인식을 되묻는 계기를 제공했다.

'네 번째 좌대'에 2010년 5월 24일부터 2년간 전시된 잉카 쇼니바레Yinka Shonibare의 〈병 속에 든 넬슨의 배Nelson's Ship in a Bottle〉는 트래펄가 광장의 역사성과 관련성이 높은 현대미술이다. 넬슨 제독의 기함旗艦 빅토리Victory호를 30분의 1로 축소해 제작한 레플리카replica를 유리병 속에 집어넣은 작품이다. 서른일곱 개의 돛은 쇼니바레 특유의 더치 왁스Dutch wax 직물로 제작됐다. 쇼니바레는 나이지리아 출신 이

잉카 쇼니바레, 〈병 속에 든 넬슨의 배〉

민 2세대 예술가로 더치 왁스 직물을 작품 소재로 폭넓게 활용하는 것
으로 유명하다. 화려한 색감과 문양의 더치 왁스는 아프리카에서 널리
쓰이며 아프리카적 전통을 상징하는 직물이다. 하지만 더치 왁스는 원
래 아프리카산이 아니라 네덜란드 무역상들이 식민지 인도네시아의
바틱batik을 아프리카에 수출하기 위해 아프리카의 토착 요소를 패턴
화하고 상품화한 것이다. 네덜란드 상인이 만든 형형색색의 더치 왁스
가 아프리카의 '전통'으로 '발명'되는 현상은 문화의 '혼종성'을 잘 보
여 주는 사례. 쇼니바레는 거의 모든 작품에 더치 왁스를 활용함으
로써 순수한 문화란 존재하지 않으며 식민지로부터 유래한 문화 요소
가 본국metropole으로 비집고 들어온다는 것을 보여 준다. 더치 왁스로
만들어진 넬슨의 배는 현대 영국 다문화 사회의 뿌리가 영제국 역사에
있다는 사실을 상기시킨다.

255

'제국의 심장'에서 '시민의 광장'으로, 런던 트래펄가 광장

영웅 넬슨과 트래펄가해전에 대해 현대 영국인들은 얼마나 알고 있을까? 2005년 트래펄가 200주년을 맞아 다양한 행사가 열렸지만 보수당 정치가 팀 콜린스Tim Collins는 11세부터 18세까지의 영국 젊은이 가운데 절반 이상이 트래펄가에서 넬슨의 기함 이름을 모른다고 탄식했다.[48] 넬슨이 이럴진대 광장에 놓인 동상의 또 다른 주인공들인 육군 장군 해블록과 네이피어는 말할 것도 없었다. 2000년 가을 켄 리빙스턴Ken Livingston 당시 런던 시장이 해블록과 네이피어 동상을 철거하자고 주장해 논란이 일기도 했다. 리빙스턴 시장은 광장을 오가는 런던 시민 1만 명에게 물어본다면 이들이 누구인지 한 명도 답하지 못할 것이라며 잊힌 인물이 아니라 보통 런던 시민에게 친숙한 인물로 교체할 것을 주장했다. 물론 동상 철거가 실현되지는 않았다. 시장의 돌발 발언은 즉각 보수 정치가들과 퇴역 군인들의 반발을 낳았고 역사를 망각하고 민족 유산의 근본을 부정하려는 시도라고 비난받았다.[49]

쇼니바레는 인터뷰에서 "내 작품은 런던의 다양한 에스닉ethnic 문화의 풍요로움에 대한 오마주며 영국이라는 국가에 새바람을 불어넣는 에스닉 그룹에 경의를 표하는 행위"[50]라고 말했다. 현 외무장관 보리스 존슨Boris Johnson은 런던 시장 시절 쇼니바레의 작품을 "친親제국인가? 아니면 반反제국인가? 어쨌든 이 알록달록하고 익살스런 배는 트래펄가 광장의 역사적 배경을 강렬하게 상기시킨다"[51]라고 평가했다. 현재 영국의 정체성이 제국의 유산과 관련 맺고 있지만 동시에 활기차고 다채로운 메트로폴리탄 문화를 생산할 수도 있음을 쇼니바레의 작품은 시사한다. 네 번째 좌대 전시가 끝난 후 〈병 속에 든 넬슨의 배〉는 그리니치 해양박물관에 영구 소장됐다. 화려한 더치 왁스 돛을

단 빅토리호의 '재림'은 트래펄가해전의 영웅 넬슨을 기념하는 기념비 아닌 기념비며 과거 영국의 제국적 정체성을 현재 다문화 사회 영국과 이어 주는 연결고리다. 광장에서는 여전히 다양한 사람들이 크고 작은 집회를 열고 있다. 넬슨 기념비와 두 장군의 동상, '네 번째 좌대'의 현대미술에 둘러싸인 시민의 광장 '트래펄가 광장'은 오늘도 유동하는 의미를 생성하고 있다.

'제국의 심장'에서 '시민의 광장'으로, 런던 트래펄가 광장

파리 문화예술인 동상

시민의 민주적 숭배와 기억의 정치

민유기

동상과 기억의 정치

　　1990년대 초반 현실사회주의 국가들이 몰락한 직후 러시아나 동유럽의 주요 도시들에서는 마르크스, 레닌, 그리고 각국 공산당 통치자들의 동상이 철거됐다. 이들 동상 철거는 베를린 장벽 붕괴와 마찬가지로 스펙터클 효과에 힘입어 '이데올로기 종언'의 상징으로 각인됐다. 프랑스대혁명 당시 파리의 상퀼로트들이 왕들의 동상을 파괴한 것처럼, 1871년 파리코뮌의 코뮈나르comm unard들이 나폴레옹 동상을 무너뜨린 것처럼, 민중이 더 이상 기억하길 원치 않았던 과거 통치자의 동상 해체는 일상 공간 속에 스며든 과거와의 극적인 단절을 통해 새로운 미래를 만들어 가기 위한 하나의 의식이었다.

　　일상생활이 전개되는 거리, 광장, 공원 등 공공장소에 세워진 역사 인물들의 동상은 이데올로기를 전파하기도 하고 역사적 교훈을 주기도 하는 표상화된 혹은 상징화된 집단적 기억의 매개물이다. 시민들은 도시 곳곳에 설치된 각종 위인 동상을 약속 장소로 활용하거나 산책 또는 이동 순간에 의식적으로 혹은 무의식적으로 바라보면서 동상의 기표뿐만 아니라 기의까지, 동상의 외형적 조형미뿐만 아니라 동상 주인공의 삶에 대한 일반적인 역사적 평가까지도 자연스럽게 수용하곤 한다.

집단 기억의 터로 기능하는 공공장소에 건립된 기념비나 동상은 특히 근대 도시에서 도시의 이미지 제고와 정체성 형성에 영향을 미친다. 고대나 중세 도시에 세워진 기념비나 동상의 주인공들은 통치자와 전쟁영웅 혹은 순교자와 성인 들이었다. 물론 근대 도시에서도 정치가와 군인 그리고 종교인을 추모하고 기억하는 기념비와 동상이 세워지긴 하지만, 전근대에 비해 사회적 숭배의 대상이 다양해지면서 여러 분야에서 인정받는 많은 개인들의 동상이 세워지기도 한다. 근대 도시는 새로운 공간의 구성과 배치, 상징적 기념물 조성, 이미지 확립을 위한 다양한 기획에 의해 도시 정체성을 만들어 가는데, 그 이면에는 권력과 다양한 사회적 행위 주체 사이의 긴장 관계가 작용한다. 따라서 근대 도시의 정체성을 파악하기 위해서는, 인간이 의미를 창출하는 일상의 모든 영역에서 나타나는 갈등과 힘겨루기의 복합 과정을 의미하는 '문화정치cultural politics'에 주목할 필요가 있다.

19세기 근대 도시의 정체성 형성과 문화정치에 관한 사례 연구로는 하비D. Harvey의 파리 사크레쾨르 성당Basilique du Sacré-Cœur 연구가 흥미롭다. 그에 의하면 1875~1919년 사이에 몽마르트언덕에 건립된 이 성당은 1871년 파리코뮌의 '죄'를 신앙의 힘으로 극복하고, 범죄와 성매매, 파리코뮌의 공간으로 인식되던 몽마르트에 새로운 공간 정체성을 확립하려는 노력의 산물이었다.¹ 이 연구는 프랑스-프로이센전쟁과 파리코뮌을 거치며 등장한 프랑스 제3공화국이 제도 안정화를 추구하는 동시에 수도 파리의 도시 이미지와 정체성을 새롭게 형성하려 했음을 잘 보여 준다.

파리코뮌의 경험은 19세기 전반기 파리가 지녔던 '혁명의 도시', '바리케이드의 도시'라는 이미지를 한층 강화시켰는데 제3공화국을 주도한 정치 세력인 부르주아 공화파는 이 같은 저항적 도시 이미지를 탈색시키고 온건한 것으로 대체하기를 원했다. 그런데 사크레쾨르 성당은 파리 전체가 아닌 몽마르트의 이미지 쇄신을 위한 것이었을 뿐이다. 파리 전체의 이미지 쇄신을 위한 주요 매개물은 사크레쾨르라는 하나의 성당이 아니라 20세기 전환기에 도시 전역에 건립된 문화예술인 동상들이었다.

오늘날 파리는 세계인의 사랑을 받는 '문화예술의 도시'라는 정체성을 지니고 있다. 물론 다양한 삶이 펼쳐지는 대도시의 정체성을 하나로 규정할 수는 없을 것이다. 파리는 혁명의 수도이자 부르주아 근대문화의 수도다. 파리는 민중의 도시이자 부르주아의 도시다. 파리 시민들이 그리고 파리를 사랑하는 이들이 이 같은 이중적 도시 정체성에서 더 선호하는 정체성은 상이할 수 있다. 하지만 아무도 파리가 문화예술의 도시라고 규정되는 것에 이의를 달지 않는다. 거리와 광장에서 마주치게 되는 동상을 통해 일상에서 기억되고 숭배되는 미술가·음악가·문인 등의 예술가들, 그리고 과학기술 문명에 이바지한 과학기술자들은 파리 시민들에게 그리고 파리를 방문하는 이들에게 파리가 얼마나 문화예술을 사랑하는지를 가시적으로 보여 주며 문화예술의 도시라는 정체성을 강화시킨다.

파리에 건립된 무수한 동상은 역사학에서 흥미로운 연구 주제 가운데 하나였다. '마리안느Marianne'라는 공화국 상징물을 통해 프랑스 정치 문화를 고찰한 아귈롱M. Agulhon은 1975년 논문에서 19세기 프랑스 도시들에 건립된 동상·기념비·건축물이 도시 공간을 미학적으로 장식해 가는 과정을, 그리고 1978년 논문에서는 20세기 전환기 파리 시민들의 '동상 마니아statuomanie'[2] 현상을 분석했다.[3] 그의 제자 랑프랑쉬J. Lanfranchi는 1979년 파리I대학 박사논문에서 프랑스혁명부터 1940년까지 파리에 건립된 위인 동상들을 분석하며 동상의 정치적·문화적 기능을 밝혔고, 학위논문을 축약하고 20세기 후반의 상황을 보완해 2004년에 책으로 출간했다.[4] 미국의 미술사학자 하그로브J. Hargrove는 1986년에 노라P. Nora가 편집한《기억의 터Lieux de mémoire》의 한 장에서 19세기 파리의 동상을 둘러싼 파괴와 복구의 긴장 관계를 밝혔고, 1989년에 파리의 위인 동상 연구서를 영어와 프랑스어로 동시 출간하기도 했다.[5]

파리의 동상에 대한 이들 선행 연구들은 위인 동상 건립을 통한 도시 경관 변화에 작동하는 문화정치의 양상을 잘 보여 주지만 한계도 있다. 파리에 문화예술인 동상이 대대적으로 건립된 시기는 1880년에서 1914년 사이다. 그런데 선행 연구들은 왜 이 기간에 문화예술인 동상이 대거 건립됐는지, 왜 문화예술인들이 이 시기에 집단적으로 기억되고 숭배됐는지를 분석하지 않는다. 이 글에서는 선행 연구들에서 미처 주목하지 못한 이 같은 질문에 대한 답을 찾아가면서, 문화예술인 동상이라는 공공기념물 건립과 파리의 도시 정체성 문제가 어떤 함수관계를 맺고 있는지 규명하고자 한다.

제3공화국 이전 파리의 위인 동상 건립

　　19~20세기에 파리에 세워진 위인 동상은, 랑프랑쉬의 연구에 의하면 347개로 325명이 동상의 주인공이다. 동상과 주인공 수 차이는 두 개 이상의 동상으로 건립된 인물이 존재하기 때문이다. 아래 표는 시대별 동상 건립 수를 보여 준다. 1870년부터 1914년까지 건립된 155개 가운데 1870년대 세워진 동상은 두 개에 불과했다. 따라서 파리에는 1880년부터 1914년까지 35년 동안 위인 동상 153개가 집중적으로 건립됐음을 알 수 있다.[6]

　　동상은 죽은 이를 산 자의 기억 속에 영속화시키는 매개물로 공공기념물에 해당하며, 항상 기억의 정치와 관련된다. 파리에서 최초로 건립된 동상은 17세기 초에 세워진 앙리Henri 4세(재위 1589~1610)의 동상이다. 1589년에 부르봉Bourbon 왕조를 개창한 앙리 4세는 1610년에 암살당했다. 그의 아들이 아홉 살에 루이Louis 13세(재위 1610~1643)로 왕

〈표 1〉19~20세기 파리에 건립된 위인 동상 통계

기간	1802~1815	1815~1830	1830~1848	1848~1870
체제	통령 정부, 제1제국	복고왕국	입헌왕국	제2공화국, 제2제국
개수	2	3	7	12
기간	1870~1914	1914~1940	1944~1958	1958~2001
체제	제3공화국 전기	제3공화국 후기	임시 정부와 제4공화국	제5공화국
개수	155	62	21	84

퐁네프의 앙리 4세 동상, 국립 포Pau 성 박물관 소장 18세기 인쇄물

위에 오르자 모후 마리 드메디시스Marie de Médicis(1573~1642)가 섭정을
하며 이탈리아 르네상스의 중심지 피렌체에 세워진 친정 메디치 가문
인물들의 동상에 영감을 받아 선왕의 동상을 세우게 했다. 센Seine강
최초의 석조 다리로 1607년에 완공된 퐁네프Pont-neuf 한가운데 1614
년에 세워진 앙리 4세의 청동 기마상은 시테Cité섬에 위치한 고등법원
과 노트르담 대성당Cathédrale Notre-Dame을 응시하고 있다.[7] 1614년은
마리가 공식적으로 섭정을 끝낸 해인데, 여전히 어린 루이 13세에게
위협이 될 수 있는 귀족과 성직자 들의 공간인 시테섬은 죽은 앙리 4세
의 시선 아래 놓이게 됐다.

　앙리 4세 이후 절대왕정의 왕들은 루이 16세(재위 1774~1792)를 제외
하고 통치 기간에 파리의 주요 광장에 건립된 동상을 통해서 위엄을
드러냈다. 루이 13세 동상은 리슐리외Richelieu(1585~1642) 재상의 구상
으로 1639년 로얄 광장Place Royale에 건립됐다. 이 광장은 1612년 루
이 13세와 에스파냐 공주 안 도트리슈Anne d'Autriche(1601~1666)의 약혼
식에 맞춰 완공됐다. 결혼식은 3년 뒤인 1615년에 열렸는데 오랫동안
후사가 없다가 1638년에 아들이 태어났고, 그가 1643년에 즉위하는
루이 14세(재위 1643~1715)다. 재상 리슐리외는 왕자 탄생을 축하하며 루
이 13세 동상 건립을 추진했다. 로얄 광장은 혁명기인 1800년에 보주
광장Place des Voges으로 명칭이 바뀌어 현재에 이른다. 이 명칭은 혁명
정부에 최초로 세금을 납부한 프랑스 동북부 보주도를 기념하기 위한
것이다.[8]

　루이 14세 동상은 1686년에 승리를 뜻하는 빅투아르 광장Place des
Victoires에 그리고 1699년에 루이대왕을 뜻하는 루이르그랑 광장Place

265

Louis le grand에, 절대왕정의 충성스런 신하들에 의해 건립됐다. 루이르 그랑 광장은 나폴레옹Napoléon 1세(재위 1804~1815) 통치기에 방돔 광장 Place Vendôme으로 바뀌어 현재에 이른다. 이 명칭은 루이르그랑 광장 이 정비되기 전에 이곳에 위치했던 방돔 공작의 저택에서 유래한다.[9]

루이 15세(재위 1715~1774) 동상은 파리시장Prévôt des marchands de Paris 과 행정관들Echevins에 의해 1763년에 루이 15세 광장에 건립됐다. 루 이 15세 광장은 1792년에 혁명광장으로, 1795년부터 조화를 뜻하는 콩코르드 광장Place de la Concorde으로 명칭이 바뀌어 현재에 이른다. 복고왕정기에 다시 루이 15세 광장으로 불렸고, 1830년 혁명 직후에 입헌광장Place de la Charte으로 불리다 콩코르드 광장으로 명칭이 고정 됐다.[10]

1792년 8월 10일 파리의 상퀼로트들은 혁명 수호를 위한 대외 전쟁 에 소극적인 루이 16세가 거주하던 튈르리 궁Palais des Tuileries을 공격 해 왕권 폐지를 선언했고, 이후 2~3일 내에 공공장소에 건립된 모든 왕의 동상을 철거했다. 혁명 정부는 절대왕정과 교회를 기억하게 하는 거리와 광장의 명칭들을 자유, 평등, 우애, 혁명, 인권과 같은 혁명적이 고 세속적인 명칭으로 대체했다.[11] 하지만 철거한 왕의 동상 자리와 상 징적 공공장소에 혁명 정부와 민중이 기억하고자 하는 계몽사상가들 의 동상을 건립하고자 했던 계획은 재원 문제와 혁명 정국의 소용돌이 와중에 결실을 맺지 못했다.

나폴레옹 통령 정부는 1802년 빅투아르 광장에 드제Louis Desaix (1768~1800) 장군 동상을 건립했다. 귀족 출신인 그는 나폴레옹의 이탈 리아와 이집트 원정에서 공을 세웠고, 1800년 이집트에서 귀환한 직후 북이탈리아 마렝고Marengo 전투에서 오스트리아군에게 공격받아 전사했다.[12] 나폴레옹은 황제가 되기 전에 드제 장군을 활용해 자신의 원정 승리에 대한 기억을 확산시켰다. 1804년에 황제가 된 나폴레옹은 1805년 아우스터리츠Austerlitz 전투에서 획득한 적의 청동 대포를 녹여 전승 기념 원주를 제작케 했고, 이를 혁명기인 1810년에 루이 14세 동상이 파괴돼 비어 있던 방돔 광장 한복판에 세웠다. 지상에서 하늘로, 나폴레옹전쟁 승리의 연대기를 부조로 조각한 전승 기념 원주 꼭대기에는 자기 동상을 올려놓았다.[13]

복고왕정은 1817년에 빅투아르 광장의 드제 장군 동상과 방돔 광장 전승 기념 원주 꼭대기의 나폴레옹 동상을 파괴했다. 전승 기념 원주 자체는 프랑스의 영광을 드러내는 것이었기에 살아남았다. 이보다 앞서 1816년 1월 19일 자 포고령으로 대혁명기에 파괴된 왕의 동상에 대한 복원이 결정됐다.[14] 1817년에 나폴레옹이 통치한 제1제정의 기억을 제거한 복고왕정은 파괴된 부르봉왕조의 앙리 4세, 루이 13세, 루이 14세 동상을 1818년, 1822년, 1829년에 차례로 복원했다. 혁명기에 파괴된 빅투아르 광장의 루이 14세 동상은 복원됐으나 방돔 광장의 루이 14세 동상은 나폴레옹이 세운 전승 기념 원주 탓에 복원되지 않았다. 루이 15세 동상은 복원되지 못했는데, 동상이 세워졌던 장소가 혁명기에 기요틴guillotine에 의해 루이 16세가 처형된 콩코르드 광장이었기 때문이다. 혁명의 상징성이 너무 강했던 이곳에 애초 존재했던 왕의 동상을 복구하는 것은 복고왕정에도 부담스러웠다.

1830년 7월혁명으로 수립된 자유주의적 입헌왕국은 1821년 유배지에서 사망한 나폴레옹에 대한 기억과 추모 열기를 7월 왕정에 대한 지지로 활용하고자 했다. 이에 따라 1833년에 방돔 광장 전승 기념 원주 위에 나폴레옹 동상이 다시 세워졌는데 동상 모습은 최초의 모습이었던 로마 황제의 복장이 아닌 '꼬마 하사관' 복장을 착용했다. 또한 입헌왕국을 통치한 루이필리프Louis Philippe(재위 1830~1848)는 가문의 뿌리인 카페Capet 왕조의 왕들 가운데 프랑스인들에게 존경받던 성왕 루이 9세(재위 1226~1270)와 필리프 2세(재위 1180~1223)의 동상을, 1843년에 파리 동쪽 경계에 완공된 트론 광장Place du Trône의 원주 두 개 위에 건립했다.[15] 1833년에 센 지사에 임명돼 1848년 2월혁명까지 재직한 람뷔토Rambuteau는 파리의 도시 정비와 미화를 추진하면서 트론 광장을 비롯한 여러 광장을 조성했고, 파리 곳곳에 30개의 분수 건설을 추진했다.[16] 1842년에 왕의 칙령과 이듬해 내무부장관의 허가로 생쉴피스 성당Eglise de Saint-Sulpice 앞 광장의 분수 건설이 결정됐고, 1847년에 동서남북을 응시하는 구체제의 성직자 4인의 동상이 설치된 분수가 완공되었다.[17]

프랑스 국립극장Comédie-Française은 17세기 대표 극작가인 몰리에르Molière(1662~1673) 동상 건립을 복고왕정 시기부터 시도했으나 정부의 허가를 얻지 못했다. 19세기 초의 신고전주의에 반대하며 낭만주의 조각을 주창했던 조각가 다비드 당제David d'Angers(1789~1856)에 따르면 7월 왕정은 "공공장소를 일반 위인에게 헌정하는 것을 원치 않았고, 단지 왕들을 위해 장소를 예약하려는 의도"를 지니고 있었다.[18] 하지만 도시 미화를 위해 건립되는 분수에 위인 동상을 세우는 새로운 방법을 활용해, 1844년에 몰리에르 동상이 분수와 함께 건립됐다. 1846년에 완성된 동물학자 퀴비에Georges Cuvier(1769~1832) 분수는 동상이 없는, 명칭만 퀴비에 분수였다. 다비드 당제는 분수를 장식하는 방식으로 위인 동상이 세워지는 것을 반기지 않았지만 몰리에르 동상 분수는 공공장소를 세속적 위인 숭배로 활용한 최초의 사례로 평가받는다.[19]

1850년에는 나폴레옹 1세의 주치의로, 유배지에서 황제의 최후의 날들을 지켜본 라레Dominique Jean Larrey(1766~1842) 동상이 육군병원Val-de-Grâce 안뜰에, 1851년에는 구텐베르크Johannes Gutenberg (1398~1468) 동상이 국립인쇄소 안뜰에 세워졌다. 이처럼 특정 직업군에서 숭배되는 이들은 거리나 광장이 아니라 연관성이 있는 기관이나 건물의 뜰에 세워졌다. 이런 현상은 제2제정기 내내 계속됐다. 제2제정이 가장 공을 들인 것은 영웅적 군인 동상 건립이었다. 나폴레옹의 러시아 원정 당시 영웅이었던 네Michel Ney(1769~1815) 장군 동상 제막식은 1853년에 황제와 각료, 군 관계자 들이 대거 참여해 성황리에 진행됐다. 나폴레옹 3세(재위 1852~1870)는 1852년 제국을 선포하면서 "나폴레옹 전설을 환기시키고 동시에 제2제정의 존재를 확고히 하려는 이중의 메시지"를 전하는 수단으로 제1제정기 유명 장군 동상 건립을 주도했다.[20]

1863년에는 방돔 광장 전승 기념 원주 위에 입헌왕국이 세운, '꼬마 하사관' 모습을 한 나폴레옹 1세 동상이 상이군인병원Invalides으로 옮겨지고 최초의 동상과 비슷한 로마 황제 복장을 한 동상으로 대체됐다. 제2제정에 대한 정치적 반대 세력이 등장한 시점에서 나폴레옹 1세를 군인으로서가 아니라 진정한 황제로 상징화해 나폴레옹 3세의 권위를 재정립하기를 원했기 때문이다. 제2제정은 나폴레옹 1세에

1871년 파리코뮌의 나폴레옹 동상 철거

대한 향수를 자극하고 기억하게 하면서 지지 기반을 확산시키려 했으나, 이 같은 기억의 정치는 1871년 파리코뮌이 방돔 광장의 전승 기념 원주와 나폴레옹 동상을 파괴하면서 강하게 거부됐다.[21] 파리시가 공모전을 통해 1869년에 건립한 몽세Jeannot de Moncey (1754~1842) 원수의 동상은 프로이센의 포위 속에서 자치 정부를 구성한 파리코뮌에 의해 파괴되지 않았다. 코뮈나르들이 몽세 원수를 나폴레옹 1세의 장군으로보다 1814년 유럽연합군의 파리 입성을 반대했던 인물로 기억했기 때문이다.

지금까지 살펴본 것처럼 제3공화국 탄생 이전에 파리의 공공장소에 건립된 동상은 그리 많지 않았고, 왕과 황제 그리고 군인 동상이 대부분이었다. 하지만 왕과 황제가 직접 건립했거나, 후대에 대중의 기억과 향수를 자극해 통치 기반을 확립하려던 목적에서 건립된 왕과 황제의 동상은 대혁명에서 파리코뮌에 이르는 정치 체제 변화 속에서 파괴와 복원을 되풀이했다. 군인 동상 건립 역시 정치적 의도가 뚜렷했던 기억 정치의 일환이었다. 권력자와 군인을 제외한 예술가, 과학자 등의 동상을 공공장소에 건립해 숭배하는 것은 제3공화국이 등장하기 전에는 공식적으로 허용되지 않았다.

정치인 동상 건립을 둘러싼 갈등

　　　　제2제국 말기에 공화주의운동을 전개한 공화파는 프랑스-프로이센전쟁에서 나폴레옹 3세가 패배하자마자 1870년 9월 4일 파리 민중의 환호 속에 시청 앞 광장에서 공화정을 선포했다. 하지만 제3공화정은 1875년에서야 헌법을 채택했고, 1879년까지는 정치권력을 왕당파와 보수파가 장악하고 있었기에 힘든 '유아기'를 보내야 했다. 유아기의 공화국은 1874년 2월에 프랑스-프로이센전쟁의 패배를 잊기 위해 백년전쟁의 영웅 잔다르크Jeanne d'Arc(1412~1431) 동상을 건립했다.[22] "1871년 독일에 대한 패배를 계기로 '로렌의 소녀'는 복수와 희망의 상징이자 전투적 민족주의의 토템이 됐다."[23] '민중의 딸'로 기억하건 '신의 사자'로 기억하건 그녀는 세속적 공화파와 우파 가톨릭 왕당파 모두에게 애국심의 상징이었다.[24]

　전쟁의 패배와 파리코뮌에 대한 정부군의 유혈 진압을 겪으며 국민 통합이 절실했던 터라 잔다르크 동상 건립에는 어떠한 정치 세력도 반대하지 않았다. 문제는 샤를마뉴 동상이었다. 1867년과 1878년 파리 만국박람회에 출품된 샤를마뉴대제의 청동 기마상은 예술적으로 높은 평가를 받았으나 박람회 이후 이를 공공장소에 건립하는 문제는 논란거리가 됐다. 1876년 하원 선거에서 공화파가 약진하면서 왕당파가 정치적 힘을 잃어 가는 상황이었기 때문이다. 시는 오랜 논의 끝에 1879년 2월에 노트르담 대성당 앞 광장에 임시로 샤를마뉴 청동상을 설치하기로 결정했다.[25] 청동상이 왕조를 직접 표현하지 않고 강인한 전사의 모습을 지녔기 때문에, 전쟁 패배의 상처를 치유하기 위한 의도를 표방하며 공공장소에 설치한 것이었다.

1870년대 말 이후 왕당파의 정치적 힘이 약해지면서부터 제3공화정은 대혁명 이래 한 세기에 걸친, 왕당파와 공화파의 정치 체제를 둘러싼 대립에서 벗어나 공화국의 가치를 안정적으로 재생산하는 제도들을 확립해 나가기 시작했다. 그 과정에서 필요로 하는 과거들이 선택적으로 강조됐다. 정치가들의 공적 숭배는 심각한 사회 갈등을 유발할 가능성이 높았기에 가능한 동상 건립을 자제해야 했으나, 제3공화정의 탄생과 제도적 안정화에 기여한 인물들에 대해서는 영속적 기억화가 필요했다. 정치가와 군인 동상 건립은 매우 주의 깊게 이뤄졌다.

1883년에 동상으로 건립된 정치가 바이Jean Sylvain Bailly(1736~1793)는 1789년 7월 14일 바스티유 함락 다음 날 파리 민중이 선출한 시장으로 근대 도시의 자치권을, 1888년에 동상이 세워진 마르셀Etienne Marcel(?~1358)은 중세 파리의 도시 자치권을 상징했다.[26] 시의회의 바이 동상 건립 논의는 파리코뮌 당시 불탄 시 청사 재건과 동시에 진행됐다. 대혁명기의 혁명가들에 대한 동상 건립은 논란을 야기했다. 혁명가에 대한 기억이 1789년이 가져온 자유뿐 아니라 1792년 민중이 야기한 혁명의 급진화와 평등 추구, 1793~1794년의 공포정치마저 환기시켰기 때문이다. 시는 1882년부터 당통Georges Jacques Danton (1759~1794) 동상 건립을 준비해 '조국 방어'를 호소하는 모습의 동상을 1891년에 건립했다. '혁명의 순교자' 마라Jean Paul Marat(1743~1793)의 동상은 시가 구매한 조각상을 1887년에 설치한 것으로 시의회를 장악한 급진공화파들의 노력이 컸다. 시의회는 우파의 반발에 대해 마라 조각상의 '미학적 가치'를 내세웠다.[27] 콩도르세Marquis de Condorcet (1743~1794)는 제3공화국이 1880년대에 주력한 공화주의적 교육 개혁의 선구자로 평가돼 시가 주최한 동상 공모전을 통해 1894년에 동상이 세워졌고,[28] 데물랭Camille Desmoulins(1760~1794)은 급진공화파 정치가들이 주도해 1905년에 동상을 건립했다.

당통과 데물랭은 1794년에 기요틴으로 처형당했고, 콩도르세는 같은 해에 체포를 피해 도주하다 의문의 죽음을 당했다. 따라서 보수파는 이들의 동상을 공포정치의 폐해를 보여 주는 것으로 선전할 수 있으리라 판단하며 마지못해 동상 건립을 용인했다. 공포정치를 주도한 로베스피에르Maximilien François Marie Isidore de Robespierre(1758~1794), 생쥐스트Louis Antoine Léon de Saint-Just(1767~1794)는 제3공화국은 물론 오늘날에도 동상 건립이 이뤄지지 않고 있다. 이들에 대한 공적 숭배가 심각한 사회 갈등을 야기할 수 있다는 이유에서다.[29]

1848년 혁명가와 제2공화국 정치가로는 르드뤼-롤랭Alexandre-Auguste Ledru-Rollin(1807~1874), 블랑Louis Blanc(1811~1882), 아라고François

273

Arago(1786~1853), 라스파이유François-Vincent Raspail(1794~1878), 보댕 Alphonse Baudin(1811~1851)의 동상이 건립됐다. 르드뤼-롤랭은 보통선 거권의 창시자로 기억됐다. 제3공화정이 공화국의 안정화와 제도화 를 추진하면서 가장 먼저 공을 들인 것은 1880년대의 초등교육 개혁 이었다. 페리Jules François Camille Ferry(1832~1893)가 주도한 초등교육의 무상·의무·세속화가 낳은 교과과정상의 가장 큰 변화는 종교 과목의 시민도덕 과목으로의 대체였다. 시민도덕 교과서들은 국민 전체가 보 통선거권을 통해 정치에 참여하면서 민주주의가 제도적으로 완성됐 기에 혁명이 더 이상 필요 없다고 가르쳤다.[30] 화학자 출신 정치가 라 스파이유와 동상 건립 주체가 파리천문대였던 천문학자 출신 정치가 아라고는 온건한 공화파였다.[31]

1848년의 급진공화파 정치가로는 블랑과 보댕의 동상만이 건립됐 다. 블랑 동상은 급진공화파 시의원이자 저명 조각가였던 드롬므Léon-Alexandre Delhomme(1841~1895)가 제작했다. 급진공화파는 블랑을 통해 사회적 권리인 노동권을 환기시키고자 했기에 블랑의 사회주의적 면 모를 탐탁지 않게 여긴 온건공화파가 초기에 반대했다. 하지만 보통선 거권이란 정치적 권리를 중시한 온건공화파가 1870년대 초 우파의 보 통선거권 제한 시도에 반발했던 블랑의 민주주의적 면모를 더 강조하 게 되면서 동상 건립에 동의를 표했다. 1851년 12월 나폴레옹 3세의 쿠데타에 저항하다 바리케이드에서 사망한 급진공화파 정치가 보댕 은 바리케이드를 상기시키는 인물이 아니라, 제2공화정 체제를 쿠데 타를 통해 전복한 나폴레옹 3세에 대한 저항을 상기시키는 인물로, 민 주주의 제도를 지키려 했던 순교자로 받아들여졌다. 보댕 동상 제막식

은 사망 50주년이 된 1901년에 대통령을 비롯한 공화파 정치가들이 대거 참여한 가운데 진행됐다.[32]

1848년 2월혁명 당시 노동자 대표로 임시 정부에 참여한 노동자 '알베르Albert'라 불린 마르탱Alexandre-Albert Martin(1815~1895) 동상 건립 계획은 허가를 받지 못했다. 마찬가지로 코뮈나르의 동상 건립은 결코 허가를 받지 못했다. 1907년에는 저명 문인 아나톨 프랑스Anatole France(1844~1924), 사회당 하원 의원 바이양Édouard Vaillant(1840~1915), 브루스Paul Brousse(1844~1912) 등이 시의회 의장에게 파리코뮌의 여성 전사 루이스 미셸Clémence Louise Michel(1830~1905) 동상 건립을 호소했으나 받아들여지지 않았다.[33]

제3공화국 정치가로는 제2제국 시기부터 공화주의 활동을 전개했고 제3공화국 초기에 왕당파에 맞서 공화정 체제를 지켜 낸 강베타 Léon Gambetta(1838~1882)와 시몽Jules Simon(1814~1896) 동상이, 교육 개혁의 아버지 페리와 교육동맹의 창시자 마세Jean Macé(1815~1894), 파리 시의회 의장을 지낸 루셀E. Rousselle, 급진당 대표 정치가 플로케Charles Floquet(1828~1896), 그리고 드레퓌스Dreyfus 사건으로 위기에 빠진 공화국의 가치를 옹호하고 지켜 낸 슈레르-케스너Auguste Scheurer-Kestner(1833~1899)와 인권동맹의 창시자 트라이유Ludovic Trarieux(1840~1904), '공화국 수호 내각'을 이근 발데크-루소Pierre Waldeck-Rousseau(1846~1904) 동상이 건립됐다. 강베타의 동상은 프랑스-프로이센전쟁 당시 국민방어 정부를 이끌었고 포위된 파리를 열기구를 타고 탈출해 지방에서 군대를 모집한 그를 추모하는 전국적 성금으로 건립됐다.[34]

군인 동상 건립은 극히 적었다. 파리에 위인 동상 건립 붐이 일자 미국인들과 이탈리아인들이 위원회를 구성해 라파예트Lafayette (1757~1834) · 워싱턴George Washington (1732~1799) · 가리발디Giuseppe Garibaldi(1807~1882) 동상을 세웠고, 프로테스탄트들이 위원회를 구성해 1572년 생바르텔레미Saint-Barthélemy 학살 때 가톨릭에 의해 살해된 콜리니Gaspard Coligny (1519~1572) 동상을, '자유사상회La Libre Pensée'가 18세기 종교적 불관용의 상징적 희생자 라바르레La Barre(1745~1766) 동상을, 작가들이 중심이 돼 문인 뒤마의 아버지이자, 귀족과 서인도 노예 사이에서 태어난 흑인 혼혈 출신으로 나폴레옹의 장군을 지낸 뒤마의 동상을 건립했다. 이를 제외하면 순수한 의미에서의 군인 동상은 셋이다. 세 명은 사하라 개척 중 사망한 하급 장교 플라테르 Paul Flatters (1832~1881), 메콩강 탐사의 주역으로 인도차이나에서 사망한 하급 장교 가르니에Francis Garnier (1839~1873) 와 인도차이나에서 사망한 하사 보비오Jules Bobillot (1860~1885)로 각각의 추모 사업회가 동상을 건립했다.[35]

19세기 말에 프랑스가 아프리카와 인도차이나에서 식민 영토를 확장해 갔고 그 과정에서 군인들의 극적인 죽

제2차 세계대전 때 파괴되기 이전 라페 동상

음이 많았음에도 불구하고 하급 장교 두 명과 하사관 한 명 외에 전쟁 영웅이나 장군들의 동상 건립은 이뤄지지 않았다. 프랑스-프로이센 전쟁 패배는 프랑스인들의 군에 대한 감정을 좋지 않게 만들었으며, 보수적 우파와 교권주의 가톨릭과 결탁한 군부는 공화파에게 항상 경계의 대상이었다. 게다가 대독 복수를 외치며 대중의 지지를 얻었던 블랑제 장군의 정치적 성장과 몰락은 군인을 위인시하는 것이 위험한 일임을 각인시켰다. 국가 방어에 대한 환기는 당통, 강베타, 라페 Auguste Raffet(1804~1860)[36] 등 군인이 아닌 다른 위인들의 동상을 통해 가능했다.

문화예술인 동상 건립과 민주적 숭배

왕당파와 보수파가 주도한 공화국은 1870년대 말부터 변모하기 시작했다. 1876년 하원 선거에서 공화파가 의회 다수를 차지하자 왕당파 대통령 마크마옹MacMahon(1808~1893)은 1877년 5월 16일 의회를 해산하는 쿠데타를 일으켰다. 같은 해 10월에 치러진 하원 선거에서 공화파는 여전히 다수가 됐고, 1879년 상원 선거에서 공화파가 다수가 되자 왕당파 대통령이 사임하고 뒤를 이어 공화파 그레비 Jules Grévy(1807~1891)가 대통령에 취임해 '공화파의 공화국' 시대가 시작됐다. 이전 시대와 다른 양상을 보인 위인 동상 건립은 '공화파의 공화국'이 확립된 1879년 이후부터, 즉 1880년부터 시작돼 제1차 세계대전 발발 전까지 붐을 이뤘다.

277

'공화파의 공화국' 정부는 시민들이 자발적으로 공공장소에 위인 동상을 건립하는 것을 허용했다. 동상 건립은 시민들이 조직한 특정 위인의 기념 사업회나 동상 건립 위원회가 주도했고, 건립 위원회가 제출한 계획서와 이에 대한 센 지사의 의견서를 검토한 내무부장관의 승인만 받으면 누구라도 공적으로 기억하고자 하는 위인 동상을 건립할 수 있었다. 시 소유지에 동상을 세우기 위해서는 시의회의 허가도 필요했다. 일부 개인 소유지에 건립된 것을 제외하고 대부분의 위인 동상이 광장·거리·공원 등 시유지에 건립됐는데, 시는 동상 건립을 희망한 장소의 도로 상태와 주변 건축물 등을 검토하는 위원회와 동상의 예술적·기술적·미학적 가치를 판단하는 또 다른 위원회의 의견을 고려해 허가를 결정했다. 시의회는 미학적 가치가 높은 동상에 대해 200에서 6000프랑까지 보조금을 지급했다.[37]

시민들이 구성한 특정 위인 동상 건립 위원회가 제출한 대부분의 계획서는 내무부장관과 시의 허가를 획득했다. 공화파 정부는 대혁명 이래 되풀이된 왕과 황제 동상의 파괴와 복원을 원하지 않았기에 공적 숭배의 민주화를 추진했다. 즉, 시민들이 공적으로 기억하고 숭배하기를 원하는 거의 모든 이들의 동상 건립을 수용해 세속적 위인들을 숭배의 대상에 포함시켰다. 이전에는 위로부터 숭배가 강요된 왕과 황제, 성인과 군인 동상만이 공식적으로 건립된 데 반해 제3공화국은 아래로부터 숭배, 즉 숭배의 민주화를 촉진시켰다. 홉스봄Eric Hobsbawm 은《만들어진 전통》에서 1870년에서 1914년 사이 유럽에서 국민국가의 전통들이 대량으로 생산되는 현상을 비교·분석하면서 프랑스 제3 공화국이 국가 주도의 대규모 가시적 공공기념물 건립에 호의적이지

레퓌블리크 광장의 '공화국'기념물, 19세기 말 사진

않았던 반면에 대량의 위인 동상 건립과 같은 "민주주의적 특질"을 보여 주었다고 언급한 바 있다.[38]

제3공화국이 건립한 공공기념물로는 1889년 혁명 100주년에 레퓌블리크 광장Place de la République에 조성된 '공화국'기념물, 1899년에 나시옹 광장Place de la Nation에 건립된 '공화국의 승리' 조형물이 있는데, 이는 파리의 혁명적 구역들인 동쪽 구들에 온건한 이미지의 공화국 상징물을 조성해 "사회적·계급적 갈등을 국민국가적 서사에 필요한 통합적 정체성의 신화 속에 융해"시키려는 정치적 의도를 강하게 내포했다.[39]

위인에 대한 민주적 숭배가 가능해지면서 시민들은 더 이상 과거에 건립된, 위로부터 숭배를 강요당한 권력자들의 동상을 파괴하지 않게 됐고, 스스로 기억하고 존경을 표현하고자 하는 인물들 동상 건립에 열중하게 됐다. 1880년에서 1914년 사이 건립된 위인 동상 150여 개의 주인공은 정치가와 군인이 약 22퍼센트, 문인과 예술인이 약 53퍼센트, 과학기술자와 자선가가 약 25퍼센트였다. 〈표 2〉와 〈표 3〉은 동상으로 건립된 예술가들을 문인과 음악·미술·공연예술가로 구분한 목록이다.

동상으로 건립된 문인들 가운데는 계몽사상가들이 포함됐다. 공화파는 "대혁명의 선구자들과 프랑스에 자유를 확립하기 위해 노력했던 위인들에 대한 기억을 합당하게 숭배"하고자 했다.[40] 오랫동안 왕정과 제정에 맞서 공화주의를 전파해 온 제3공화국 초기의 공화파는 스스로가 대혁명을 계승한다고 생각했다. 1878년 볼테르와 루소 사망 100주년은 계몽사상가들에 대한 공적 숭배의 좋은 계기를 제공했으나[41]

⟨표 2⟩ 1880~1914년 파리에 건립된 문인 동상 목록

이름(생몰년)	특징	위치	연도
단테Dante(1265~1321)	이탈리아 작가, 시 구매 조각상 설치	5구	1880
뷔데Guillaume Budé(1467~1540)	인문주의자, 그가 세운 콜레주드프랑스 안뜰 건립	5구	1883
뒤마Alexandre Dumas(1802~1870)	작가들 중심 기념회	17구	
비용François Villon(1431~1463)	시인, 시 구매 조각상 설치	5구	
디드로Denis Diderot(1713~1784)	계몽사상가, 사망 100주년 기념회	6구	1884
	시 구매 조각상 설치	9구	1885
스댄Michel Sedaine(1719~1797)	극작가, 시 구매 조각상 설치	9구	
볼테르Voltaire(1694~1778)	계몽사상가, 사망 100주년 기념회	6구	
라마르틴Alphonse de Lamartine(1790~1869)	16구청 주도로 라마르틴 광장에 건립	16구	1886
셰익스피어William Shakespeare(1564~1616)	영국 작가, 국제문인협회 회원 기증	8구	1888
돌레Étienne Dolet(1509~1546)	종교재판으로 희생된 인문주의자, 시 공모전	5구	1889
루소Jean Jacques Rousseau(1712~1778)	계몽사상가, 사망 100주년 기념회	5구	
라퐁텐Jean de La Fontaine(1621~1695)	우화작가, 작가들 중심 기념회	16구	1891
방빌Théodore de Banville(1823~1891)	시인, 작가들 중심 기념회	6구	1892
샤르티에Alain Chartier(1385~1433)	중세 시인, 시 구매 조각상 설치	17구	1894
오지에Émile Augier(1820~1889)	극작가, 기념회가 오데옹 극장 광장 건립	6구	1895
뮈르제Henry Murger(1822~1861)	극작가, 라보엠의 원작자, 기념회	6구	
보마르셰Pierre Augustin Caron de Beaumarchais(1732~1799)	극작가, 피가로의 결혼 원작자, 시 주도	4구	1897
모파상Guy de Maupassant(1850~1893)	소설가, 문인협회 주도	8구	

281

드레스므Maria Deraismes(1828~1894)	여류작가, 여성운동가, 여성운명 개선과 권리요구 협회 주도	17구	
드릴Leconte de Lisle(1818~1894)	시인, 작가들 중심 기념회	6구	1898
생트뵈브Charles Augustin Sainte-Beuve(1804~1869)	문학비평가, 작가들 중심 기념회	6구	
푸리에Charles Fourier(1772~1837)	철학자, 유토피안 사회주의자, 기념회	9구	1899
발자크Honoré de Balzac(1799~1850)	문인협회 주도	8구	
콩트Auguste Comte(1798~1875)	실증주의 학회 주도, 소르본 광장에 건립	5구	
도데Alphonse Daudet(1840~1897)	문인협회 주도	8구	1902
위고Victor Hugo(1802~1885)	작가들 중심 기념회가 위고 광장에 건립	16구	
비케르Gabriel Vicaire(1848~1900)	시인, 작가들 중심 기념회	6구	
파브르Ferdinand Fabre(1827~1898)	소설가, 작가들 중심 기념회	6구	1903
파이롱Édouard Pailleron(1834~1899)	시인, 극작가, 언론인, 기념회	8구	1904
상드George Sand(1804~1876)	여성작가, 작가들 중심 기념회	6구	
코르네유Pierre Corneille(1606~1684)	극작가, 작가들 중심 기념회	5구	
뒤마 피스Alexandre Dumas fils(1824~1895)	작가들 중심 기념회, 아버지 뒤마 동상 옆 건립	17구	
라루메Gustave Larroumet(1852~1903)	예술비평가, 파리미술원 원장, 기념회	1구	
르플레Frédéric Le Play(1806~1882)	경제학자, 사회개혁가, 사회경제학회 주도	6구	1906
뮈세Alfred de Musset(1810-1857)	시인, 개인이 조각상 시에 기부한 것 설치	1구	
실베스트르Armand Silvestre(1837~1901)	시인, 비평가, 작가들 중심 기념회	8구	
베르나르댕 드 생피에르Bernardin de Saint-Pierre(1737~1814)	작가, 기술자, 작가들 중심 기념회	5구	1907
샹폴리옹Jean François Champollion(1790~1832)	이집트학자, 콜레주드프랑스 안뜰 건립	5구	

골도니Carlo Goldoni(1707-1793)	이탈리아 극작가, 단테협회 주도	4구	
테일러Isidore Taylor(1789~1879)	극작가, 문예후원가, 공연예술가협회 주도	10구	
베크Henry François Becque(1837-1899)	극작가, 작가들 중심 기념회	17구	
마뉘엘Eugène Manuel(1823-1901)	시인, 공화파 정치가, 기념회	16구	1908
세르베Miguel Servet(1511-1553)	에스파냐 신학자, 화형당한 종교개혁가	14구	
그레아르Octave Gréard(1828-1904)	교육개혁가, 교육자들 중심 기념회	5구	1909
코페François Coppée(1842-1908)	시인, 소설가, 작가들 중심 기념회	7구	
뮈세Alfred de Musset(1810-1857)	시 구매 조각상 설치	8구	1910
페로Charles Perrault(1628-1703)	동화작가, 국가 주도	1구	
세귀르Ségur(1799~1874)	여성 아동작가, 작가들 중심 기념회	6구	
클라델Léon Cladel(1835~1892)	소설가, 작가들 중심 기념회	6구	1911
베를렌Paul Verlaine(1844-1896)	시인, 작가들 중심 기념회	6구	
카몽이스Luís Vaz de Camões(1524~1580)	포르투갈 시인, 포르투갈 정부 기증	16구	1912
라티스본Ratisbonne(1827~1900)	시인, 작가들 중심 기념회	6구	

여전히 정치적·사회적·문화적 영향력을 행사했던 교회나 보수적 우파는 계몽사상가 숭배에 반발했다. 급진적이었던 루소는 말할 것도 없고 온건한 볼테르 동상 건립 계획도 반발이 컸다. 우파가 볼테르의 관용 정신이 공화파가 추진한 코뮈나르 사면의 정당성을 대중에게 확산시킬 것이라고 판단했기 때문이다.[42] 과거는 항상 현실의 문제와 직접적으로 연결됐다.

볼테르의 청동상은 1878년 5월에 열린 100주년 기념제에 모습을 드러냈으나 기념제 이후 건립될 장소를 찾지 못하다 최종적으로 1885

디드로 동상

년에 그가 살던 곳 인근에 위치한 학술원 앞 광장에 세워졌다. 이보다 앞서 1884년에 디드로의 동상이 세워졌다. 루소를 숭배하는 이들은 대혁명기에 동상 건립이 결정됐으나 이때까지 동상을 갖지 못한 '공화국의 진정한 창시자'인 루소 동상 건립을 1880년대 초부터 강력히 요구하다가, 마침내 1889년 혁명 100주년에 맞춰 판테온 광장Place du Panthéon에 설치했다.[43]

계몽사상가들을 제외하고, 문학사를 빛낸 중세와 근대 그리고 19세기 문인들의 동상은 주로 작가들이 중심이 된 기념 사업회가 건립했고, 동상 건립 과정에서 큰 갈등은 발생하지 않았다. 일부 갈등이 발생한 경우는 문인의 정치 활동에 대한 기억 때문이다. 예를 들어 시인 베를렌은 작품보다 파리코뮌 참여와 랭보와의 동성애 관계였다는 기억 때문에 보수주의자들의 동상 건립 반대가 심했다. 1896년 시인이 사망한 직후부터 작가들 중심의 기념회가 동상 건립 허가를 요청했으나 시의회가 동상 건립 장소를 거리나 광장이 아닌 뤽상부르 공원Jardin du Luxembourg의 한적한 구석으로 허용하기까지 15년의 시간이 필요했다.[44]

미술가, 음악가, 공연예술가 들의 동상 건립은 대부분의 문인과 마

〈표 3〉 1880～1914년 파리에 건립된 음악·미술·공연예술가 동상 목록

이름(생몰년)	특징	위치	연도
팔리시Bernard Palissy (1510～1590)	에나멜 미술가, 시 구매 조각상 설치	6구	1882
베랑제Pierre-Jean de Béranger (1780～1857)	샹송 작사·작곡가, 기념회	3구	1895
베를리오즈Hector Berlioz (1803～1869)	음악가, 예술 아카데미 주도	9구	1886
뇌빌Alphonse de Neuville (1836～1885)	화가, 화가들 중심 기념회	17구	1889
들라크루아Eugène Delacroix (1798～1863)	화가, 문인과 화가들 중심 기념회	6구	1890
라페Auguste Raffet (1804～1860)	화가, 화가들 중심 기념회	1구	1893
벨라스케스Diego Velázquez (1599～1660)	에스파냐 화가, 국가 주도	1구	1893
바리Antoine-Louis Barye (1796～1875)	조각가, 조각가 중심 기념회	4구	1894
부셰François Boucher (1703～1770)	화가, 국가 주도	1구	1894
질André Gill (1840～1885)	케리커처 화가, 화가드 중심 기념회	18구	1895
메소니에Ernest Meissonnier (1815～1891)	화가, 화가들 중심 기념회	1구	1895
바토Antoine Watteau (1684～1721)	화가, 화가들 중심의 기념회	6구	1896
샤를레Nicolas-Toussaint Charlet (1792～1845)	화가, 프랑스 석판화 예술가협회 주도	14구	1897
르메트르Frédérick Lemaître (1800-1876)	연극배우, 극작가 중심 기념회	10구	1899
쇼팽Frédéric Chopin (1810～1849)	음악가, 음악가 중심 기념회	6구	1900
토마Ambroise Thomas (1811～1896)	음악가, 음악 아카데미 주도	8구	1900
구노Charles Gounod (1818～1893)	음악가, 음악가 중심 기념회	8구	1902
프랑크César Franck (1822～1890)	음악가, 음악가 중심 기념회	7구	1904
가바르니Paul Gavarni (1804～1866)	화가, 프랑스 석판화 예술가협회 주도	9구	
쇼팽Frédéric Chopin (1810～1849)	음악가, 음악가 중심 기념회	8구	1906
고다르Benjamin Godard (1849～1895)	음악가, 음악가 중심 기념회	16구	1906

285

보뇌르Rosa Bonheur(1822~1899)	여성 화가, 시 주도 뮐로 광장 분수	15구	1907
바토Antoine Watteau(1684~1721)	화가, 국가 주도	1구	1908
코로Jean-Baptiste Camille Corot(1796~1875)	화가, 국가 주도	1구	
제롬Jean-Léon Gérôme(1824~1904)	조각가, 조각가 중심 기념회	1구	1909
우동Jean-Antoine Houdon(1741~1828)	조각가, 조각가 중심 기념회	1구	
콜롱브Michel Colombe(1430~1512)	조각가, 국가 주도	1구	1910
퓌제Pierre Puget(1620~1694)	조각가, 국가 주도	1구	
푸생Nicolas Poussin(1594~1655)	화가, 국가 주도	1구	1911

찬가지로 별다른 논란을 겪지 않았다. 화가들 중심의 기념 사업회뿐
아니라 국가가 근대 저명 화가들의 동상을 조각가에게 의뢰하고 이를
공공장소에 설치하는 경우도 있었다. 제3공화국은 역사적 문화유산을
보호하고 예술 활동을 장려하는 다양한 예술 정책을 펼쳤으며, 예술가
들의 동상 제작 의뢰와 건립은 조각가들에 대한 국가 후원 활동의 일
환이었다.

19세기 말과 20세기 초에 문인과 미술가, 음악가, 공연예술가 다음
으로 많은 동상이 건립된 것은 과학기술자들이었다. 이들은 인간의 이
성과 합리성이 발전시켜 온 진보의 가장 명확한 증인들로, 새롭게 공
적 숭배의 대상에 포함돼 갔다. 〈표 4〉를 보면 동상 건립을 통해 기억
되고 숭배된 과학기술자들이 중세 고딕건축의 대표적 인물을 제외하
고 모두 근대 과학자들이었음을 알 수 있다.

프랑스가 유럽에서 가장 큰 영향력을 발휘해 '위대한 세기Grand
Siècle'로 표현되는 17세기 과학기술자로는 건축가인 망사르와 조경설

계가 르노트르가 동상으로 건립됐다. '위대한 세기'를 통치자 루이 13세나 루이 14세가 아니라 수학, 기하학, 지질학, 자연사 등을 건축과 정원 설계에 활용했던 과학기술자를 통해 기억하려 한 것이다. 또 다른 17세기 인물은 왕실 의사이자 자선활동가, 그리고 1631년에 근대적 신문《라가제트 드 프랑스La Gazette de France》를 창간한 르노도였다. 그의 동상은 앉아서 신문에 기사를 쓰는 모습이고 받침대에는

쇼팽 동상, 파리 몽소 공원Parc Monceau

"부유층은 가난한 이들을 도와야 한다"라는 그의 발언이 새겨졌다.[45] 르노도는 왕실 의사로서가 아니라 최초의 근대 언론인으로, 그리고 무엇보다 사회 문제가 크게 대두된 19세기 말에 사회평화를 위한 상류층의 사회적 책무를 환기시키는 인물로 숭배됐다. 18~19세기 과학자들로는 세계 과학기술사에 큰 족적을 남긴 근대 화학의 아버지 라부아지에, 자연사학자 뷔퐁, 생물학자 라마르크, 대혁명기에 전보를 발명한 샤프, 미생물학의 창시자 파스퇴르를 비롯한 여러 인물이 동상의 주인

시민의 민주적 숭배와 기억의 정치, 파리 문화예술인 동상

〈표4〉 1880~1914년 파리에 건립된 과학기술자와 자선활동가 동상 목록

이름(생몰년)	특징	위치	연도
피엘Philippe Piel(1745-1826)	의사, 정신분석의학회 주도	13구	1885
베르나르Claude Bernard(1813-1878)	생리학자, 프랑스 생물학회 주도	5구	1886
브로카Paul Broca(1824~1880)	의사, 인류학회 주도	6구	1887
르베리에Urbain Le Verrier(1811~1877)	천문학자, 과학 아카데미 주도	14구	1889
리코르Philippe Ricord(1800~1889)	의사, 의사 중심 기념회 주도	14구	1892
아라고François Arago(1786~1853)	천문학자·1848년 공화파 정치가, 파리천문대 주도·아라고 대로에 건립	14구	1893
샤프Claude Chappe(1763~1805)	공학자·대혁명기 전보 발명, 전보국 주도	6구	
르노도Théophraste Renaudot(1586~1653)	의사·언론인·자선활동가, 기념회	4구	
부생고Jean-Baptiste Boussingault(1802~1887)	화학자, 과학자 중심 기념회	3구	1895
르클레르Edme Jean Leclaire(1801~1872)	자선활동가, 17구 구민 중심 기념회	17구	1896
샤르코Jean-Martin Charcot(1825~1893)	의사, 의사 중심 기념회	13구	1896
플라샤Eugène Flachat(1802~1873)	공학자, 프랑스 엔지니어협회 주도	17구	1898
알팡Jean-Charles Alphand(1817~1891)	도시 계획 기술자, 기념회	16구	1899
라부아지에Antoine Lavoisier(1743~1794)	화학자, 과학자 중심 국제적 성금으로 건립	8구	1900
펠르티에Pierre Joseph Pelletier(1788~1842)	약학자, 파리 약대 주도	5구	
카방투Joseph Bienaimé Caventou(1795~1878)	약학자, 파리 약대 주도	5구	
쉬브뢸Michel-Eugène Chevreul(1786~1889)	화학자, 자연사박물관 주도	5구	1901
그람Zénobe Gramme(1826~1901)	전기학자, 기념회	3구	
가르니에Charles Garnier(1825~1898)	건축가, 기념회·설계한 오페라 옆 설치	9구	1903

288

메티비에Auguste Métivier (1827~1893)	의사·시의원, 20구 구민 중심 기념회	20구	1904
파스퇴르Louis Pasteur (1822~1895)	미생물학자, 과학자 중심 기념회	7구	
뒤부아Émile Dubois (1853~1904)	의사, 14구 구민 중심 기념회	14구	
모르티에Gabriel de Mortillet (1821~1898)	고생물 고고학자, 고생물학자 중심 기념회	5구	1905
타르니에Stéphane Tarnier (1828~1897)	의사, 의사 중심 기념회	6구	
부슈Eugène Bouchut (1818~1891)	의사, 시 주도 뷜로 광장 분수	15구	
아우이Valentin Haüy (1745~1822)	교육자, 시 주도 뷜로 광장 분수	15구	
뮐로Louis-Georges Mulot (1792~1872)	우물 공학자, 시 주도 뷜로 광장 분수	15구	
드장F.-E. Dejean (1821~1898)	건축가, 건축가 중심 기념회	11구	1907
르바소르Émile Levassor (1844~1897)	자동차 공학자, 기념회	16구	
루셀Théophile Roussel (1816~1903)	의사·정치가·알코올중독퇴치운동, 기념회	14구	
망사르Jules Hardouin Mansart (1646~1708)	건축가, 건축가 중심 기념회	1구	1908
뷔퐁Georges-Louis Leclerc de Buffon (1707~1788)	자연사학자, 국가 주도	5구	
라마르크Jean-Baptiste de Lamarck (1744~1829)	생물학자, 자연사박물관 주도·국제적 성금	5구	
페앙Jules Péan (1830~1898)	의사·외과수술 혁신가, 기념회	13구	
피에르 드 몽트뢰이Pierre de Montreuil (1200~1266)	중세 고딕 건축가, 국가 주도	1구	1909
웰스Horace Wells (1815~1848)	치과의사, 파리 치대와 뉴욕 치대 주도	16구	
베르Paul Bert (1833~1886)	의사, 치과의사 웰스 동상과 같이 건립	16구	
세르폴레Léon Serpollet (1858~1907)	자동차 공학자·산업가, 자동차클럽 주도	17구	1911
르노트르André Le Nôtre (1613~1700)	조경가·베르사유정원 설계, 기념회	1구	1913
부시코Marguerite Boucicaut (1816~1887)	자선가·봉마르셰 백화점 설립자 부인, 기념회	7구	1914
이르슈C. de Hirsch 1833~1899	자선가·귀족, 부시코 부인과 함께 건립	7구	

시민의 민주적 숭배와 기억의 정치, 파리 문화예술인 동상

공이 됐다.

혁명적 사회주의의 성장을 제어하고 계급 갈등을 완화하기 위한 부르주아 사회개혁가들의 노력은 르노도와 마찬가지로 19세기 자선 활동가들에 대한 기억의 정치를 가능케 했다. 기업가였던 르클레르, 귀족 부인 이르쉬, 자수성가해 세계 최초의 백화점인 봉 마르셰Bon Marché를 설립한 부시코의 미망인 동상이, 그리고 맹인들의 보호와 교육·사회활동을 위해 헌신한 아우이의 동상이 건립됐다. 문화예술가들과 과학기술자들을 공적 숭배의 대상으로 허용한 것은 근대사회의 형성과 발전을 이끌어 온 "개인주의를 찬양"하는 것이었는데,[46] 상류층의 자선 활동은 개인주의의 성장이 낳는 사회적 불평등을 완화시키고 사회적 조화와 발전을 가능케 하는 수단으로 장려돼야 했다. 20세기 전환기의 부르주아 공화파는 사회 문제를 각종 사회입법 마련을 통한 국가의 노력에 시민의 자발적 사회연대 활동을 결합하는 방식으로, 점진적이고 평화적인 사회개혁을 통해서 해결하기를 원했다.

파리의 도시 정체성 만들기

1880년대 교육 개혁으로 의무, 무상, 세속화된 초등교육의 역사 교과나 시민도덕 교과는 제3공화국이 요구하는 기억의 틀을 제시했다. 부르주아 공화국이 기억하고자 하는 역사 인물들은 학교 교과서뿐 아니라 공공장소의 동상들로 형상화됐다. 역사학자 오리P. Ory는 한 논문에서 "시민들에게 조국을 빛나게 했던 위인들에 대한 존경을 표현하게 하는 계기를 제공해 주는 것보다 더 높은 차원의 교육은 없을 것이다"라는 1889년 라스파이유 동상 건립 당시의 사료를 인용했다.[47] 공공장소에 건립된 위인 동상들이 미래 세대를 위한 '교육 도구'였음을 강조하기 위해서다.

하지만 공공장소에 위인 동상이 많이 건립되면서 위인 동상들의 교육 효과는 크게 감소했다. 1906년 시의회에서는 "시민들이 청동과 대리석 위인들의 과잉으로 인해 어떠한 위인의 이름에도 더 이상 의미를 부여하지 않는다"라는 주장이 개진됐다.[48] 1910년에 한 일간지는 위인 동상이 "어떠한 교육적 효과도 없다"라는, 초등학교와 중등학교 교사들을 대상으로 한 설문조사 결과를 기사화했다.[49] 1911년 시의회에서는 공공장소가 "미의식이 결여된 각종 동상과 기념물 들에 의해 점령"당했다는 비판의 목소리가 터져 나왔다.[50] 위인 동상 건립 유행에 대한 비판 시각은 1900년대 초부터 등장했다. 한 일간지는 1901년에 "동상이 유행이다. 모든 곳에 동상이 세워진다. 위인이 없다면 새로운 위인을 만들어 낸다"라고 적었다.[51]

시의회는 1906년에 샹젤리제대로avenue des Champs-Elysées, 콩코르드 광장에서 센강을 따라 직선으로 뻗은 17세기 사교계의 산책로였던 쿠르라렌Cours la Reine, 몽소 공원, 불로뉴Boulogne의 숲에 위인 동상 건립을 금지했다.[52] 1911년에는 사후 10년 이전에는 어떠한 인물의 동상 건립도 추진할 수 없다고 규정했다.[53] 계속해서 1913년에는 "이미 건립된 동상 제거가 사실상 불가능하기에 새로 동상을 건립하는 것을 어렵게 하도록" 동상을 건립하려는 인물에 대한 역사적 평가, 동상의 미학적 가치, 건립 예정지 주변 환경과의 조화 등을 엄격하게 심사한

291

다고 결정했다.[54]

20세기 전환기에 매해 늘던 위인 동상은 공적 숭배에 대한 둔감함을 낳으며 개별 위인들의 업적을 기억하게 하는 교육 효과를 감소시켰다. 하지만 도시 곳곳에서 발견되는 문화예술인과 과학기술자들의 동상은 문화와 문명에 대한 파리의, 파리 시민의, 프랑스인들의 집단적 열광을 증언하면서 문화예술의 도시라는 파리의 정체성 형성에 이바지했다. 문화예술가와 과학기술자 동상은 그들이 개인의 재능과 능력을 발휘해 성취해 낸 예술적·과학적 업적에 대한 공적 경의의 매개물이었다. 문화예술인과 과학기술자 동상 대거 건립은 파리 외 어느 도시에서도 찾아보기 힘들었다.

1912년에 나온 파리의 아름다움에 관한 책의 저자는 "동상이 죽은 이들의 영예보다 산 자들의 영예를 위해 건립"된다고 썼다.[55] 20세기 전환기 문화예술가와 과학기술자 동상 건립 붐은 시민이 자발적으로 시작했고 파리시와 정부가 허가하고 지원한 것으로 문화국가, 문화도시, 문화시민의 영예를 드높이는 것이었다. "문화는 국가적 유산의 기초였고, 프랑스인들은 프랑스 예술이 국제적으로 거둔 영광 속에서 군사적 패배에 대한 강한 위로를 발견했다."[56] 프랑스는 독일처럼 군사대국이나 영국처럼 '해가 지지 않는 제국'이 아닌 문화국가의 이미지와 정체성을, 파리는 제국의 수도도 아니고 혁명의 도시도 아닌 문화예술의 도시라는 이미지와 정체성을 만들어 가길 원했다.

사실 파리는 대혁명과 1830년 7월혁명, 1848년 2월혁명을 통해 '혁명의 도시', '바리케이드의 도시'라는 이미지가 강했다. 제2제국 시기 파리의 대대적인 도시 정비를 실시한 센 지사 오스만Georges-Eugène

Haussmann(1809~1891)은 바리케이드의 공간이던 파리의 도심부 노동자 밀집 거주 지역을 철거해 바리케이드 투쟁의 가능성을 일소하고 도시 경관을 미학적으로 장식해 가며, 이 같은 이미지를 극복하기를 원했다. 하지만 1871년 파리코뮌의 경험은 제2제국이 만들어 놓은, 벤야민 Walter Benjamin이 '근대성의 수도'라고 지칭한 파리의 이미지에 다시금 혁명 이미지를 강화시켰다. 따라서 파리의 혁명 이미지를 탈색시키고 부르주아 공화국의 영예와 발전을 위한 파리의 또 다른 정체성을 강화 시킬 필요성이 대두됐다.

1889년과 1900년의 파리 만국박람회는 파리의 중심부와 서쪽 부유한 구들에 기념비적 건축물과 문화 공간 등을 조성해 시각적 근대문화의 절정을 보여 주었다.[57] 동시에 1880년부터 1914년 사이에 파리의 거리, 광장, 공원에 건립된 다양한 문화예술가와 과학기술자 동상은 일상의 공간에서 문화예술인과 과학기술자에 대한 기억과 숭배를 가능케 만들었고, 이는 파리의 문화도시 정체성 만들기의 일환이었다. 미국의 역사가 히고네트Patrice Higonnet는 2005년의 저서《파리 : 세계의 수도》에서 "파리는 현대의 종교인 문화에 있어서 가장 높은 자리에 위치"한다고 말한다.[58] 혁명의 도시이자 문화의 도시인 파리의 이중적 이미지와 정체성을 다룬 이 책은 문화의 도시라는 정체성과 관련해 만국박람회, 예술 전시회와 각종 미술 살롱전, 다양한 여가 공간 등을 다루면서도 문화예술인 동상 대거 건립에 대해서는 언급하지 않고 있다.

대도시의 정체성은 하나가 아니라 복수며, 특정 정체성 또한 오랜 역사적 경험을 통해 서서히 형성되기에 20세기 전환기의 문화예술가와 과학기술자에 대한 공적 숭배 현상이 문화예술의 도시라는 파리의 정체성 형성에 가장 중요했고 절대적이었다고 말하기는 어려울 것이다. 하지만 제3공화국이 민주주의를 안정적으로 제도화하면서, 가까운 과거였던 1871년 파리코뮌의 기억이 생생히 남아 있던 파리의 공공장소 곳곳에 문화예술과 과학기술문명의 흔적들을 남겨 놓은 것이 '예술의 도시', '문화의 도시'라는 파리의 이미지와 정체성을 강화하는 여러 매개물 가운데 하나였음은 부정할 수 없을 것이다.

권형진

나치의 도시 건축

뮌헨 · 뉘른베르크 · 베를린 공공기념물

나치즘의 건축 : 예술과 권력

　　1977년 유럽평의회는 베를린에서 '1920년대의 경향' 전시
회를 개최했다. 이후 여러 도시에서 연속해 개최된 이 전시회는 유럽
곳곳에 나치즘 체제가 확고하게 똬리를 틀기 전의 추억들을 들춰내고,
1920년대의 문화와 예술을 재조명하고 역사화했다.[1] 이를 계기로 독
일에서 "그럼 1933년 이후에는 어떻게 바뀌었지?"라고 질문하는 사회
분위기가 조성되기 시작했고, 20년이 지난 1996년 베를린 역사박물관
에서 '예술과 권력' 전시회가 개최됐다. 유럽평의회의 23번째 예술전
시회로 기획된 이 특별전은 1930년부터 1945년까지 유럽의 독재 체
제들이 만들어 낸 예술의 실체를 알리는 것을 목적으로 했다.[2] 이와 관
련된 나치 시대의 건축물들에 대해서는 1980년대 이후로 많은 연구가
이뤄졌다. 하지만 나치 정권에 의해 진행된 모든 도시 계획과 건축물
을 명확하게 정의 내리기는 쉽지 않다.[3]

　1980년대 이후 나치 시대에 대한 '근대화' 논쟁을 거치며, 역사적
'근대'의 상징이라고 할 수 있는 '도시화', 국가를 위시한 공적 권력의

공간인 공공건축, 개별 주거 공간인 주택 건설과 문화를 나치가 어떻게 만들어 내고 소비시켰는지에 대한 연구가 증가했다. 이들 연구 결과에 따르면 나치의 도시 계획은 나치이데올로기와 마찬가지로 다양하고 복합적인 성격을 지닌 국가 프로젝트였다. 나치 시기 '독일 도시의 재건설' 내용과 과정, 그 성과는 도시마다 다르고 상이하다. 나치가 건설할 세계제국의 수도 '게르마니아Germania'의 도시 베를린, 나치 전당대회의 도시 뉘른베르크, 나치즘의 모태가 된 도시 뮌헨, 무역의 중심 도시 함부르크, 히틀러의 고향 도시 린츠Linz에서는 나치이데올로기와 직접 관련된 도시 계획이 이루어졌고 '지도자 도시Führerstadt'로 지명됐다. 하지만 나치 시기에 탄생한 건축물들이 이전 시대의 건축물들과 명확히 구분 지을 수 있는 독자적이고 새로운 건축물은 아니었다. 이들 건설 계획과 건축물들은 이전 시대와 역사적으로 연결돼 있으며, 1945년 이후 건축물들로 이어지는 예술적 · 문화적 · 건축학적 전통과 특징을 공유한다.

1990년 통일 후 베를린은 하나의 문화 현상이 되고 있다. 역사적으로도 독일에서 베를린만큼 다양한 시대를 한꺼번에 경험할 수 있는 도시를 찾기는 힘들다. 현재 175개 이상의 다양한 박물관이 베를린에 있는데, 1996년 다양한 분야의 민간인들과 전문가들이 모여 베를린의 역사적 지하건축물 기록과 보존 및 연구를 목적으로 설립한 '베를린 지하세계협회'가 운영하는 베를린 지하세계박물관은 나치 시대와 관련해서 매우 흥미로운 공간이다. 박물관섬에서 북쪽으로 약 4킬로미터가량 떨어진 게준트브룬넨Gesundbrunnen 지하철역에서 2014년 9월 17일부터 상설 전시되고 있는 '게르마니아 신화 – 비전과 범죄'는 나치의 제국 수도 게르마니아 건설 계획과 그와 관련된 나치 정권의 범죄행위에 대한 기록들을 알리는 목적을 넘어서 현대사에서 20세기 독재 체제가 공적 영역에서 공공건축을 어떻게 이용하려 했는지, 건축 예술과 정치의 역학 관계가 어떠했는지를 되돌아볼 수 있게 만들어 주는 좋은 사례다.

이 글은 나치 시기 권력과 예술의 관계를 공공건축물과 도시 계획을 통해 고찰하려고 한다. 먼저 나치즘 건축의 시작을 알린 뮌헨에서의 도시 건설과 1936년 베를린 올림픽 경기장 건설을 검토할 것이다. 이후에 1937년 파리 만국박람회의 독일관과 뉘른베르크 나치 전당대회장을 살펴보고, 마지막으로 나치의 게르마니아 계획을 고찰할 것이다. 이를 통해 나치 공공기념물과 도시 계획이 주는 역사적 교훈을 생각해보고자 한다.

나치즘 건축의 시작 :
뮌헨의 도시 건설과 베를린 올림픽 경기장 건설

1937년은 나치 시대 공공건축 또는 도시 계획에서 중요한 의미를 갖는 해라고 할 수 있다. 1933년 1월 30일, 히틀러의 제국 수상 취임으로 정권을 차지한 나치당이 체제를 확고하게 다지고 자신들의 이데올로기를 현실화시키기 위한 과정들이 어느 정도 진행됐다는 의미에서도 그렇고, 나치의 도시 건설 계획이 제도화되기 시작했다는 점에서도 그랬다. 그해 10월 제정된 '독일 도시 재건설법'은 히틀러의 도시 건설에 대한 결정이 법적 효력을 갖도록 만들었다. '히틀러의 건축가'로 알려진 슈페어Albert Speer(1905~1981)는 1941년 출간한《새로운 독일 건축예술Neue deutsche Baukunst》이라는 책에서 나치 집권 이후 8년 동안 히틀러의 의지에 따라 새로운 모습으로 변한 도시들을 선전했다.[4] 독일 도시들의 새로운 건설 구상은 나치즘을 체화하고 있는 '지도자' 히틀러에게서 시작되고, 그의 의지에 따라 결정됐다.

젊은 시절부터 건축에 지대한 관심과 재능을 가졌다고 자부하는[5] 히틀러가 평가하는 독일 도시들의 문제는 19세기 이후 문화 공간이 아닌 대도시 프롤레타리아들의 단순한 주거 공간으로의 전락이었다. 문화적 유산이 남아 있는 뮌헨과 베를린과 같은 대도시들조차도 개인의 영리 목적으로 만들어진 "유대인 소유의 거대한 백화점과 호텔 건물"이 가득하고 도시와 공공을 상징하는 "성당, 교회, 시청, 거래소, 성탑"과 같은 기념비적 건물들이 없다는 것이었다.[6] 이런 맥락에서 히틀러는 1933년 10월 15일 뮌헨의 독일미술관 기공식 연설에서 "베를린이 제국의 수도라면, 함부르크와 브레멘은 독일 해운의, 라이프치히와 쾰른은 독일 상업의, 에센과 켐니츠는 독일 공업의 수도들일 것이고, 그렇다면 뮌헨은 독일 예술의 수도가 돼야 할 것"[7]이라며 자신의 도시 건설에 대한 기본 방향을 제시한다.

1933년부터 1938년까지 뉘른베르크에서 매년 개최된 나치당 전당대회 중 1935년은 의무병역제의 재도입과 베르사유조약의 독일 비무장 조항 폐기를 기념하는 '자유 제국전당대회Reichsparteitag der Freiheit'로 명명됐다. '자유의 날'로 불린 1935년 9월 10일부터 16일까지 진행된 전당대회 동안 나치는 '뉘른베르크 인종법'을 통과시켜 나치이데올로기에서 말하는 '자유'의 의미를 각인시켰다. 이 행사에서 히틀러는 다시 한 번 백화점, 시장, 호텔, 업무용 고층건물로 이뤄진 부르주아적인 민간 건축물이 지배하는 대도시의 모습에서 "예술 또는 진정한 문화라는 것을 말할 수 없다"라며 "나치즘의 문화사적 의무는 개인의 이익만을 추구하는 현재의 자본주의적 세태에서 벗어나는 것"이라고 강조한다.[8]

화려한 수사적 표현에도 불구하고 현실적으로는 경제 대공황의 깊은 수렁에서 벗어나는 것이 무엇보다도 시급한 정치적 선결 과제였다.[9] 재정 문제 외에도 히틀러의 생각을 실현시킬 전문가를 찾는 것도 문제였다. 슈페어가 선택되기 이전 히틀러의 총애를 받았던 인물은, 나치 정권의 '새로운' 도시 건설의 첫 번째 작업이 될 뮌헨의 독일미술관 설계를 담당한 트로스트Paul Ludwig Troost(1878~1934)였다.[10] 히틀러로부터 "고귀한 게르만 건축" 전문가로[11] 인정받은 그는 나치당사인 '브라운 하우스Braunes Haus'와 인접한 쾨니히스플라츠Königsplatz 주변 중요 나치당 건물들과 성전 건설을 주도한 인물이다.[12] 나치즘을 잉태하고 성장시킨 뮌헨을 나치운동의 수도로 개조하는 것이 그의 임무였으나 1934년 1월, 56세로 사망한다. 이후 뮌헨 개조 계획은 트로스트의 오랜 협력자인 갈Leonhard Gall(1884~1952)과 트로스트의 부인이 책임지게 됐다.[13]

그들은 트로스트의 계획을 바탕으로 고대 그리스의 아크로폴리스를 모방해 만들어진 프로필레엔Propyläen, 고대조각관Glyptothek, 예술전시관Kunstausstellungsgebäude이 있는 쾨니히스플라츠에서 카롤리넨플라츠Karolinenplatz로 연결되는 중심가에 국제회담장과 영빈관 역할

301

쾨니히스플라츠 주변 공공건축물들
① 쾨니히스플라츠 ② 프로필레엔 ③ 고대조각관 ④ 예술전시관 ⑤ 퓌러바우 ⑥ 나치당 행정관 ⑦ 성전 ⑧ 브라운 하우스
⑨ 카롤리넨플라츠

① 성전 건물과 나치 '순교자'들의 관
② 독일미술관
③ 퓌러바우
④ 나치당 행정관

을 하는 퓌러바우Führerbau,[14] 나치당 행정관Verwltungsbau der NSDAP을 건설하고, 그 사이에 1923년 실패한 뮌헨쿠데타에서 사망한 16명의 나치스 무덤인 두 개의 성전Ehrentempel을 건설했다. 나치 중앙당사인 '브라운 하우스'와 함께 이들 건축물들은 나치즘의 가장 핵심 상징물이, 쾨니히스플라츠는 나치즘의 정치 공간이 됐다.[15]

히틀러의 구상에 따라 뮌헨은 독일 예술의 수도이자 나치즘의 수도로서, 그곳에 지어지는 건축물들은 '영웅적'이어야만 했다. 이는 특정한 건축 양식이라기보다는 '기념비적' 의미를 가지는 것이었다.[16] 히틀러, 트로스트, 슈페어는 이러한 '기념비적' 건축의 기준을 제시해 줄 인물로 프로이센의 고전주의건축을 대표하는 셍켈Karl Friedrich Schinkel (1781~1841)을 소환해 냈다.[17] 이렇게 뮌헨에 건설된 독일미술관과 쾨니히스플라츠의 건축물들은 셍켈의 방식을 모방한 신고전주의 양식을 따르게 된다. 1935년 11월 9일, 10미터 높이 여섯 개의 기둥이 사방에서 떠받치는 두 개의 성전이 완공되고, 나치즘 '순교자'들의 시신을 담은 철제관 열여섯 개가 이장됐다.

1937년 7월 독일미술관이 완공됐다. 7월 18일부터 3일간 완공 기념행사로 제1회 '대독일 미술 전시회'가 독일미술관에서 개최됐다. 히틀러는 개관 연설에서 독일미술관은 "이 도시를 위한 기념물을 넘어 독일 예술의 기념물"[18]이라고 강조했다. 9월 25일 무솔리니의 독일 방문에 맞춰 쾨니히스플라츠의 퓌러바우와 나치당 행정관도 준공됨으로써 나치즘과 독일 예술을 상징하는 도시, 뮌헨에 대한 히틀러의 첫 번째 도시 계획이 완료됐다.[19]

뮌헨에서 나치의 첫 번째 도시 계획이 진행되는 동안 다른 도시들에 대한 도시 계획과 체제 선전을 위한 건설 계획도 함께 진행됐다. 이런 상황에서 1936년 8월 1일부터 보름간 열린 베를린 올림픽과 1937년 5월 25일부터 11월 25일까지 파리에서 개최된 만국박람회는 무엇보다도 중요했다. 1차 대전으로 취소된 베를린 올림픽에 대해 1930년 국제올림픽위원회가 1936년 개최를 결정하자, 바이마르Weimar 정부는 올림픽을 위해 독일경기장을 개조하기로 결정하고 그 책임을 독일경기장 설계자인 오토 마르히Otto March(1845~1913)의 아들 베르너 마르히Werner March(1894~1976)에게 맡겼다.[20] 그러나 1933년 10월 공사 현장을 방문한 히틀러에게 마르히의 설계는 만족스럽지 못했고, 올림픽 경기장은 '지도자'가 원하는 다양한 체육 시설·대중교통 시설과 연결된 스포츠 콤플렉스인 제국체육공원으로 설계가 변경됐다.

히틀러에게 올림픽은 나치즘의 위대함을 세계에 과시하고 선전하는 행사여야 했다. 제국체육공원은 이를 위한 공간으로 꾸며졌다. 올림픽 광장을 지나 두 개의 탑으로 이뤄진 문을 지나면 관중 10만 명이 들어갈 수 있는 주경기장이 중심에 위치한다. 주경기장 뒤로 약 25만 명이 들어갈 수 있는 5월광장이 배치됐다. 이들 행사를 주관하고 관람하는 중앙단상 아래에는 1차 대전 당시의 랑에마르크전투 희생자를 기념하는 랑에마르크홀Langemarckhalle이 위치하고, 이 건물 뒤로 약 77미터에 달하는 종탑을 설치해 전체 체육공원의 중심 축선을 구성했다. 종탑 좌측 뒤 야외에 디트리히-에카르트 야외무대Dietrich-Eckart-Freilichtbühne, 주경기장 옆으로 수영장·승마장·하키 경기장 같은 보조경기장들이 함께 건설됐다.[21]

1936년 2월 6일부터 16일까지 가르미쉬 파르텐키르헨Garmisch-

베를린 제국체육공원 전경, 1936년 발행 우편엽서

베를린 올림픽 주경기장 전경

Partenkirchen에서 개최된 동계 올림픽 경험을 통해 같은 해에 열린 베를린 하계 올림픽도 나치 정권의 정치 선전에 적극 활용돼야 했다. 베를린 심장부에 거대한 하켄크로이츠Hakenkreuz 깃발로 장식된 관람석이 설치된 루스트가르텐Lustgarten에서 8월 1일, 히틀러유겐트Hitler Jugend(나치당 산하 청소년조직으로 나치 시대 만 10세에서 18세까지의 남녀청소년들은 거의 의무적으로 가입해야 했으며, 유일한 합법적 청소년 조직이었다) 2만 명과 돌격대 4만 명이 도열한 가운데 올림픽 성화의 베를린 도착 기념식이 열렸다.[22] 이 행사를 시작으로 베를린 올림픽의 성공과 함께 히틀러는 전 세계에 평화를 사랑하는 '지도자'라는 이미지로 선전됐다.[23]

뮌헨과 베를린 올림픽 경기장 건설은 나치즘 건축의 시작을 알렸다. 나치 정권의 정체성을 상징하는 건축물의 구체적인 모양과 규모가 드러나는 장소로서 뮌헨, 그리고 세계에 나치 체제의 우월성을 선전하는 공간으로서 베를린 제국체육공원은 그 역사적 의미를 갖는다. 또한 뮌헨과 베를린의 건축물들이 표현된 양식은 향후 나치의 공공건축이 갖춰야 할 기본 건축 양식과 규모를 보여 준다.

파리 만국박람회 독일관과 뉘른베르크 전당대회장

제1차 대전 후 유행한 '근대'문화의 실험 정신이 충만했던 1929년의 바르셀로나 만국박람회는 새로운 건축 양식들이 실험된 공간이었다. 새로운 시도의 선두주자는 바우하우스Bauhaus운동(1919년 발

307

터 그로피우스Walter Gropius가 중심이 돼 바이마르에 설립한 예술학교에서 시작된 예술운동으로 예술과 장인 기술을 접목한 새로운 시도로 20세기 독일을 대표하는 세계적인 예술운동으로 발전)이 한창이던 독일이었다. 간결함의 극치를 보여 준 독일관은 20세기를 지배할 미래의 건축 양식으로 미스 반데어로에에Ludwig Mies Van Der Rohe(1886~1969)가 설계했다.[24] 그러나 나치 집권 후 바우하우스 예술은 독일에서 더 이상 살아남을 수 없었다. 1933년에서 1934년 사이에 시카고에서 열린 만국박람회에 독일은 참가하지 않았다. 대공황과 나치 정권의 '획일화' 정책이 시작된 것이 이유였다. 그러나 무엇보다도 나치 추종 세력 중 국제적 명성을 가진 건축가가 없었다는 것이 가장 큰 불참 이유였을 것이다. 이런 상황에서 베를린 올림픽을 성공적으로 준비하는 데 기여한 슈페어라는 건축가를 갖게 된 히틀러에게 1937년의 파리 박람회는 나치 독일의 '위대함'을 선전할 수 있는 최고의 기회였다.

　1937년 파리 박람회는 나치 정권뿐만 아니라 유럽의 새로운 정권들을 위한 정치 선전장이 됐다. 독재 체제인 나치 독일과 소련의 거대한 전시관[25]이 그 대표적 사례였다. 에펠탑에서 나폴레옹의 예나전투 승전을 기념하는 예나 다리Pont d'Iéna를 건너 트로카데로 공원Jardins du Trocadéro으로 가는 센강 변 오른쪽에 슈페어가 설계한 거대한 독일전시관이 위치한다. 중세 종탑을 연상시키는 65미터 높이의 전시장 입구 위에는 나치의 상징인 독수리가 날개를 펼치고 앉아 있고, 그 뒤로 길이 160미터의 전시관이 건설됐다. 콜호스kolkhoz(소련의 집단 농장)의 여성 농민과 노동자의 거대한 동상을 머리에 이고 있는 소련전시관을 마주보고 있는 슈페어의 독일전시관은 소련전시관과 함께 파리 박람회

1937년 파리 만국박람회장 전경(다리 건너편 왼쪽 : 소련전시관, 오른쪽 : 독일전시관)

에서 가장 큰 단일국가 전시관이었다.[26] 20세기의 대표적인 두 독재 체제가 파리 박람회에서 체제의 우월성을 선전하기 위해 치열하게 경쟁한 것이다.

독일전시관은 나치즘 건축의 몇 가지 특징이 자리 잡았음을 보여 준다. 우선, 히틀러의 첫 번째 건축가인 트로스트가 뮌헨에 건설한 성전 건물과 독일미술관을 포함한 최초의 나치 건축물들에서 나타난 특징들을 계승한다. 다음으로 슈페어는 건물 전체를 고대 건축의 기둥을 연상시키도록 배치하고 야간에는 기둥 사이의 공간에 조명을 비춤으로써 히틀러가 강조하는 기념비적 성격과 고대 신전에서 볼 수 있는 신성성을 부여하는 데 성공했다. 이로써 이후 나치 건축물에서 중요한 야간집회를 위한 공간 건축 아이디어가 확립됐다.[27] 마지막으로 '죽은 자를 위한 건축예술' 특징이 강조된다는 점이다.[28]

올림픽과 만국박람회는 히틀러에게 위대한 독일 민족의 도시를 건설할 적임자로 슈페어를 확인시키는 계기가 됐다. 히틀러의 '원대한' 계획이 본격적으로 진행될 수 있게 된 것이다. 나치의 역사해석에 따라 카롤링거와 메로빙거왕조의 수도, 즉 신성로마제국의 수도였던 뉘른베르크에서 1927년 처음으로 나치 전당대회가 개최됐다. 이후 나치는 집권한 1933년부터 1938년까지 매년 9월, 뉘른베르크에서 대대적으로 전당대회를 개최했는데, 그에 걸맞은 행사장이 필요했다. 전당대회장 건설은 나치 집권 후 가장 먼저 추진된 건설 계획 중 하나였다. 1934년 트로스트가 사망하자 슈페어가 건설 책임자로 임명됐다. 그는 1931년 나치당원이 된 이후 1933년 5월 1일 베를린의 템펠호퍼 광장 Tempelhofer Feld에서 열린 '민족 노동의 날'[29] 행사장을 성공적으로 준

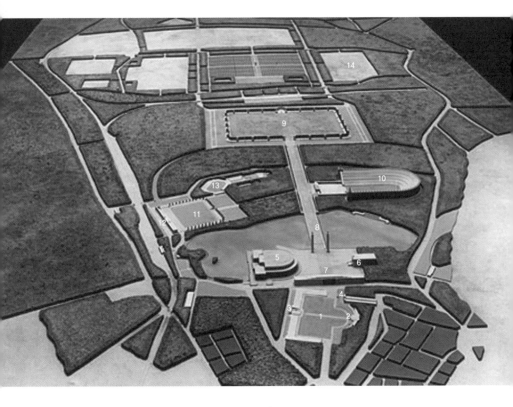

뉘른베르크 나치 전당대회장 모형
① 루이트폴트 경기장 ② 루이트폴트 경기장 중앙관람석 ③ 1차 대전 전몰장병기념비 ④ 루이트폴트홀
⑤ 콩그레스홀 ⑥ 문화회의장 ⑦ 전시관 ⑧ 행진로 ⑨ 3월광장 ⑩ 독일경기장 ⑪ 체펠린 광장 ⑫ 체펠린
광장 중앙단상 ⑬ 구경기장 ⑭ 숙영지

비하면서 건축가로서 히틀러에게 주목받기 시작했다. 30세가 안 된 젊은 나이와 짧은 경력에도 불구하고 나치 정권 핵심 권력층의 일원이 된 것이다.[30]

슈페어는 트로스트가 설계한 뮌헨의 건축물들을 통해 히틀러가 선호하는 건축의 특징을 철저히 연구했다. 히틀러는 고전적이고, 거대하며, 엄숙하고, 기념비적이며 역사에 남을 건축물을 선호했다. '지도자 도시' 뉘른베르크의 나치 전당대회장이 건설될 장소는 시 중심에서 남동쪽에 위치한 교외 지역으로, 시민들의 휴양 시설과 1906년 건축된 루이트폴트홀Luitpoldhalle, 1928년 완공된 경기장, 1930년 완성된 1차 대전 전몰용사기념비 등의 건축물이 이미 자리 잡고 있었다. 이 시설들을 포함해 뉘른베르크 나치 전당대회장 규모는 소도시에 버금가는 면적인 약 30제곱킬로미터에 달했다. 제국 수도 베를린의 재건설과 함께 나치의 도시 재건설 계획의 상징적 존재가 된 나치 전당대회장 건설 계획은 다양한 건축물과 거대한 집회 장소를 포함했다.

1937년 파리 만국박람회장에 전시된 모형에 의하면, 시 중심에서 가까운 북쪽에 위치한 1차 대전 전몰장병기념비와 마주한 루이트폴트홀 사이 공간에 루이트폴트 경기장이 위치한다. 루이트폴트홀 북쪽에는 경기장의 중앙단상이 위치하고, 여기서 남동쪽에 콜로세움을 모방한 U자 형의 대형 집회장인 콩그레스홀Kongreßhalle이 건설될 계획이었다. 이 지역을 기점으로 새로운 건축물과 시설이 들어서는데, 6만 명 규모의 콩그레스홀과 마주해 문화회의장Kulturtagung이, 그 사이로 거대한 전시관이 위치한다. 인접한 두첸트호수Dutzendteich를 가로질러 1935년의 재무장을 기념하는 50만 명 규모의 군사훈련 시범장인 3월

광장까지 화강암 석판으로 포장된 폭 40미터에 길이 2킬로미터의 중앙행진로가 건설될 계획이었다. 그 좌측에는 페르가몬Pergamon 신전을 모방한 폭 300미터, 높이 20미터의 중앙단상과 30여 만 명을 수용할 수 있는 체펠린 광장Zeppelinfeld이 위치한다. 맞은편에는 최대 40만 명 이상을 수용할 거대한 말편자 모양의 독일경기장Deutsches Stadion[31]이 건설될 계획이었다. 독일경기장에는 중앙행진로 방향으로 그리스식의 프로필레엔 입구가 위치하며, 좌우로 높이 90미터에 달하는, 히틀러와 귀빈을 위한 특별석과 언론사 기자들을 위한 취재석이 마주보고 건설될 계획이었다. 경기장을 중심으로 U자 형으로 이어지는 약 60미터 높이의 관중석이 길게 자리 잡는다. 독일경기장과 체펠린 광장 사이의 중앙대로가 끝나는 곳에는 전차와 전투기까지 동원한 군사 시범이 가능한 약 58헥타르 크기의 3월광장이 위치하는데, 전당대회장의 건축물들이 그렇듯이 3월광장도 최대 25만 명의 관람객이 신형 무기 시연을 볼 수 있도록 관람석이 건설될 계획이었다. 3월광장 남쪽 귀빈석 뒤편에는 대규모 인원이 이용할 수 있는 거대한 3월광장역이, 그리고 그 너머 광활한 부지는 독일 각지에서 전당대회에 참가하는 군인들과 돌격대원, 친위대와 히틀러유겐트 대원들을 위한 대규모 야영장으로 이용될 계획이었다.[32]

뉘른베르크 전당대회장은 1935년 공사가 시작돼 1937년 체펠린 광장과 중앙단상이 완공되면서, 나치의 정치 선전에서 가장 중요한 상징 공간이 됐다.[33] 특히 체펠린 광장의 중앙단상은 베를린의 페르가몬 박물관 신전 건축을 모델로 완성됐는데, 히틀러의 연설대를 강조한 중앙단상과 광장을 마주한 관람석이 거대하게 자리 잡고 있다. 특히 광

체펠린 광장 주간 전경

두첸트호수 건너편에서 본 '빛의 성전'

장을 중심으로 설치된 대형 나치 깃발을 통해 만들어 낸 주간의 웅장한 외용은 야간에 완전히 다른 방식으로 바뀐다. 탐조등을 이용한 슈페어의 설계를 통해 체펠린 광장은 '빛의 성전Lichtdom'이 되는 것이다. 1936년 전당대회가 열린 9월 11일 저녁, 히틀러의 등장과 함께 363 × 378미터 크기의 광장 외곽에 설치된 야간 탐조등 152개가 일제히 어두운 밤하늘로 빛을 쏘아 올리는 장면은 유명하다. 그 자리에 참석한 20만 명의 나치당원들에게 탐조등에서 쏘아 올린 빛기둥은 칠흑 같은 어둠을 구분 짓고 자신들을 신성한 영역에 들어와 있다고 착각하도록 만들었을 것이다.[34]

체펠린 광장 완공 이후 전당대회장 공사는 계속됐지만 가장 중요한 건축들인 콩그레스홀, 독일경기장, 3월광장, 그리고 전당대회장의 중심축인 중앙행진로 건설은 1939년에 전쟁이 발발하면서 중단됐다. 전당대회장 주변에 건설될 계획이던 세 개의 기차역과 부근에 조성되던 노동전선의 노동 복지 선전기관 '기쁨을 통한 힘KdF' 휴양 시설도 완공되지 못하고 패전으로 건설 계획 자체가 폐기됐다.[35] 전후 연합군에 의해 체펠린 광장 중앙단상 위 나치 독수리 기장이 폭파됐으며 가능한 나치 건축물의 잔재를 지우려 했지만, 지금도 체펠린 광장의 기본 건물과 미완성의 콩그레스홀(나치 전당대회장 기록물 센터와 뉘른베르크 심포니오케스트라의 공연장으로 사용 중), 광활한 중앙대로가 남아 있다. 전당대회장의 거대한 공간은 상용 전시장인 뉘른베르크 메세Nürnberg Messe와 축구 경기장과 시민들의 휴식을 위한 공원으로 사용되고 있다. 나치즘의 거대한 상징 공간인 뉘른베르크 전당대회장 건설 계획은 히틀러가 구상한 새로운 독일 도시의 기본 모습과 구조, 그리고 세계 수도 '게르마니

315

아'가 건설될 방향을 확인하게 만들어 준다.

나치즘 건축의 결정체 :
세계 수도 '게르마니아'

'나치운동의 수도' 뮌헨에서 시작되고, 베를린 올림픽 경기
장 건설, 파리 만국박람회와 '나치 전당대회의 도시' 뉘른베르크 건설
로 나치즘 건축의 구체적인 모습이 갖춰지고, 1937년 '독일 도시 재건
설법' 발표로 베를린·함부르크·뮌헨을 시작으로 독일 전역에서 전체
가우Gau (중세 시대 변경백(작)의 영지를 의미하는 용어였으나 나치당의 지방 단위 명칭으
로 사용되고, 나치 집권 후에는 공식 행정구역과 혼용해 사용하는 나치당의 지방을 의미했다)
수도들에 대한 재건설 계획이 본격적으로 실행됐다. 같은 해 1월 '제
국 수도 베를린 건설 총감독청'(이하 총감독청)이 설치되고 슈페어가 책임
자로 임명됐다.[36] 당시까지 도시 계획을 책임진 주체는 시 정부였기에,
총감독청은 히틀러의 구상에 따라 슈페어가 전 독일의 도시 재건설 계
획을 실현하기 위해 만들어진 새로운 기구였다. 베를린의 경우, 1936
년 나치 전당대회에서 히틀러가 독일제국의 수도 베를린의 새로운 건
설을 천명했음에도 불구하고 베를린시 정부 담당자들은 히틀러의 계
획을 실행에 옮기길 주저했다.[37]

슈페어의 '게르마니아' 건설 계획에 포함시킬 수 있는 공공건축에
서 먼저 이뤄진 것 중 주목해야 할 건물은 신제국 총리 청사였다. 1935
년 설계가 시작되고 1938년 공사가 개시돼 9개월 만인 1939년 1월 준

공된 히틀러의 새로운 집무실은 그 위용에도 불구하고 나치 독일의 '위대한' 지도자 히틀러를 위한 궁극적 공간은 아니었다. 히틀러를 위한 새로운 '지도자궁Führerpalast'[38]은 슈페어의 '게르마니아' 건설 계획의 핵심인 남북축 중앙에 위치한 '민족의 홀' 전면 광장 서쪽에 건설될 계획이었다.[39]

신제국 총리 청사는 비스마르크Bismarck 시대부터 사용되던 구제국 총리 청사가 있는 빌헬름Wilhelm가와 포스Voß가가 만나는 지점에서 시작돼 길이 420여 미터에 달하는 거대한 건물 외관과 함께 나치 정권의 위용을 과시하는 내부 장식들로 꾸며졌다.[40] '세계의 지배자' 히틀러를 방문하는 사람은 검은 제복의 친위대가 지키는 건물 우측 출입구로 들어가면 명예의 정원으로 통하는 홀을 만난다. 여기서 정원을 지나 카스파Hermann Kaspar가 설계한 웅장하고 붉은 대리석 모자이크 홀까지 가면 첫 번째 대기실을 만난다. 여기서 순서를 기다려 원형 홀을 지나고 전체 건물의 중앙부에 해당하는 긴 대리석 복도를 지나면 히틀러의 집무실 앞 대기실에 도착한다. 또 한 번 기다림의 시간이 지나면 거대한 수상 집무실 문으로 들어설 수 있었다. 어마어마한 크기의 거대한 집무실 안쪽에 히틀러의 집무 책상이 놓여 있다. 이런 거대한 건물의 크기와 히틀러를 만나기까지의 복잡한 과정은 방문자로 하여금 나치 체제와 히틀러에 대한 경외심을 갖도록 고안된 것이었다.[41]

신제국 총리 청사의 완공과 함께 슈페어의 책임하에 베를린 재건설 계획은 본격적으로 진행됐다. 베를린 재건설 계획의 세부 초안들이 1938년 초 완성되고 히틀러에게 보고되기 시작했다. 히틀러에게 새로운 도시 건설, 특히 베를린을 제국의 수도에 걸맞게 새롭게 재건하

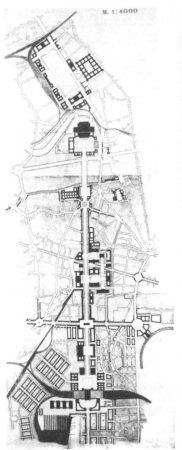

게르마니아 계획과 모형

는 것은 "돌로 써진 단어Das Wort aus Stein"[42]로 이뤄진 위대한 역사 기록을 만드는 것이었다. 따라서 베를린의 재건, 즉 '게르마니아' 건설은 다른 어떤 무엇보다 우선으로 추진돼야 하며, 그에 걸맞은 규모와 위용을 갖춰야 했다. 건물의 용도와 경제성이 중요한 것이 아니라 정권의 정치 이데올로기를 최대한 강조하고 기념비적 성격을 강조해야 했다. 건축물이 갖는 사회적·경제적·건축학적·예술적 기능은 철저히 무시됐다. 히틀러에 의하면, "국가는 국민에게 가능한 거대하게 보여야"[43] 했다.

몇 차례의 수정을 거친 설계안 가운데 초기 계획안에 속하는 1938년 초의 기본 설계안을 따라가면 그 규모의 방대함에 놀라지 않을 수 없다. 설계안은 브란덴부르크 문Brandenburger Tor을 중심으로 베를린을 남북과 동서로 나누는 거대한 양대 축으로 구성된다. 각 축의 끝은 베를린시 외곽 환형 고속도로망과 연결돼 새로운 베를린의 경계선이 되도록 계획됐다.[44] 길이 약 50킬로미터 동서축[45]과 38.5킬로미터 남북축은 시 외곽의 고속도로망과 시 중심 사이에 있는 기존 도로들과 새로 건설되는 도로들을 연결한다. 이렇게 새로운 베를린은 남북과 동서축을 중심으로 네 개의 원형 도로들과 연결된다. 그리고 십자형의 남북·동서축을 따라 중요한 건축물들이 자리 잡도록 설계됐는데, 특히 두 축이 교차하는 중심 지역에서 남쪽으로 폭 120미터, 길이 7킬로미터의 '중앙대로'는 파리의 샹젤리제 거리를 능가하는 베를린의 새로운 상징 공간이 될 것이었다.

히틀러의 베를린 재건 계획에서 핵심이라고 할 수 있는 남북축은 엄청난 폭과 길이 때문에 완전히 새로운 도로를 만들어야 하는 계획이었다.[46] 남단에는 안할터Anhalter역과 포츠담Potsdam역의 기능을 통합할 거대한 남부역이, 북단에는 레어터Lehrter역과 슈테티너역과 베를린 교외와 시내를 연결하는 도시 열차역 기능을 통합할 북부역이 건설될 계획이었다. '세계 최대' 규모를 자랑할 남부역은 1935년부터 확장공사가 시작된 템펠호프 비행장과 함께 '게르마니아'를 상징하는 현대교통수단의 중심지가 될 예정이었다. 남부역과 개선문 사이에 들어설 길이 1000미터, 폭 330미터의 거대한 광장 양옆에는 전쟁에서 노획한 무기들을 전시함으로써 나치제국의 '힘'을 선전할 것이었다. 높이 49.54미터, 폭 44.82미터인 파리 개선문 규모를 훨씬 능가하는 높이 117미터, 폭 170미터의 새로운 개선문에는 1차 세계대전 전몰자의 이름을 각인하고 신제국 총리 청사의 조각상을 제작한 브레커Arno Breker의 부조로 장식될 예정이었다. 엄청난 깊이의 기초공사를 필요로 하는 이 개선문의 어마어마한 규모는 히틀러가 1920년대 그렸다는 스케치를 바탕으로 1930년대 초반 트로스트와의 대화를 통해 발전시킨 히틀러의 '꿈'이었다. 슈페어 스스로 이런 히틀러의 환상을 깰 용기를 가지지 못했다[47]고 말할 정도로 히틀러의 집착은 대단했던 것 같다.

개선문에서 티어가르텐Tiergarten까지의 대로변에는 중요한 정부 건물 및 나치당 기관들과 문화예술 관련 건물들이 집중적으로 배치될 것이었다. 남부역에서 시작해 '중앙대로' 주변에는 다양한 경제 단체들의 건물과 상업 및 주거 구역이 들어서는데, 특히 대로변은 150~500미터 길이의 블록들이 자리 잡고, 이들 블록에는 크라이스Wilhelm Kreis (1873~1955)가 설계한 '병사의 홀', 육군 최고사령부와 새로운 제국교통부 건물을 위시한 정부 청사들이 들어서고, 티어가르텐에 인접한 지역

321

에 계획된 지름 210미터의 원형 광장에는 중앙에 브레커의 조각상들로 장식된 분수대를 중심으로 교통 관광의 집, 필하모니홀과 오페라하우스를 위시한 예술공연장 등의 건물이 들어설 계획이었다. 여기서 티어가르텐을 지나 지금의 '6월 17일 거리Straße des 17. Juni'를 횡단한 곳에 새로운 베를린의 중심이 자리 잡는다.

슈프레Spree 강의 만곡부를 배후로 하고, 남향으로 약 100만 명이 운집할 수 있는 거대한 광장을 중심으로, 좌측에 500미터 길이의 전면 회랑을 가진 새로운 지도자궁이, 우측에는 군총사령부와 제국의회와 브란덴부르크 문이 자리 잡고 그 중심에는 18만 명 이상을 수용할 수 있는, 화강암과 대리석으로 지어지는 거대한 돔이 들어설 계획됐다. 좌우 각각 315미터에 달하는 공간에 높이 290미터의 돔은 '영광의 홀' 또는 '민족의 홀'로 불렸는데, 내부 공간은 지름 140미터(약 3만 8000제곱미터)의 거대한 원형 공간에 높이 30미터에 달하는 3단 관중석이 설치될 계획이었으며, 홀의 입구와 마주보는 정면에는 높이 50미터, 넓이 28미터의 벽감이 위치하고 그 내부에 14미터 높이의 대리석 받침대 위에 떡갈나무 잎으로 장식된, 나치의 갈고리십자가를 발에 움켜쥐고 있는 금장의 제국독수리상이 설치될 계획이었다. 이 공간의 유일한 조각상인 독수리상 아래에 '지도자' 히틀러의 연설대가 위치한다. 이 거대한 공간을 특징짓는 290미터 높이의 돔 천장은 최초에는 고대 그리스와 로마의 돔 양식에서 볼 수 있는, 중앙의 환기와 빛이 들어올 수 있는 원형 구멍을 구상했으나, 히틀러의 지시에 따라 수정된 최종 설계에는 많은 기둥으로 구성된 실린더 모양의 조명탑 위에 거대한 제국독수리가 지구 모양의 조형물 위에 앉아 있는 형태로 바뀌었다.[48]

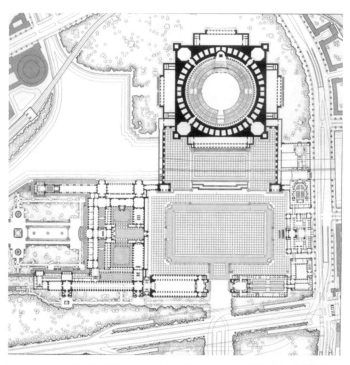

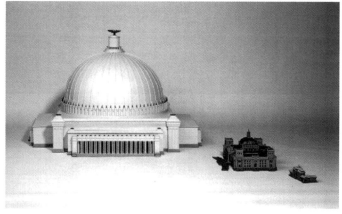

(위)돔과 광장 일대 평면도
(아래)돔–제국의회–브란덴부르크 문 크기 비교

(위)게르마니아 동서축 중심도로, 현 6월 17일 거리
(아래)동서축 중심도로로 옮겨진 승전기념탑과 슈페어 가로등

남북축은 중심부에 해당하는 '민족의 홀'과 대형 광장에서 그 규모의 거대함을 자랑하고 북쪽으로 계속되는데, 직선이 아닌 좌측으로 15도 정도 북동쪽 방향으로 이어진다. '민족의 홀' 배후에 위치한 슈프레강 만곡부와 하펠Havel강을 잇는 운하(현 베를린-슈판다우 운하)가 연결된 방향을 따라 모아빗Moabit 지역에 길이 1200미터, 폭 400미터의 거대한 인공 호수가 만들어지고 돔의 위용을 수면에 반영시킬 계획이었다.[49] 호수 동쪽 연안을 따라 해군 최고사령부 건물이 들어서고 반대편 서쪽 연안에는 새로운 시청 건물과 경찰 청사, 그리고 베를린시의 시설을 담당하고 관리하는 시기술청이 들어설 예정이었다. 인공 호수가 끝나는 지점의 양 꼭짓점에는 거대한 오벨리스크 형태의 기념탑 두 개가 세워지고 남부역과 비슷한 규모인 북부역까지의 공간에 대형 광장이 자리 잡도록 설계됐다.[50]

남북축에 비해 상대적으로 단순한 동서축 계획은 재건설 계획이 발표되고 곧 공사가 진행됐다. 특히 브란덴부르크 문에서 시작돼 제국체육공원을 연결하는 대로를 확장하고, 그 중간에 위치할 광장 등을 조성하는 공사가 시작돼, 제국의회 앞 쾨니히스플라츠에 있던 승전기념탑을 티어가르텐숲 중간에 위치한 별 모양의 교차로 '그로세 슈테른 Großer Stern' 중앙으로 이전했으며, 가로는 확장되고 슈페어가 디자인한 새로운 가로등으로 장식됐다. 티어가르텐 남단 육군 최고사령부 뒤쪽으로는 500미터에 달하는 외교관로에 동맹국 이탈리아와 일본을 비롯한 각국 대사관과 영사관들이, 인접한 박물관섬에는 이집트박물관, 19세기박물관, 게르만 박물관과 세계전쟁박물관 등을 건설할 계획이었다. 이 대로를 따라서 서쪽 방향에 위치하는 제국체육공원 부근의

325

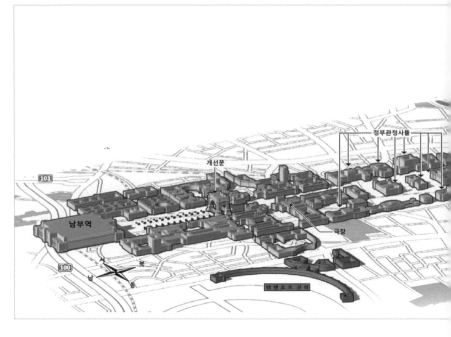

세계 수도 '게르마니아' 계획의 3차원 조감도

그루네발트Grunewald에 군사기술대학을 포함하는 거대하고 새로운 대학 도시를 건설할 공간이 확정됐다. 군사기술대학은 이미 1937년부터 공사가 시작됐는데, 대형 강당 등을 갖춘 서부 지역의 대학 도시와 남부에 건설 중인 새로운 템펠호프 비행장 등으로 이뤄진 베를린 재건설 계획의 규모는 인구 1000만 명의 거대 도시를 만드는 것이었다.

　새로운 베를린 건설에 대한 히틀러의 관심은 정치적 현실과 과대망상적 자아도취 사이를 오락가락했다. 1939년 2차 대전이 발발하고 11월 15일, 전쟁에 중요치 않은 모든 새로운 건설을 금지한 히틀러가 다

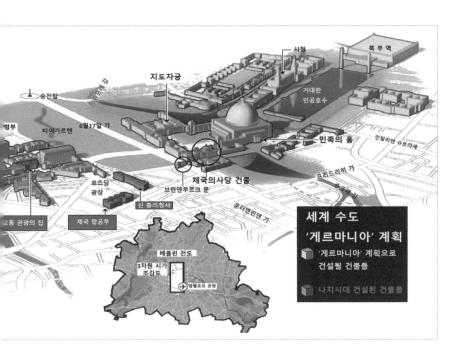

음 해 프랑스를 점령한 후 가장 먼저 내린 명령 중 하나가 1950년까지 베를린을 위시한 독일 도시의 재건설을 완료하라는 것이었다. 이 명령에 따라 슈페어는 1950년까지 새로운 베를린의 상징인 돔을 중심으로 남북축의 '중앙대로'를 완성하고, 만국박람회를 개최해 베를린의 공식 명칭을 '세계의 수도 게르마니아'로 바꿀 계획이었다.[51] 프랑스가 항복한 1940년에는 이 모든 것이 가능해 보였다. 그러나 1942년 2월, 군수상 토트Fritz Todt (1891~1942)가 사고로 사망하고, 후임으로 슈페어가 임명되면서 계획에 차질이 생기기 시작했다.

1941년 6월 소련 침공이 시작되고 슈페어가 군수상으로 임명된 1942년 초 겨울, 동부전선의 전황은 그리 낙관적이지 못했다. 결국 베

나치의 도시 건축, 뮌헨 · 뉘른베르크 · 베를린 공공기념물

를린 재건설 계획도 사실상 중단됐다. 패색이 짙어진 1943년, 모든 건설 공사가 완전히 중단된 후에도 히틀러는 설계 도면과 도시 모형을 들여다보며 슈페어와 이야기하는 것을 여전히 즐겼다.[52] 그리고 독일 도시의 재건설과 관련해, 1943년 건축가 열다섯 명으로 구성된 '파괴된 도시 재건 위원회'가 구성되지만 실질적인 행정기구와 집행력을 갖추지 못한 형식적 위원회의 틀을 벗어나지 못했다. 전쟁이 막바지에 달한 1944년에는 군수상 슈페어와 선전상 괴벨스Joseph Goebbels (1897~1945)의 주도로 전후 독일이 지배하는 유럽의 중심 도시가 될 완전히 새로운 베를린, '게르마니아'의 새로운 설계 공모가 진행되기도 했다.[53] 슈페어를 통해 히틀러가 건설하고자 했던 '세계의 수도 게르마니아'는 실현되기 어려운 도시 계획에서, 실현시킬 수 없는 허황된 꿈으로, 결국에는 존재하지 않는 허상의 도시가 됐다.

사실, 나치의 '게르마니아' 건설 계획을 건축학적·기술적·도시공학적·사회적·재정적으로 실현하기 위해서는 문제점이 많았다. 1937년을 전후해 독일 전역에서 진행된 거대한 도시 건설 공사들은 막대한 재정을 필요로 했다. 뮌헨에서 본격적으로 시작된 '지도자 도시' 건설은 뉘른베르크의 제국전당대회장 건설 계획에서 그 규모가 엄청나게 커졌다. 건설에 필요한 물자를 조달하는 것도 문제였지만 엄청난 노동력을 수급하는 것도 문제였다. 이를 해결하기 위해 이미 뉘른베르크에서 사용된, 집단수용소 수감자들을 강제 동원하는 방법[54]이 적극적으로 이용됐다. 특히 '게르마니아' 건설이 본격 시작된 1938년 이후 노동력 부족 현상은 심각했다. '게르마니아' 건설의 중심축이 되는 남북 도로 건설에 플로센뷔르크Flossenbürg 집단수용소 수감자들을 강제 동원했음에도 불구하고 노동력 부족을 메울 수는 없었다. 결국 보헤미아Bohemia와 모라비아Moravia 보호령 출신 체코인들을 강제로 동원하는 방법과 유대인을 활용하는 계획까지 세웠다. 전쟁이 발발하면서 슈페어는 전쟁 포로와 점령 국가의 민간인 근로봉사대 의무자들을 공사 현장에 투입할 것을 강력하게 주장했다. 이들 외국인 강제 노동자들에 대해서는 가능한 낮은 임금을 지불해야 한다는 단서 조항이 첨부됐다.[55]

'게르마니아' 건설 계획에 필요한 공간을 마련하기 위해 베를린 중심부에 있는 건물들을 없애야 한다는 사실도 공사 진행에 큰 장애물이었다. 남북도로 건설을 위해 약 4만 5000채 이상의 건물이, 동서도로를 건설하기 위해 7000채가량의 주택이 사라져야 할 운명에 처했다. 1941년 2월 말 완성된 슈페어의 '게르마니아' 건설 계획에 따르면, 베를린 전체 주택의 약 3.6퍼센트에 해당하는 140만 채 이상의 주택을 없애야 했다.[56] 여기서 발생하는 강제 이주의 문제뿐만 아니라 어마어마한 양의 건설자재와 원료 들을 조달하고, 막대한 건설 비용[57]을 어떻게 확보하느냐 하는 문제조차도 해결하지 못한 채, 히틀러의 말 한 마디로 '게르마니아' 건설 계획은 시작됐다.

또한 '게르마니아' 건설 계획은 기술적으로 해결해야 할 많은 문제를 안고 있었다. '최대', '최고'라는 수식어가 붙는 모든 건축물이 모든 문제의 원인이었다. 모든 건축물은 단순한 건물이 아닌 "자신의 시대를 기록하는 돌로 된 기록"[58]이어야 한다는 히틀러와 슈페어의 생각 때문에, '게르마니아' 건설 계획의 가장 핵심 부분인 남북축에 들어설 기념비적 건축물인 개선문과 '민족의 홀'의 자체 하중을 어떻게 건축학적으로 분산시키는가가 '게르마니아' 계획의 성패를 가르는 열쇠가 됐다. 베를린 중심부를 흐르는 슈프레강과 그 지역의 사질 토양이 거대 건축물을 지탱할 수 있는가가 문제였다. 이를 해결하기 위해 슈페어는 1941년과 1942년 사이에 개선문과 같은 거대 건축물이 받는 하중을 실험하기 위해 '건물 하중 측정체'를 만들도록 지시했다. '건물 하중 측정체' 건설이 보여 주듯이, '게르마니아' 건설이 가지고 있는 건축공학적 문제는 당시 기술 수준으로 해결하기 힘들었을 것으로 판단된다.

이와 같은 구체적인 건축공학 문제와 함께 '게르마니아' 건설 계획에 대한 당 시대인들의 인식도 그리 긍정적이지 않았던 것 같다. 슈페어조차도 후일 회고록에서 이 건축물들이 세계의 다른 건축물들과 비교해 엄청난 "숫자와 크기에서 인플레이션적인 성격"[59]을 가지고 있었다고 회상했다. 이러한 비판은 슈페어와 함께 일하는 '총감독청' 소속 건축가들 사이에서도 존재했다. 슈페어 휘하의 건축가 총 스물여덟 명 중 '세 명의 설계자들'로 불린 볼터스Rudolf Wolters · 쉘케스Willi Schelkes · 슈테판Hans Stephan은 '게르마니아' 계획의 핵심 역할을 담당했는데,[60] 이들 중 슈테판이 '게르마니아' 계획에 대한 자기 생각을 표현한 캐리커처들은[61] 동시대인들의 인식을 대변한다고 할 수 있다. '중앙대로'를 건설하기 위해 기존 주택들을 없애는 일에 대해 슈테판의 만평은 간단한 해법을 제시한다. 슈페어가 군수상에 임명된 시기에 그려진 것으로 생각되는 그의 그림에서 슈테판은 거대한 대포 한 방으로 모든 문제를 해결한다. 슈테판의 만평은 '게르마니아' 건설 계획이 히틀러의 과대망상에서 나온 결과물이었음을 잘 보여 준다.

슈테판의 캐리커처, 〈중앙대로 정리 방법〉

무엇보다도 베를린이라는 대도시 중심부에 들어설 거대 도로와 건축물 들은 대부분 공공건물이다. 시민이 살지 않는 '죽은leblose' 공간이 되는 것이다. 슈페어는 회고록에서 이 문제를 인식하고 '중앙대로'의 3분의 2를 민간 상업 공간으로 남겨 두었다고 강조하지만,[62] 이들 공간에 얼마나 많은 주거 공간이 포함될지, 실수요가 얼마나 될지는 알 수 없다. 적어도 히틀러와 슈페어가 계획한 1950년 '게르마니아' 완공과 함께 베를린이 인구 1000만 명을 가진 '세계 수도'가 될 수 있을지는 여전히 의문으로 남는다.

'게르마니아' 건설 계획이 결국에는 나치 정권 패망으로 실현될 수 없었다는 사실에도 불구하고 한 가지 사실은 분명하다. 나치의 정복전쟁이 '게르마니아' 건설 계획의 실패 원인인 동시에 전쟁이 '게르마니아' 건설을 계획하도록 한 원인이라는 사실이다. '게르마니아' 계획에 대한 역사는 중요한 상징적 건물들이 완공되지 못했다고 하더라도 여전히 베를린의 역사 속에서 세계의 수도 '게르마니아'를 기억하게 만들고, '게르마니아'의 한 부분을 차지하는 건축물들과 흔적들로 남아 있다.

'게르마니아'를 기억해야 하는 이유

히틀러의 명령에 따라 슈페어가 설계하고 진행시킨 '게르마니아' 건설 계획에서 몇 가지 특징을 요약해 보자. 우선, 규모의 거대함이다. 모든 건축물에 공통적으로 사용될 수 있는 '최대', '최고'라는 수

식어는 히틀러가 가장 강조한 '영웅적인'이라는 수식어의 구체적 표현이었다. 위대한 독일 민족의 영웅적 희생이나 그러한 희생을 바탕으로 존재한다고 강조된 나치즘의 이상도 영웅적이기 때문에 그에 준하는 경외심과 존경을 받기 위해 건축물도 일반적 수준과 규모에 머물러서는 안 됐다. 거대 건축물을 통해 히틀러는 독일 국민, 게르만 민족에게 '강요된' 경외심을 요구한다. 이러한 경외심은 거기서 머물지 않고 게르만 민족을 넘어 세계로, 지구상 전 인류에게까지 강요됐다. 정복전쟁을 통해 세계 제국을 건설하겠다는 히틀러의 의지가 성공했다면 '게르마니아'의 거대 건축물은 나치이데올로기를 대표하는 상징물이 됐을 것이며, 피지배 민족에게 숭배의 대상으로 강제됐을 것이다.

다음으로 나타나는 특징은 국가의 강조, 다른 말로 표현해서 '정치의 우위'다. 여기서 국가는 당과 일체적 존재다. '게르마니아' 건설 계획은 가장 중심에 위치한 거대한 돔과 개선문까지의 중심도로와 그 주변을 국가기관의 거대한 건물들이 장악하고 주변의 경제·상업 지구에 들어서는 민간 경제 단체들과 주민들을 통제하는 구조의 도시 구성을 갖추고 있다. 중앙도로와 대형 광장들의 규모는 일반적인 공적 공간 규모를 넘어서는 비상식적 수준까지 확대되는데, 이것은 히틀러가 가지고 있는 민족을 체화하는 국가를 극단적으로 강조하기 위해서였다.

앞에서 언급한 새로운 베를린, '게르마니아' 건설의 특징을 실현하기 위해서는 '제국주의적 상상력'이 필요하다. 도시 건설 계획을 수립하기 이전에 해결해야 할 문제들에 대한 고민과 정책이 준비되지 않은 상황에서 스스로 '천재적 재능'을 가졌다고 착각하는 독재자와 자신의 건축가적 재능을 세상에 알리고 싶어 안달이 난 애송이 건축가의 '무한 상상력'이 있었기에 '게르마니아' 설계는 가능했다. 무엇보다도 이 모든 '상상력'을 초월하는 '상상력'은 승리하지 않은 정복전쟁을 전제로 이 모든 계획이 진행됐다는 사실이다. 물론 그들이 전쟁에서 승리했다면 정복한 국가들로부터 계획 실현에 필요한 재정을 착취하고, 그 국민들을 노예 노동에 강제로 동원했을 것이다.[63]

'게르마니아' 건설 계획은 대부분의 독재국가에서 그렇듯이 나치 독일에서 '지도자' 히틀러의 의지가 국가 전체를 움직이는 결정적 원인과 동력이었다. 이런 사실과 함께 모든 도시 건설 계획이 '새로운 건축예술' 또는 '새로운 제국의 건축'이라고 선전되고 있지만 모든 도시 계획은 파리, 빈, 워싱턴, 뉴욕, 샌프란시스코, 부다페스트 등과 같은 넘어서야 할 모델들을 가지고 있었다는 사실이다. 이런 역설과 함께 건축예술 또는 도시 계획 차원에서 거대 도시 '게르마니아'가 21세기에 어떠한 위상을 가질 수 있는가도 생각해 볼 문제다. 도시 설계가 시대의 필요를 반영한다는 점을 인정한다면, 120미터의 폭을 가진 7킬로미터의 중심도로를 가진 베를린을 건설하는 것이 어떤 시대적 필요를 전제로 한 것인지에 대해서 의문을 가져야 한다. 근대화 또는 현대화를 '앞서 나간다'는 의미로 인식해 나치의 거대한 도로 건설을 다가올 자동차 시대를 위한 선견지명으로 인식해야 하는지, 아니면 수시로 국민들을 동원해 벌이는 거대한 정치 집회를 위한 행진로를 위한 것이었는지는 분명하다.

기억의 장소로서 도시가 갖는 역사적 의미는 분명하다. 그러나 그러한 역사의 기억은 한 시대에 머물 수 없다. 세계의 모든 유수한 도시들은 다양한 시대의 역사를 품고 있는 기억의 공간이다. 세계 최대의 현대적 공항을 꿈꾸며 만든 템펠호프 비행장은 거대해진 베를린의 도심 공항으로서의 기능을 수행할 수 없어 베를린 시민들을 위한 휴식 공간으로 이용되고 있다. 템펠호프 비행장은 나치의 '게르마니아' 건설 계획에서 중요한 위치를 차지했지만, 전후 연합군에 의해 파괴되거나 나치의 흔적이 지워진 다른 건축물들과 달리 냉전 시대 초반 굶주린 서베를린 시민들을 위한 물자를 수송하는 베를린 공수의 중요한 역사적 장소였다. 이렇듯 역사적 의미를 부여받는 기억의 터는 각 시대를 살아간 사람들의 역사를 통해 그 옷을 갈아입는다.

'게르마니아'의 거대한 돔과 개선문·중앙대로가 들어설 계획이었던 곳에는 지금, 통일 독일의 정치와 경제를 상징하는 중요한 건물들이 자리 잡았다. 그리고 분단의 상징이었던 베를린은 통일 수도로서 21세기 새로운 문화의 중심지로 발전하고 있다. 그 어딘가에 '게르마니아'의 상흔을 간직하고서….

3

동유럽과
아메리카의
도시들

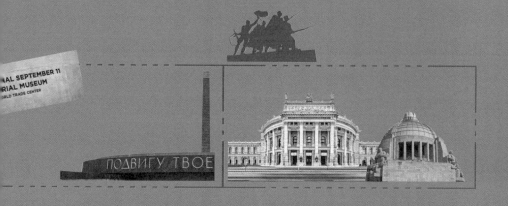

최용찬

새로운 도시 문화의 상징

빈 링슈트라세

빈 링슈트라세에 대한 상이한 시각들

2001년 유네스코가 오스트리아 빈의 중심대로인 링슈트라세Ringstraße를 세계문화유산으로 지정했다. 이로써 링슈트라세가 인류의 문화유산으로 보존할 만한 가치가 있다는 그간의 주장이 드디어 국제적으로 동의를 얻게 됐다. 물론 유네스코의 결정이 전 세계로부터 동의를 얻기란 쉽지 않겠지만, 적어도 이 중심대로를 사랑하는 사람들 사이에서는 대단히 환영할 만한 대사건이었다. 사실 빈 링슈트라세의 문화적 가치에 대해서는 상당히 오랫동안 이야기돼 왔다. 링슈트라세는 실제로 조성 전후부터 줄곧 관심의 대상이었다. 19세기 말 빈의 모더니즘을 대표하는 작가들의 정신적 고향이기도 했고,[1] 20세기 초 화가의 꿈을 키우던 청년 히틀러가 매료된 대상이기도 했다.[2] 그리고 링슈트라세에 관한 갖가지 호평은 그 이후에도 끊이질 않았다. 최근에는 유럽 여행객을 위한 일종의 여행 안내서격인 '문화충격기'를 출간해 일반인들 사이에서 폭발적 인기를 누리고 있는 두 명의 미국 작가들에게서도 찾을 수 있다. 그들은 링슈트라세가 있는 빈은 유럽의 '굉장히

339

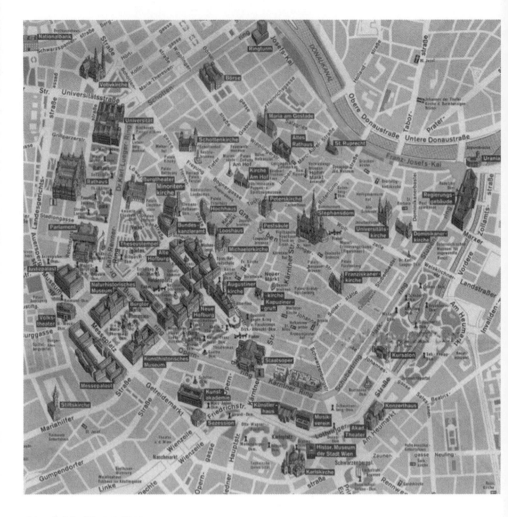

링슈트라세와 각종 공공건축물

특이한 매력을 소유한 도시'라고 극찬했다.[3]

그런데 문제는 링슈트라세의 문화적 가치에 공감하는 사람들 사이에서도 이 환상대로의 역사적 성격에 관해 논할 때는 의견이 서로 엇갈린다는 사실이다. 1857년 12월 20일 자 프란츠 요제프Franz Joseph 황제(재위 1848~1916)의 교서에 의해 공식 발의된, 이른바 '링슈트라세 프로젝트'라 불리는 빈 도심지 재개발 사업은 입장에 따라서 크게 둘로 나뉜다. 첫 번째 입장은 전통적, 절대주의적 해석이다. 이 전통적 해석을 대표하는 학자는 윌리엄 존스턴William Johnston이다. 그가 1976년에 출간한《제국의 종말, 지성의 탄생》에 따르면, 세기말 빈의 링슈트라세 프로젝트는 한마디로 '비더마이어 시대Biedermeierzeit(빈회의 이후 1815~1848년의 왕정복고 시대를 일컫는 말) 건축 전통의 답습'이었다. "링슈트라세의 건축가들이 과거 속으로 이입함으로써 비더마이어 시대의 경향, 즉 세밀한 것의 수용을 전승하고 있다. … 그들은 옛 거장들에 맞먹는 새로운 건축을 하기보다는 그대로 답습한 편이었다. 이런 전통 수용적인 경향은 자연사 및 예술사박물관에서 절정에 달했는데, 이 두 박물관의 장식들은 그 건물의 용도를 묻어 버릴 정도였다."[4] 이런 관점에서 그는 링슈트라세 프로젝트의 발의자인 프란츠 요제프 황제가 산업화하는 세계 속의 비더마이어 군주였고, 그의 기념비적 프로젝트는 기껏해야 요제프 황제의 신절대주의적 권력의 과시일 뿐이었다고 역설했다. 그리고 이와 유사한 입장은 국내 연구자에게서도 발견된다. 그에 따르면, "새롭게 건설된 빈의 모습은 현대 도시와는 거리가 먼 구식 바로크 도시의 형상이었다. 오토 바그너가 설계한 우체국 은행의 청년 양식 빌딩을 제외하고는 대부분의 건물이 다양한 전통 양식으로 지어졌기 때문이다."[5] 간단히 재정리하자면, 이 입장은 전제군주-보수적 기획-전통적 건축물이라는 식의 '위로부터의 시각'을 가지고 링슈트라세 프로젝트의 전통적·보수적·절대주의적 성격을 강조했다.

이와는 달리 두 번째 입장은 세기말 빈의 링슈트라세 프로젝트는 오히려 근대적, 진보적, 시민주의적 성격을 가졌다고 주장했다. 미국의 역사학자 칼 쇼르스케Carl E. Schorske는 1961년에 출간한《세기말 빈》에서 링슈트라세의 기념비적 건축물들은 오스트리아 자유주의자들의 '문화적 자기 선언'이라고 역설했다. "전체적으로 링슈트라세의 기념비적 건물들은 주류 자유주의 문화가 연병장의 폐허에서 입헌 국가의 정치 제도를 양산해 냈다." 링슈트라세에는 "자유 시민의 엘리트를 교육할 학교를 세웠으며, '신인간novi homines'을 저열한 출신 성분으로부터 구원해 낼 모든 문화를 한데 모으는 박물관과 극장을 지었다."[6] 이런 시각에서 그는 빈의 새로운 개발이 발휘한 시각적 효과는 19세기에 시행된 다른 어떤 도시 개조 사례보다도 탁월했고, 심지어 그것은 파리보다도 더 효과적이었다고 극찬했다. 그리고 이와 유사한 입장은 데니스 덜신Denise Dersin의《제국의 종말》에서도 발견된다. "링슈트라세를 개발한 이들은 자신들이 가장 중요하게 여긴 문화적·시민적 가치관을 시각적으로 구현하려 애썼다."[7] 한마디로 정리하자면, 이 입장은 개혁군주-진보적 기획-근대적 건축물이라는 식의 '아래로부터의 시각'을 가지고 링슈트라세 프로젝트의 개혁적·진보적·시민주의적 성격을 강조했다.

이를 종합해 볼 때, 링슈트라세 프로젝트의 역사적 위상에 대한 상반된 입장은 대략 세 지점에서 대립각을 세우고 있다. 첫째 링슈트라세 프로젝트를 발의한 프란츠 요제프 황제의 정체성(전제군주냐, 개혁군주냐), 둘째 원래 링슈트라세의 도시 확장 공사라고 명명된 이 프로젝트의 기본 성격(보수적 기획이냐, 진보적 기획이냐), 셋째 링슈트라세 프로젝트에 의해 조성된 도시 건축물의 상징성(절대주의 정치의 상징물이냐, 시민 정치의 상징물이냐)이다.

사실 이러한 입장들은 제각각 역사적 사실과 조응하는 면이 없지 않다. 왜냐하면 두 입장이 모두 대상 세계를 특정한 시선에서 바라봄으로써 전체상을 파악하지 못하는 결과를 낳기는 하지만, 그렇다고 해서 부분적 인식이 완전히 틀렸다고는 말할 수 없기 때문이다. 그러나 여기서 문제가 되는 것은 양쪽 입장이 공유하고 있는 기본 발상이다. 두 입장은 모두 전통과 현대, 보수와 진보, 국가와 시민사회라는 이분법적 잣대를 가지고 링슈트라세 프로젝트의 역사적 성격을 단정하려는 경향성을 지니고 있다. 그에 따라 한쪽 입장은 다른 쪽을 비非역사로 간단히 부정하고 만다.

그러나 사실상 19세기 중반 이후 링슈트라세 프로젝트에 의해 드러난 프란츠 요제프 황제와 도시 재개발 사업, 그리고 근대 도시의 이미지 정치는 역사가들의 낡은 사고방식보다 훨씬 더 역동적이었다. 따라서 세기말 빈의 링슈트라세 프로젝트와 도시 건축물에 나타난 합스부르크제국의 문화정치적 동학을 재검토할 필요성이 제기된다. 즉 세기말 빈의 링슈트라세 프로젝트는 전통과 현대, 보수와 진보, 국가와 시민사회 간의 불안한 공생 관계 속에서 구상, 발의, 기획, 실행, 그리고 완성된 사업이 아니었을까? 만일 그렇다면, 이 프로젝트의 역사적 위상은 끊임없이 유동하는 양자의 불안한 균형점에 의해 그려지는 포물

343

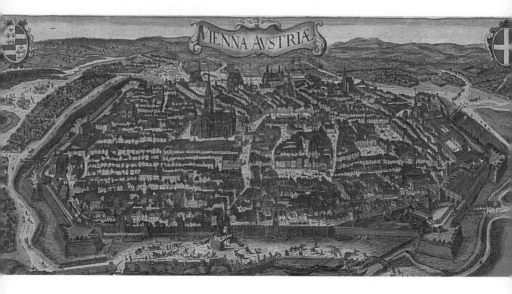

합스부르크제국의 수도 빈, 1860년 도심지 재개발 사업 이전

선을 따라가야만 비로소 제대로 파악할 수 있지 않을까?

이런 문제의식에서 출발한 이 글의 목적은 세기말 빈의 링슈트라세 프로젝트의 역사적 성격에 대한 제3의 입장을 제출하는 데 있다. 그래서 기존 입장들 사이에서 벌어지는 중요한 논쟁 지점 셋을 중심으로 살펴보고자 한다. 먼저 링슈트라세 프로젝트의 발의 배경과 프로젝트의 구체적 내용을 살펴봄으로써 이 프로젝트를 발의한 황제 프란츠 요제프 1세의 정체성을 재조명할 것이다. 이어서 링슈트라세 프로젝트의 기본 계획서와 실행 국면을 살펴봄으로써 빈 도심지 재개발 사업이 일회적 성격을 갖는 단기 사업으로 끝난 것이 아니라 장기간의 실행 과정을 통해 점차 진화돼 간 근대적 기획의 진면목을 포착할 것이다. 마지막으로 새로 조성된 링슈트라세 공공건축물의 특성을 건축가와 건축 양식, 그리고 건축물의 상징성을 중심으로 살펴봄으로써 건축 매체에 의한 도시의 미학화 정치가 지닌 근대적 상징성의 실체를 분석할 것이다.

링슈트라세 프로젝트의 발의 배경과 내용

19세기 초엽까지 오스트리아 빈은 여전히 근대 이미지를 갖추지 못한 도시였다. 1278년 8월 26일, 합스부르크가의 루돌프가 이끄는 군대가 빈 북서쪽을 점령한 이후, 빈은 합스부르크 가문의 정치 중심지로 자리 잡게 됐다. 그러다가 1521년 빈은 오스트리아 합스부르크제국의 수도가 됐고, 그 이후 위대한 제국 이미지를 그대로 간직하고 있었다. 제국 도시 빈의 보호막인 도시 성곽, 중심가에 우뚝 솟은 고딕식 슈테판 대성당Stephansdom, 절대주의 군주 권력의 상징인 바로크 양식의 호프부르크Hofburg 궁전은 합스부르크의 제국 이미지를 연출해 주는 대표 건축물이었다. 즉 견고한 성곽, 거룩한 대성당, 그리고 화려한 궁전은 서로 잘 어우러져 신성로마제국 황제의 제국 도시 품격을 과시하는 듯했다. 그중에서도 특히 성곽은 제국 도시가 견고한 황성 이미지를 드러내는 데 중요한 건축물이었다.[8]

그러나 나폴레옹이 1805년과 1809년 두 차례나 빈을 점령하자, 제국 수도의 이미지는 바닥으로 추락해 버렸다. 특히 1809년 빈 점령 이후 나폴레옹은 빈 점령을 경축하는 의미에서 부르크 궁전 바로 앞쪽 성벽인 부르크바스타이Burgbastei를 폭파시켜 버렸다.[9] 이 신중하게 연출된 상징적 행사와 함께 합스부르크제국의 자존심은 무참히 무너져 내렸고, 그에 따라 제국 신민들은 옛 성곽이 더 이상 빈을 지켜 낼 수 없다는 사실을 깨닫게 됐다. 일단 빈 성곽의 군사 기능이 유지될 수 없다는 생각에 미치자, 빈 시민들 사이에서 낡은 성곽 철거에 관한 논의가 고개를 들기 시작했다.

그에 따라 이른바 '소규모 도시 확장' 공사라고 불리는 빈 성곽 개조 사업이 이루어졌다. 1816년에는 나폴레옹이 무너트린 부르크바스타이에 대한 정지整地 작업이 시작됐고, 1817년에는 모든 바스타이bastei(성루)가 산책로로 개방됐으며, 1818년에는 알트부르크토어altburgtor(구성문)가 철거됐고, 이듬해에는 정지 작업의 마무리와 함께 그곳에 탁 트인 열린 광장이 들어섰다. 이 광장은 애초에 군대 행렬을 위한 광장으로 쓰일 예정이어서 '퍼레이드 광장'이란 이름이 거론됐다. 그러나 최종적으로 영웅광장Heldenplatz이라고 명명됐고, 궁정과 방문객들을 위한 휴식 공간으로 변신했다. 1823년에는 광장 옆쪽에 자리 잡은 궁전 공원Burggarten과 인민정원Volksgarten이 마련돼 모든 빈 시민들에게 문호가 개방됐다.[10] 이와 같이 소규모 빈 성곽 개조 사업이 성공적으로 진행되자, 이번에는 옛 성곽을 모두 허물고 빈 도심지와 글라시스Glacis(성벽 주변의 빈 공터) 바깥쪽에 있는 도시 외곽 지역을 통합하자는 새로운 도시 확장 사업 논의가 점점 더 활기를 띠었다.[11] 알려진 바에 따르면, 당대의 유명한 건축가 푀르스터Ludwig von Förster(1797~1863)는 이미 1839년에서 1843년 사이에 대단위의 빈 도심지 재개발 사업을 위한

설계도를 작성하기도 했다.[12]

그러나 대단위의 도시 확장 공사는 간단한 사업이 아니었다. 특히 일반 시민들 사이에서 간단하게 거론되던 도시 외곽 지역 도심지로의 행정 편입은 적어도 도심지 관점에서 볼 때 당시 도시 외곽 지역이 앓고 있던 심각한 도시 문제가 하루아침에 도심지로 전위되는 것을 의미했다. 특히 빈 외곽 지역의 갑작스런 인구 증가 현상은 여러 도시 문제의 주원인이었다. 절대주의 군주 체제가 적극 육성해 온 매뉴팩처 산업이 발전하면서 빈의 인구는 빠르게 증가해 1750년에는 빈이 중남부 유럽에서 가장 큰 도시가 될 정도였다. 더욱이 막 시작된 산업화로 인해 인구는 단기간에 급증했고, 값비싼 생활비 때문에 빈 외곽 지역은 곧장 인구 조밀 지역으로 변해 버렸다. 마치 우후죽순처럼 공장과 작업장, 그리고 주택 들이 빽빽하게 들어선 그곳은 주택 부족, 교통 문제, 식수 및 하수 처리 문제, 가스와 위생 문제, 그리고 병원과 학교 등의 사회 시설 부족과 같은 그야말로 근대적 사회 문제들의 온상지였다.[13] "조명 시설이라고는 촛불이나 희미한 등잔불뿐이었고, 어두운 셋집들에는 난방시설이 빈약하거나 아예 없는 경우가 많았으며, 수도시설은 거의 없었다. 빈 시민들 가운데 실내 화장실의 혜택을 누리는 이들은 4분의 1이 채 되지 못했다."[14]

수십만 명에게 기본 생활환경을 일시에 제공하는 일은 엄청난 비용이 든다. 따라서 빈 변두리 지역을 도심지로 편입시키는 도시 확장 계획은 이러한 도시 문제들을 모두 도심지가 떠안는다는 것을 의미했기 때문에 제국 행정부로서는 대단히 부담스러운 일이 아닐 수 없었다. 〈표 1〉은 19세기 전반기 빈의 인구 변동을 도심지와 도시 외곽 지역으

<표 1> 19세기 전반기 빈의 인구 변동[15]

연도	도심지	외곽 지역	합계
1823	51,525	215,030	266,555
1831	54,927	264,946	319,873
1840	57,817	295,560	353,377
1848	56,629	337,292	393,921
1854	56,629	370,240	426,869
1860	54,327	388,720	443,047
1866	53,828	409,654	463,482

(단위: 명)

로 나눠 보여 준다. 특히 1840년 이후 빈 외곽 지역 인구 증가 비율을 보면, 제국 행정부가 도시 행정 개편을 적극 추진하지 못하는 사정을 짐작할 수 있다.

이와 같이 위로부터의 도시 개혁을 머뭇거리고 있는 동안 아래로 부터의 혁명적 요구가 분출됐다. 19세기 초중반 유럽 대륙은 모두 혁명의 불길에 휩싸였고, 합스부르크제국도 예외는 아니었다. 특히 유럽 대륙에 불어닥친 1848년 혁명의 바람은 제국 도시 빈의 행정구역 개편에 그야말로 결정적 영향을 미쳤다. 널리 알려져 있듯이, 1848년 3월 오스트리아 시민들과 학생들은 메테르니히Klemens von Metternich (1773~1859) 반동 정권에 맞서 자신들의 혁명적 요구 사항을 담은 이른바 '3월 요구안'을 제출했다. 그 주된 내용은 법률 제정에 참여할 인민의 권리 보장, 국가 재정 업무 공개, 재판 과정 공개, 배심원 제도 도입, 검열 폐지, 개인의 시민권 확립, 도시법 제정, 종교의 자유, 시민적 자유와 평등 권리 보장 등을 포함하는 자유주의적 개혁안이었다.[16] 그러나 1848년 유럽혁명은 실패로 끝났고, 빈의 10월도 피의 학살로 얼룩지고 말았다. 그해 겨울 즉위한 황제 프란츠 요제프 1세에 의해 1년 뒤 한층 더 강력한 신절대주의 시대가 개막됐다.[17]

그런데 전통과 반혁명의 상징 인물로, 황제 자리에 오른 요제프는 놀랍게도 1848년 혁명 때 제출된 도시 개혁 프로그램의 일부를 받아들였다. 그것이 바로 빈의 도시법Gemeindeverfassung[18]이다. 이 임시 법령은 내무부장관 폰 바흐가 1850년 3월 9일에 황제로부터 인가받았고, 같은 달 23일에 언론을 통해 일반에 공개됐다.[19]

이 도시법령은 빈 도시 발전에 있어서 실로 획기적인 전환점을 제공해 준 법령이었다. 우선 빈 도시법은 오랫동안 지연돼 오던 도시 행정구역 개편에 대한 빈 시민들의 의지를 적극 반영했다. 이 법령에 따르면, 빈시는 이제 글라시스 바깥선과 외곽 성벽Linienwall[20] 사이 지역, 도나우 운하와 도나우Donau강 사이 지역을 모두 포함하는 규모로 확장됐다. 그에 따라 외곽 지역 서른네 곳이 빈시로 편입됐고 여덟 구역으로 편성됐다. 둘째, 빈 도시법은 1848년 혁명이 요구한 빈시의 자치권을 인정해 자유선거를 통해 독자적인 시정市政을 구성하도록 규정했다. 이 법령에 의거해서 1851년 처음으로 구성된 빈시 정부는 새로 편성된 행정구역에 대해 전적인 책임을 지고 시정을 펼칠 수 있게 됐다. 이 법령에서는 특히 도시 경찰, 학교, 병원, 환경 등에 관한 새로운 규정들이 눈에 띈다. 셋째, 빈 도시법은 빈시 정부가 자유와 민주주의 정치를 실험하는 시민 정치의 산실로 성장할 수 있는 발판을 마련해 줬다. 이 법령을 계기로 독립적 자치권을 갖게 된 시 정부는 제국 정부

349

의 독단적 의사 결정에 대해서도 압
력을 행사할 수 있는 기관으로 급부
상하게 됐다. 그에 따라 이후 빈은 전
통과 현대, 보수와 개혁, 그리고 국가
와 시민사회의 불안한 공생 관계로
직조된 독특한 근대사회의 성격을
갖추게 됐다.

그러나 도시법령 제정에도 불구
하고 혁명 재발에 대한 두려움과 군
사적 이유로 인해 성벽 철거에 대
한 반대는 여전히 심했다.[21] 그런데

프란츠 요제프 1세, 1855

1857년 12월 20일 느닷없이 요제프
황제가 내무부장관 폰 바흐Alexander
von Bach(1813~1893)[22] 남작에게 빈 도
시 확장 계획에 관한 황제의 교서를
공포하라고 지시했다. 그에 따라 황
제 교서는 1857년 12월 25일 자로
언론에 공표됐다.[23] 이 황제 교서는
요제프 황제가 구상한 링슈트라세
프로젝트의 기본 성격을 결정짓는
것이었다. 황제 교서의 기본 취지를
밝히고 있는 교서의 앞부분은 다음
과 같다.

요제프 크리후버, 알렉산더 폰 바흐
남작, 1849

친애하는 폰 바흐 남작! 빈 도심지의 확장 사업은 빈과 외곽 지역의 적절한 결합을 최대한 고려하고, 이 과정에서 황궁 도시이자 제국 수도의 미관에 대해서도 유념해 달라는 것이 짐의 뜻입니다. 이 목적을 위해 짐은 도심지의 성벽과 근처의 묘지들을 철거하는 것을 허락하는 바입니다.[24]

이 대목에서 밝히고 있는 도시 확장의 기본 원칙은 도심지와 외곽 지역의 적절한 결합 창출이고, 제국 수도의 정돈과 미관 작업이다. 낡은 성곽 시설이 이제는 오히려 도시 발전에 주요한 장애물이 된다고 생각한 빈 시민들은 황제의 교서를 적극 환영했다. "황제의 구원의 말씀이 지난 300년 동안 낡은 빈을 외곽의 신생 성장 지역으로부터 분리시켜 놓은 우중충하고 비좁은 성벽을 … 단숨에 날려 버렸다."[25] 그리고 빈의 시 의회도 대단히 현명한 처사라고 황제의 단호한 결단을 환영하는 분위기였다.[26] 결국 링슈트라세 프로젝트를 직접 발의하는 형식을 띤 이 황제 칙서는 도시 확장 계획의 필요성을 둘러싼 오랫동안의 공개 논쟁에 종지부를 찍었고, 그에 따라 대단위의 빈 도심지 재개발 사업은 본격 궤도에 오르게 됐다.

링슈트라세 프로젝트의 기본 계획서와 실행

1857년 12월 25일 황제 교서가 공포된 이후, 내무부장관 폰 바흐 남작은 링슈트라세 프로젝트를 본격 기획하는 단계에 돌입했다.

가장 우선 황제 교서의 지침에 따라 이 프로젝트를 추진할 담당 위원회와 전문 위원회를 구성했다. 담당 위원회는 내무부와 통상부의 대표자, 군사령부와 경찰청의 대표자, 그리고 니더외스터라이히Niederöster-reich주의 대표자, 빈 시장으로 구성됐고, 전문 위원회는 내무부장관이 선발한 도시 계획 전문가들로 구성됐다. 이 두 위원회는 모두 내무부의 건축 담당 부서 산하에 두었다. 이때부터 내무부의 건축과는 거의 반세기 이상 동안 철거 작업, 토지 분할, 부지 매각, 건축 공모와 선정 및 과제 위임을 도맡게 됐다.[27]

　1858년 1월 31일 내무부는 황제 교서에 의거해 링슈트라세 프로젝트를 위한 기본 계획서Grundplan를 공모한다는 내용을 공시했다.[28] 공시에 따르면, 모든 지원자는 황제 교서에 실려 있는 중요한 고려 사항들을 최대한 감안해서 설계도를 작성한 뒤 설명서를 첨부해서 늦어도 1858년 7월 31일까지 내무부장관에게 제출해야 한다. 이로부터 정확히 6개월 뒤인 7월 31일 내무부는 절차에 따라 공모 시간 종료를 알렸다. 빈의 대단위 도시 계획에 관심을 가진 전 세계 건축가들이 이에 응모했고, 당일까지 제출된 프로젝트는 모두 85개였다. 내무부는 응모된 기본 계획서 심사를 위해 곧장 특별 위원회를 구성했고, 장장 5개월 동안 진행된 심사 결과가 12월 31일에 나왔다. 그런데 의아하게도 선정 위원회는 황제 교서의 지침을 제대로 반영한 우수한 기획서는 없었지만, 황제 교서의 취지를 살리는 측면에서 상대적으로 우수한 작품 세 점을 선정했노라고 덧붙였다. 1등 프리드리히 슈타케Friedrich Stache, 2등 루드비히 푀르스터,[29] 3등 에두아르트 반 데어 닐Eduard van der Nüll과 지카르트 폰 지카르츠부르크Sicard von Sicardsburg였다. 그들은 모두

오스트리아 빈에서 활동하던 당대의 유명한 건축가들이었다. 그러나 설계도 원안대로 작업을 진행한 사람은 아무도 없었다.[30]

기획 공모전이 아무런 성과 없이 끝날 것을 우려한 요제프 황제는 1858년 12월 25일 폰 바흐 남작에게 당선된 세 작품의 아이디어를 적극 활용해 기본 계획서를 다시 작성하라고 지시했다.[31] 그래서 1859년 1월 17일에 특별 위원회가 다시 소집돼 첫 회의를 가졌고, 통상부의 고층 건물 건축을 담당하는 부서의 부서장인 모리츠 뢰어Moritz Löhr에게 설계도 작업이 맡겨졌다. 그 후 3개월이 지난 1859년 4월 13일 뢰어가 최종 기본 설계도를 제출했고, 위원회는 그의 설계도를 흡족하게 받아들였다. 위원회는 1859년 5월 17일 황제에게 기본 계획서와 설명서를 제출했고, 이 문서에서 도시 확장 계획의 주요 사항을 상세하게 밝혀 놓았다. 그 주된 내용은 첫째 군사적 고려, 둘째 도나우 운하와 부두 시설 정돈, 셋째 링슈트라세와 라스텐슈트라세Lastenstraße 신축 건물의 모둠 배치, 다섯째 도심지 정돈이다.[32] 황제는 1859년 9월 1일 이 기본 계획서를 흔쾌히 받아들였다. 그 후 몇 차례 수정 작업을 진행한 다음 1859년 10월 8일에 링슈트라세 프로젝트의 기본 계획서는 마침내 확정됐다.[33]

내무부는 담당 부서를 통해 링슈트라세 프로젝트의 기본 계획서를 완성하는 작업을 진행시키고, 다른 한편으로 이 프로젝트를 추진하는 데 드는 재정 업무를 담당할 새로운 전담 기구를 설립했다. 이 기구 신설도 황제 교서에서 이미 지시한 내용인데, 그것이 바로 도시확장기금Stadterweiterungsfond이었다. 1857년 12월 20일의 황제 교서에는 이 건축기금의 용처가 아래와 같이 설명돼 있다.

353

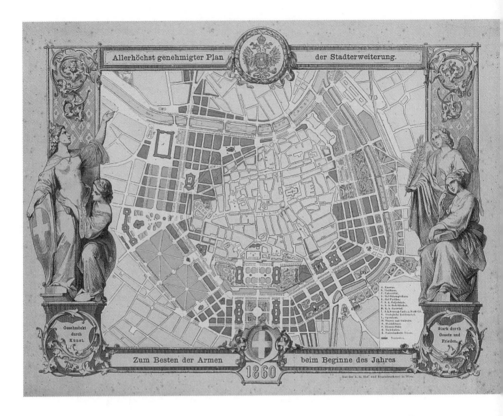

링슈트라세 재개발 사업 도안, 1860

성곽과 묘지를 철거해 확보되는 평지와 글라시스 중에서 기본 계획에 따라 다른 용도의 장소로 사용하지 않고 남는 부분은 모두 건축 부지로 사용한다. 그리고 건축 부지 매각에 따른 수익금은 건축기금을 조성하는 데 활용하고, 이 계획에 따른 국고 비용의 증가분, 특히 공공건물 조성비, 그리고 여전히 필수적인 군부 기관의 이전 비용까지도 이 건축기금에서 충당한다.[34]

1858년 내무부 산하에 설치된 도시확장기금은 성곽 재개발 비용 지출, 건축 부지 매각에 따른 수익금 관리와 공공건축 공사에 드는 지출 비용을 집행하는 도심지 재개발 사업의 재정 업무를 전담하는 중앙 기구가 됐다. 1859년 5월 14일 황제의 결정에 따라 군대 재산으로 있던 성곽 주변 땅에 대한 소유권이 도시확장기금으로 이전됐다. 1859년 10월에 링슈트라세 개발 사업의 기본 계획이 확정 고시되자, 이 기금도 본격 활동에 들어갔다. 그에 따라 1860년 5월 19일부터는 링슈트라세의 건축 부지를 일반에게 매각하기 시작했다.[35] 1860년 5월 23일 언론은 당대 유명 연극배우였던 카를 트로이만Karl Treumann을 사례로 들면서 링슈트라세의 건축 부지가 일반인들에게 성공적으로 매각되기 시작했다는 사실을 보도하기 시작했다.[36] 그러나 경기 침체기로 알려져 있던 시기인 1859년부터 1866년까지는 건축 경기가 그다지 좋지 않았기 때문에, 언론 매체를 통한 일회적 선전만으로는 링슈트라세의 건축 부지 매각이 활성화될 수 없었다.

그래서 요제프 황제는 빈의 건축 경기를 활성화시키기 위해 1859년 5월 14일에 '빈 건축 부양을 위한 면세법'을 인가해 주었다. 이 면

355

세법에 따라 글라시스 대지 위에 신축 건물을 짓는 건물주는 30년간 세금 면제 혜택을 누릴 수 있었다.[37] 그러나 시민들의 주택세가 주수입원이었던 빈시 정부가 강력하게 반발했고, 그에 따라 면세 기한은 재조정돼 10년으로 축소됐다.[38] 전체적으로 볼 때, 요제프 황제의 경기 부양책은 그다지 효과적이지 못했다. 왜냐하면 당시 경기 상황에서 매물로 나온 건축 부지의 가격이 너무 비쌌고,[39] 건축 조건도 다른 구역보다 훨씬 까다로웠기 때문에[40] 빈의 부유한 시민들조차도 링슈트라세 건축 사업을 '불안한 투자'로 받아들일 수밖에 없었다. 그래서 제국 정부는 좀 더 완화된 형태의 건축 규제를 담은 후속 건축법령과 건축법을 계속 발표했다. 당시 건축법은 건물의 안정성을 가장 중요하게 생각했기 때문에 무엇보다도 건축 자재에 대한 규제가 굉장히 엄격했다. 하지만 1859년 9월에 발표된 건축법령은 건축자재에 대한 규정을 대폭 완화해 주었고, 그에 따라 전체 건축 비용이 절감될 수 있었다. 그리고 1868년에도 한층 더 완화된 건축법령과 건축법이 추가 제정됐다.[41]

그러자 제국 정부의 경기 부양책에 따른 직접 성과들이 나타났다. 즉 정부가 경기 부양책을 발표한 이후부터 링슈트라세의 건축 부지를 사겠다는 구매자들이 서서히 나타나기 시작했다. 그들은 대부분 새 시대에 성공한 부자들로서 신흥 기업가들과 금융가들, 그리고 대상인들이었는데, 그들 중에는 유난히 유대인이 많았다. 그 주된 이유는 1860년에 요제프 황제가 유대인 토지 구입 금지법을 때마침 철회시켜 주었기 때문이다. 후대의 어느 역사가의 평가처럼, 만약 그때 유대인들이 나타나지 않았다면 링슈트라세 프로젝트의 운명이 어떻게 뒤바뀌었을지 아무도 모를 일이었다.[42] 요제프 황제는 그들에게 합스부르크제 국의 번화가에 안착할 수 있는 최상의 기회를 제공해 주었고, 유대인 부자들은 그 기회를 마다하지 않고 흔쾌히 링슈트라세 프로젝트의 후 원자가 돼 주었다.[43] 이런 점에서 볼 때, 요제프 황제의 유대인 토지 구 입 금지법 철회는 유럽 계몽주의의 영향이라기보다는 링슈트라세 프 로젝트 추진 전략의 일환으로 강구된 경제 대책이라고 보는 것이 더욱 타당하다.

이제 빈 도시 개발을 위한 기본 설계도와 필요한 재정을 모두 확보 한 내무부는 본격적으로 공사에 박차를 가했고, 성벽 철거와 글라시 스 정지 작업, 그리고 대로 건설이 신속하게 이뤄졌다. 1865년 5월 1 일 요제프 황제의 발의가 있은 지 근 8년 만에 드디어 링슈트라세가 개통됐다. 이로써 링슈트라세 프로젝트의 전반부 작업은 모두 마무리 됐다. 한 공식 통계에 따르면, 도시확장기금은 1873년까지 2000만 굴 덴을 건축 부지 매각을 통해 벌어들였고, 2300만 굴덴이 성벽 철거와 공공건축 비용으로 지출됐다. 1874년부터 1885년까지 다시 2000만 굴덴을 벌어들였고, 약 2800만 굴덴이 지출됐다. 총액을 합산해 보면 1858년부터 1914년까지 건축기금 총수입이 1억 1252만 5831굴덴이 었고, 총지출은 1억 232만 9686굴덴이었다. 그 잔액은 1020만 굴덴 이었다. 총수입의 절반 이상이 빈 시민들에게 매각한 건축 부지 판매 수입이었다.[44]

링슈트라세 건축물과 근대 도시의
이미지 정치

링슈트라세의 건축물에 나타난 근대 도시의 이미지 정치 의미 분석을 통해 링슈트라세 프로젝트의 역사적 성격을 논하고자 할 때, 이 대로변에 세워진 모든 건축물을 연구 대상으로 삼을 수 있다. 일반적으로 링슈트라세에 세워진 건축물은 크게 두 범주로 나뉜다. 하나는 황제의 교서에 따라 도시확장기금이 건축 부지를 매각해 마련한 재정을 가지고 건축된 공적인 건축물들이고, 다른 하나는 이 기금이 매각한 건축 부지를 사들인 부자들이 지은 사적인 대저택들이었다. 물론 시간과 장소에 따라서 서로 교차하는 경우도 발생하지만, 전자는 주로 공적 기능과 공공 생활이 이뤄지는 곳이고, 후자는 거의 사적인 기능과 개인 생활이 이뤄지는 곳이었다. 그러나 링슈트라세 프로젝트의 역사적 위상이 가장 잘 드러나는 부분은 공공건축물이다. 왜냐하면 사적 건물은 건축주의 개인 취향을 반영하는 사적 거울인 반면에, 공공건축물이야말로 특정한 시대 건축 주체들의 문화적 욕망을 보여 주는 사회적 매개체이기 때문이다.

당대의 어법에 따라 링슈트라세 변에 건축된 공공건물을 구분해 보면, 황제포럼 건축물과 시민포럼 건축물로 크게 나뉜다. 빈의 서남쪽에 위치한 궁정을 에워싸고 있는 신궁전과 두 개의 궁정박물관인 자연사박물관과 예술사박물관이 황제포럼에 포함되는 건축물이고, 서북쪽에 위치한 빈시 청사, 빈대학교, 그리고 국회의사당이 시민포럼에 포함되는 건축물이다. 〈표 2〉는 황제포럼을 구성하고 있는 건축물을

<표 2> 황제포럼의 공공건축물

건축명	건축가	건축 기간	건축 양식
신궁전	고트프리트 젬퍼, 카를 폰 하제나우어	1869~1923(?)	네오바로크식(르네상스식과 혼합)
자연사박물관		1871~1889	바로크 르네상스식
예술사박물관		1871~1891	바로크 르네상스식

건축가, 건축 기간, 건축 양식 순으로 구분해서 정리한 것이다.

황제포럼은 일반적으로 절대주의 황제인 요제프의 절대권력을 상징하는 건축물로 구성돼 있다. 황제포럼은 로마의 황제포럼(포룸)을 모방해 지었는데, 왕조의 정통성을 다시금 로마제국에서 찾고자 하는 황제의 정치적 욕망이 직접 반영돼 있다. 신궁전의 바로크 양식이 합스부르크제국의 화려한 시절을 다시 추억케 하고, 양쪽으로 동일하게 뻗은 두 측면은 마치 팔처럼 제국의 신민을 가슴에 품는 황제 이미지를 건축적으로 연출하고자 했다. 전통적인 절대군주의 국부적 이미지를 건축적으로 표현한 것이라고 말할 수 있다. 그런데 황제의 자기표현 광장인 황제포럼 안에 두 궁정박물관, 곧 자연사박물관과 예술사박물관이 나란히 배치돼 있다는 사실은 대단히 흥미롭다. 신궁전 건너편에 자리 잡은 두 궁정박물관은 황제야말로 자연과학과 문화예술을 적극 후원하는 군주라는 이미지를 드러내는 건축물이다. 이러한 건축물을 통해 황제는 새 시대가 요청하는 문화군주나 과학군주로서의 이미지로 연출될 수 있었다.[45] 이런 점에서 황제가 황제포럼 건축을 모두 1848년 혁명에 가담했던 고트프리트 젬퍼Gottfried Semper(1803~1879)에게 맡겼다는 것은 결코 우연이 아니다.

〈표 3〉 시민포럼의 공공건축물

건축명	건축가	건축 기간	건축 양식
빈시청	프리드리히 폰 슈미트	1872~1883	신고딕식＋바로크식
빈대학교	하인리히 페르스텔	1874~1884	르네상스식
국회의사당	테오필 한젠	1873~1884	그리스 고전식
부르크 극장	고트프리트 젬퍼, 카를 폰 하제나우어	1874~1888	초기 바로크식
증권거래소	테오필 한젠	1874~1877	이탈리아 르네상스식

〈표 3〉은 시민포럼을 구성하고 있는 건축물을 건축가, 건축 기간, 건축 양식 순으로 구분해서 정리한 것이다.[46]

여기서 대단히 중요한 사실은 시민포럼의 주요 건축물인 빈시 청사와 빈대학교, 그리고 국회의사당은 앞에서 설명한 1859년 10월 8일에 확정된 링슈트라세 프로젝트의 기본 계획서에는 구상되지 않았던 건축물이다. 그렇다면, 이 시민포럼의 건축물은 과연 어떻게 링슈트라세 프로젝트에 포함됐을까?

1866년 7월 3일 오스트리아는 프로이센과의 전쟁에서 완전히 패배했다. 8월 23일에 체결된 프라하 평화조약에서 오스트리아는 베네치아를 잃었고, 독일 지역에 대한 정치적 헤게모니를 거의 상실했으며, 이후 독일 통일 과정에서 완전히 배제되는 운명에 처하고 말았다. 그런데 이 패전은 국내 정치 변화에 더 크게 작용했다. 그중에서 두 사건이 중요한 변화였다. 하나는 오스트리아제국이 헝가리와 이중제국을 형성하게 된 사건이고, 다른 하나는 오스트리아제국이 절대군주제에서 입헌군주제로 정체성이 변하는 사건이다.

패전 이후 완전히 추락하는 황제의 권위에 맞선 오스트리아 자유주의자들이 이러한 국내외 정치의 극적 변화를 활용해 정치적으로 약진했다. 이러한 상황에서 오스트리아 자유주의자들은 독립적 사법부를 설치함으로써 오스트리아는 역사상 처음으로 완전한 법치국가가 됐고 진정한 의미의 법치를 실현해 냈다.[47] 그 과정에서 빈 자유주의자들은 자신들의 입장에서 볼 때 중요한 세 공공기관인 빈대학교, 빈시청사, 그리고 국회의사당이 아직 새 시대에 맞는 이미지를 갖추지 못한 상태라고 판단했다. 더욱이 링슈트라세 변에 건축할 수 있는 마지막 부지가 군대 연병장으로 사용되고 있었다. 그래서 1868년에 세워진 시민 정부는 황제에게 청원해 그 땅을 달라고 했지만, 별다른 성과를 거두지 못했다. 그런데 같은 해 12월 불의로 사망한 이전 시장을 대신해 시장직을 맡게 된 자유주의자 카예탄 펠더Kajetan Felder가 빈대학교, 빈시 청사, 그리고 국회의사당을 새로 짓기 위해 건축가 세 명으로 위원회를 구성하고 연병장 위치에다 세 건물을 건축할 평면도를 그리게 했다. 결국 1870년 4월, 자유주의적 성향을 지닌 시의회의 열성적 지원을 받은 펠더는 세 건물의 설계도에 황제의 인가를 최종적으로 받아 냈다. 그리고 도시확장기금에서 거액의 보상금이 지급되자 군대는 연병장을 내주고 물러났다.[48]

이렇게 해서 시민포럼 건축물들이 링슈트라세 서북쪽에 터전을 마련하게 됐다. 애초에 계획된 링슈트라세 프로젝트는 실행 과정에서 궤도를 수정할 수밖에 없었고, 이 궤도 수정이 링슈트라세 프로젝트의 기본 성격을 새롭게 만드는 직접 계기가 됐다. 따라서 시민포럼 건축물들은 오스트리아 자유주의자들의 정치적 포부를 미학적으로 승화

361

시켜 낸 부르주아지 예술의 명품들이었다. 의사당 건물은 의회 정부를, 시 청사는 자치시를, 대학교는 시민의 고등교육을, 부르크 극장은 문화예술을 각각 대표한다. 이런 점에서 "전체적으로 링슈트라세의 기념비적 건물들은 주류 자유주의 문화가 내세우는 최고 가치를 훌륭하게 표현했다"라는 쇼르스케의 주장은 틀리지 않았다.[49]

그러나 링슈트라세 건축물의 상징적 의미를 논할 때, 빠트려서는 안 되는 부분이 하나 더 있다. 링슈트라세 프로젝트가 애초부터 군사적 의미를 포함하고 있었다는 점이다. 1857년 12월 20일 황제 교서 내용을 보면, 황제의 프로젝트 구상은 군사적 목적을 최우선하고 있다는 인상을 받을 만큼 군대 병영 설치에 관해 많은 부분을 할애하고 있다. 건축 위원회에 군부와 경찰청 대표가 반드시 참여하도록 한 것도 군사적 측면이 황제의 초미의 관심사였다는 것을 잘 대변해 준다.[50] 더욱이 1859년 10월 8일에 확정된 기본 계획서를 황제에게 인가받기 위해 제출한 보고서에서도 건축 위원회는 군사적 고려가 가장 우선시됐다는 점을 거듭 밝히고 있다.[51] 이런 사항을 고려해 볼 때, 링슈트라세에 반혁명적 군사력을 상징하는 건축물이 들어선 것은 그다지 놀라운 일이 아니다. 이런 점에서 링슈트라세 프로젝트를 이른바 '군부 프로젝트'라고 명명하기도 한다.[52]

이와 관련해서 기억해야 할 것은 애초의 황제 교서에서는 혁명 재발에 대한 두려움이 절실했다는 점이다. 하지만 국가가 경제적·정치적으로 안정을 되찾으면서 링슈트라세에서의 군사 상징 건물들은 점차 철거하는 방향으로 일이 추진됐다는 점을 감안해 볼 때, 링슈트라세 프로젝트의 성격이 점진적으로 근대성을 띠게 됐다는 점을 강조할 필

건축명	건축가	건축 기간	건축 양식
프란츠 요제프 병영[53]	카를 르치브나츠	1854~1857	?
로사우어 병영	카를 필할, 카를 마르클	1865~1869	낭만 고딕식

요가 있다. 〈표 4〉는 군사포럼의 공공건축물을 건축가, 건축 기간, 건축 양식에 따라 구분한 것이다.

결국 세기말 빈의 링슈트라세 변에 자리 잡은 건축물들은 각각 제국 정치와 시민 정치, 그리고 군부 통치의 상징성을 갖고 있고, 그것들은 각각 상호 긴장 관계에 놓여 있다는 사실이 확인됐다. 그래서 세기말 빈의 링슈트라세 프로젝트는 전통과 현대, 보수와 진보, 국가와 시민사회의 적대적 대립이 아니라 오히려 문화적 전략에 따른 특이한 담합의 근대 기획이라고 인식된다. 그러나 이 담합도 동일한 목적을 가진 집단들의 이상적 결합이라기보다는 서로 다른 문화적 비전을 가진 집단들이 현실적 필요에 따라 맺은 불안한 관계 속에서 연주되는 불편한 이중주로 이해된다. 바로 이런 점에서 링슈트라세의 기념비적 건축물들은 전통과 현대, 보수와 진보, 그리고 국가와 시민사회적 이상들을 실어 나르는 도시적 매체라 말할 수 있다. 따라서 2006년《간추린 오스트리아의 역사》를 출간한 스티븐 벨러Steven Beller가 내리는 결론은 대단히 의미심장하다. 그는 "구도심지의 성벽을 허물기로 결정한 링슈트라세 프로젝트는 '모던'하면서도 동시에 민중 반란을 진압하기 위해 추진된 보수적 신절대주의적 기획"이라고 강조했다. 그러므로 1860년대 이후 링슈트라세가 "자유적 진보와 이상주의의 화신으

363

로 보이게 만든 것은 그 기획이 가진 양가적 성격” 때문이다.[54]

링슈트라세가 만들어 낸 새로운 도시 문화

이 글은 링슈트라세 프로젝트의 역사적 성격을 분석할 때, 전통이냐 현대냐 하는 식의 단순한 이분법적 사고 습관을 극복하자는 데서 출발했다. 링슈트라세의 건축물은 실제로 전통과 현대를 모두 아우르고 있기 때문에 오히려 다각적 시선을 갖춘 입체주의자들의 특유한 시선을 가지고 포착할 때에만 그 본질이 정확하게 드러날 수 있었다. 이런 점에서 링슈트라세 도시 개발 사업의 역사에서도 에른스트 블로흐가 제기한 ‘비동시적인 것들의 동시성’의[55] 원리가 다시 한 번 확인됐다.

그러나 링슈트라세 프로젝트가 전통과 현대가 서로 이상적 조화를 이룬 것이라고 상정한다면, 이 프로젝트를 둘러싼 문화정치의 동학을 너무 지나치게 기능주의적 관점에서 바라보게 만들고, 그에 따라 이 거대 도시 계획의 본질을 짐짓 오해하게 만들 위험성이 높다. 그렇기에 합스부르크제국의 도시 계획을 긴장 어린 모순과 상충하는 갈등 가운데서 실행되는 근대적 기획이라고 바라보는 갈등론적 관점에서 파악할 때만, 링슈트라세 프로젝트가 신절대주의와 부르주아지 간의 ‘불안한 공존’의 현실태라는 사실을 정확히 이해할 수 있다.

이러한 ‘불안한 공존’은 사실상 역사적 현실 속에서 끊임없이 유동한다. 그런 점에서 링슈트라세 프로젝트는 일회적 사건이 아니라 연속적 과정으로 파악해야 한다. 그래야만 프란츠 요제프 황제의 신절대주의적 기획에서 시작된 링슈트라세 프로젝트의 성격 변화를 정확히 밝힐 수 있다. 따라서 링슈트라세 프로젝트를 중심으로 실행된 합스부르크제국 문화정치의 동학에 대한 분석 작업은 그 과정 속에 나타나는 다양한 양상의 변화들을 제대로 포착할 때에만 비로소 충분한 의미를 갖게 될 것이다. 얼마 전《링슈트라세 – 유럽의 건축 이데아》를 출간한 바바라 드미트라츠Barbara Dmytrasz는 특히 근대 도시 개발 프로젝트의 역사적 위상을 고찰할 때 반드시 명심해야만 할 중요한 지침을 제시한 바 있다. "링슈트라세의 모든 역사적 건축물들은 시대의 정체성 확립에 영향을 미치는 과거의 증인들이다. 이 건축물들이 갖는 당대적 의미는 오직 역사적 맥락에서만 해석될 수 있다."[56]

그럼에도 불구하고 세기말 빈의 링슈트라세와 건축물은 새로운 도시 문화를 점차 자극하기 시작했다. 예컨대 전통적인 '프라터Prater(빈의 대공원) 산보'에 대비되는 부르주아지의 '링슈트라세 산보'가 생겨났다. 잘 차려 입은 부르주아들은 매일 같이 케른트너 거리Kärntner Straße에서 링슈트라세를 따라 슈바르첸베르크 광장Schwarzenbergplatz까지 걸어 다녔다. 물론 목적은 단순한 도보가 아니었다. 그것에는 분명 사회문화적 기능이 있었다. 특히 부유한 가정 출신 젊은 남녀들에게는 이것이 서로를 만날 수 있는 유일한 기회였다. 공식적 초대 없이는 서로가 집에서 만나는 만큼이나 바나 카페에서 만나는 것은 불가능했다. 링슈트라세를 따라 걷는 '산보객'은 서로의 만남과 이야기, 그리고 사교 모임에 초대되는 희망을 링슈트라세의 번화가에서 오늘도 은밀히 만나고 있지나 않을까.[57]

365

새로운 도시 문화의 상징, 빈 링슈트라세

기계형

전쟁의 기억과 추모

상트페테르부르크·모스크바 '대조국전쟁' 기념비

여기 레닌그라드 사람들.

여기 시민들이 있네 – 남자들, 여자들, 아이들.

그 옆에는 적군 병사들.

자신의 온 생명을 바쳐

그대와 레닌그라드를 지켰네.

혁명의 요람이여.

고귀한 이름들을 여기에 나열할 수 없어,

그대들을 화강암의 영원한 보호 아래 넣어두네.

그러나 이 돌이 듣고 있다는 것을 알게나.

아무도 잊지 않으며, 아무도 잊히지 않으리.[1]

전쟁기념비로 바라보는 두 도시 이야기

포스트소비에트 공간에서 공적 의례, 기념일, 애국가, 제복, 기념비, 거리 이름과 같은 상징의 영역은 가장 치열한 전장이 됐다. 소

전쟁의 기억과 추모, 상트페테르부르크 · 모스크바 '대조국전쟁' 기념비

련 해체에 앞서 1991년 8월 중앙아시아 국가들과 발트해 연안 국가들이 연이어 독립을 선포했고, 민족주의 기치를 내걸며 광범위하게 자신들의 역사 서술에서 '소비에트러시아 중심의 내러티브'를 탈각하기 시작했다. 고조된 민족주의 분위기가 역사교과서에서 거리로 옮겨 간 것은 물론이다. 예컨대 1947년부터 소비에트 적군에 의한 해방을 기념하기 위해 에스토니아 수도 탈린Tallin에 건립된 군인청동상이 엄청난 논쟁 끝에 결국 2007년 탈린 외곽 군인묘지로 이전했으며,[2] 이 사건을 계기로 러시아 정부는 소련 시대에 건립된 기념비에 대한 보호 요청을 하지 않으면 안 됐다.[3]

더구나 가장 최근에 일어난 사건으로 우즈베키스탄에서는 아예 승전기념비를 철거하는 일도 일어났다. 즉, 2015년 3월 19일 우즈베키스탄 타슈켄트Tashkent주의 주요 도시 안그렌Angren에 설치된 승전기념비와 기념물이 도시 재개발 계획의 일환이라는 명목상의 이유로 철거됐다. 10여 미터 높이의 첨탑 기념비와 총을 멘 군인들의 동상으로 이루어진 이 기념물은 제2차 세계대전 승전 25주년을 기념하기 위해 1970년에 처음으로 공개됐다. 러시아인들은 제2차 세계대전을 '대조국전쟁Великая Отечественная война'으로 불러 왔으며, 전후에 우즈베키스탄을 포함해 소비에트사회주의공화국연방CCCP에 속하는 공화국들 곳곳에 세워진 '승전기념비'는 '소비에트인'이라는 동질감을 각인시키는 기능을 해 왔다. 그러나 카리모프 우즈베키스탄 대통령은 독립(1991)과 함께 5월 9일을 '대조국전쟁'이 아니라 '추모의 날'로 개명했을 뿐만 아니라, 수천 명의 우즈베키스탄인들이 이 전쟁에서 불필요한 인명 손실을 당해 여전히 손실을 복구하는 중이라고 밝히면서 '대조국전쟁'의 신화에 전면 제동을 걸은 바 있기 때문에, '승전기념비' 철거는 매우 당연한 수순이었을지도 모른다.[4] 이렇게 보면, 러시아연방 이외의 지역에서 '대조국전쟁' 신화에 균열이 일어나고 있다고 말할 수 있을 것이다.

그러나 소련이 역사의 무대에서 사라졌음에도 불구하고, 한때 소비에트인으로서 독일군과 싸웠던 경험은 포스트소비에트 공간을 사는 사람들에게 여전히 중대한 의미로 남아 있다는 점을 부인하기는 어렵다. 한편으로는 '대조국전쟁'에서 나치에 대항한 승전기념비가 있지만, 다른 한편으로는 '대조국전쟁'에서 죽은 수많은 소비에트 군인들과 희생자들을 기념하기 위한 수많은 기념비와 기념물이 세계 곳곳에 건립돼 있다는 점은 포스트소비에트 공간에서 여전히 전쟁의 기억과 추모가 현재진행형이라는 사실을 상기시켜 준다. 기념비의 규모는 독일군과의 전투가 치열했던 곳, 전사자와 사망자 수가 많았던 곳의 최전선을 따라 다양하게 분포한다. 러시아(6367개)를 포함해, 우크라이나(6588개), 벨라루스(317개), 에스토니아(75개), 라트비아(61개), 리투아니아(15개), 폴란드(82개), 독일(42개), 헝가리(36개), 오스트리아(22개), 아르메니아(21개), 우즈베키스탄(10개), 체코(18개), 카자흐스탄(14개) 등 총 39개국에 1만 3789개의 다양한 기념물памятники이 존재하며 지금도 새롭게 건립되고 있다.[5]

전쟁기념물에는 기념비монументы, 첨탑обелиски, 기념관мемориалы 등이 포함된다. 더 구체적으로 기념비의 형태는 이름이 알려진 개인 묘지와 전몰장병 집단묘지 등의 묘비에서부터, 흉상·전신상 등의 동상들까지 다양하며, 위령과 추모는 해병대·민병대·소총부대·비행

369

대·전투병 등 군인에서부터 전쟁 중에 사망한 민간인과 무명용사에 이르기까지 다양한 전사자를 대상으로 한다. 물론, 국가에 의해 동원된 군인 장병들에 대한 추모가 일반적이며, 전쟁 과정에서 죽은 민간인 전사자들의 상흔에 대한 추모도 포함된다. 이론상으로는 이러한 전쟁기념물들은 죽은 자들의 영혼을 위로하고 추모하기 위한 것일 뿐만 아니라, 살아남은 사람들이 전쟁의 아픔을 기억해 현재의 역사가 얼마나 많은 이들의 숭고한 죽음을 기반으로 하는 것인지를 일깨우는 교육의 장이 되고 있다. 그렇지만, 동시에 전쟁기념물들은 전쟁 당사자의 이해관계, 정치권력자의 입장과 정책, 사회적 관심 등에 의해 '기억의 정치'가 진행되는 공간이 되기도 한다. 이처럼 '대조국전쟁'의 수많은 기념비는 현재를 살고 있는 사람들의 기억과 추모 사이에 놓여 있다.[6]

실제로 러시아 청년 집단(16~30세)을 대상으로 집계한 2016년 표본조사에 따르면, 20세기에 일어난 가장 중요한 사건으로 젊은 세대가 꼽은 1위는 '대조국전쟁,' 2위는 10월혁명, 그리고 3위는 소련 붕괴다.[7] 물론 이러한 순위의 배경에는 2000년 푸틴 대통령 집권 이후 거행된 전승기념일에 대한 대대적인 홍보와 2009년 메드베데프 정부에서 구성된 '러시아에 유해한 역사 왜곡 저지를 위한 위원회' 활동을 위시로 한 역사교육 커리큘럼 강화, 푸틴 대통령 재집권 이후 '단일 교과서' 출간 등에 이르는 가히 정부판 '역사전쟁'이 간접적으로 영향을 주었을 것이다.[8] 표본조사 결과가 전쟁을 경험하지 않은 젊은 세대를 대상으로 한 것임을 염두에 두면, 전쟁을 직접 경험한 세대에게 '대조국전쟁'이 차지하는 의미를 짐작하는 것은 어려운 일이 아니다.

러시아는 우즈베키스탄의 승전기념비 철거에 대해 유감을 표명하는 수준에서 끝냈지만, 이 사건은 5월 9일 승전 70주년 기념을 대대적으로 준비해 온 러시아에 찬물을 끼얹는 일이었을 것이다. 푸틴 대통령은 승전기념일에 맞춰 해외 정상들을 초청하고 모스크바의 붉은광장에서 러시아 승전일을 축하하는 대대적인 군사 퍼레이드를 계획했다. 그뿐만 아니라 그 자신도 전사한 아버지 사진을 들고 추모자들과 함께 시내를 행진함으로써 '대조국전쟁'의 기억을 개인 차원에서 실천하고 러시아 국민들 앞에서 자신을 조국 방어와 일치시키는 행위로 해석될 수 있는 일종의 '퍼포먼스'를 수행했다.[9] 특히 승전 70주년 행사는 러시아의 크림 지역 합병, 우크라이나에서 러시아의 지원을 받는 반군과 정부군 사이의 치명적 갈등으로 러시아, 인근 국가들, 그리고 유럽연합의 여러 나라에 20세기 유럽의 피비린내 나는 갈등을 환기시키는 가운데 진행됐으므로, 독일의 메르켈 등 몇몇 정상들이 불참을 통보해 많은 추가적 의미를 지니기도 했다. 푸틴 대통령은 2014년 2월에 빅토르 야누코비치 우크라이나 대통령의 몰락을 미국이 지원하는 파시스트 쿠데타라고 묘사해 왔으며, 현재 키예프Kiev에서 권력을 잡은 친서방 우크라이나 정부를 나치에 비유한 바 있다.[10]

이런 맥락에서 보면 "나치 파시스트"에 맞선 '대조국전쟁'이 종결된 지 70여 년이 지났지만, 그 '유령'은 유럽의 하늘을 떠다니고 있다. 아니 포스트소비에트 공간에서 여전히 요청되고 있는 것으로 보인다. 어쩌면 이런 점에서 '대조국전쟁'의 유산과 신화가 유효하다고 해도 과언이 아닐 것이다. '대조국전쟁'을 둘러싼 '기억의 정치'에는 과거와 현재의 수많은 씨실과 날실이 함께 작동하고 있다. 이 글은 '전쟁기념비'라는 매개물을 통해 바라보는 상트페테르부르크와 모스크바 두 도시의 이야기다. 제1차 세계대전 시기에 상트페테르부르크에서 페트로그라드, 레닌 사망 이후에 레닌그라드, 그리고 소련 해체 이후에 다시 옛 이름으로 돌아간 상트페테르부르크는 '레닌그라드 봉쇄'를 견뎌 낸 소련 최초의 '영웅 도시'로서 전쟁의 '실제' 상황이 '역사'가 되는 예를 보여 준다. 그와 비교해 모스크바는 러시아연방의 수도라는 점에서 '기억의 정치'가 매우 구체적으로 작동하는 예라고 할 수 있다. 이 글은 '대조국전쟁'과 관련된 수많은 기념비와 기념물이 두 도시에 건립된 배경, 두 도시와 기념비의 상관성, 기념비의 상징과 이미지, 나아가 국가 정체성이나 역사 인식과의 관련성을 살펴보려고 한다. 이는 소련 해체 이후 포스트소비에트 공간에서 전쟁의 기억이 얼마나 다양한 얼굴을 하고 있는지, 그리고 전쟁 기념 담론에 나타난 균열이 어떤 방식으로 '러시아의 민낯'을 비추는 거울 역할을 하는지 살펴보려는 시도다."

상트페테르부르크의 전쟁 기억과 기념비들

화려한 러시아제국의 기념비들 사이에서 빛나는
레닌그라드 봉쇄의 기억들

　　　　　상트페테르부르크는 다양하고 수많은 기념비의 천국이다. 위대한 업적을 남긴 위인들, 러시아를 위기에서 건진 군사영웅들, 그리고 러시아의 문화를 보편적 차원으로 끌어올린 수많은 문필가들과 예술가들의 기념비가 도시 곳곳에 서 있다. 분주하게 도시를 지나치는 수많은 인파 속에서 기념비들과 그 제단에 받쳐진 시들지 않은 꽃들은 과거의 인물과 사건이 현재도 지속되고 있음을 확인케 해 준다. 상트페테르부르크는 표트르대제의 청동 기마상에서부터 예카테리나여제(1729~1796)의 동상, 푸시킨(1799~1837)에서 도스토옙스키(1821~1881)까지, 글린카(1804~1857)에서 멘델레예프(1834~1907)에 이르기까지 '제국 기념비들의 보고'다.[12]

그러나 러시아제국의 화려한 기억이 재현된 '제국의 기념비들'에서 조금만 시선을 돌리면, 상트페테르부르크 도처에서 소련 시대 내내 사람들의 뇌리에 '레닌그라드 봉쇄'로 기억되는 이 도시의 슬픔, 한탄, 동요, 비애, 공포, 쓸쓸함, 망연자실의 감정에서부터 분노, 증오, 집념, 앙심, 복수심, 그러나 사랑과 희망에 이르기까지 복합적이고 충돌하는 감정을 읽을 수 있다. 넵스키대로Невский проспект 와 폰탄카Хонтанка 운하 근처 등 시내 곳곳 길가에 세워졌으나 소란스러운 관광객들의 인파 속에 묻혀 별로 눈에 띄지 않는 작은 기념비에서부터, 상트페테르부르크로 들어오는 입구에 건립된 승리의 광장Площадь Победы 과 거대한 규모의 레닌그라드 영웅수호자기념비Монумент героическим защитникам Ленинграда, 레닌그라드 봉쇄 시기의 전사자들을 포함해 추위와 굶주림으로 사망한 민간인들의 영혼을 기리는 피스카룝스코예 묘지와 기념관Пискарёвское мемориальное кладбище, 아울러 레닌그라드 봉쇄기념관Государственный мемориальный музей обороны и блокады Ленинграда 등에서 '대조국전쟁'의 기념비를 확인할 수 있다.[13]

우선 레닌그라드 봉쇄에 대해 중요한 몇 가지 역사적 사실만 요약해 보기로 하자.[14] 1941년 6월 22일 이른 시간에, 히틀러의 독일군이 빠르게 러시아를 향해 공격을 개시했다. 레닌그라드와 레닌그라드 시민들에게 히틀러와의 제2차 세계대전은 봉쇄를 의미했다. 왜냐하면, 침공 후 3개월이 채 못 돼서 레닌그라드 외곽에 도달한 독일군이 신속하게 이 도시를 쓸어버릴 계획에 착수했기 때문이다. 과거 러시아제국의 수도이자 볼셰비키혁명의 요람인 레닌그라드에는 당시 약 300만 명 정도의 시민들이 남아 있었고, 독일군은 그들로부터 항복을 받아 내는 수순을 진행하기 위해 공격을 시작했다. 9월 8일 독일군은 도시로 들어가는 마지막 주요 도로를 절단하고, 세계사에서 유례가 없는 가장 치명적인 포위 공격을 개시했다. 정확히 872일 동안 봉쇄가 진행되는 동안에, 독일군은 도시를 에워싸고 지속적으로 폭탄을 던져 식량 보급로를 끊고 항복을 기다렸다. 독일군이 속전속결Blitzkrieg의 승리를 예상하고 아스토리아호텔에서 승리 축하를 위한 갈라쇼 메뉴를 준비하려는 순간에, 봉쇄된 도시 안에 있던 수많은 사람들이 연료도 물자도 식량도 없이 굶주림과 추위로 집과 거리에서 얼어 죽었다. 가장 끔찍한 시간은 1941년과 1942년 사이의 겨울이었고, 2년 반 동안 레닌그라드 시민들은 극도의 영양 결핍 상태에서 신음 소리도 내지 못하고 죽어 갔다. 봉쇄의 결과 노약자들을 포함해 일반 사람들도 최악의 아사 지경에 이르면서 100만 명 이상이 사망했다. 아마도 레닌그라드 봉쇄의 기아와 공포를 가장 극명하게 보여 주는 것은 하루치 식량으로 배급된 얇게 썬 두 조각의 빵이리라. 그러나 레닌그라드는 항복하지 않았다.[15]

　이 비극적 사건의 한가운데에서 소리를 통해 개인의 전쟁 기억을 재구성할 수 있다. 한편에는 작곡가 드미트리 쇼스타코비치Дмитрий

Шостакович(1906~1975)의 교향곡이 있고, 다른 한편에는 라디오방송을 통해 희망의 메시지를 전한 시인 올가 베르골츠Ольга Берггольц의 목소리가 있다. 쇼스타코비치는 전쟁 초기와 봉쇄 직후 1개월 정도를 이 도시에 살면서 7번 교향곡, 일명 레닌그라드의 첫 3악장을 작곡했으며, 10월 초 모스크바로 잠시 피신했다가 다시 사마라Самáра(당시에는 쿠이비셰프Куйбышев로 도시 이름이 바뀜) 도시로 피신해 그곳에서 나머지 2악장을 끝마쳤다.[16] 쿠이비셰프에서의 초연 이후, 7번 교향곡의 레닌그라드 공연은 1942년 8월 9일, 봉쇄가 한창 진행되던 시기에 엘리아스베르크Карл Элиасберг(1907~1978)의 지휘와 레닌그라드 라디오 오케스트라оркестр Ленинградского радиокомитета의 연주로 이뤄졌다. 최전선으로 차출되거나 도시를 빠져나간 오케스트라 단원들이 가까스로 모이고, 굶주릴 대로 굶주린 시민들을 향해 거침없이 포탄이 떨어지는 도시 한가운데서, 교향곡이 연주되는 상황은 상상만으로도 전율이 느껴진다. 라디오 스피커를 통해 연주회의 선율은 도시 멀리까지 퍼져나갔다.[17]

한편 시인 올가 베르골츠는 레닌그라드 봉쇄 시기에 시민의 목소리를 대변해 주었다. 그녀는 레닌그라드 봉쇄 전후의 험난한 삶을 여실히 보여 준다. 남편 보리스 코르닐로프Борис Корнилов는 대숙청 시기에 억울하게 처형됐고, 1938년에 그녀 역시 임신 상태에서 투옥됐다가 아이를 잃었다. 베르골츠는 1939년 7월에 가까스로 풀려났지만 그 사이에 남겨진 두 딸은 죽었으며, 봉쇄 기간 중에 대부분의 레닌그라드 시민들이 그랬던 것처럼 그녀도 많은 친인척을 잃었다. 그러나 레닌그라드 라디오방송국에서 일하면서, 그녀는 매일매일 차분하고 위안을 주는 목소리로 자기 시를 읽어 주거나 도시와 전선에서 일어나는 소식을 전해 주었다. 중요한 점은 그녀의 목소리가 배고프고 슬픈 레닌그라드 시민들에게 실오라기 같을지라도 견딜 수 있는 희망이 돼 주었다는 것이리라.[18]

그런데 여기서 놓치지 말아야 하는 점은 전쟁에 대한 개인의 기억과 집단의 기억은 쉽게 분리되기 어렵지만, 개인적 경험에 따라 매우 다르게 각인될 수 있다는 사실이다. 더군다나 이 기억에 정치권력이 매우 직접적으로 개입하고 있다는 점도 염두에 두어야 할 것이다. 앞서 살펴보았듯이, 레닌그라드 봉쇄의 한가운데서 쇼스타코비치의 교향곡 7번 연주는 어떻게 가능했을까? 레닌그라드 시민들이 고통과 좌절 속에서도 파시스트 독일군으로부터 영웅적으로 도시를 방어했던 것은 분명하지만, 전선에 차출되거나 도시를 떠나 있던 단원들이 봉쇄를 뚫고 연주회 '퍼포먼스'를 할 수 있던 데는 스탈린의 대대적인 지원과 명령이 있었다는 점도 지적해야 할 것이다.

국가의 개입을 통한 레닌그라드 봉쇄의 기억들

레닌그라드 봉쇄는 1944년 1월 27일에 해제됐으나[19] 전쟁은 지루하게 1년 더 지연됐다. 공산당과 소비에트 정부는 레닌그라드 시민들의 방어 노력을 높게 평가해 우선 1945년 1월 26일에 소련최고회의 의장이 도시에 레닌훈장을 수여했다. 소련군은 베를린으로 수백 마일을 행진했으며, 마침내 1945년 5월 8일(모스크바 시간으로는 5월 9일) 늦은 밤 베를린 외곽에서 독일 최고사령부가 무조건항복문서에 서명함으로써 전쟁은 끝났다.[20] 소련 인민 2500만 여 명의 인명을 앗아 간 이

전쟁에서, 견딜 수 없는 조건에도 불구하고 항복하지 않고 인내한 레닌그라드 시민과 레닌그라드는 전쟁 종결에 뒤이어 소련 최초로 '영웅 도시' 칭호를 받았다.[21]

소련최고회의는 5월 9일에 승전 소식을 전했고, 훈령을 통해 5월 9일을 국경일이자 휴일로 지정했다. 이날 소련 전역에서 승리 행진이 펼쳐졌으며, 아마추어 그룹의 춤과 노래, 영화·연극인들의 공연, 오케스트라 연주가 광장과 공원 곳곳에서 이뤄졌다. 밤에는 스탈린의 연설이 라디오를 통해 전해졌으며, 30회의 축포가 쏟아졌다. 소련 최초의 영웅 도시가 그에 맞는 내용을 담기까지는 시간이 걸렸던 것으로 보인다. 실제로 인명 손실과 함께 도시 전체의 기반이 극도로 소실돼, 기념비를 제작하거나 사망자들의 위령비를 세우는 문제는 곧바로 실현되기가 어려웠다.[22]

키르셴봄Lisa Kirschenbaum은 레닌그라드 봉쇄와 '대조국전쟁'의 기억을 매우 구체적이고 집중적으로 연구했다. 그녀는 레닌그라드 봉쇄에 대한 개인적·공적 기억을 구분하기 어렵다고 주장하는데, 이런 기억이 섞여 제공되는 담론의 공간이 "소비에트 국가에 정통성을 부여했고, 오래 버티게 했고, 궁극적으로 불신하도록 만들었다"라고 설명한다.[23] 그녀는 사람들에 의해 레닌그라드 봉쇄가 어떻게 기억되는가에 초점을 맞춰, 소비에트 시대의 전쟁의 기억이 매우 복잡하다고 주장한다. 즉 가족사, 개인적 경험, 국가가 만들어 낸 신화의 교차로에서 복잡하게 얽혀 있다는 것이다.

그녀는 레닌그라드 봉쇄의 기억이 곧바로 역사가 되는 과정을 보여 준다. 그녀의 설명에 따르면, 나치 독일과의 전쟁이 발발한 순간부

377

터 이미 소비에트 정부의 미디어 작업이 개시됐다. 레닌그라드 콤소몰의 기관지《교체Смена》는 독일군이 국경을 넘은 이틀 후에 교전 상황을 전했고, 노동자들은 전쟁 관련 전시회를 준비했으며, 레닌그라드 영화배급사 렌필름Ленфильм은 10여 일 안에 대여섯 개의 전쟁 다큐멘터리를 만들겠다고 약속했고, 레닌그라드 지방 방송은 레닌그라드 시민들에게 곧바로 그 뉴스를 전달했다. 이로써 전시회부터 다큐멘터리 필름에 이르기까지 레닌그라드 봉쇄의 재현 방식들은 일상적인 레닌그라드 시민들의 삶을 이상화했으며, 봉쇄라는 영웅적 사건을 어떻게 하면 가장 잘 기억할 것인가의 문제가 언론과 방송에서 토론 주제가 됐다.[24] 실제로 〈전투 속의 레닌그라드Ленинград в борьбе〉라는 제목의 다큐멘터리 필름이 1942년 7월부터 배급됐으며, 1943년 제작된 필름에는 익혀 알려진 봉쇄 시기의 장면들이 대부분 포함돼 있다.[25] 한 시간이 넘는 분량의 필름 화면 한가득 군인들과 시민들의 용감한 대응과 질서 정연한 모습이 재현되고, 고무돼 힘찬 목소리의 내레이터가 일일이 전쟁 소식을 전해 주지만, 그 어디에도 슬픔과 고통은 보이지 않는다.

한편, 1942년 10월 건축가연맹 레닌그라드 지부는 '레닌그라드 영웅수호자기념비' 건축을 주제로 사업을 공모했다. 이에 맞춰 1943년에 공산당사 레닌그라드연구소는《영웅적 레닌그라드Геройческий Ленинград》를 6000부 출간하고 1917년 혁명과 대조국전쟁의 관련성을 강조하는가 하면,[26] 1944년에는 프로파간다 포스터, 시, 공공선언문 등 다양한 봉쇄 관련 문서를 단행본으로 발행했다.[27]

흥미로운 사실은 봉쇄의 모든 순간이 기록되고 수집되고 시각화됐

포스터 〈레닌의 도시를 지키자〉

으며, 봉쇄의 전쟁터는 역사의 전선이 돼 주었다는 점이다. 봉쇄 시기에 제작된 프로파간다 포스터는 레닌그라드 곳곳에 게시됐으며, 그메시지는 하나였다. 바로 용감한 레닌그라드 시민이 역사의 전선에서 있다는 것이었다. 1941년 포스터 〈레닌의 도시를 지키자Защитим город Ленина〉는 군인, 선원, 남성노동자, 여성노동자가 해군성, 이삭성당, 공장 등을 배경으로 하고 서서 사람들을 응시하고 있다. 그리고 죽은 아이를 안고 응시하는 포스터 〈유아 살해자들에게 죽음을!Смерть детоубийцам〉은 레닌그라드에서 일어나는 비극적 상황을 잘 보여 준다.[28] 이러한 포스터들은 비바람이 몰아치거나 눈발이 내리쳐도 레닌그라드 도처에 걸렸으며, 도시민들의 일상생활과 함께했다.[29]

전쟁의 기억과 추모, 상트페테르부르크·모스크바 '대조국전쟁' 기념비

레닌그라드 시가지
중심에 걸린 포스터 〈유아
살해자들에게 죽음을!〉

　　1943~1944년에는 이러한 선동선전 작업과 함께 전시회도 열렸다.
레닌그라드군 당국은 도시 방어를 위해 싸운 군인들의 영웅적 노력
을 전시회로 담아냈다. 레닌그라드 전선에서 포획한 독일군 탱크, 비
행기, 총 등의 무기 전시회는 부분적으로 1941년에 개막해 1943년 말
까지 계속됐다.[30] 이러한 전시물들은 1946년 '레닌그라드 방어박물
관Музей обороны Ленинграда'이 건립됐을 때 중요한 콘텐츠를 구성했
다.[31] 1945년 말까지 45만 명 이상의 방문객이 전시회를 찾았다는 사
실은 봉쇄 시기의 기억을 명확하게 시각화하는 교육적 효과를 증언해

준다.[32]

봉쇄 시기에 이뤄진 가장 흥미로운 '기억 프로젝트'는 공공도서관 사서들의 자료 수집 작업이었다. 레닌그라드 시민들은 전시회·포스터·다큐멘터리·라디오방송 등 국가가 만든 이야기 속에서 자신들의 이야기를 인식했으며, 자신들 기억의 틀 속에서 일부분을 걸어 내는 작업을 할 수 있었다. 이에 덧붙여 키르센봄의 주장에 따르면, 특히 공공도서관 사서들의 체계적이고 조직적인 자료 수집 작업은 국가-당의 수사, 이미지, 내러티브가 레닌그라드 시민 개인의 이야기로 어떻게 융합되는지 보여 주는 예가 됐다. 그녀가 보기에 봉쇄에 대한 경험의 양상과 기억을 재구성하도록 해 준 것은 당이나 국가가 아니라, 전시 출판물들이었다. 브리스크만M. А. Брискман과 메젠코Ю. А. Меженко가 1942년 가을 컬렉션 작업에 착수했고, 1945년에는 19명이 참여하는 조직적인 작업이 진행됐다. 도서관 사서들은 봉쇄에 관한 모든 자료를 목록화하는 작업을 했으며, 결국 그들의 작업은 개인의 기억을 보존하는 작업과 밀접한 관련을 가졌다.[33]

전쟁기념물들과 전쟁기념비들

레닌그라드 봉쇄의 비극성을 보여 주는 중요한 장소는 역시 피스카룝스코예 묘지라고 할 것이다. 2년 반 동안 독일군의 포위 공격 속에서 사람도, 식량도 무기도 이동이 금지됐으며, 죽음에 이르는 고통에도 불구하고 항복하지 않았다는 자부심의 다른 한편에 비극적인 죽음의 규모로 인해 사람들은 강한 인상을 받는다. 대부분 추위와 굶주림으로 죽은 42만 명의 민간인을 포함해 47만 명 이상이 186개의

381

공동 무덤에 묻혀 있다. 슬퍼하는 '어머니-조국Мать-Родина' 동상이 서 있고, 뒤편에는 평면의 벽으로 구성되는 기념판에 올가 베르골츠의 시, 그리고 도시를 지켜 낸 시민들의 조각상이 평면 부조로 새겨져 있다. 매년 도시의 수호자들을 추모하기 위해 수많은 사람이 이곳을 찾지만, 무엇보다도 이곳은 봉쇄 기간 동안에 대부분 한 집에 한 명 꼴로 가족을 잃은 사람들, 그리고 모진 전쟁의 고통 속에서 살아남은 사람들이 죽은 자들로부터 위로를 얻는 기억의 터라고 말해야 할 것이다. 묘역 조성은 1939년부터 이뤄졌고, 입구에 세워진 기념관을 포함해 피스카룝스코예 기념물의 전체 앙상블은 1956~1960년 사이에 만들어졌다. 또한 2000년대 초에 기념 현판이 추가돼 현재와 같은 모습이 됐다. 바실리예프А. В. Васильев와 레빈손Е. А. Левинсон이 설계한 기념물 전체의 모습, 이사예바В. В. Исаева와 타우리트Р. К. Таурит가 제작한 '어머니-조국' 청동상은 들어오는 입구에 서 있는, 영원히 꺼지지 않는 불꽃과 함께, 고통당하는 사람들을 위한 추모의 공간이 되고 있다.[34]

한편, 도시를 방문하는 이들이 풀코보Пулково 공항에서 내리거나 E-95 고속도로에서 빠져나와 상트페테르부르크로 들어가려면 모스콥스키Московский 대로를 지나게 돼 있다. 레닌그라드 영웅수호자기념비는 도시로 들어가는 관문에 둥근 원을 깨면서 위로 솟아오르며 서 있는, 높고 깔끔한 오벨리스크와 일련의 조각품으로 이뤄진 앙상블이다. 레닌그라드 봉쇄 시기에 전투가 벌어진 레닌그라드 전선 초입에 조성된 '승리의 광장'과 거대한 규모의 레닌그라드 영웅수호자기념비는 끝까지 항거하며 도시를 수호한 영웅들을 위한 위령비와 기념

'어머니-조국' 동상

피스카룝스코예 기념관

관, 그리고 조각품, 희생자들의 명판 등으로 구성돼 있다. 승리의 광장
한복판 바닥 표면에 둥글게 구성된 원은 레닌그라드 봉쇄를 상징하며,
깨진 원의 한편으로 높게 솟아오른 기념비는 바로 봉쇄를 이겨 낸 레
닌그라드 시민들과 군인들의 노력을 의미했다. 그리고 기념비 전면에
는 조각가 아니쿠신M. Аникушин이 제작한 일련의 청동 조각상들, 즉
추위와 굶주림 속에서 900일을 버텨 낸 군인들·해병대원들·유격대
원들·남녀노동자들·시민들의 청동 조각상이 배열돼 있다. 움푹 들어
간 중앙 계단 쪽으로 희생자들을 기리는, 영원히 꺼지지 않는 불꽃이
타오른다.

    그런데 이 강력하고 인상적인 기념비는 1970년대 초에 가서야 세

위겼다. 소련 최초의 영웅 도시라는 칭호를 받았으나 레닌그라드 봉쇄의 역사적 의미에 대한 대대적 성역화 작업은 흐루쇼프 시대 말기부터 시작해 특히 브레즈네프 시대에 본격적으로 이뤄졌다. 사실 레닌그라드 봉쇄 시기에 레닌그라드 전선에서 나치에 맞서 싸운 병사들과 시민들의 영웅적 노력을 기념하기 위해 기념비를 세우자는 최초의 계획은 1958년에 레닌그라드시에 의해 개진됐고, 그에 따라 기념비 설계에 관한 공모가 발표됐으며 총 44개가 참여했다.[35] 러시아 건축가 세르게이 스페란스키C. Б. Сперанский의 설계 디자인이 비극적인 포위 공격을 격퇴하는 레닌그라드 시민들의 노력을 잘 담아냈다는 평가를 받아 채택됐다. 그는 일찍이 1946년 민스크 도시 복구와 기념비 건설에 적극 참여한 경험이 있었다. 이 지역은 1962년부터 공식적으로 승리의 광장으로 지칭됐는데, 모스콥스키대로를 따라 아파트가 몇 채 건설된 후에 두 번째 기념비 설계에 관한 공개 모집이 발표됐다. 80여 개 팀이 신청했고, 세르게이 스페란스키의 디자인이 채택돼 하나의 완결된 복합 전쟁기념물이 완성됐다. 영웅적 도시로 들어오는 관문이자, 제2차 세계대전에서 나치를 막아 낸 도시의 방어선에 건립된 레닌그라드 영웅수호자기념비는 고전적인 엄격성·선명성·균형을 유지하면서, 역사적인 러시아제국의 수도 한복판에 있는 마르스 광장Márсово пóле과 겨울궁전Зимний дворец 광장에서 아이디어와 디자인을 가져와 '대조국'에 바쳐진 소비에트의 기념비적 예술의 대표적 예로 평가받고 있다.

앞서 레닌그라드 봉쇄를 바탕으로 '대조국전쟁'에 대한 기억이 구성되는 과정을 살펴봤다. 키르셴봄은 국가의 이데올로기와 개인이 만

385

승리의 광장에 세워진 시민, 군인 등의 동상들

레닌그라드 영웅수호자기념비

나는 지점을 강조하며, 그 만남이 신화를 만들어 낸다고 보았다. 그 신화는 개인이 기억하는 경험에서 나오며, 그 경험은 전쟁에서 살아남은 사람들에게 자신들의 기억을 제고하게 하고 그럼으로써 자신들의 경험을 기억한다.[36] 적어도 그의 설명에 따르면 외부 강압에 의한 기억은 진정한 기억이 되기 어렵다.

모스크바의 전쟁 기억과 기념비들

승리의 공원과 전쟁기념물들

전쟁기념물은 무엇보다도 전쟁으로 인한 죽음을 기억하기 위한 공간이다. 전쟁의 기억과 전사자 숭배 문제에 대해 선구적 역할을 한 라인하르트 코젤렉Reinhart Koselleck과 조지 모스George Mosse의 연구에 따르면, 전쟁기념물은 근대 국민국가의 발전과 연관된 '근대성을 시각적으로 대표'한다. 서구에서 전쟁기념물은 대략 세 시기로 구분된다. 제1차 세계대전 이전에 세워진 전쟁기념물들은 국가의 이름으로 죽은 영웅적 지도자를 추모하는 경향이 있으며, 제1차 세계대전 후에는 근대 국민국가의 민주화에 따라 평범한 군인들에 대한 추모가 국민적 기억에 수반된다는 것이다. 특히, 무명용사들의 무덤은 국민 정체성의 신성한 장소가 된다. 마지막으로, 제2차 세계대전 후에는 전쟁기념물에 대한 부정적 태도가 증가해, 과거처럼 정통성을 부여한 높은 명분을 기정사실로 받아들이기보다는 막대한 손실을 대변하는 것으로 보게 됐다.[37] 특히, 근대 서구 역사에서 남성성 강화가 국가-민족주의 강화와 밀접한 상관관계가 있다고 파악한 조지 모스는 무엇보다도 이 양자가 제1차 세계대전을 계기로 결합하게 됐다고 주장한다. 아울러 그 중심에 전사자 숭배와 전쟁 경험의 신화가 있었다고 강조한다. 또한 전사자 숭배와 전쟁 경험의 신화화를 통한 민족주의 강화가 1차 세계대전 이후 파시즘으로 나아가는 길을 열었다고 해석했다.[38] 조지 모스는 제2차 세계대전 이후에 독일을 위시해 서유럽에서 전사자 숭배가 크게 약화되기는 했지만, 민족주의가 부흥하는 계기가 마련된다면 이러한 근대적 전통이 다시 부활할 수 있다는 점을 시사한 바 있다.[39]

모스의 연구를 염두에 두면, 모스크바에서 전쟁기념비들은 좀 더 복잡하게 다가온다. 상트페테르부르크의 '대조국전쟁' 관련 기념물은 대부분 1960~1970년대에 지어지고 마무리돼 지금은 일단 기존 성역들을 보존하는 것에 머물러 있다. 그에 반해, 모스크바의 경우는 소련 해체 이후 체제 전환이 이뤄지는 과정에서 견고한 국가 정체성을 수립해야 하는 당위성 속에서 전쟁기념비와 전쟁 기념을 둘러싸고 '기억의 정치'가 좀 더 적극적으로 이뤄지고 있다는 점이 특징이다. 특히 '대조국전쟁'의 의미를 기리기 위해 승리의 공원이 새롭게 조성되고 전쟁기념관이 지어졌으며, 5월 9일의 승전기념일은 매우 중요한 국가 행사로 변모했고, 새로운 역사교과서 집필과 역사교육 커리큘럼 강화 작업 속에서 '대조국전쟁'을 둘러싼 '기억의 정치'가 진행되고 있기 때문이다.

우선 새롭게 조성된 승리의 공원으로 가 보자. 존경의 언덕 поклонная гора이 지닌 군사적 요충지로서의 성격은 1812년 나폴레옹과의 전쟁으로 거슬러 올라간다. 이곳은 높이 솟아 있어 모스크바 전시내가 한 눈에 들어오기 때문에, 나폴레옹에게 이 언덕은 중요한 전

모스크바 전쟁기념관 내부

략적 요충지였을 것이다. 나폴레옹이 보로디노Бородинское 전투를 거쳐 상승세를 타고 북진했고 마침내 모스크바에 입성하기에 앞서 이곳 언덕의 한 지점에서 자신에게 전달될 도시의 열쇠를 기다렸다고 전해진다. 1960년대에 소련 당국은 1812년 나폴레옹에 대한 러시아의 승리를 기념하기 위해 야외 박물관 부지를 조성하기로 결정했다. 원래 나폴레옹에 맞선 승리의 개선문은 1814년에 모스크바 시내의 트베르스카야 자스타바Тверская Застава 광장에 목조로 건립됐다가, 1827년 니콜라이 1세 시대에 대리석으로 다시 세워졌다. 그 후 스탈린 시대에 해체됐고, 1968년에 승리의 공원을 지나는 쿠투좁스키Кутýзовский 대로로 옮겨져 재건됐다.[40] 모스크바 승리의 공원 조성에 대한 본격적인

389

계획은 1858년에 이뤄졌으며, '대조국전쟁' 50주년을 기념하는 1995년에 준공됐다.[41]

승리의 공원과 광장은 야외 박물관의 매우 중요한 부분을 차지한다. 1987년에 언덕은 지표면에 맞게 낮춰 높이가 조정됐다. 그리고 1990년대에는 기념비가 두 개 세워졌는데, 하나는 승리의 여신 니케상이 부착된 141.8미터 높이의 승전기념탑으로 그곳에는 소련 각 지역과 도시에서 벌어졌던 전투와 군인들이 조각돼 있다. 승전기념탑 앞쪽으로는 모스크바의 수호성인이기도 하며, 용을 죽이는 성 게오르기 기념비가 마치 과거의 모스크바와 현재의 모스크바를 이어 주는 연속성을 지니고 있다.

승리의 광장에는 1993~1995년에 정교회가 세워졌으며, 이슬람의 모스크 기념관, 홀로코스트 시너고그Synagogue(유대교 회당) 기념관이 잇달아 세워졌다. 또한 2005년에 푸틴 대통령은 '대조국전쟁' 전사자를 기리기 위해 주요 격전지의 최전선과 해군을 상징하는 열다섯 개의 청동 기념상을 추가로 설치했다. 기념비들과 청동 기념상을 지나 전쟁기념관 안으로 들어가면, 독일군과의 전투에서 사망한 전사자들의 이름을 전산 시스템을 통해 확인할 수 있으며, 위대한 사령관들의 이름과 각 연대와 대대의 이름을 비롯해 무명용사를 기리는 거대한 판테온이 펼쳐진다.[42] 아울러 '대조국전쟁'의 다양한 유물들, 즉 전쟁 지도·무기·전선에서 오간 지령문들·신문 등과 같은 공식 자료에서부터 군인과 장교들의 사진과 일기, 다양한 개인 소지품 들이 최신 전시 기법을 통해 그 시대를 재현하고 있다.

승리의 공원이 이곳에 새로 조성되기 전까지만 해도, 전쟁기념비로

모스크바 승리의 광장과 승전기념탑

서 중요한 명소는 크렘린의 서쪽 벽 쪽 알렉산드르Александр 정원이었다. 이곳에 있는 무명용사의 기념비와 그 옆에 조성된 영원히 꺼지지 않는 불꽃은 조국을 위해 스러진 수많은 용사들의 넋을 기리는 곳으로 모스크바 시내 한가운데서 조국전쟁의 기억과 소박하게 마주하는 곳이었다.

승리의 공원과 광장에서 이리저리 둘러앉아 한가롭게 여유를 즐기는 도시민을 바라보면, 방대하게 조성된 공공기념물이 시민의 휴식 공간으로 활용되고 있음을 알게 된다. 하지만 그 이면을 들여다보면, 1990년대 중반부터 매우 의도적으로 새로운 국가 정체성을 만들고자 일련의 정책들이 이뤄졌음을 확인할 수 있다. 이것은 흐루쇼프 시대 말기부터 특히 1970년대에 대대적으로 행해진 기념비 작업과 오버랩되면서, 혹여나 그 장기적 결과가 조지 모스가 주장하는 것처럼 전사자 숭배와 전쟁 경험의 신화화를 통해 민족주의 강화로 나아갈 뿐만 아니라, 더 나아가 현재 러시아가 안고 있는 문제들을 덮어 버리는 것은 아닌지 짚어 볼 만하다.

왜냐하면 제2차 세계대전 이후 서유럽에서는 영웅적 전쟁기념물에 대한 냉소적 분위기가 등장한 반면에, 소련에서는 전쟁기념물들이 대규모로 건립됐다. 승전기념비를 포함해 수많은 전쟁기념물들을 건립한 1970년대의 브레즈네프 시대는 실제로 소련의 만성적 경제 위기와 노멘클라투라номенклату́ра, 즉 특권계급의 부패 등으로 인해 소비에트 체제의 쇠락이 진행됐다. 또한 전사자들에 대한 추모보다는 영웅적 이미지가 강조되는 경향이 있을 뿐만 아니라, 카타고Siobhan Kattago의 주장처럼 파시스트 나치에 맞서 싸웠다는 조국전쟁의 신화는 소련의 존재와 동유럽에서 소련의 팽창을 정당화하는 측면이 있었다.[43] 또한 비록 전쟁기념물들이 전사자들의 죽음을 추모한다 하더라도, '조국전쟁' 및 '대조국전쟁'의 이름 자체가 외국군(나폴레옹/히틀러)의 습격에 맞서 조국을 방어한 러시아인들이라는, 지극히 러시아 민족주의의 전통 안에 머물러 있다. 발렌틴 보고로프Valentin Bogorov가 보기에 소련의 수많은 전쟁기념물은 러시아제국 시기의 국가를 기리는 전통과 승리라는 문화적 원천을 불러낸 것이다. 그리해 소련의 전쟁기념물 안에서 정작 전쟁의 희생자들에 관한 실제 기억은 사라지고 만다.[44]

승리의 광장에 놓인 거대한 크기의 승전기념탑과 무명용사의 꺼지지 않는 불꽃을 지나 전쟁기념관으로 들어가면 무엇보다도 그 규모에 압도당한다. 계단을 올라가 2층 중앙의 판테온에 들어서면 흰색으로 가득한 공간에 거대한 크기의 전쟁영웅상을 마주하기 마련이다. 판테온의 고전적 모티브는 모스크바 붉은광장에 있는 레닌 묘와 오버랩되고, 흰색 벽면에 황금색으로 화려하게 새겨진 전투 지역과 기념비적 인물들보다 스탈린의 동상에서 압도적인 인상을 받는다.

공권력에 의해 만들어지는 '대조국전쟁'의 기억과 기념식

그렇다면 '대조국전쟁'에 대한 기념과 추모의 연대기를 확인해 보기로 하자. 소비에트 국가는 1941년 6월 21일에 독일군이 국경선을 넘었을 때, 처음으로 자기 홍보 수단으로 전쟁을 이용했다. 신문《프라브다Правда》가 6월 23일 처음으로 '대조국전쟁'이라는 구절을 사용했다.[45] 1812년의 나폴레옹전쟁을 지칭해 온 "조국전쟁"을 참고해서, 소비에트인들의 도덕심을 강화할 계획이 있었고, 130여 년 전에 러시아 인민들이 합심해서 나폴레옹 군대를 패배시켰듯이 바로 그와 같은 헌신과 꿋꿋함을 고무시킬 수 있다고 봤을 것이다. 또한, 기념비를 세움으로써, 전쟁의 기억을 활성화하는 일은 신속하게 진행됐다. 1942년 봄에 전쟁기념비 제작을 위한 설계 공모가 발표됐고,[46] 전쟁이 끝난 후 승전기념비 제작은 더욱 활발해졌다.

앞서 보았듯이, 1945년 전쟁 승리 직후 스탈린은 5월 9일을 국경일로 선포했으며 그날 소련 전역에서 소비에트 시민들은 휴일을 즐기며 승리의 기쁨을 만끽했다. 그런데 1947년 12월에 소련최고회의는 5월 9일 국경일 지정을 무효화했으며, 1948년에는 승전기념일 축하 의식이 중단됐다. 승전기념일에 대한 대대적인 기념식은 1965년 4월 26일 흐루쇼프에 의해 재개됐다. 소련최고회의는 이날을 다시 공공기념일로 지정했으며, 특별한 기념 메달을 수여했다. 그리고 1965년 5월 9일 처음으로 붉은광장에서 군사 퍼레이드가 개최됐는데, 이때 군인들은 1945년 5월 베를린에서 소련군에 의해 게양된 승전 깃발을 들고 행진했다. 그런데 여기에서 기억할 것은 언제나 군사 퍼레이드가 열리지 않았다는 점이다.

1995년 이전까지 군사 퍼레이드는 모스크바의 붉은광장에서 1965년(20주년), 1985년(40주년), 1990년(45주년)에 간헐적으로 열렸다는 것을 기억할 필요가 있다. 그리고 1995년(50주년)의 군사 퍼레이드는 1945년의 승전 퍼레이드를 닮았는데, 전쟁 베테랑·노동자·모스크바 유격대 등이 퍼레이드에 참여했고, 행진하는 유격대 앞에 승리의 배너가 달렸다. 옐친 대통령은 1995년 5월 19일에 러시아연방법에 따라 5월 9일을 국경일로 지정하며, 승전기념일에 군사 퍼레이드와 축포 행사를 거행한다고 발표했다. 이듬해 4월 15일 옐친 대통령은 승전기념일의 모든 행사에서 역사적 '승리의 배너'를 러시아연방 국기와 나란히 게양한다는 행정명령에 서명했다. 또한 2005년 승전기념일에 앞서 처음으로 모스크바의 수호성인인 성 게오르기의 리본을 착용하는 운동이 일어났는데, 검정 줄무늬 세 개가 담긴 오렌지색 리본은 '대조국전쟁'을 상기하는 표지가 되는 동시에, 파시스트 나치에 맞서 승리를 거둔 전쟁 베테랑에 대한 감사의 의미가 담겨 있었다. "우리는 기억한다. 우리는 자랑스럽다"라는 운동의 모토가 포스트소비에트 공간에서 울려 퍼진 것이다.[47]

2010년 모스크바 붉은광장에서 탱크와 미사일을 장착한 러시아군 행진이 이어지며, 하늘 위로는 화려한 공중 곡예비행이 진행되는 승전기념식에서 메드베데프 대통령은 다음과 같이 연설했다. "전쟁이 우리를 강한 국민으로 만들었다 … 시간은 매우 강력하지만 인간의 기억, 우리의 기억만큼 강력하지는 않다. 우리는 전선에서 싸운 군인들을 잊지 않을 것이다 … 그것은 잊힐 수 없다. 기억은 영원하다."[48] 전쟁 숭배의 수사가 스탈린이 아니라 메드베데프 대통령에 의해 표현됐으며, '대조국전쟁'을 상기하면서, 이제 존경의 대상은 공산당이 아니라 강한 국민으로서의 러시아인들로 변모한다. 승전기념일 축하 퍼레이드는 푸틴 대통령 시기로 이어졌으며, 잘 알려졌듯이 2015년 5월 9일 70주년 승전기념일엔 지금까지 개최된 어떤 기념식보다도 방대한 규모로 진행됐다. 엄청난 최신 무기들이 27개국에서 참석한 정상들과 최고지도자들이 있는 붉은광장에서 선보여졌으며, 2016년에도 규모만 조금 축소됐을 뿐, 최신의 군사 장비를 동원하는 군사 퍼레이드였으며, 기념식의 기조는 같았다.

그런데 이러한 일련의 변화는 소련 해체 이후 얼마간 잠잠하다가 20년간 계속되고 있으며, 최근 10년 사이에 더욱 강화되고 있다는 점이 흥미롭다. 마치 소비에트 시대를 연상시키듯, 예컨대 포스트소비에트 시대의 판본보다 스탈린을 좀 더 호의적으로 보는 개정교과서 작업이라든가, 승전기념식을 비롯해 성 게오르기 리본 착용 운동 등에서 나타나듯이 국가가 전폭적으로 지원하는 의례 의식, 그리고 전쟁 관련 유물 수집 작업에 국가가 적극 개입함으로써 정부에 좀 더 유리한 방향으로 이끌어 가는 경향도 엿보이기 시작했다.[49] 5월 9일 기념식에서 확인되듯이, 승전기념식은 국가에 의해 주도되는 국민적 행사가 됐다.[50] 적군 창설을 기념하는 승리의 배너가 승전기념식 행사에서 게양되는 대목에서 분명히 확인되듯이, 1991년 소련 해체 이후의 행사를 자세히 들여다보면 러시아 정부가 소비에트 시대에 발전된 것과 같은 방식으로 전쟁을 기억하고 있다. 이는 러시아 지도자들이 국민 통합에 기초하는 강한 러시아의 토대를 만들기 위해 '대조국전쟁'을 매우 적극적으로 사용하고 있음을 단적으로 보여 준다.

새로운 국가 정체성을 위한 전쟁 숭배 : 지속이냐 폐기냐

'기억의 정치'라는 문제의식을 가지고 보면, 러시아의 상황은 그리 단순하지 않은 것 같다. 1991년 소련이 해체됐을 때, 러시아의 정치 구조와 세계적 위상은 와해됐고, 뒤이어 정치적·민족적·개인적 정체성에 대한 심각한 도전이 나타났다. 러시아는 전반적으로 위기 상황에 놓였으며 국민들의 지지와 권력을 필요로 했던 정치인들은 새로운 시대에 걸맞은 새로운 국가 정체성을 만들려고 시도했다. 특히 1990년대에 러시아 정치 지도자들은 중요한 기념비와 기념물을 소비에트의 상징에서부터 러시아의 상징으로 변형시키려고 애썼으며, 흥미롭게도 새로운 정체성을 만들어 가는 과정에서 종종 과거 소련의 정체성과 유사한 측면이 나타났다. 아울러 소비에트 '노스탤지어' 경향도 중요한 현상 가운데 하나가 됐다.

포스트소비에트 시대의 기념비 연구자 벤야민 포레스트에 따르면, 소련 해체 이후 러시아의 정치 지도자들은 모스크바에 수도의 상징으로서 기념비를 건립했다. 기념비는 다름이 아니라 러시아인들이 존경하는 역사적 사건을 반영해야 했고, 그것은 바로 전쟁의 기념비였다. 소비에트 시대의 유산 가운데 공산당이나 명령에 기초하는 경제 구조는 전혀 쓸모없지만 '대조국전쟁'의 경우는 러시아인들이 가장 자부심을 갖고 회고하는 대상임을 러시아연방 정치 지도자들은 간파했으며, 그러한 생각이 승리의 공원 건립으로 구체화됐다는 것이다.[51]

물론 '대조국전쟁'의 영향이 큰 것은 부인하기 어렵다. 전쟁은 유례가 없는 규모로 사람들을 끌어들였고, 대략 2500만 여 명의 인명 피해를 입혔으며, 러시아 부의 3분의 1을 소실시켰고, 인프라 시설과 산업 기반은 송두리째 뿌리가 뽑혔다. 이러한 고통스러운 전쟁을 이겨 낸 경험들을 오늘날 다시 떠올리며, 국민을 강하게 결집시키기 위한 러시아 정치 지도자들의 고민도 충분히 이해할 만하다. 문제는 소련 시대에 전쟁이 단순히 연구의 대상이거나, 개인 차원의 기념 혹은 숙고의 공간으로 존재하지 않는다는 점에 있을 것이다. 다시 말해 소련 시대에 전쟁은 소비에트 국가의 확장을 위해, 경쟁하는 이데올로기의 전쟁

터이자 정치 작전이었으며, 소비에트 권력의 통합을 위한 수단으로 변형된 측면이 있다.

그에 대해서는 니나 투마르킨이 전쟁 숭배의 이중적 성격을 잘 분석했다. 그녀는 소련에서의 전쟁 숭배, 예컨대 엄청난 규모의 전쟁비와 전쟁기념물 건립 등은 사람들로 하여금 전쟁의 희생자나 전투의 순간을 기억하도록 하지만, 사실상 전쟁의 실제 기억을 파괴하는 이중적 성격을 지닌다고 주장한다.[52] 그녀는 기억의 생산자로서 국가의 역할에 집중하며, 전쟁 숭배의 양상·가치·성격 등을 광범위하게 묘사했다. 전쟁은 체제의 정통성을 채워 주고, 일치의 감정을 발전시켜 주는 긍정적 측면이 있다. 그런데 그녀는 전쟁 숭배가 결정적으로 민족주의 신화를 부과하며 사람들로 하여금 전쟁의 실제적 유산에 무디게 반응하도록 하는, 일종의 마취 상태에 빠지게 만드는 측면이 있다고 주장한다.[53]

소비에트 시대의 전쟁에 대한 태도를 성찰해 보면, 국가에 의해 강요되는 전쟁 숭배는 국가가 사람들에게서 전쟁의 기억을 "빼앗으려는" 시도이자 조작 행위일 수 있다. 과거에 소비에트 국가가 전쟁을 기억하는 방식, 예컨대 정교한 기념비, 과도한 승전기념일 축하 행사와 같은 것은 전쟁의 피해자와 희생자를 의미 있게 기억하는 대신에 또다시 소련 시대의 방식을 반복하는 것이 될 수 있다. 투마르킨이 잘 간파하듯이, 번쩍이는 기념비와 감상적인 전쟁 이야기 등은 실패하기 마련이다. 소련 시대에 그것이 최종적으로 실패한 이유는 전쟁을 겪지 않은 젊은 세대에게 전쟁 희생자들에 대한 부끄러움, 의무, 존경, 경외심, 감사함의 감정이 "너무나 늦게" 찾아왔기 때문이다. 그녀의 연구에 따르면, 소련 시대에 행해진 '대조국전쟁' 숭배는 세뇌를 목표로 했고, 결국 냉담한 조롱을 불러일으키면서 역효과를 주었다.[54]

그런데 이러한 전쟁 숭배 또는 전사자 숭배를 러시아와 그 이외 지역에서 계속 강조하게 된다면, 카타고의 설명처럼 독일군과 전투가 벌어졌던 곳곳에 건설된 승전기념비는 전사자들의 영혼을 위로하고 전쟁의 상흔을 치유하기보다는, 또는 독일군으로부터 해방됐다는 정치적 선언이라기보다는, 점령이라고 간주할 만한 의심스러운 것이 되고 만다. 예컨대 2007년 에스토니아 탈린에서 일어난 승전기념비 이전 문제나, 우즈베키스탄 안그렌 승전기념비 철거 문제를 둘러싼 논쟁이 다른 지역으로 충분히 확대될 가능성이 있다.[55]

누구에게도 말할 수 없던
비밀의 봉인을 풀어야

지금까지 '대조국전쟁' 기념비와 기념식을 통해 상트페테르부르크와 모스크바에서 전쟁의 기억과 추모가 어떻게 나타났는지 살펴보았다. 전자의 경우는 전후 70여 년이 경과한 뒤 전쟁이 비로소 역사가 됐다면, 후자의 경우는 정치권력자들의 목적에 의해 '대조국전쟁' 신화가 여전히 작동하고 있음을 보여 준다. '대조국전쟁' 신화는 1945년 이후의 소비에트인들, 그리고 포스트소비에트 시대 러시아인들의 정체성을 정의하는 데 있어 중요한 구성 요소가 됐다. 우리는 이 신화가 공산주의 체제 강화를 위해 만들어졌는지, 아니면 시련을 겪고

399

이겨 낸 러시아인의 자의식과 결합한 그 어떤 것인지 알지 못한다. 그러나 분명 소련 해체는 러시아인들이 민족에 관한 이해를 수정하도록 하는 중요한 계기가 된 것이 분명하다. 그런 맥락에서 보면, 러시아연방 지도자들과 러시아인들이 '대조국전쟁'이라는 자신들의 집단적 경험에 의미를 부여하고 자신들의 정치와 사회 발전을 이끌 새로운 민족적 서사를 구성하는 것에 관심을 가진다는 점은 놀라운 일이 아닐지도 모른다.

하지만 최근에 전쟁기념비와 전쟁기념물들, 그리고 러시아에서 거행되는 '대조국전쟁'에 대한 기억과 추모 방식은 소련 시대에 진행됐던 일종의 '전사자 숭배' 또는 '전쟁 숭배'와 오버랩된다는 느낌을 주기에 충분하다. 그것은 소련 해체 이후 자본주의로의 체제 전환이라는 새로운 환경에서 정부가 국가 정체성을 강화할 필요에 봉착했고 더 나아가 애국주의를 고무시키려고 했던 것으로 이해할 수 있다. 그러나 시간적으로 전쟁의 경험에서 멀어질수록 일반 사람들의 냉소주의는 더 커지는 경향이 있으며, 전쟁 숭배는 더 과도해지는 경향이 있다는 전쟁 숭배 연구자들의 결론을 상기할 필요가 있다. 물론 1990년대의 포스트소비에트 세대들과 최근의 승전기념식 과열 분위기를 직접적으로 연결시키는 것은 다소 과도한지도 모른다. 그러나 전쟁의 상흔에 대한 진정한 기억과 추모는 국가에 의한 전 국민적 기념식과 군사 퍼레이드에 있는 것이 아니라는 점은 분명해진다.

모진 전쟁에서 살아남는다는 것. 그것은 다행이면서 동시에 엄청난 고통을 동반하는 삶을 의미한다. 전쟁에서의 경험은 살아남은 자들의 일상생활을 부지불식간에 침범하며, 평생 전쟁의 트라우마에서 벗어나지 못하게 하는 일종의 천형이 되고 만다. 이런 점을 염두에 두면, 《전쟁은 여자의 얼굴을 하지 않았다》의 작가 스베틀라나 알렉시예비치에게서 해답의 단서를 발견할 수 있다. '대조국전쟁'의 서사에 의해 얼마나 많은 사람이 자신들의 감정 밑바닥에 슬픔, 고통, 두려움, 혐오감, 추악함, 고독, 억울함, 수치심 등 누구에게도 말할 수 없는 감정들을 비밀스럽게 감추고 있었는가![56] 실제로 '대조국전쟁'의 영웅적 서사에 의해, 러시아 중심의 '대조국전쟁' 담론에 의해, 지금도 여전히 전쟁에서 경험한 자신들의 감정을 드러내지 못하는 사람들이 많다. 그것을 고스란히 말할 수 있는 그 지점에 진정한 추모와 위로가 있는 것 아니겠는가.

전쟁의 기억과 추모, 상트페테르부르크·모스크바 '대조국전쟁' 기념비

혁명의 기억

멕시코시 혁명기념건축물

박구병

멕시코혁명과 혁명 후 체제의
교육·문화 정책

　　1910년 11월에 발발한 멕시코혁명은, 1898년부터 1920년 무렵까지 20세기 라틴아메리카 역사의 첫 국면을 대표하는 대격변으로서 흔히 러시아혁명에 앞선 '20세기 최초의 사회혁명'으로 알려졌다. 이 사건은 시기적으로 러시아혁명을 앞설 뿐 아니라 기존 사회경제적 체제의 변화라는 측면에서 보더라도 최초의 사회주의혁명에 비견할 만했다. 장기 독재 체제와의 단절을 시도한 이 혁명은 좀 더 넓은 맥락에서 보면 분쟁과 충돌로 점철된 혼란의 19세기에 작별을 고하는 마지막 일성이자 멕시코에 근대국가로서의 새로운 지속성을 부여한 사건이었다.[1]

　공식 해석에 따르면, 20세기 멕시코의 탄생을 알린 혁명은 국민 생활의 모범이자 길잡이였다.[2] 혁명에 직접 가담한 언론인 마르틴 루이스 구스만Martín Luis Guzmán이나 시인 옥타비오 파스Octavio Paz가 요약하듯이, 멕시코혁명은 극단으로 치달은 대중 봉기의 환희와 "총탄 축제"[3] 속에 사상적 교의나 사회적 변화에 대한 보편적 전망이 부재한 현실의 폭발[4]처럼 보였다. 투쟁 과정에서 이질적이고, 때로는 대립적인 사회운동과 이해관계자 집단 사이에 동맹을 형성해야 할 필요성이 대두돼 이데올로기적 모순과 일관성 결여가 불가피했고, 그에 걸맞은 정치적 실용주의가 촉진됐기 때문이다.

혁명의 성격과 시기 구분을 둘러싼 논쟁이 이어졌지만 연구자 대부분은 혁명이 멕시코를 통합적 성격의 국민국가로 전환시키는 결정적 계기였다는 데 동의한다. 프란시스코 마데로Francisco Madero(1873~1913)의 '공정 선거, 재선 반대' 투쟁으로 촉발된 멕시코혁명은 1910년 이후 10년간 전국으로 확대돼 35년간 지속된 포르피리오 디아스Porfirio Díaz (1830~1915)의 과두 지배 체제Porfiriato를 무너뜨리고 더 젊은 세대가 주도하는 혁명 후 체제를 출범시켰다. 서유럽을 본보기로 삼아 근대화를 지향하려던 디아스 체제와 달리 혁명 후 체제는 원주민의 전통을 복원하고 메스티사헤mestizaje(인종적 혼혈과 문화적 혼성)를 새로운 집단적 정체의 핵심으로 강조하면서 국가 발전 방향의 대전환을 모색했다.[5] 10년 동안 인구 1500만 명 가운데 100만 명이 넘게 희생된 혁명기의 폭력이 잦아든 뒤에야 멕시코는 유럽계뿐 아니라 원주민, 메스티소mestizo를 아우를 수 있는 좀 더 통합적인 국가로 변모할 단계로 접어든 것처럼 보였다.

1920~1930년대 혁명 후 체제의 정책에 관한 기존 연구에서 두 가지 주요한 주제를 꼽는다면, 우선 1920년대 국민 정체성 만들기와 관련된 교육·문화 정책이고, 다른 하나는 1930년대 중반 이후 일련의 개혁 정책을 주도하면서 혁명의 불씨를 되살려 낸 라사로 카르데나스

Lázaro Cárdenas 대통령의 집권기(1934~1940)라고 할 수 있다. 첫 번째 범주의 여러 연구들은 1920년대 초 멕시코국립대학교 총장과 교육부장관을 역임한 호세 바스콘셀로스José Vasconcelos(1882~1959)의 활동, 그리고 1920년대 말과 1930년대 초 벽화운동의 중요성을 강조한다. 하지만 이 글에서는 그동안 덜 주목받아 온 혁명 후 체제의 혁명기념물 건축을 검토하는 데 치중하고자 한다.

지역별로 다양한 혁명의 흐름 속에서 '수많은 멕시코muchos Méxicos'의 면모가 드러났지만, 1920년 이래 재건 국면에는 그것을 전유하고 전용한 혁명 권력의 중심지로서 멕시코시의 특성이 더욱 두드러졌다. 20세기 초부터 서쪽으로 확대된 멕시코시는 1940년대 중반 경제 성장 속에 폭발적인 인구 증가와 물질적 풍요, 시각적·문화적 자극을 겪었고, 1950년대 초 이래 고층건물들이 건립되면서 도시 경관도 극적으로 변화했다. 이 글에서는 디아스 시대가 도시 경관에 새겨 놓은 유산을 대체하고 새로운 국가 발전의 기틀을 마련하고자 시도한 1920년대 말과 1930년대 초 혁명의 제도화 국면에 초점을 맞춰 멕시코시에서 전개된 벽화운동, 모더니즘 건축의 확산 경향, 혁명기념물 조성 사업의 취지 등을 검토하고 앞선 시기와 구별되는 멕시코시 공공건축물의 특징이 무엇인지 정리하고자 한다.

공공건축물이나 기념물이 국가國歌를 비롯해 공동체가 함께 부르는 노래, 영웅적 인물, 신화, 종교 등과 더불어 집단 정체의 구성에 꼭 필요한 문화 상징물로 부각되는 까닭은 해당 공동체가 지닌 영광스런 과거를 환기시키고 동시대인뿐 아니라 후속 세대의 기억에 영향을 미치려는 의도를 내포하기 때문이다. 이 글에서는 문화를 정치, 경제, 사회

405

영역과 관련 없이 고립적이거나 주변적인 개념으로 간주하지 않고 정치 지배와 종속 관계를 반영하며 사회 변동과 긴밀하게 연관돼 있는 동시에, 그것에 의해 영향을 받는 것으로 이해할 것이다. 이런 점을 염두에 두고 멕시코혁명 후 체제의 문화 정책을 살펴보면서 기념과 기억 문화의 정치에 대한 이해의 폭을 넓히고자 한다.

디아스의 근대화 실험장에서 혁명 후 체제의 재건까지

포르피리오 디아스가 1876년 군사 쿠데타를 일으켜 권좌에 올랐을 때, 멕시코시에는 두드러진 공공건축물이 거의 없었다.[6] 19세기 초 정치적 독립 이후 멕시코는 끊임없는 지역 분열, 외세 개입, 자유주의자와 보수파 간의 내전 탓에 사실상 하나의 국가로서 뚜렷한 정체를 구성하지 못했다. 디아스는 철권통치를 통해 반란과 지역 갈등으로 점철된 혼란기를 마감하고 정치 안정을 도모하면서 경제적 자유주의와 대외 개방에 바탕을 둔 근대화 정책을 추진했다. 디아스의 목표 가운데 하나는 유럽의 여러 주요 도시들에 필적하는 도시를 만드는 것이었다. 디아스 정부는 원주민과 에스파냐적 요소를 간직하는 동시에 파리를 본보기로 활용할 수 있으리라고 판단했다. 이는 결코 쉽지 않은 작업이었기 때문에 혼선을 빚었고, '과학파los científicos'로 알려진 디아스의 측근들은 여전히 원주민을 열등하고 국가 발전에 걸림돌이 되는 인종 집단으로 평가했다.

유럽적, 특히 프랑스적 요소로 멕시코적 요소를 덮으려는 시도는 '포르피리오 디아스 시대의 건축 양식'을 낳았다. 이는 1860년대 파리의 도시 계획을 주도한 오스만의 영향을 깊이 받아 이상적 도시를 구상하는 기획으로, 말하자면 멕시코시의 오스만화Haussmannización[7]였다. 디아스 시대에 멕시코시는 대대적인 근대화의 실험장이 됐다. 일종의 근대적 표지로서 멕시코시의 주요 명소와 특색 있는 건물은 대부분 이런 양식에 따라 건설됐다. 1900년 무렵 인구가 약 50만 명에 이른 멕시코시의 근대화 기획은 주로 근대식 병원, 학교, 공장 등을 신축하고 대규모 공공사업을 추진하는 데 집중됐지만,[8] 디아스 시대가 선호하는 양식에 의거해 이룩한 가장 두드러진 성과는 로마 지구Colonia Roma 재건과 레포르마 거리Paseo de la Reforma 정비였다.

디아스는 1860년대 중반 프랑스의 개입 시기 막시밀리아노Maximiliano 황제가 주거지인 차풀테펙 성Castillo de Chapultepec과 소칼로 광장Zócalo에 인접한 집무 공간 사이의 이동을 편리하게 하고자 닦아 놓은 레포르마 거리를 지속적으로 정비했다. 그러면서 에스파냐 식민 시대 양식 건물들이 디아스 시대의 더 큰 건물들로 대체됐다. 또 1880년대 초부터 '동상의 침입'이라 불릴 정도로 주목할 만한 조각상과 기념비, 건축물 건립이 이뤄졌다. 특히 1889년부터 1900년까지 레포르마 거리에는 멕시코 자유주의 전통을 강조하는 동상 서른여섯 개가 세워졌다.[9] 이는 20세기 초부터 서쪽으로 확대된 멕시코시를 예증하는 프로젝트였다. 게다가 디아스는 다양한 독립 100주년 기념행사를 준비하면서 이탈리아 예술가에게 의뢰해 향후 '천사상angel'으로 불리게 될 독립 기념 조각상을 제작했다. 파리 방돔 광장의 청동 기념탑을 본

407

독립 100주년 기념 청동 천사상

떠 만든 천사상은 독립 100주년 기념일인 1910년 9월 16일에 제막됐다. 디아스로서는 자신의 80세 생일이 역사적인 기념일 전야(9월 15일)의 '멕시코 만세!' 함성 의례와 겹치는 부가적인 기쁨을 만끽하면서 많은 이들에게 축하받을 수 있는 완벽한 기회로 여겼을지 모른다.[10]《뉴욕타임스》역시 "멕시코의 독립 100주년 기념은 의심할 바 없이 대통령이 누리고 있는 권력의 현시顯示였다"라고 보도했다.[11]

디아스는 멕시코시의 허파라 할 수 있는 알라메다 공원Alameda Central을 정비하고 국립극장Palacio de Bellas Artes을 건설함으로써 멕시코시에 근대 도시의 면모를 부여하려 했다. 디아스 시대의 영광을 상징하는 또 다른 건축물은 1897년에 착공됐으나 완성되지 못하고 1930년대에 혁명기념건축물로 대체된 연방 입법부 건물Palacio Legislativo Fed-eral이었다. 국제 디자인 공모전을 통해 뽑힌 이탈리아 건축가 피에트로 파올로 콸리아Pietro Paollo Quaglia가 착공 전에 사망하는 예기치 않은 악재가 발생했기 때문에, 몇 년 뒤 새로이 선정된 프랑스 건축가 에밀 베르나르Émile Bernard는 미국 워싱턴DC의 국회의사당과 같은 신고전주의 양식의 이 건축물을 구상했다. 그런 와중에 혁명이 발발하면서 이 건축물은 디아스 체제의 미완성 은퇴작이 됐다.

다른 한편에서 디아스 정부의 도시화 프로젝트와 정치 부패에 환멸을 느낀 젊은 예술가들은 상징주의와 아르누보Art Nouveau(다양한 예술 분야에서 기존 방식을 거부하며 새롭고 통일적인 양식을 추구하려 한 1890~1910년, 즉 세기 전환기의 국제 예술운동) 등 전위예술적 실천을 통해 디아스 시대의 실증주의 분위기에 문제를 제기하고 원주민의 유산을 예술적으로 재현하면서 독특한 미학적 관심사를 추구하고자 했다.[12] 하지만 디아스의 독재 체제에 대한 더 강력한 저항은 1910년 11월 혁명의 물결로 표출됐다.

독립 투쟁 개시 100주년 기념의 해인 1910년에 발발한 혁명은 초기에는 자유주의적 부르주아지가 주도한 정치 도전 성격이 강했지만 에밀리아노 사파타Emiliano Zapata(1879~1919)와 판초 비야Pancho Villa(1878~1923)의 운동 같은 일부 지역의 대중 봉기와 함께 확대되면서 결국 디아스 체제를 무너뜨렸다. 1910년부터 1920년까지 각 지역 실력자들이 대중 동원과 무장 투쟁을 통해 세력을 확대하려고 경쟁하는 국면이 전개됐다면, 1920년 이후에는 권좌에 오른 북부 출신 혁명파가 그동안 아래로부터 터져 나온 개혁 열망을 선별적으로 포섭하고 실행하는 동시에 중앙집권화를 꾀한 재건, 즉 혁명의 제도화 국면이 이어졌다. 알바로 오브레곤Álvaro Obregón(1880~1928)에 이어 1924년 집권한 플루타르코 엘리아스 카예스Plutarco Elías Calles(1877~1945)의 강력한 반反교권주의와 세속화 정책은 혁명 후 체제의 두드러진 이념적 지향과 특성을 대변했다.

더욱이 혁명의 제도화를 위해선 무엇보다 1923, 1927, 1929년에 일어난 일부 군 세력의 반발처럼 권력 승계 과정에서 불거지는 위기를 차단하고 정권의 기반을 다지는 안정화 작업이 필수였다. 1928년 선거를 통해 다시 대통령에 당선된 오브레곤이 새로운 임기를 시작하기 전에 암살당한 뒤 이임을 앞둔 대통령 카예스는 '혁명의 최고 지도자 el Jefe Máximo de la Revolución'로서 정치 공백을 메우고 혼란을 수습하는 과정을 이끌었다. 특히 1929년 3월 국민혁명당PNR이라는 '혁명 정당' 창설은 혁명 세력 내의 동요와 내분을 막고 개인 카리스마에 의존한 정치를 조직에 근거한 정치로 바꿔 안정을 도모하면서 혁명의 제도화 국면에서 가장 중요한 성과로 떠올랐다. 이와는 대조적으로 혁명기의 무장 투쟁과 1920년대 재건기를 거치는 동안 '동상의 침입'은 더 이상 지속될 수 없었다. 그 대신 혁명 정부는 학교, 체육공원, 집단농장ejido, 관개수로 등 각종 공공시설 건설 사업과 사회적 향상 자체야말로 진정한 혁명의 기념비라고 주장했다.[13]

혁명 후 체제의 국민 정체성 만들기와
벽화운동

　　1920년대 초 집권 세력은 어떻게 응집력 있는 국가를 만들 것인가라는 벅찬 과제에 직면해 이질적이고 궁핍한 주민들을 통제하면서 국제 경쟁력을 갖춰 나가길 원했다. 이런 노력의 일환으로 혁명 정부가 심혈을 기울인 작업은 각종 개혁 실행 외에 예술가와 지식인들의 뜻을 모아 멕시코의 새로운 정체성을 부각시키는 일이었다. 이는 예컨대 교회 건물의 공적 활용이나 옛 정부 관련 시설물들을 '혁명 벽화'로 다시 장식하는 작업으로 구체화됐다. 벽화는 디아스를 비롯해 어떤 전임 정권이 그랬던 것보다 효과적으로 공식 기억을 정리하고 확산하는 데 기여하는 매체가 됐다. 사실 디아스도 19세기 자유주의 전통의 후예로서 공교육 확대가 과학교육과 시민 문화 형성을 통해 원주민을 비롯한 국민 통합의 핵심 수단이 될 것으로 기대했다.[14]

　하지만 혁명 후 체제는 디아스 시대의 유럽 지향적 분위기에 비해 훨씬 더 적극적으로 원주민을 진정한 멕시코인의 뿌리이자 새로운 국민 문화의 원천으로 삼았다. 권력 기반을 강화하고자 '혁명 정당'이 탄생했다면, 통치의 정당성을 강조하기 위해서 교육과 예술 활동이 활용된 것이었다. 혁명 세력의 지도자들은 후속 세대를 대상으로 '뿌리로부터의 개혁'을 실행하기 위한 구상을 다듬었다. '혁명의 최고 지도자' 카예스가 1934년 7월에 공표한 '과달라하라의 외침'은 이런 내용을 담았다. "혁명은 끝나지 않는다 … 우리는 내가 심리적 혁명이라고 부르려는 새로운 국면에 진입해야 한다. 우리는 어린이와 젊은이들의

411

마음속에 들어가 그것을 사로잡아
야 한다. 왜냐하면 그들이 혁명이
고 혁명에 속해야 하기 때문이다
… 혁명은 편견을 뿌리 뽑아야 하
고 새로운 국가적 정신을 함양해야
한다."¹⁵

'혁명적 인디헤니스타indigenista
(멕시코혁명기 이래 원주민들의 문화유산과
전통을 복구하고 유지할 뿐 아니라 그들의 정
치적·사회경제적 복권을 옹호한 연구자와 운
동가들)'는 메스티소 국가 멕시코의
출발점을 이루는 원주민 문명을 영
광스런 과거로 규정했다.¹⁶ 이런

JOSE VASCONCELOS

LA RAZA CÓSMICA

MISIÓN DE LA RAZA
IBEROAMERICANA

NOTAS DE VIAJES
A LA AMÉRICA DEL SUR

AGENCIA MUNDIAL DE LIBRERÍA

호세 바스콘셀로스의 《융합적 인종》
초판

인식을 바탕으로 디아스 시대의 자유주의와 실증주의 사고방식이 남
긴 인종 간 분리를 극복하고 멕시코의 여러 지방을 한데 묶으려는 혁
명 후 체제의 통합 정책은 '혁명적 민족주의'의 골간을 이루었다. 철학
자 호세 바스콘셀로스가 1925년에 발간한 대표작 《융합적 인종Raza
Cósmica 》에서 역설했듯이 혁명 후 체제는 원주민 문명을 멕시코인의
영광스런 뿌리로 인식하고 인종·언어·지역·문화적 다양성이 융합된
메스티사헤를 멕시코의 대표 특성으로 내세웠다. 바스콘셀로스에 따
르면, 기존의 네 인종(백, 흑, 황, 홍)을 대체하는 동시에 모두를 아우르는
아메리카의 메스티소 같은 '제5의 인종'이 정신적 가치가 존중받는 새
로운 시대를 이끌 것이었다.¹⁷ 메스티소는 국가와 민족의 틀을 뛰어넘

는 융합적 인종으로, 적어도 '라틴아메리카의 신인간'인 셈이었다. 그런 점에서 혁명은 멕시코인들에게 자기 뿌리를 탐색하는, 고통스럽지만 창조적인 역사적 사명이기도 했다.[18] 1920년대 중반 혁명 후 체제는 이런 인식을 바탕으로 유럽을 모방하려던 디아스 시대의 지배적 정서와의 단절에 열중하면서 효과적으로 대중을 동원하는 역량을 발휘하는 듯했다.

이미 1914년 11월부터 1915년 1월까지 아과스칼리엔테스Aguascali-entes 협의회(1914년 7월 디아스 체제의 계승자 빅토리아노 우에르타를 권좌에서 몰아낸 뒤 베누스티아노 카란사를 비롯해 여러 혁명 세력 지도자들이 구성한 협의회)의 교육 분야 책임자로 활동한 바스콘셀로스는 교육을 혁명 완수를 위한 필수 요소로 인식하고 1921~1924년 혁명 후 체제의 교육부장관으로서 학교 설립과 교과서 간행, 고전 교육, 원주민 예술 발굴과 축제 개최, 문화 사절단의 전국 순회와 험지 파견, 토착 민중예술 발굴과 회복, 문맹 퇴치운동 등을 이끌었다. 바스콘셀로스의 교육부는 교육을 각 분야의 지식인들과 예술가들의 공동 작업으로 수행해야 하는 국가 과제라고 인식하고 건축과 예술교육을 총괄하는 역할도 맡았다. 혁명 정부가 적극 후원하는 벽화운동을 통해, 예컨대 생전에 배척당하고 1919년 4월에 암살당한 농민운동 지도자 사파타는 특정 지역과 인종 집단의 지도자를 넘어 멕시코혁명의 상징으로 재탄생했다.

당시 문맹률이 매우 높았다는 점을 감안할 때 벽화는 정치 교육과 정당화 기능을 담당할 수 있는 효과적 대중매체였다. 대중에게 벽화에 나타난 멕시코의 과거, 현재, 미래는 사실상 역사교과서 대용이었다. 예컨대 디에고 리베라Diego Rivera(1886~1957)의 벽화 가운데 대중 미

413

디에고 리베라, 〈멕시코의 역사〉 일부

학의 정점을 보여 준 사례는 국립궁전에 그린 대작 〈멕시코의 역사〉였다. 리베라가 국민혁명당이 창설된 1929년에 그리기 시작한 〈멕시코의 역사〉는 멕시코혁명 권력 승계의 제도화를 모색하려는 권력 엘리트층의 염원을 충실히 반영했을 뿐 아니라 당시 유행한 '혁명적 인디헤니스모indigenismo(혁명기 이래 부각된 원주민의 권리와 유산에 대한 옹호론)'와 진보 사관을 재현하려 했다.[19] 리베라는 산업화와 기계화 시대의 대세를 이루던 모더니스트 건축의 기능적 측면에 관심을 보이는 한편, 나아가 예술을 정부가 활용할 수 있는 공공사업이나 기획으로 이해하고 건축도 빈민의 대의를 증진시켜야 한다고 생각했다.[20] 1930년대 중반 이후 벽화운동은 영화와 라디오를 통한 정치 선전 활동에 비해 정부의 공식 전략으로서 중요성이 감소했지만, 국제적 위세를 떨치고 있던 모더니즘과 더불어 에스파냐 정복 이전의 과거로부터 이어져 온 멕시코 고유의 특성mexicanidad을 표현하려는 열망을 담아내는 데 여전히 의미 있는 역할을 담당했다.[21]

혁명기념건축물과 혁명 기억의 재구성

혁명 지도자들이 모더니즘과 멕시코 고유 특성 간의 조화를 이루고자 주목한 또 다른 영역은 도시 계획과 경관 디자인이었다. 멕시코시는 디아스가 남겨 놓은 흔적 위에 독자적으로 새로운 양식의 도시 외관을 구축해야 했다.[22] 새로운 도시 경관은 혁명 유산의 하나로서 혁명 후 체제의 진로와 방향을 예증했다. 그리해 1928~1940년에 혁

415

명은 거리에도 반영됐다. 오래 지속된 격전을 끝내고 어떤 면모를 지닌 국가를 재건할지에 대한 지침은 분명하지 않았지만 혁명 승리자들은 혁명기의 허약한 국가를 대체하는 연방 정부 재정비와 강화에 주력했다. 혁명 후 체제는 디아스 시대의 정책 기조를 대대적으로 수정하면서 혁명에 기여한 인물들의 이름을 따서 기존 거리들을 새로이 명명하고 일부 지역들을 연결하는 새로운 도로를 건설했다. 이런 사업은 혁명 자체를 비롯해 멕시코 역사 전반을 재해석하고 도시 경관을 기념 공간으로 전유하려는 혁명 후 체제의 의도를 뚜렷이 드러냈다. 이로써 1913년 2월 마데로가 암살당한 '비극의 10일' 이후 혁명기 폭력에서 벗어나 파괴를 면한 멕시코시는 혁명의 수도로 재확인됐고 혁명 전통에 근거한 새로운 집단 정체의 중심지로 기능하게 됐다.[23]

따라서 벽화와 더불어 멕시코시의 혁명기념건축물monumento a la Revolución은 제도화 국면에 접어든 혁명의 가치와 방향이 무엇이었는지 보여 주는 핵심 표지로서 도시 내용물을 조정하고 통제하며 혁명에 대한 공적 기억을 연출하려는 혁명 후 체제의 노력을 대변했다. 1932년부터 1934년까지 대통령을 역임한 아벨라르도 로드리게스Abelardo Rodríguez의 임기 중에 각종 건물·기념물 건축과 보존 업무를 담당한 건축가 안토니오 무뇨스 가르시아에 따르면, 그 시기에 이뤄진 몇 가지 기획 사업은 연방 구역Distrito Federal 역사상 타의 추종을 불허하는 성취였다.[24] 그 시기는 막시마토Maximato라 불리는 시기, 즉 실권자 카예스가 주도하는 막후 정치의 전성기와 일치했다.

1933년에 착공된 혁명기념건축물은 무엇보다 디아스 체제의 근대화 기획을 완벽하게 대체하고자 했다. 원래 그 건축물은 디아스가 국

혁명기념건축물 외관

회의사당으로 건립하려 계획했으나 혁명이 터졌을 때 이탈리아제 대리석과 노르웨이제 외장재가 이미 반입된 채 반구형 지붕cúpula 부분과 그것을 떠받치는 철골 기둥 구조물만 공사가 끝난 상태였다. 하지만 1930년대 초 구리로 만든 반구형 지붕 가운데 일부가 산화돼 고철로 팔려 나갈 지경에 이르렀을 때, 이 미완성 건축물은 결국 디아스 체제에 대해 혁명 세력이 거둔 승리의 기념물로 재활용됐다. 중앙의 반구형 천장과 지붕 형태는 살아남았다.[25] 재생 작업을 주도한 건축가 카를로스 오브레곤 산타실리아Carlos Obregón Santacilia에 따르면, 그것이 멕시코시의 인상과 외관의 필수적 부분을 이루고 있었기 때문이다.[26]

이는 공공 영역 환수를 명시하는 대표 사례였다.[27] 더욱이 혁명기념건축물은 메스티소와 원주민의 전통을 바탕으로 한 새로운 정체성의 상징으로서 디아스와 지배 엘리트층이 적극 수용한 유럽 취향의 청동 천사상이 지닌 위세에 맞서게 됐다. 1933년 10월 카예스는 "혁명의 기억을 영속시킬 진보적이고 애국적인 기획"이라는 실무 담당자 후안 바르가스 장군의 서한을 접수했다.[28] 이런 개조 계획은 거의 모든 멕시코인에게 디아스의 시대가 마침내 종식됐다는 선언으로 받아들여졌다. 공사에 필요한 자금은 공개 모금과 기부로 이뤄질 계획이었고 재무장관 알베르토 파니는 "혁명기념건축물이 모두를 위한 모두의 작업이어야 한다"라고 역설하는 협조 서한을 여러 주의 지사들에게 발송했다.

파니는 젊은 조각가 루이스 오르티스 모나스테리오가 구상한 대로 혁명기념건축물을 프랑스의 판테온과 같은 시설, 즉 혁명 영웅들의 유해를 한데 모아 놓은 묘실로 만들자고 제안했으나 곧 철회했다. 오브레곤 산타실리아의 주도 아래 혁명기념건축물은 카예스와 파니의 구상을 반영해 디아스 체제에 대한 승리를 의미하는 활 모양의 구조물로 재탄생했다. '20세기 최초의 사회혁명'을 상징하는 이 건축물은 띠 모양의 화환 장식이나 혁명 구호와 정부 정책을 기입하지 않고 추상적 형태의 기념물로, 달리 말해 이름과 초상肖像을 내세워 특정 개인을 드러내지 않는 방식으로 마무리됐다. 이는 대중의 비종교적 과업에 영예를 부여할 뿐 특정 영웅과 순교자의 영예를 드러내기 위해 건축물을 세우지 않겠다는 카예스와 파니의 강력한 의지가 반영된 까닭이다.[29] 카예스에게 혁명은 개인 중심의 통치나 분파주의에 맞선 반발이었고, 정부는 영속적인 혁명이 전환된 결과로서 개혁을 통해 유지될 터였다.

제안, 설계, 건축을 추진한 주역들이 활약한 덕분에 멕시코시는 혁명 자체를 기념하는 유산을 보유하게 됐다. 거대한 공식 건축물은 권력 교체를 넘어 19세기 초 독립과 19세기 중엽 자유주의 개혁을 염원하는 투쟁이 1910년 멕시코혁명과 연결되고 지속됐다는 점을 각인하는 동시에 독립과 개혁의 시대에서 혁명으로의 전환을 은유했다.[30] 이 건축물은 독자적 역사를 기억하는 상징일 뿐 아니라 20세기 초 모더니스트의 영향을 반영하는 문화 표지이기도 했다. 20세기 초 라틴아메리카의 예술과 건축 분야에서 모더니즘이 차지하는 비중은 엄청났는데, 1920년대와 1930년대에 멕시코와 외국 출신 예술가와 지식인 들이 혁명기에 분출된 폭력의 야만성을 멕시코의 구원을 위한 웅장한 서사로 묘사하는 과정에서 멕시코 나름의 모더니즘이 모습을 갖추게 됐다.[31] 혁명 후 체제의 지도자들은 원주민적 감수성을 담은 색다른 모더니스트 양식을 후원하고 확산시켰다.[32]

단단한 구조를 지닌 혁명기념건축물에는 재료 혼합만이 아니라 멕시코 여러 지역의 특징적 주제와 에스파냐 정복 이전 건축물, 그리고 아르데코Art Deco(1920~1930년대 유행한 장식미술의 한 양식으로 기하학적 무늬와 강렬한 색채가 특징) 양식의 혼합이 반영됐다. 오브레곤 산타실리아는 국민적 뿌리와 역사에 대한 탐색과 엄격한 구성 원칙 간의 쉽지 않은 결합을 시도한 셈이었다.[33] 대체로 수수하고 어두컴컴한 외관을 지니게 됐지만, 1936년 9월 말《엑셀시오르Excelsior》가 공개한 건축물 조성 사업 보고서에 따르면, "곧 완공될 혁명기념건축물과 혁명광장은 전국에서 가장 크고 아름다운 곳 가운데 하나"로서 바로 옆에는 국민혁명당의 새로운 당사와 임·수산업부 청사, 에히도ejido 은행 등이 자리 잡게 될 터였다.[34]

혁명기념건축물은 혁명을 새로운 국민 정체성의 핵심으로 규정하려는 의지에서 비롯된 작품이었기 때문에 카예스와 로드리게스 대통령은 혁명적 연대를 훼손할 수 있는 여러 분파의 존속과 당파적인 순교자 숭배 관행을 지양하고, 그것을 공식적이고 단일한 혁명 전통과 역사에 포섭하고자 했다. 달리 말해 혁명기념건축물은 혁명을 기념하고, 더불어 혁명기에 격돌한 뒤 서로 다른 기억을 지니고 있던 분파와 지역을 묶어 내는 화해와 통합의 구심점이 돼야만 했다.[35] 따라서 이 건축물은 혁명기의 분열이라는 역사적 부담을 안고 있던 멕시코인 일부에게 다양한 혁명 기억을 얼마간 희석시키면서 합의의 이미지를 고취하려는 일종의 애국주의 서사로 인식되기도 했다.

한편 1933년 9월 공개 경연 대회를 거쳐 선정된 조각가 올리베리오 마르티네스는 혁명기념건축물의 네 모퉁이 기반 부분에 육중한 조각상을 설치했다. 원래 오브레곤 산타실리아의 구상 속에서 조각상 자체는 부차적이고 보충적 의미를 지닐 뿐이었지만, 이 조각상들은 19세기 중엽의 자유주의 정치 전통과 개혁 시대la Reforma의 정신을 혁명과 연결시키려는 혁명기념건축물의 의도를 효과적으로 구현했다. 조각상들은 각각 독립, 개혁 시대 입법, 농업(토지) 개혁, 노동 개혁을 대변하고 19세기 초 독립 투쟁부터 1910년 혁명까지 민중의 거보가 지속됐다는 점을 표현하고자 했

올리베리오 마르티네스가 설치한
혁명기념건축물의 조각상

다.[36] 가톨릭교회의 영향력 약화와 세속주의 국가 확립을 상징하는 개혁 시대 입법의 조각상은 특정 연대를 추정할 수 없는 추상적 형태의 의상을 입고 있는 농민, 노동자, 병사, 원주민과 메스티소 시민 등 민중의 자부심 넘치고 꺾이지 않는 의지를 나타내고자 했다.

멕시코의 독립을 상징하는 동남쪽 조각상은 사슬을 손에 쥐고 식민지 굴레의 단절을 은유하는 남성상과 자녀를 무릎에 앉힌 강건한 여성상을 통해 멕시코인들의 유대를 표현한다. 개혁 시대를 대표하는 동

북쪽의 세 조각상은 각각 칼과 두툼한 문서를 들고 있다. 칼을 쥔 대형 여성상은 보수파와 자유주의 세력 간의 치열한 격돌을 표현하는 반면, 두툼한 문서를 들고 있는 쌍둥이 조각상은 자유주의 세력의 승리로 탄생한 1856년 토지개혁법과 1857년 헌법, 그리고 시민 평등을 은유했다. 토지 수여 증서를 쥐고 있는 서남쪽 모퉁이의 농민상, 기계 부품을 들고 있는 서북쪽의 남성 도시 노동자 조각상은 혁명을 통한 회복과 권리 획득, 즉 농업개혁법과 노동개혁법을 의미했다.[37] 1940년대 초 미국인 기자 베티 커크는 혁명기념건축물이 "독립, 개혁, 농업 개혁과 노동 개혁 시대를 거치면서 궁핍함에 허덕이던 원주민들의 점진적 부활을 상징하는 조형물로서 하늘을 향해 솟구쳐 오른 위풍당당한 기둥에 활력, 소박함, 열망을 결합시켰다"라고 기록했다.[38]

1914년 입헌파Constitucionalista 병사들이 멕시코시에 진입해 승기를 잡은 날을 기념하기 위해 1933년 8월 14일에 착공된 혁명기념건축물 건립에는 석공 3000여 명이 참여했다. 애당초 이듬해 혁명기념일인 11월 20일에 완공하기로 목표를 세웠으나 계획대로 진행되진 않았고 실제로는 1934~1935년에 파리 개선문을 모델로 삼아 건립 작업이 진행됐다. 각계의 기부 금액은 전체 공사비 50~60만 페소의 10퍼센트에 지나지 않았다.[39] 더욱이 1938년 11월 20일 혁명기념일에 준공됐지만, 공식 제막식은 개최되지 않았다. 사실 1934년부터 1940년까지 대통령이었던 라사로 카르데나스와 그의 후임인 마누엘 아빌라 카마초 Manuel Ávila Camacho의 재임기(1940~1946)에 혁명기념건축물에서 혁명 기념식이 거행된 적은 없었다. 필시 이 건축물이 건립의 제안자이지만 1935년 6월 카르데나스에게 축출당한 '혁명의 최고 지도자' 카예스와

매우 밀착된 기념물로 여겨
졌기 때문일 것이다.[40]

"세계에서 가장 큰 주유
소처럼 보인다"는 일부 멕
시코시 주민들의 비판에 직
면했지만, 지속적으로 멕시
코혁명을 환기시키는 건축
물의 저력은 사실 원래 구상
이나 상징적 의미보다 후속
보완 작업과 훨씬 더 밀접하
게 연관돼 있었다. 1940년대
초 의회의 제안에 따라 오브
레곤 산타실리아는 혁명기
에 활약한 걸출한 인물들의
묘소를 혁명기념건축물 기

프란시스코 마데로의 유해 안치소

둥 내부에 마련했다.[41] 그리해 1942년 1월에 1917년 헌법 제정 25주
년을 기념하는 차원에서 네 기둥 가운데 한곳 내부에 입헌파의 수장
베누스티아노 카란사Venustiano Carranza(1859~1920)의 유해를 담은 구리
단지가 안치됐다. 1960년에는 1913년에 암살당한 혁명의 선두주자
프란시스코 마데로의 유해가 이장됐다. 두 거물의 유해 안치를 통해
이 건축물과 혁명의 연관성은 더욱 분명해졌다. 이어 1969년 혁명기
념건축물의 또 다른 쪽 기둥 내부로 카예스의 유해가 옮겨졌고, 1970
년 카르데나스 유해 안치, 1976년 '혁명의 풍운아' 판초 비야 유해 이

혁명의 기억, 멕시코시 혁명기념건축물

장은 멕시코인들의 대대적 관심과 찬사를 불러일으키면서 이 건축물의 위상을 강화하는 데 기여했다.[42] 혁명 영웅들의 영묘靈廟라는 새로운 역할을 추가함으로써 혁명기념건축물은 기억의 터전으로서 확고한 지위를 굳힌 셈이었다. 추상적 방식으로 사회혁명의 성취를 드높이고자 기획된 혁명기념건축물은 대중의 관심에 대한 수용과 타협을 통해 이렇게 혁명의 지도자들과 동일시됐고 혁명적 단합을 강조하는 신성한 순례지, 즉 멕시코의 판테온이 됐다.

소칼로 광장에서 혁명기념건축물까지

역사가 올센에 따르면, 수세기 동안 멕시코 역사에서 소칼로 광장이 차지해 온 중심적 역할과 위치를 감안할 때 그것은 멕시코시의 경관에서 논리적 출발점으로 손색이 없다. 그와 대조적으로 혁명기념건축물은 19세기 초 독립 투쟁부터 면면히 이어 온 변화의 귀결이자 제도화 국면에 다다른 혁명의 상징이었기 때문에 멕시코시 경관에서 종착점으로 손꼽을 만하다.[43] 혁명기념건축물은 혁명 후 체제의 정당성을 강조하는 문화 표상으로 자리 잡으면서 오랜 역사가 녹아 있는 멕시코시의 중심부centro histórico와 통하는 출입구로, 점차 수도의 역사적 이행과 변화를 함축하는 공간으로 기능하게 됐다.[44]

혁명기념건축물과 멕시코시의 과거와 현재 사이의 관계와 그 의미는 멕시코 건축계에서 혁신의 상징으로 인정받은 건축가 후안 오고르만Juan O'Gorman(1905~1982)[45]의 그림에 잘 나타나 있다. 모더니스트 건

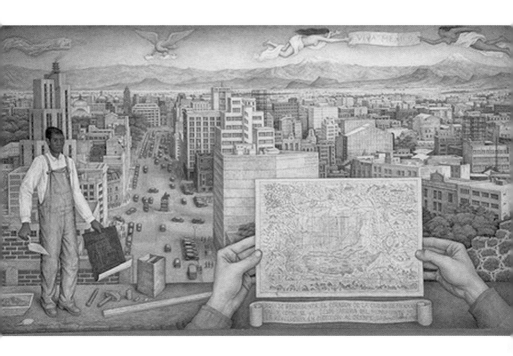

후안 오고르만, 〈멕시코시〉, 1947

축의 영향을 받은 오고르만은 1940년대 말 〈멕시코시La Ciudad de Méxi-co〉라는 제목의 그림 속에 약 65미터에 이르는, 혁명기념건축물의 꼭대기에서 바라보는 멕시코시 중심부의 모습을 담았다. 일부 연구자들의 설명에 따르면, 이 작품은 과거의 건축과 그것이 지니는 미학적 함의와 단절하려는 오고르만의 의도를 보여 준다. 나아가 건설 노동자로 표현된 원주민 또는 메스티소를 건축 기술의 주요 구성 요소로 묘사하면서 대중 미학적 관행과 국제주의적인 미학적 관행의 대립을 시사한다.[46] 또 화폭에서 옛 테노치티틀란Tenochtitlan(현재의 멕시코시, 14세기 초 아스테카인들이 텍스코코호수 지역에 정한 도읍지로서 1520년대 초 에스파냐인들에게 침략당함)의 모습을 담은 1524년 지도를 들고 멕시코시의 변화된 모습을 바라보는 화가 또는 건축가는 멕시코의 수도가 겪어 온 지난 세월의 의미를 되돌아보도록 권고한다.

디아스를 권좌에서 몰아낸 뒤 혁명 세력이 구성한 정부는 혁명 강령과 이념을 널리 알리기 위해 지속적으로 독립기념일 축하 행사를 활용했다. 특히 에스파냐에 대항해 1810년에 시작된 독립전쟁이 끝난 1821년의 100주년이 되는 1921년에는 디아스 체제의 독립 100주년 기념식과 다른 100주년 행사, 즉 엄밀히 말해 한 세기 전 독립 쟁취와 완수를 기념하는 행사를 거행했다. 이를 통해 기념건축물과 마찬가지로 기념행사가 경쟁하는 정치 공동체의 집단 기억, 정치 담론과 문화를 주조하고 정체성 형성에 중대한 영향을 미치는 기억의 터전이라는 점을 예증했다.

1920~1940년의 혁명 제도화 국면에 연방정부, 예술가, 기업가, 사회운동 단체 들이 새로운 성격의 국민국가 건설에 대대적으로 동참했다. 얼마간의 모순과 충돌이 발생했지만, 문화사학자 메리 케이 본의 표현을 인용한다면, 이 과정은 독수리와 과달루페 성모virgen de Guada-lupe(1531년 12월 원주민 짐꾼 후안 디에고에게 나타난 갈색 피부의 성모마리아를 일컬음. 이는 유럽 가톨릭교와 원주민 문화의 혼성을 보여 주는 대표 사례임), 즉 근대화를 지향하는 세속 국가와 독자적 문화·신앙 전통의 교묘한 결합으로 요약할 만하다.[47] 또한 다른 연구자들은 이 시기에 연방정부의 지부로 간주되던 멕시코시 당국이 예술가들에게 혁명 후 체제를 칭송하고 여러 측면에서 긍정적 이미지로 묘사하도록 요구했으며 건축도 대체로 정부

에 봉사하는 역할에 그쳤다는 점을 공통으로 지적한다. 만일 획일적이지 않고 다른 식의 반응이 드러났다고 해도, 그것은 예술가와 건축가가 자율적이거나 그들에 대한 정부의 통제가 부족한 결과였다기보다 원래 혁명이 다양한 이념 지향과 정치 관점을 포괄하려 했다는 사실과 관련이 있을 것이다.[48] 어쨌든 이런 위로부터의 추진력에 힘입어 멕시코시는 혁명의 제도화 국면에 정치·경제 중심지일 뿐 아니라 문화 중심지로서 지위를 굳힐 수 있었다.

이제까지 건축이라는 문화 표현 양식과 혁명의 관계를 검토하면서 멕시코혁명 후 체제의 새로운 지배 엘리트층이 도시 경관 자체를 일종의 혁명 유산으로 만들고 중앙 권력 강화, 경제 발전, 사회 정의 등에 대해 무엇을 의도하고 강조하려 했는지 포착하고자 했다. 아울러 지역 공동체에서 연방 수도에 이르는 다양한 공간의 문화 정책과 기념·기억의 문제가 어떤 방식으로 기존 정치사적 접근에 좀 더 풍부한 내용을 제공할 수 있을지 살펴보려 했다.

혁명기념건축물은 구체제가 남긴 폐허 위에 재건된 기념물로서 멕시코혁명에 대한 공식 기억이 구성되는 과정을 집약적으로 보여 주었다. 디아스 시대에 유행한 프랑스 예술풍Beaux-Arts 건축 양식은 미완성의 잔해를 남겼고 그 파멸의 유적은 결국 웅장하면서도 수수한 혁명기념건축물로 재생됐다. 오브레곤 산타실리아를 비롯한 건축가들이 금속과 석재로 표현해 낸 혁명기념건축물은 다양하고 때로는 상이한 혁명의 흐름을, 나뉠 수 없는 단일한 전통과 기억의 틀로 몰아넣으려는 함의를 지니고 있었다. 그뿐 아니라 혁명기념건축물은 19세기 초 이래 전개된 민족주의 투쟁과 자유주의 개혁이 1910년 혁명으로 귀결됐다는 공식 해석을 담고 있었다.

그렇지만 특정인의 이름과 초상 없이 추상적 형태로 대중의 세속적 과업을 높이 기리고자 건립한 혁명기념건축물은 1940년대 초에 그 성격을 달리하게 됐다. 더욱이 올센이 지적하듯이 혁명기념건축물은 혁명 후 체제의 여러 지도자들이 지닐 수밖에 없던 고민과 난제를 떠올리게 만든다. 여러 지역과 정치 세력 간의 화해와 단합을 이끌어 낼 수 있는 멕시코 역사의 결정적 국면과 핵심 주제는 무엇이고 그것에 대한 공적 의례와 기억의 특징은 무엇인가? 혁명이 특정 정부와 동일시되거나 통치 과정 자체로 고정되고 응결되며 1946년에 새롭게 붙여진 혁명 정당의 이름(제도혁명당PRI)처럼 '제도'로 자리 잡는다는 것이 타당한가?[49] 결국 혁명 후 체제의 기획에 의해 기념건축물로 고정된 혁명의 공식 기억은 혁명의 제도화라는 새로운 이데올로기 재생산에 기여하면서도 일정한 타협과 수렴 과정을 거치지 않을 수 없었다. 균질적인 집단 기억을 강화하려는 권력자들의 목표가 대중의 반응에 의해 얼마간 억제되고 변화된 것이었다.

멕시코혁명을 절정으로 이끌었다고 칭송받아 온 카르데나스가 1970년 10월에 사망하고, 곧 혁명기념건축물의 한쪽 기둥 내부에 안치된 뒤부터 2010년까지 짧지 않은 세월 동안 공교롭게도 이 건축물은 거의 방치됐다. 혁명기념건축물이 광고 안내판으로 활용될 정도였다. 오브레곤 산타실리아가 1936년에 제안한 국립혁명박물관은 1986년 11월 20일에야 혁명기념건축물의 지하에 개장됐다. 이런 방치와 더불어 기억을 보존하려는 때늦은 움직임은 그 시기 동안 혁명의 사망을 은유하는 것이었을지 모른다.

오늘날 혁명에 대한 기억은 좀 더 다양해진 정치 환경 속에서 굴곡을 겪는 듯하다. 1997년 이래 좌파 성향의 민주혁명당PRD 출신 인사가 시장직을 석권해 온 멕시코시는 2010년 독립 선언 200주년과 혁명 발발 100주년에 맞춰 혁명기념건축물에 대한 재개장 수준의 보수공사를 진행했다. 그리해 혁명에 대한 공식 기억을 응축하고 있는 이 건축물의 전망대는 드넓고 다양한 멕시코시의 장관을 내려다 볼 수 있도록 확장됐다. 하지만 2000년 12월 71년 만에 정권 교체를 이룬 우파 성향의 국민행동당PAN 집권기 동안 1910년 혁명에 대한 기억은 약화됐다. 2010년에 펠리페 칼데론 대통령은 혁명 100주년보다 독립 200주년을 기념하는 데 더 주력하면서 혁명의 의미를 축소하려는 의도를 숨기지 않았다. 예컨대 2010년 신년사에서 칼데론은 혁명 지도자들을 언급하지 않은 채 독립투사들의 이름만 거론했다. 심지어 멕시코혁명의 첫 번째 주자이자 그리 과격하지 않은 정치혁명의 기수인 마데로의 이름조차 등장하지 않았다.[50]

박진빈

미국 예외주의의 구현

뉴욕 9·11 기념물

2001년 가을의 혼돈

2014년 11월 3일, 마침내 원 월드 트레이드 센터One World Trade Center, 즉 '제1세계무역센터'가 개관했다. 이 이름은 2001년 9·11 테러로 무너져 내린 세계무역센터 쌍둥이 빌딩 가운데 북쪽 건물의 원래 명칭이다. 위치는 세계무역센터의 일곱 개 건물 콤플렉스를 구성했던 건물들 가운데 하나인 제6세계무역센터가 있던 자리다. 원래 재건 계획 당시에는 '자유의 탑Freedom Tower'이라는 이름으로 불리기도 했다. 총 541미터, 즉 1776피트 높이로 현재 서반구에서 가장 높고 세계에서 여섯 번째로 높은 마천루다.

이 거대한 건물의 개관은 앞서 2011년 9월에 개장한 '국립 9·11기념관', 그리고 2014년 5월에 개장한 박물관과 더불어 사고의 현장이었던 '그라운드 제로'의 재건이 완성 단계에 들어섰음을 알려 주는 사건이었다. 도합 14.6에이커(5.9헥타르)의 대지에 무엇을 건설할 것인가에 대한 고민과 토론과 결정, 그리고 건설까지 모두 13년이 걸렸다. 과연 이 국가적 기억의 장소에 미국은 무엇을 어떻게 형상화했을까? 그리고 그 의미는 무엇일까?

2001년 9월 11일, 뉴욕과 워싱턴DC, 그리고 펜실베이니아 서부에서 항공기 네 대가 폭발 및 추락했다. 이 네 사건은 모두 용의주도하게 기획된 것으로, 미국인을 대량 살상하고 미국의 상징적 장소들을 겨냥해 직접 공격하기 위해서였다는 사실이 이후에 서서히 밝혀졌다. 동시다발 공격 가운데에서도 특히 충격적이었던 공격은 뉴욕 세계무역센터 쌍둥이 건물에 항공기가 차례로 관통하고 그 여파로 두 건물이 무너져 내린 것이었다. 그로 인해 2500에서 3000명으로 추산되는 인명이 살상됐고, 6000명이 넘는 부상자가 발생했으며, 건물의 가치를 환산했을 때 약 11억 달러라는 재산상의 피해가 초래됐다. 그리고 무엇보다도 미국인들에게 지울 수 없는 정신적 충격을 남기게 됐다.

그날이 만든 충격과 트라우마는 "9·11"이라는 숫자로 부호화됐다. 미국인들은 그날 그 아침, 어디서 무엇을 하다가 그 소식을 접했는지 뚜렷이 기억한다. 그들에게 이 사건은 그 이전과 이후 시대를 구분하는 하나의 분기점이 돼 버렸다. 앞 세대 미국인들에게 JFK의 죽음이, 그리고 그 앞 세대에겐 진주만이 그랬듯, 지금 세대 미국인들에게는 9·11이 바로 세상을 바꾼 사건이다.

항공기들이 미국의 중요 장소들에 대한 공격을 감행한 그날 아침, CNN의 화면 아래로 파란 바탕에 커다란 글씨가 떠 있었다. "America Under Attack!" 사실 그때만 해도 이처럼 이상한 사건들이 고의적인지 실수에 의한 것인지조차 확인되기 전이었다. 하지만 CNN은 매우 재빨리 9·11이 단순히 뉴욕의 고층건물이 폭파된 사건이 아니라, 무언가가 미국 자체를 공격하고 있는 것이라고 규정지었다. 미국이 공격당하고 있다는 이 선언은 한동안 CNN의 9·11 연속 보도 제목이 됐고, 그 이후 지금까지 9·11을 떠올릴 때면 이 사건을 처음으로 규정지었던 그 화면이 함께 떠오를 정도로 깊은 인상을 남겼다.

"미국이 공격당하고 있다!" 사건의 주도자들과 계획 과정 등이 드러나면서 미국의 다른 언론도 이 사건을 미국에 대한 공격으로 해석했다. 이 말은 곧 미국의 가치, 자유와 민주주의에 대한 공격이라는 주장을 담고 있다. 테러 분자라는 악의 세력이 민주주의의 표상인 미국을 침범했다는 것이다. 얼떨떨하게 화면을 지켜보던 사람들은 "아, 이건 우리에 대한 공격이구나, 무언가가 미국을 위협하고 있구나"라고 새삼 깨달았고, 그것은 정설이 돼 버렸다.

하지만 이는 사회지리학자 하비David Harvey에 따르면 같은 시간 영국의 BBC가 이 사건을 "쌍둥이 빌딩이 상징하는 세계화 시대 미국의 금융과 군사력에 대한 응징"으로 분석한 것과는 엄격한 차이가 있다.[1] 사건을 현실로 받아들이게 됐을 무렵, 미국 내 인터넷 게시글과 댓글에, 그리고 방송과 신문 등의 매체에서 이런 문장이 자주 기사로 등장했다. "그들은 왜 우리를 그렇게 미워하나?Why Do They Hate Us So Much?" 냉전 이후 미국 중동 정책의 역사를 알고 있는 외국인 입장에서 보면 이 질문은 "그것도 몰라?"라는 답을 하게 만들 정도로 쉬웠지만, 극히 일부를 제외한 대다수 미국인들은 그런 질문을 제기했다. 꽤나 진보적인 인물들까지도 새삼 세계가 미국을 미워하고 있다는 사실에 충격받고 괴로워하는 모습은 이방인에게는 놀라웠다.[2]

그러한 상황 속에서 9·11 직후 미국에 얼마나 애국심이 고취됐는지 상상하기는 어렵지 않다. 충격과 흥분 가운데 어떤 이들은 오래도

433

록 후회할 일을 저지르기도 했다. 비틀스의 전 멤버 폴 매카트니Paul McCartney는 사건 6주 후인 10월 20일에 '뉴욕을 위한 음악회Concert for New York'를 조직해 슬픔과 공포를 달랠 행사를 마련했다. 여섯 시간에 걸쳐 뉴욕의 거의 모든 유명인사들이 매디슨 스퀘어 가든으로 총출동했고, 유가족과 뉴욕 시민들은 눈물과 박수로 답했다. 문제는 이 행사를 기념해 매카트니가 만든 노래 〈자유Freedom〉와 피날레에서 그의 언사가 호전적 애국주의를 표방했다는 점이었다. "하나님이 주신 자유를 지키기 위해 나는 싸울 것"이라는 이 노래는 부시의 테러와의 전쟁을 지지하는 것으로 해석됐다.

오히려 부시 정권에 대한 비판의 강도를 높일 계기로 9·11을 인식해 왔던 닐 영Neil Young, 밥 겔도프Bob Geldof, 조지 마이클George Michael 등 소위 진보적 연예인 집단은 매카트니를 "전쟁광 딱정벌레beetle"라고 비난하고 나섰다. 비판이 거세지자, 매카트니는 12월에 사과 성명을 냈다. 그 노래는 "잘못된 생각에 의한" 것이었으며, "대체 내가 뭐에 씌었었는지 모르겠다"면서 "제발 내가 절대로 애국자가 아님을 알아 달라. 나는 미국인도 아니다"라고 변명하는 촌극을 연출했다.[3]

물론 침착하게 9·11 사건과 이후 미국의 정책을 관망한 지성도 없지 않았다. 수전 손택Susan Sontag은 사건 2주 후 《더뉴요커》에 쓴 짤막한 글에서 9·11을 "가공할 분량의 현실monstrous dose of reality"이라고 표현했다. 영화 〈매트릭스〉에서 진짜 현실을 받아들이지 못하고 가상현실 속 로봇으로 살아가던 사람들처럼 미국이 초래한, 폭력과 전쟁이 난무하는 세상을 부인하며 살던 미국인에게 한꺼번에 다가온 현실은 이런 것이라는 뜻이었다. 손택은 이후 정계와 미디어가 "독선적인 허튼소리"와 "명백한 기만"을 계속하고 있다고 지적하면서, 특히 미국이 안전한 곳임을 증명하기 위해 전전긍긍하고 있는 부시 대통령의 행보가 힘의 과시로 연결될 가능성, 그리고 이에 지지를 보낼 대중의 반응에 경고를 보냈다. "온 힘을 다해서 함께 애도하자. 하지만 함께 바보가 되진 말자. 약간의 역사의식이, 지금 무슨 일이 일어났으며, 또 계속해서 발생할 가능성이 있는지 이해하게 해 줄 것이다."[4]

하지만 이와 같은 지성의 경고와 지적에도 불구하고 부시 대통령은 전면적인 "테러와의 전쟁"을 선포했다. 9·11과 같은 사건의 배후가 될 수 있는 모든 세력을 색출해서 처단하겠다는, 전 세계를 무대로 하는 작전의 시작이었다. 10월 7일 아프가니스탄에서 전쟁을 시작했고, 2003년에는 결국 존재하지 않는 것으로 드러날 대량살상무기를 찾는다는 구실로 이라크전쟁을, 그리고 2004년에는 파키스탄에서 테러 세력을 축출하기 위한 전쟁을 지속적으로 수행했다. 국내에서는 2001년 10월 '애국법Patriot Act'를 통과시켜 테러 용의자 수색과 전자 기기를 통한 감시를 합법화시켰다.

전쟁을 시작한 부시는 재선에 성공했고, 그 사이 미국 사회에서는 새로이 친숙해진 언어들을 통해 9·11이 일상화됐다. '그라운드 제로'는 본래 핵폭탄 투하 지점을 뜻하는 용어로, 폭탄의 어마어마한 파괴력 때문에 완전히 폐허가 된 곳을 의미한다. 따라서 로어맨해튼Lower Manhattan (맨하탄 남동쪽 부분을 차지하는 구역. 역사적으로 이민 노동자들이 주거 및 작업 공간을 형성했던 지역으로, 2000년대 들어 급격히 젠트리화되고 있다)의 한 부분을 그라운드 제로라 명명하는 일은 핵폭탄에 필적할 파괴가 이뤄졌음을 강조하는 것이었다.[5] 9·11을 핵공격에 비견하고 뉴욕을 히로시마와 동격으로 만드는 이러한 명명학은 흥미롭다. 히로시마가 태평양전쟁 책임자인 일본을 원폭 피해자로 만들어 준 것처럼, 뉴욕의 그라운드 제로는 그동안 적극적 군사 정책으로 테러를 부추긴 책임이 있는 미국을 역사상 가장 엄청난 테러의 피해자로 만들어 주었기 때문이다.

9·11은 뉴욕이라는 도시 이미지를 문화와 소비로부터 테러로 바꾸기도 했다. 2004년에 첫 방송을 한 TV 연속극 〈CSI : New York〉가 바로 이러한 분위기를 반영했다. 인기 연속극인 범죄 현장 감식반CSI의 세 번째 도시로 뉴욕이 채택된 것은 우연이 아니었다. 평화와 질서가 위협당한 뉴욕에서 악을 처단코자 싸우는 감식반 형사들은 그저 개개 사건을 다루는 것이 아니라 9·11로 형성된 뉴욕에 대한 불안감을 진정시키기 위해 노력한다. 감식반을 지휘하는 맥 테일러 형사가 (하필이면!) 9·11테러로 아내를 잃은 전직 해병대 중위로, 그의 양미간 주름과 계속되는 불면증은 뉴욕의 긴장과 불안이 쉽게 가시지 않을 것임을 알려 준다.

9·11 이후 정착된 중요한 단어는 '홈랜드homeland'다. 원래는 고국·모국이라는 의미지만, 9·11이후에 사용되는 홈랜드는 상시로 적의 공격으로부터 방어하고 무장해야 하는 일종의 전장, 위협받는 국토라는 의미로 여겨진다. 그런 느낌을 주는 이유는 9·11 이전에는 거의 사용되지 않았던 이 용어가 국토안보부Department of Homeland Security 설치 이후 일상어로 정착됐기 때문이다. 국토안보부는 이미 국방부가 존재하는 미국에 추가로 만들어진 연방정부의 새로운 조직으로, 테러 분자들이 어딘가에서 활동하고 있다고 가정해 미국 내 여하한 지역에서 일상적 경비를 군사 작전 수준으로 올려서 수행한다.

이처럼 국토안보부 상설화는 일상 영역에서까지 항시 적의 공격 가능성을 가정하고 방비 태세를 갖춰야 한다는 것을 의미한다. 창설 당시만 해도 지나친 대응으로 공포 분위기를 조성한다는 비판이 있었으나, 상설화된 지 10년이 넘은 부처가 됐다. 이제 국토안보부의 활동은 지문 날인을 하는 공항 검색대에서, 이방인 특히 아랍인에 대한 두려운 시선과 불심검문에서, 유학생들의 복잡해진 비자 서류에서 명확히 감지된다. "9/10스럽다that is so 9/10th 혹은 9/10ish"라는 말이 무언가 구식이라는 뜻, 각성되지 못한 무지한 상태라는 뜻으로 쓰이고, "9/12"는 달라졌음을 알게 된 새로운 시대를 의미하는 것과 같은 맥락일 것이다. 국토안보부가 존재하는 미국은 그 이전과는 다른 미국이다.

그러나 이러한 여러 경로의 대중적 반응에서 말했던 것처럼 정말 9·11은 모든 것을 변화시켰는가? 외교사가인 메릴린 영Marilyn Young 은 9·11이 시대의 분기점이라는 일반 통념과 달리 사실 새로운 것이 별로 없다고 말한다. 냉전 이후로 미국은 외교 정책에서 기본은 변치 않고 일방주의를 견지해 왔고, 미국이 지구상에서 지배적 권력을 유지하는 것을 목표로 군사 정책을 추진해 왔다. 미국은 "미국 대 그들", "우군 아니면 적군"이라는 이분법적 논리로 세계 여러 국가를 다뤄 왔고, 이것은 구체적인 적이 존재하기보다는 추상적 이념에 대한 투쟁이었다는 것이다. 영은 한국전 당시 "한국인과 싸우는 것이 아니라 공산주의와 싸우는 것"이라던 말과 9·11 이후 "나라 안팎의 테러주의와 싸운다"라는 말은 같은 원칙과 논리의 연장선상에 있다고 주장한다.[6] 이렇게 본다면 9·11은 이슬람이나 테러에 대한 편견을 강화시켜, 끝난 냉전에 다시 불을 붙인 계기였다.

437

추모와 기억

　　'그라운드 제로'를 어떻게 할 것인가라는 논의, 즉 세계무역 센터 터 재개발 사업 계획은 두 가지 과제를 성공하는 것을 목표로 했다. 우선 그곳에서 희생된 사람들을 추모할 필요가 있었다. 사건 현장에 그들을 추모하고 기리는 무언가를 만들어야 한다는 것은 거의 모든 사람들의 공통된 의견이었다. 하지만 희생자들의 가족, 뉴욕 시장을 비롯한 책임자들, 그리고 뉴욕의 유명인사와 일반 시민까지도 모두 무언가 다른 의견들이 있었다. 따라서 이들을 조합하고 동의를 이끌어 내 구체적으로 형상화한다는 것은 만만치 않은 과제였다.

　　재개발 사업의 또 다른 목표는 사라진 건물들에 대한 대체물을 어떻게든 조성해야 한다는 것이었다. 세계무역센터 쌍둥이 건물은 뉴욕에서 가장 높은 건물이었고, 1972년 지어졌을 땐 2년간 세계에서 가장 높은 건물이었다. 뉴욕의 스카이라인을 대표하는 상징물이었을 뿐 아니라, 물리적 측면에서도 대체물이 필요한 공간이었다. 이곳은 10048이라는 자신만의 우편번호를 가졌던 어마어마한 규모의 장소로, 한때 남북 타워만 합쳐서 매일 5만 여 명이 일터로 삼고 20만 명 정도가 구경하러 들르던 곳이었다. 시설물이 들어간 여덟 개 층을 제외하고는 102개 층에 사무실이 있었고, 지하에는 쇼핑몰, 각종 부대시설과 철도 터미널PATH이 있었다. 월스트리트로 이어지는 금융 산업의 메카며, 주요 기업들이 둥지를 튼 곳이었다.

　　끝날 것 같지 않던 잔해 수거와 청소가 2002년 5월에 종료됐고, 사건 이후 설립된 '로어맨해튼 개발공사Lower Manhattan Development Corporation'가 재개발 사업의 총괄을 맡아, 지역사회와 기업, 뉴욕 공무원, 희생자 가족들 사이 조율 등의 임무를 가지고 재개발 계획을 공모했다. 향후 로어맨해튼 개발공사는 세계무역센터 터의 소유주인 뉴욕뉴저지 항만관리청PANYNJ, 그리고 건물들의 임대권을 가지고 있던 실버스틴 프로퍼티즈Silverstein Properties와 함께 재개발 사업을 주도적으로 수행했다. 그 결과 2002년 12월 세계무역센터 부지 재개발 계획 공모에서 대니얼 리베스킨트Daniel Libeskind의 설계가 당선됐다.

이것이 공식 차원에서 추모와 기억 사업의 시작을 알렸음은 분명하다. 그러나 건물과 기념관 등이 완성되기까지는 10년이 훌쩍 넘는 시간이 기다리고 있었다. 재개발 사업을 주도하는 뉴욕뉴저지 항만관리청, 실버스틴, 그리고 리베스킨트는 조금씩 다른 고민과 희망을 가지고 있었다. 테러에 의한 파괴 현장이었기 때문에 상징성이 강조돼야 한다고 생각한 리베스킨트와 달리 항만관리청에서는 안전 문제와 추후 테러 대비를 강조했다. 실버스틴 측은 안전 문제와 더불어 용적률 확보에도 관심을 가졌고, 여기에 이들과 시 정부, 그리고 일반 시민들의 의견까지 조율해야 하는 로어맨해튼 개발공사의 입장도 복잡했다. 따라서 재개발 사업의 기반 건설은 2006년에야 시작됐고, 시작 후에도 여러 차례 설계 변경과 지연을 겪었다.

그러는 동안 그라운드 제로 부근과 뉴욕시에서는 여러 가지 상이한 방식과 내용의 추모와 기억이 만개했다. 중국 미술사학자 우훙巫鴻은 1990년대 후반 이후 천안문광장에서 기획, 전시, 설치됐던 조형물들의 일시적이고 시각적인 효과에 주목하면서 이들을 '연성기념물soft monument'이라고 명명했다. 그에 따르면 '연성'이라는 단어는 영속적

439

이지 못한 형식과 유동적인 내용이라는 두 의미 모두를 내포한다. 가장 중요한 정치적 공간에 가장 중요한 정치적 시기에 건설됨에도 불구하고 이것들은 역사를 기억하고 신념을 강요하는 국가적 차원에서의 '경성기념물hard monument'과는 다르다. 천안문 사건에 대한 연성기념물들은 부정기적이고 단기적으로 벌어진 설치미술, 행위예술 작품들이 다수였으며, 이 사건에 대한 서로 다른 방식의 기억을 자유롭게 표현하고 있었다.[7]

개인적 기억과 상상의 공간이 도시 내부에 창조된다는 우흥의 연성기념 개념은 그라운드 제로 부근에 활성화됐던 기념 문화에도 적용시켜 볼 수 있다. 즉, 새로운 세계무역센터와 기념관 건축이라는 '공식적인' 기억의 공간이 확정되기 이전 존재하던 작고 비공식적인 기억의 공간들에 대한 이야기다. 그들의 추모 방식은 공식적인 추모 방식과 어떤 차이 혹은 유사성을 보이는가? 혹시 그 '기억의 터'들은 국가의 공식적인 기억, 혹은 자본의 의도를 담은 기념사업과는 다른 대안 기억의 가능성을 제안했던 것일까?

첫 번째로 들여다볼 장소는 그라운드 제로를 마주 보고 있는 세인트폴 교회St. Paul's Chapel다. 1766년에 건설된 성공회 교회인 세인트폴은 사건 현장 지척에 위치한 인연으로 붕괴 직후 소방공무원, 경찰, 구조대원 들의 본부로 이용됐다. 먼지와 화염이 가득한 붕괴 현장에서 긴박한 작전을 수행하다 탈진에 빠진 이들을 쉬도록 간이침대가 설치됐고, 이들에게 간단한 식사를 제공할 준비도 갖춰졌다. 그리고 물론, 수없이 많은 희생자들의 가족들이 무턱대고 현장에 와서 헤매고 다니다가 잠시 쉬어야 할 때도 세인트폴은 자리를 내주었다. 교회 안팎 곳곳에 실종자를 찾는 포스터와 전단이 붙었고, 각지에서 보내온 꽃과 초가 길가에 놓였다.

8개월 동안이나 계속된 자원봉사자들의 구조와 잔해 수거 활동이 마침내 끝났을 때, 교회 측은 세인트폴의 9·11 경험을 기억하기 위해 예배당을 영원히 전시 공간으로 남겨 두기로 결정했다. 예배당 안에는 사건 당시와 8개월 동안의 구조 활동을 담은 사진, 각지에서 온 감사 편지와 기념물 들을 전시했다. 뜰이나 담벼락에도 개인적 기억의 기념물들이 설치 혹은 부착돼 있다. 이 "꺾이지 않는 정신 : 그라운드 제로의 희망과 치유Unwavering Spirit : Hope & Healing at Ground Zero" 전시물의 일부는 교회 홈페이지에도 공개되고 있으며, 오늘날까지도 9·11 공식 가이드 투어의 시작은 이 교회에서 출발한다.

두 번째로는 "9월 11일 가족연합September 11th Families' Association"은 생존자와 유가족과 자원봉사자 들로 이뤄진 비영리단체로, 그라운드 제로 근방에 자그마한 전시실인 9·11추모관Tribute Center을 운영하고 있다. 협소한 전시실이지만 희생자들의 유품, 그날의 흔적들, 그리고 희생자 사진과 간단한 소개를 적은 전단지들이 전시돼 있다. 비록 규모는 작지만 조금 더 개인적인 경험을 가능케 하며, 특히 생존자와 함께하는 9·11 현장 및 기념관 답사 프로그램에 대한 방문객들의 호응도가 높다.

그 외에도 사진가들의 기념 공간이 인터넷상에 존재한다. 이들은 오프라인 전시를 열기도 하고, 다른 도시로 순회 전시를 가기도 하지만, 홈페이지의 영상 에세이를 통해 더 힘을 발휘한다. 이들의 강점은 전시물 업데이트와 교체가 수시로 이뤄질 수 있다는 점, 그리고 관객과

441

상호 소통을 강화할 수 있다는 점 등이다. 그리고 물론 지리적 공간에 제한을 받지 않는다는 점 역시 중요한 장점이겠다.[8]

언급한 연성기념, 즉 덜 공식적인 기념 공간들 대부분이 상호 소통적인 면모가 강했다. 이는 추모 방식 자체가 공식적인 해석이나 정답을 주지 않는 것과 연결돼 있다. 전시물은 주최 측에 의해 결정됐겠지만, 특별히 감상해야 하는 것에 대한 설명은 없는 편이다. 말하자면 화자가 정해져 있지 않고, 언어가 독점되지 않는 것이다. 전시물을 걸고 그것을 관람하는 과정은 전시의 주체와 관객 사이에서, 그리고 관객과 관객들 사이에서 감상이 계속 왔다 갔다 하면서 반응이 덧붙여지는 대화 방식이다. 그 각각은 9·11을 자기 이야기로 풀어 내는 스토리텔링으로 진화한다. 이제 9·11의 기억은 사건 자체에 대한 것뿐 아니라, 이 추모의 공간에 대한 다른 사람의 이야기까지 포함하게 됐다.

세인트폴 교회나 희생자 가족 추모관, 그리고 영상 에세이 들은 모두 관람객이 "쪽지"를 남길 수 있는 공간을 만들어 두었다. 종이에, 타일에, 혹은 편지 등으로 남겨지는 다양한 방식의 방명록은 남의 감상을 읽고 다시 나의 감상을 만드는 경험의 교차를 가능케 한다. 희생자 가족 추모관에서는 어린이들에게 타일 한 조각을 나눠 주고 관람 후 느낌을 그릴 수 있게 한다. 그리고 그것들을 또 전시해 두는데, 이런 방식으로 관람객의 흔적, 즉 반응까지도 전시물이 되는 것이다. 유난히 눈에 많이 띄는 것은 "다른 희생자들"의 위로다. 가는 곳마다 (역시 테러의 희생물이 된) 오클라호마에서의 메시지, 일본인들의 종이학이 나타나 "우리도 뉴욕의 고통을 함께 슬퍼한다"라는 이야기를 해 주고 있었다.

9·11추모관 내부
희생자들에 대한 정보와 그날 비행기
의 잔해 등이 전시돼 있다.

9·11추모관 타일 조각들
그 자체가 전시물이 돼 뒤에 방문하는 사람들은 남의 반응과 느낌 위에 자신의 감정을 덧쓰게 된다.

마침내 드러난 기념관

2002년 로어맨해튼 개발공사에서 선정한 배심원단의 오랜 심사 끝에 그라운드 제로 재개발 사업으로 채택된 계획안은 대니얼 리베스킨트 스튜디오의 "기억의 토대Memory Foundation"였다. 리베스킨트가 설계한 세계무역센터 터 재건축 계획에서 우선 중요한 의미를 지닌 공간은 9·11기념관과 박물관이다. 쌍둥이 빌딩이 있던 바로 그 자리에 네모꼴로 움푹 파인 '탑의 자국'을 남겨 두고 붕괴된 기저부의 벽을 그대로 남겨 "부재 반향Reflecting Absence"이라는 이름의 기념관을 만들자는 계획이었다. 리베스킨트에 따르면 그 벽은 "공격에서 살아남은 것 가운데 가장 극적인 것"이다. 지상으로는 네모 테두리에 분수를 쏘아 올린다. 관람객들은 지상에서 아래를 내려다보면서 파괴의 현장을 목격하고 다시 그 밑으로 가서 위를 올려다보면서 분수의 물줄기를 따라 사라진 쌍둥이 빌딩을 회상하게 된다.

두 건물이 사라진 곳은 그대로 비워 두고 파괴의 흔적을 그대로 드러내는 것은 "상실"을 기억하도록 한다는 취지다. 홀로코스트의 트라우마를 연구하는 도미닉 라카프라Dominick LaCapra의 논의에서 빌리자면, 이 계획 속에서 세계무역센터는 단순히 "부재"하는 것이 아니라 존재했다가 "상실"된 무엇이 됨을 의미한다.[9] 상실을 강조하는 것은 원래 있던 것에 대한 계속 회상, 그리고 그 상실을 초래한 폭력에 대한 끊임없는 각성, 나아가 그 상실을 대체할 무언가에 대한 요구를 의미한다. 9·11테러는 상실의 기원으로서, 절대로 잊어서는 안 될 사건으로 영원성을 부여받게 된다. 왜 그토록 끔찍한 과거의 폭력이 망각되면 안 될까? 어떤 이는 이러한 구도가 오히려 폭력의 기억을 강요한다면서 이제 WTC는 "월드 트라우마 센터World Trauma Center"의 줄임말이라고 한다.[10]

상실과 폭력에 대한 기억을 불러내는 의도는 탑의 자국 옆으로 원래 제3세계무역센터 건물이 있던 자리에 조성될 공원 계획에서도 반복된다. 서로 대칭을 이루는 두 공원 각각의 명칭은 "영웅의 공원"과 "빛의 쐐기"인데, 공원은 세계무역센터 단지와 주변 지역을 이어 주는 열린 공간으로 구상됐다. 이 가운데 "빛의 쐐기" 공원은 매년 9월 11일 오전 8시 46분부터 10시 28분까지 햇빛이 들어오도록 돼 있다. 이 102분은 첫 번째 비행기가 북쪽 타워에 처박힌 때부터 그 건물이 남쪽 타워에 이어 무너져 내린 시간까지다. 매년 9·11을 기억하기 위해 그라운드 제로를 방문한 사람들은 "빛의 쐐기" 공원에서 구멍을 내려다보면서 그 끔찍한 102분간의 공포, 혼돈, 죽음을 애도하게 될 것이다.[11]

기념관과 더불어 리베스킨트의 종합 계획안에는 고층 건물군도 포함돼 있었다. 세계무역센터를 대신할 사무실 건물들과 교통 관계 시설 등이 여기 속한다. 9·11 사건 당시 쌍둥이 빌딩의 임대권을 가진 것은 래리 실버스타인이라는 개인 사업가였다. 그는 항만관리청으로부터 1000만 제곱피트 건물 용적에 대한 임대권을 샀고, 그 대가로 연 1억 2000만 달러의 임대료를 지불하기로 돼 있었다. 계약을 이행하기 위해 실버스타인은 새로운 사무용 건물 건설을 주도하게 됐다. 리베스킨트의 원안에는 네 채의 건물을 짓게 돼 있었고 그중에서 가장 높은 건물을 '자유의 탑'이라고 불렀다.[12]

설계자인 리베스킨트는 2차 대전 때 러시아 포로수용소 생존자인

445

유대인 부모를 두었고, 1946년 폴란드에서 태어났다. 그가 13세 되던 1959년, 그의 가족은 뉴욕에 입항해 이민 생활을 시작했다. 건축가로 크게 성공한 그는 베를린의 유대인박물관, 맨체스터의 제국전쟁박물관 등 추모와 기념을 주제로 한 굵직한 기념관들을 맡았고, 우리나라에서는 부산 마린시티의 아이파크 아파트 설계를 맡기도 했다. 리베스킨트의 다른 모든 작품들과 마찬가지로 이 건물 역시 온통 클리셰 Cliché로 가득하다. 우선, 이 건물 외관은 거대한 유리창 벽으로 구상됐는데, 벽의 각도를 맨해튼 앞 엘리스Ellice섬에 서 있는 자유의 여신상이 건물에 비치게 계획했다. 또한 리베스킨트는 반드시 이 건물의 높이가 1766피트여야 한다고 주장했는데, 그것이 미국 민주주의의 상징인 독립선언서가 발표된 해와 같기 때문이다. 그는 이것을 "생명의 승리하는 스카이라인"이라 설명했고, 자유의 탑은 "모두에게 보여 줄 민주주의 영웅들의 토대"라고 했다.[13]

일곱 개의 프로젝트가 최종 면접 심사를 받던 재개발 계획 심사 현장에서 리베스킨트는 "후보자 가운데 유일하게 구멍에 내려가서 위를 올려다 본" 자기 경험을 묘사했다. 그 순간 "이민선에서 처음 봤던 자유의 여신상 불빛을 떠올렸다"라는 그의 발표는 심사위원단의 눈가를 촉촉하게 만들었다고 한다. 여신상의 횃불을 빛의 쐐기 공원에 비칠 햇빛으로 연결함으로써, 9·11 사건으로 위협받은 아메리칸 드림을 다시 이어 나가자는 취지의 설계라는 설명이었다.[14] 이처럼 유대계 폴란드 이민자 신분을 노골적으로 드러내 감정을 자극하고 아메리칸 드림의 선봉을 자처하면서, 그것을 자기 설계의 경쟁력으로 만드는 스타일을 내세워 중요한 시설의 설계를 따내는 리베스킨트를 어떤 비평가들

은 "추모 사업가entrepreneur of commemoration"라 비꼰다.[15]

다소 지연돼 시작됐으나 막상 건설이 진척되면서 그라운드 제로와 로어맨해튼 지역은 재개발 열기를 띠었다. 무거운 분위기가 방문객을 위압적으로 짓누르던 2001년 9월의 분위기와 비교해 보자면, 재개발이 본격화된 이후에는 이제 중압감에서 벗어나 여느 건설 현장과 같은 활기가 생겨났다. 이러한 분위기에는 시장, 주지사, 그리고 로어맨해튼 개발공사가 모두 한목소리로 기여했다. 로어맨해튼 개발공사에서 행한 연설에서 블룸버그 시장은 "세계무역센터의 16에이커 부지에 어떤 멋진 계획이 나오건 그것은 로어맨해튼 전체를 위한 과감한 비전을 보여야 한다. 그것이 뉴욕시 전체의 요구와 이 지역 전체의 필요도 충족시킨다"라고 했다.[16] 마침 맨해튼 곳곳의 젠트리피케이션 추세와 겹치면서 추모 사업은 뉴욕의 경제를 살리고 지역을 재개발시킬 프로젝트로 진화해 버렸다.

그런데 새로 지어질 건물들의 임대는 다 가능할까? 이것은 사실 심각한 고려 사항이어야 했다. 왜냐하면 세계무역센터가 붕괴 당시 사무실 공실률이 높아지는 어려운 상태였기 때문이다. 대규모 건물 재건축은 시작부터 그러한 부담을 안고 있었으며, 2014년에 입주를 시작한 제1세계무역센터 건물이 점점 임대료를 낮추며 입주자들을 여전히 모으고 있다는 사실은 이후에도 계속 개장하게 될 제2, 제3, 제5, 그리고 제7세계무역센터 건물에서도 우려되는 사항이다.[17]

리베스킨트의 원안은 여러 차례 수정을 거쳤다. 이는 최종 당선작에 그려진 건물이 그대로 건축된다는 확인 조항이 없었기 때문에 가능했다. 우선 자유의 탑은 상당한 설계 변경을 거쳤다. 원래는 각진 나선

447

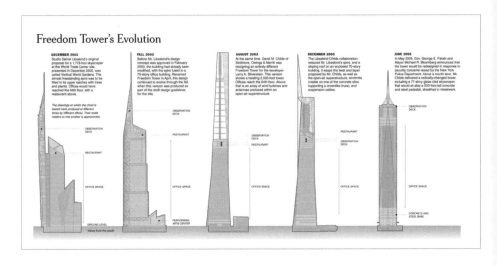

Freedom Tower's Evolution

DECEMBER 2002
Studio Daniel Libeskind's original proposal for a 1,776-foot skyscraper at the World Trade Center site, presented in December 2002, was called Vertical World Gardens. The almost freestanding spire was to be filled in its upper reaches with trees and plants. Offices would have reached the 64th floor, with a restaurant above.

The drawings on which this chart is based were produced at different times by different offices. Their scale relative to one another is approximate.

OBSERVATION DECK

RESTAURANT

OFFICE SPACE

FALL 2003
Before Mr. Libeskind's design concept was approved in February 2003, the building had already been modified, with the spire fused to a 70-story office building. Renamed Freedom Tower in April, this design continued to evolve through the fall, when this version was produced as part of the draft design guidelines for the site.

OBSERVATION DECK

RESTAURANT

OFFICE SPACE

GROUND LEVEL
Views from the south

PERFORMING ARTS CENTER

AUGUST 2003
At the same time, David M. Childs of Skidmore, Owings & Merrill was designing an entirely different Freedom Tower for the developer Larry A. Silverstein. This version shows a twisting 2,000-foot tower. Offices reach the 64th floor. Above that is an array of wind turbines and antennas enclosed within an open-air superstructure.

OBSERVATION DECK
RESTAURANT

OFFICE SPACE

DECEMBER 2003
The Libeskind-Childs collaboration restored Mr. Libeskind's spire, and a sloping roof on an enclosed 70-story building. It keeps the twist and taper proposed by Mr. Childs, as well as the open-air superstructure, windmills (visible on one of the concrete silos supporting a crownlike truss), and suspension cables.

RESTAURANT

OBSERVATION DECK

OFFICE SPACE

JUNE 2005
In May 2005, Gov. George E. Pataki and Mayor Michael R. Bloomberg announced that the tower would be redesigned in response to security concerns raised by the New York Police Department. About a month later, Mr. Childs delivered a radically-changed tower, including a 77-story glass-clad skyscraper that would sit atop a 200-foot-tall concrete and steel pedestal, sheathed in metalwork.

OBSERVATION DECK

OFFICE SPACE

CONCRETE AND STEEL BASE

자유의 탑에서 제1세계무역센터로 진화하면서 여러 차례 설계 변화를 거쳤다.

형 형태로, 위로 갈수록 점점 좁아지면서 하늘을 찌를 듯 올라가는 탑 형태인데 자유의 여신상 형상을 닮기도 한 모습이었다. 하지만 항만관리청에서는 비용을 줄이기 위해 설계를 단순화하기를 원했다. 비용 절감을 위해 완성된 건물은 결국 두드러지는 특징 없는 모습으로 변형됐다. 또한 뉴욕 경찰은 안전 문제로 지하에 57미터 두께의 콘크리트 기반을 넣도록 개발 주체들을 설득했다. 원래 빌딩의 밑동은 유리 프리즘으로 그 위를 덮어 콘크리트 벙커처럼 안이 들여다보이게 할 예정이었으나, 이 역시 안전 문제로 스테인리스스틸 기둥에 방탄유리로 대체됐다.[18]

결국 고려 대상에서 제외되기는 했지만, 테러 당시 쌍둥이 빌딩에 대한 임대권을 가지고 있던 래리 실버스틴은 건물 윗부분은 상당 정도

비워 두고 공원으로 만들자고 제안했다. 실버스틴은 리베스킨트와 의견 대립이 잦았고, 결국 2년여 간 논쟁한 끝에 리베스킨트가 설계 담당에서 손을 떼기로 했다. 결국 실버스틴이 신뢰한 건축가 데이비드 차일드David Childs의 회사Skidmore, Owings & Merrill가 최종적으로 건물을 설계하게 됐다. 꼭대기에 만들려던 시설물은 비용 문제로 삭제됐고, 전망대만 남았다. 리베스킨트의 원안에서 지켜진 것은 탑의 높이, 즉 1776피트라는 것과 건물의 위치가 원래 쌍둥이 빌딩이 있던 그 자리는 아니어야 한다는 점이었다. 그 자리에는 기념관이 들어가야 한다는 것이 리베스킨트의 끈질긴 주장이었고, 이는 대중적 지지를 등에 업었다.[19]

현재 완공돼 입주 사업체들에게 임대되고 있는 제1세계무역센터 건물에 대해서는 항만관리청이 완전한 경영권을 가지고 있다. 그 자리에 있던 건물의 소유주였기 때문이지만, 이것이 실버스틴의 쌍둥이 건물을 대체하는 것이었기에 그런 결정에 도달하기까지 복잡한 법적 절차와 세금 및 보험 문제가 있었다. 실버스틴은 원래 자신이 임대권을 가진 건물 자리에 기념관이 들어선다면 손실이 너무 클 것이라고 예상했으나 워낙 강력한 대중 의견이 있었기에 반대할 수 없었다. 결국 그라운드 제로에 지어질 다른 세계무역센터 건물에 대해서 실버스틴이 임대권자leaseholder이자 개발업자developer로 지정되는 것으로 권리를 맞바꿨다.[20] 이 일은 여기에 얽힌 복잡한 물권과 임대권 등을 고려할 때 인류 역사상 가장 어려운 부동산 스와핑이었다고 평가될 정도다. 그런데도 성공했다는 것은 그만큼 합의에 도달해야 한다는 국가적 열망이 강했음을 의미하고, 이는 미국사에서 9·11이라는 사건이 얼마나

449

쌍둥이 건물 가운데 북타워 자리에 마련된 풀

풀 지하에서는 건물이 있던 자리가 천장을 이루며, 그 둘레를 따라 파괴되지 않은 기둥이
존치돼 있다.

예외적 무게감을 가졌는지 알려 준다.

기념관 "부재 반향"은 리베스킨트의 원안에서 크게 변형되지 않은 모습을 드러냈다. 원래 쌍둥이 빌딩 자리들은 지상에서 보기에는 푹 파인 빈 구멍으로 남겨 두었다. 그 네 면 둘레에는 희생자들의 이름이 새겨져 있다. 애초에 계획됐던 분수는 안전상의 문제로 설치되지 않았으나, 지하로 내려가서는 그 둘레를 따라 걸으며 남아 있는 벽과 기둥과 창호 등을 볼 수 있게 했다. 얼마나 거대한 건물이었는지, 그 둘레가 얼마나 큰 사각형을 그리는지를 직접 체험하면서 사라진 건물들의 부재를 기억에 남길 수 있다.

기념관은 원래 건물 모습과 더불어 그날의 기록 역시 시간대별로 정리해 두었다. 비행기 충돌 전부터 건물 붕괴 이후까지 시시각각의 기록이다. 누군가의 전화 녹음, 마지막 문자 메시지, 충격에 싸인 실시간 뉴스 화면, 맨해튼 곳곳에서 바라본 세계무역센터 쌍둥이 건물의 모습들, 하나같이 공포와 경악에 찬 표정의 시민들 등이 당시의 긴박한 상황을 생생하게 보여 준다. 한편 기념관에는 카메라를 사용할 수 없는 방이 하나 있다. 그곳에는 긴 의자가 놓여 있고, 반대쪽 벽 비디오 화면에 희생자에 대한 기억을 이야기하는 가족·친구·동료 들의 증언이 흘러간다. 그것이 마지막이 될 줄 몰랐던 일상의 한 장면에 대한 이야기들은 어떤 전시물보다도 희생자들을 내가 알던 사람으로 느끼게 만든다.

무엇을 기억할 것인가?

      대중적으로 9·11을 기억하는 하나의 방식은 후일담 영화들일 수도 있다. 〈플라이트 93 United 93〉에서는 그날 네 번째 비행기를 펜실베이니아 들판에 추락시켜 자신들은 죽었지만 더 큰 재난을 막은 탑승객들이, 〈세계무역센터〉에서는 구조에 나섰다 붕괴되는 건물에 갇힌 소방공무원이 영웅이다. 이 영화들은 비행기에 탑승했던 미국인이나 순직한 소방공무원들을 그저 희생자로만 그리지 않는다. 그들은 끝까지 용감하게 현실에 대처했고, 나보다는 남을 위해 희생을 선택하는 영웅으로 격상된다.

    한편 〈레인오버미 Reign Over Me〉는 세계무역센터에 부딪힌 비행기에 탔던 아내와 세 딸을 잃은 평범한 가장의 치유와 극복 문제를 다뤘다. 〈그레이스는 사라졌다 Grace Is Gone〉(국내 미개봉)는 이라크전쟁에서 군인 아내를 잃은 남자가 일상을 지속할 힘을 어떻게 찾아가는지 그렸다. 이 영화들에서는 유가족 주변에 있는 가족과 친구가 평범한 영웅들이 된다. 미국인은 예상치 못한 위기에도 불구하고 국가를 탓하지 않고 묵묵히 대처하는 가운데 오히려 애국심을 고양시키는 놀라운 국민이다. 그 대가로 평범한 미국인 모두가 영웅이 되는 보상을 받는다.

    후일담 영화들의 공통된 특징은 누구를 탓하거나 사건의 원인을 분석하지 않는다는 것인데, 이러한 탈정치성과 탈역사성은 앞에서 살펴본 다양한 추모의 공간이나 공식적 기억의 터인 9·11기념관과 박물관에서도 공통으로 관찰되는 특성이다. 이들은 사건의 '원인'을 고찰하지 않는다. 이 사건이 왜 일어났는지, 대체 그들은 왜 미국을 공격했는지, 그리고 이것이 미국의 중동 정책이나 나아가 세계 정책과 어떻게 연결돼 있는지 설명하지 않는다. 또한 사건 후 미국이 어떤 전쟁을 시작했는지에 대해서도 아무런 언급을 하지 않는다.

말하자면 9·11은 맥락 없이 발생한 재난이 돼 버리고, 이들에게 중요한 것은 오로지 회복, 복구, 애도뿐이다. 그들은 그저 희생에 아파하고, 이것을 극복할 방법으로 평범한 '영웅들'을 만들기 위해 애쓴다. 이렇게 새로 발견된 영웅은 소방공무원, 경찰, 자원봉사자, 희생자 가족들이다. 결국 이 공간들이 기억하고 싶어 하는 것은 9·11과 같은 사건을 부추긴 미국 외교 정책의 역사에 대한 부끄러움이 아니다. 무너진 미국인으로서의 자부심을 다시 회복하고 싶은 것이다.

뉴욕의 기념 공간들에서 나타나는 기억에서 9·11은 세계사적으로 유례없는 특별한 재난으로 기록되고, 따라서 이를 극복한 미국인은 특별한 영웅으로 만들어진다. 하지만 9·11의 역사화를 시도하는 학자들은, 새로운 것은 미국 영토가 테러를 당했다는 사실뿐, 다른 것은 없다고 주장한다. 그것도 미국이 다양한 지역과 국가에서 자행한 "테러"가 늘 존재해 왔다면서, 9·11의 "다름"을 강조하는 것이야말로 미국의 고통만이 특별하고 가장 대단하다는 기만이라고 말한다. 세계의 많은 지역이 테러의 공포로부터 자유롭지 않으며 게다가 미국 군사작전에 피해를 입고 있는데도 그보다는 뉴욕이 당한 것이 가장 충격적이고 고통스럽다는 태도다. 물론 9·11테러가 시각적 측면에서 아주 충격적 사건임에는 틀림없지만 미국인들의 놀라움엔 "여기선 이런 일은 벌어지지 않는다"라는 별스런 믿음이 배어 있다. 따라서 에이미 케플란 같은 진보 학자들은 이라크 공격이나 국토안보부 설치와 같은 9·11에

453

달라진 스카이라인과 여전한 자유의 여신상

대한 과장된 반응이야말로 전형적인 미국 예외주의의 발로라고 지적한다.[21]

미국 예외주의 혹은 예외성American Exceptionalism은 미국이 발전한 과정의 특성상 다른 서양 국가들과 다른 특성들을 지니게 됐다는 논리에서 출발한다. 특히 봉건의 부재와 민주주의의 발전과 사회적 권위의 약세, 사회적 신분 이동의 유연성, 사회주의와 같은 급진적 사상의 결여 등이 그 요소로 거론된다.[22] 예외주의는 종종 미국의 우월성을 주장하는 데 이용된다. 특히 자유민주주의와 같은 인간 보편적인 가치가 가장 성공적으로 발전해 온 곳으로 제시되는 미국은 결국 인류의 대표, 나아가 세계 그 자체다. 그런 점에서 미국 예외주의는 미국의 꿈, 즉 아메리칸 드림의 다른 이름이 되기도 한다. 미국의 꿈은 모든 인류가 원하는 절대적 가치를 표방하며, 따라서 미국은 특별한 동시에 대표적이다. 그렇기 때문에 미국의 예외주의 논리는 9 · 11 기념 장소에도 복심으로 작용하면서 이 사건이 미국의 특별한 사건인 동시에 전 인류의 고통이라는 이중적 논리를 구현하고 있는 것이다.

455

주

1 지중해 권역 도시들

마라톤전투 승리의 기억, 아테네 공공기념물

* 이 글은 저자의 학술논문 〈아테네 공공기념물을 통해 본 마라톤전투에 대한 기억의 생
   성과 재생산〉《사총》89, 2016)을 수정·보완한 것이다.

1 투키디데스, 3.1-4; 투키디데스, 천병희 옮김, 《펠로폰네소스 전쟁사》, 도서출판 숲,
   2011, 29~30쪽.

2 투키디데스, 1.89-117; S. Hornblower, *A Commentary on Thucydides* I, Oxford,
   Oxford Univ. Press, 1991, pp.133~134.

3 마라톤전투만을 다룬 논문은 발표된 적이 없고, 대부분 대중을 위한 교양서나 개설서
   에 2~4쪽 정도로 간략하게 요약돼 있을 뿐이다. 이마저도 헤로도토스의 《역사》의 내
   용을 그대로 받아들인 경우가 많다. 다만, 김진경의 《고대 그리스의 영광과 몰락》(아티
   쿠스, 2009)과 필립 드 수자·발데마르 헤켈·로이드 루엘린-존스의 《그리스 전쟁》(오태
   경 옮김, 플래닛미디어, 2009)처럼 헤로도토스를 잘 활용한 예도 있다. 유재원의 최근 저작
   《그리스 고대로의 초대, 신화와 역사를 따라가는 길》(리수, 2015)은 최근의 흐름에 맞게,
   현장 답사를 간 듯 생생하게 읽을 수 있도록 서술돼 있다. 마라톤전투에 대해 가장 심
   도 있게 다룬 한글 책은 정은비가 번역한 니콜라스 세쿤다의 《마라톤 BC 490》(플래닛미
   디어, 2007)이다. 그러나 이 책 역시 한국국방안보포럼에서 감수한 세계의 전쟁 시리즈
   중 다섯 번째 책으로 선택된 만큼 중무장 보병의 전투 방식과 전술에 내용을 집중했다
   는 특징이 있다.

4 G. Soteriades, "Anaskaphe Marathonos", *Praktika tes en Athenais
   Archaiologikes Hetairias*,1933, p.42; E. Vanderpool, "A Monument to the Battle
   of Marathon", *Hesperia* vol.35 no.2, 1966, p.321.

5   파우사니아스, 1.33.2.

6   G. Soteriades, "Ereunai kai anaskaphai en Marathoni", *Praktika tes en Athenais Archaiologikes Hetairias*, 1935, pp.156~158. 소테리아데스는 이 신전을 발굴하고 그 주변 지역을 마라톤 데메라고 생각했다.

7   *Inscriptiones Graecae I³*, 1015.

8   헤로도토스, 6.117; 헤로도토스, 천병희 옮김, 《역사》, 도서출판 숲, 2009, 613쪽.

9   헤로도토스, 6.106; 위의 책, 607쪽. 스파르타는 지금의 8~9월에 해당하는 달에 카르네이아Karneia라는 축제를 지냈는데, 이 기간에는 전쟁을 하지 않는다는 법이 있었다. 마침 이 시기와 겹쳐, 아테네에서 원군 요청을 했음에도 불구하고, 축제가 끝난 뒤에 출병해 마라톤전투가 마무리될 무렵 아테네에 도착했다.

10   투키디데스, 2.34.5.

11   파우사니아스, 1.32.3.

12   파우사니아스, 1.32.4.

13   니콜라스 세쿤다, 정은비 옮김, 《마라톤 BC 490》, 플래닛미디어, 2007, 123쪽.

14   Heinrich Schliemann, "Das sogennante Grab der 192 Athener in Marathon", *Zeitschrift für Ethnologie* 16, 1884, pp.85~88; Valerios Stais, "Kephalion 1: Anaskaphai kai eurēmata", *Deltion Archaiologikon*, Athens, 1890, pp.65~71; Valerios Stais, "Prosartēma tou deltiou: Diatribai kai ektheseis", *Deltion Archaiologikon*, Athens, 1890, pp.123~132.

15   N. G. L. Hammond, "The Campaign and the Battle of Marathon", *JHS* 88, 1968, p.15; Petrakos, *Marathon*, p.18. 하몬드는 스타이스의 발굴 과정을 상세하게 정리했다.

16   V. Stais, "ho en Marathoni tumbos", *AM* vol.18, 1893, p.49; J. Whiteley, "The Monuments that stood before Marathon: Tomb Cult and Hero Cult in Archaic Attika", *AJA*, vol.98 no.2, 1994, pp.215~216; D. Kurtz and J. Boardman, *Greek Burial Customs*, London, Thames and Hudson, 1971, p.247. 커츠는 헌정물 도랑이 벽돌로 이뤄져 있으며, 레키토스들과 같은 장례 관련 도기들이 헌정물로 발견됐다고 한다.

17   Stais, "Marathoni tumbos", p.53; Whiteley, "Marathon", p.216, 218. 위틀리는 상고기 후반이 되면 무덤숭배tomb cult 자체의 의미가 퇴색된다고 주장한다. K. Kübler, *Kerameikos* VI.1, Berlin, De Gruyter, 1959, pp.87~92. 큐블러는 기원전 600년경이 되면 헌정물 도랑의 사용이 줄어들고, 기원전 6세기 중반이 되면 거의 사라진다고 했

457

다.

18 Whiteley, "Marathon", p.228.

19 Whiteley, "Marathon", p. 230.

20 호메로스,《일리아스》, 23.250-257. 헥토르 역시 유사한 방식으로 장례가 치러졌다. 호
    메로스,《일리아스》, 24.790-803.

21 Whiteley, "Marathon", pp.229~230.

22 리쿠르고스, 1.108.

23 *IG II²*, 1006, 26-27, 69-70줄. "그들은 마라톤전투에서 죽은 자들의 무덤에 와 자유를
    위해 싸우다 죽은 그들에게 화환과 희생 제물로 존경을 표했다."

24 E. Rohde, *Psyche: The Cult of Souls and Belief in Immortality among the
    Greeks*, London, Routledge, 1925, pp.121~131.

25 C. Antonaccio, "Contesting the Past: Hero Cult, Tomb Cult, and Epic in Early
    Greece", *AJA*, vol.98, 1994, p.401; T. H. Price, "Hero Cult in the Age of Homer'
    and Earlier", G. W. Bowersock et al. ed., *Arktouros: Hellenic Studies Presented
    to B. Knox*, Berlin, de Gruyter, 1979, pp.219~228.

26 이 승전비는 트로파이온tropaion이라는 이름을 얻었는데, 이 승전비 앞에서 아테네
    의 에페보스들이 제우스 트로파이오스(무찌르는 제우스) 신에게 매년 희생 제사를 바쳤
    기 때문이라고도 하고, 적군이 등을 돌리는 것을 트로페trope라고 해 그 위치에 승전비
    를 세우는 것이 관습이었기 때문이라고도 한다. H. Bowden, "Herakles, Herodotos
    and the Persian Wars", L. Rawilings and H. Bowden ed., *Herakles and Hercules:
    Exploring a Graeco-Roman Divinity*, Swansea, Classical Press of Wales, 2005,
    p.4; 세쿤다,《마라톤》, p.122.

27 Vanderpool, "Marathon", p.105.

28 데모스테네스, 15.35.

29 Petrakos, "Marathon", p.27, 29.

30 아리스토파네스,《기사》, 1333-1334; 아리스토파네스,《벌》, 707-711; 아리스토파네
    스,《리시스트라타》, 285; 플라톤,《메넥세노스》, 240 D, 245 A.

31 차례로, 파우사니아스, 1.14.5, 1.28.2, 10.10-12, 10.19.4.

32 R. Neer, "The Athenian Treasury at Delphi and the Material of Politics", *CA*,
    vol.23, 2004, p.65.

33 *IG I³* 1463; R. Meiggs and D. Lewis, *Greek Historical Inscriptions: to the End of*

the Fifth Century B.C., Oxford, Clarendon Press, 1969, n. 19. 메데인들이란, 곧 페르시아인들을 가리킨다.

34 P. de la Coste Messelière, "Trois notules delphiniques", *Bulletin de correspondance hellénique*, vol.77, 1953, pp.179~182.

35 W. B. Dinsmoor, "The Athenian Treasury as Dated by its Ornament", *AJA*, vol.50, 1946, p.113.

36 Meiggs and Lewis, *Inscriptions*, no.19.

37 파우사니아스, 10.11.6.

38 E. Harrison, "Archaic and Archaistic Sculpture", *The Athenian Agora* XI, New Jersey, 1965, p.10.

39 이상덕, 〈기원전 6~5세기 아테나이의 현실 정치와 테세우스 신화〉, 《서양고대사연구》 22, 2008, 44~47쪽.

40 플루타르코스, 《테세우스》, 6.7.

41 P. Vidal-Naquet, A. Szegedy-Maszak (trans. by), *The Black Hunter: Forms of Thought and Forms of Society in the Greek World*, Baltimore, The Johns Hopkins Univ. Press, 1986, p.305. "(첫 번째는 코드로스, 두 번째는 테세우스일 때) 세 번째 이름에 대해서는 여러 사본들과 편집자들 사이에 동의가 이루어지지 않는다 : 사본들은 Phyleus와 어원을 알 수 없는 Phileus를 혼동하고 있고, 편집자들은 Phyleus를 Neleus나 Philaios에 비해 선호하는 것으로 보인다." Phyleus는 초기 학자들에 의해서는 Phyle필레(아테네 부족 - 데메 중 하나)의 영웅으로 생각했지만, 현대 학자들은 키몬과 그의 아버지 밀티아데스의 선조인 Philaios를 더 선호하는 추세다. 아마, 사본 필경자가 'ai'를 'e'로 잘못 베껴 써서 일어난 혼동이라고 생각한다.

42 파우사니아스, 10.10.1-2.

43 헤로도토스, 6.132-136.

44 Vidal-Naquet, *Black Hunter*, p.303.

45 C. Davidson, *Pheidias: the Sculptures and Ancient Sources*, London, Institute of Classical Studies, 2009, pp.305~306; A. Mommsen, "Die zehn Eponymen und die Reihenfolge der nach ihnen benannten Phylen Athens", *Philologus*, vol.47, 1888, p.449; Vidal-Naquet, *Black Hunter*, p.314.

46 '페르시아전쟁의 전리품'으로 아테네를 재건했다는 믿음은 아테네인들에게 꾸준히 기억됐던 듯하다. 데모스테네스는 아테네인들을 찬양하며, "우리가 자긍심으로 여기는 승리의 징표인 아시아로부터의 전리품으로 프로필라이아와 파르테논을 짓고, 다른 신

전들을 장식했다"라고 했다. 데모스테네스, 22.13.

47 L.Meritt, "The Stoa Poikile", *Hesperia*, vol.39, 1970, pp.238~239.

48 Meritt, "Stoa Poikile", p.258.

49 파우사니아스, 1.15.

50 E. Francis and M. Vickers, "The Marathon Epigram in the Stoa Poikile", *Mnemosyne*, vol.38, 1985, pp.390~393. 아마존과의 전투는 마라톤전투와 같은 장소에서 벌어졌다고 여겨졌다.

51 Francis and Vickers, "Marathon Epigram", p.390; 리쿠르고스, 1.109.

52 Bowden, "Herakles", pp.5~6.

53 파우사니아스, 1.15.3.

54 파우사니아스, 1.32.5.

55 M. Jung, *Marathon und Plataiai; Zwei Perserschlachten als lieux de mémoire im antiken Griechenland*, Götingen, Vandenhoeck & Ruprecht, 2006, pp.69~70.

56 *IG I³* 36.

57 D. Gill, "The Decision to Build the Temple of Athena Nike (*IG I³* 35)", *Historia*, vol.50, 2001, p.278; I. Mark, "The Sanctuary of Athena Nike in Athens: Architectural Stages and Chronology", *Hesperia Supplement*, vol.26, 1993, p.108.

58 *IG I³* 35; Gill, "The Decision", p.265.

59 Gill, "The Decision", p.278.

60 헤로도토스, 9.22.

61 Peter Schultz, "The North Frieze of the Temple of Athena Nike", Olga Palagia, ed., *Art in Athens during the Peloponnesian War*, Cambridge, 2009, pp.144~145.

62 Schultz, "Athena Nike", pp.145~146.

63 스트라보는 마라톤이라고 한다. 스트라보, 8.6.19.

64 에우리스테우스의 맹세 : 에우리피데스, 《헤라클레스의 후예들》, 1026 ff. 스트라보, 8.6.19.

65 에우리피데스, 《헤라클레스의 후예들》, 1034 ff.

1   로마 포룸이란 용어는 베르길리우스 때 처음 나타났지만, 자주 사용된 것 같지는 않다. 율리우스 포룸Forum Iulium이 건설된 이후에는, 편의상 포룸을 대포룸Forum Magnum 이라 부르기도 했다. Dio Cassius, *Historia Romana* 43.22.2; Vergilius, *Aeneis* 8.361. 이 글에서는 포룸과 로마 포룸이란 용어를 병행하도록 한다.

2   Plautus, *Curculio* 467~482.

3   포룸 보아리움Forum Boarium, 포룸 피스카리움Forum Piscarium, 포룸 홀리토리움 Forum Holitorium은 각각 우시장, 어시장, 농산물 시장을 가리킨다. Varro, *De Lingua Latina* 5.145에 의하면, 포룸은 사람들이 팔기를 원하는 물건들을 가지고 오는 장소라 는 의미를 가지고 있다.

4   기원후 5세기 전반 에스파냐 출신의 성직자이며 역사가인 오로시우스Orosius (*Historiarum Adversum Paganos Libri VII* 7.9.8)에 의하면, 로마에서는 건국 때부터 베스 파시아누스 황제 때까지 대략 320회의 개선식이 거행됐다고 한다.

5   D. Watkin, *The Roman Forum*, London, Profile Books Ltd, 2011, pp.4~5.

6   로마 포룸을 차지하고 있는 개별 유물들에 관해서는 신상화, 《물의 도시, 돌의 도시, 영원의 도시 로마》, 청년사, 2004; M. Grant, *The Roman Forum*, London, Michael Grant Publications Ltd, 1970; L. Richardson jr., *A New Topographical Dictionary of Ancient Rome*, Baltimore, The Johns Hopkins University Press, 1992를 참조 하시오.

7   Ovidius, *Fasti* 6.401~406; Horatius, *Carmina* 1.2.13-16.

8   C. Smith, "Early and Archaic Rome", J. Coulston & H. Dodge eds., *Ancient Rome: The Archaeology of the Eternal City*, Oxford, Oxford University School of Archaeology, 2000, p.21.

9   R. R. Holloway, *The Archaeology of Early Rome and Latium*, London, Routledge, 1994, pp.20~50.

10   Ovidius, *Fasti* 6.263; Plutarchos, *Numa* 14; Tacitus, *Annales* 15.41; Varro, *De Lingua Latina* 5.155.

11   M. Torelli, "The Topography and Archaeology of Republican Rome", N. Rosenstein & R. Morstein-Marx eds., *A Companion to the Roman Republic*, Oxford, Blackwell Publishing Ltd, 2006, pp.81~84. 리비우스Livius (*Ab Urbe Condita* 1.44.2)에 의하면, 다이아나 신전은 라틴인의 도움으로 완공됐다고 한다.

461

12   프리스쿠스는 포룸 주변의 토지를 구분해 개인이 건물을 지을 수 있도록 했으며, 포룸 지역에 포르티쿠스porticus와 상점들을 건설했다. Livius, *Ab Urbe Condita* 1.35.10; Dionysius Halicarnassensis, *Antiquitates Romanae* 3.67.4.

13   A. J. Ammerman, "On the origins of the Forum Romanum", *American Journal of Archaeology*, vol.94, 1990, pp.641~645.

14   J. H. H. Hopkins, "The Cloaca Maxima and the monumental manipulation of water in Archaic Rome", *The Waters of Rome*, vol.4, 2007, pp.11~13.

15   J. A. Stambaugh, *The Ancient Roman City*, Baltimore & London, Johns Hopkins University Press, 1988, p.17.

16   J. A. Stambaugh, *The Ancient Roman*, p. 18.

17   보통 기원전 498년 티투스 라르키우스Titus Larcius가 사투르누스 신전을 건설했다고 하지만 기원전 497년의 콘술들 또는 기원전 493년의 콘술을 제시하는 사료들도 있다. Dionysius Halicarssensis, *Antiquitates Romanae* 6.1.6; Livius, *Ab Urbe Condita* 2.21.1-2.

18   M. Torelli, "The Topography", pp.83~84.

19   레길루스호수 전투의 연도에 관해서는 Dionysius Halicarssensis, *Antiquitates Romanae* 1.66; Livius, *Ab Urbe Condita* 2.19-20을 참조.

20   T. J. Cornell, "The City of Rome in the Middle Republic (c. 400-100 BC)", J. Coulston & H. Dodge eds., *Ancient Rome: The Archaeology of the Eternal City*, Oxford, Oxford University School of Archaeology, 2000, p.43.

21   로마의 팽창을 위해서는 T. J. Cornell, "The Recovery of Rome and the Conquest of Italy", *Cambridge Ancient History* 7.2, Cambridge, Cambridge University Press, 1989, pp.309~419를 참조하시오.

22   Livius, *Ab Urbe Condita* 6.32.1; 7.20.9. 세르비우스 성벽에 관해서는 M. Todd, *The Walls of Rome*, London, HarperCollins Distribution Services, 1978, pp.13~20을 참조하시오.

23   Livius, *Ab Urbe Condita* 8.14.12; Ovidius, *Fasti* 1.641-644; Plutarchos, *Camillus* 42.3.

24   Torelli, "The Topography", p.91.

25   마이니우스는 자신의 이름을 딴 발코니maeniana와 주택atrium을 포룸에 건설하기도 했다.

26   Plinius, *Naturalis Historia* 34.20-25; 30; 35.25. Torelli, "The Topography",

pp.90-91; J. P. Patterson, "The City of Rome", N. Rosenstein & R. Morstein-Marx eds., *A Companion to the Roman Republic*, Oxford, Blackwell Publishing Ltd, 2006, p.355.

27 Livius, *Ab Urbe Condita* 39.44.7; 40.51.5 ; 44.16.1; Plutarchos, *Cato Maior* 14.2. 셈프로니우스 바실리카의 정확한 크기나 형태에 대해선 아는 바가 없지만, 플라우투스 Plautus(*Curculio* 470~48)에 의하면, 포룸이 좀 더 유쾌하고 편리한 장소로 변했다고 한 다.

28 T. J. Cornell, "The City of Rome", p.53. 바실리카에 관해서는 J. Carter, "Civic and other buildings", I. M. Barton ed., *Roman Public Buildings*, Exeter, University of Exeter Press, 1995, pp.41~43을 참조하시오.

29 Appianos, *Bellum Civilia* 1.3.26; Cicero, *Pro Scauro* 46; Plutarchos, *Gaius Gracchus* 17.6; *Pompeius* 2.4; Seneca, *Dialogi* 2.1.3; Varro, *De Lingua Latina* 5.156.

30 예를 들면, 기원전 74년 콘술 마르쿠스 아우렐리우스 코타Marcus Aurelius Cotta는 아우렐리우스법정을 세웠으며, 기원전 57년에는 알로브로키쿠스가 조부의 파비우스 개선문을 재건했다. 기원전 54년 루키우스 아이밀리우스 파울루스Lucius Aemilius Paullus는 아이밀리우스·파울루스 바실리카를 재건하기 시작했다.

31 카이사르는 폼페이우스극장을 능가할 수 있는 미래의 마르켈루스극장 건설에 필요한 부지를 매입했으며, 기원전 54년경에는 율리우스 포룸 건설 프로젝트와 민회의 투표 장소인 율리우스 사입타 재건축을 가동했다. 카이사르의 건축 사업에 관해서는 S. L. Dyson, *Rome: A Living Portrait of an Ancient City*, Baltimore, The Johns Hopkins University Press, 2010, pp.107~110을 참조하시오.

32 옥타비아누스(미래의 아우구스투스)의 건설 정책에 관해서는 김경현, 〈아우구스투스 황제와 수도 로마〉, 《호서사학》 50, 2008, 143~185쪽; 김경현, 〈기원전 33년의 공공서비스 사업과 옥타비아누스의 문화정치〉, 《서양고대사연구》 34, 2014, 211~241쪽을 참조하시오.

33 아우구스투스는 악티움해전에서 승리한 후 기원전 29년에 승리를 기념하고 율리우스 신전과 카스토르 폴룩스 신전을 연결하는 역할을 하는 입구가 하나인 아우구스투스개선문을 건설했다. 기원전 19년에 파르티아에서 빼앗겼던 군기를 되찾은 후 기존의 개선문을 입구가 세 개인 개선문으로 개축했다.

34 Augustus, *Res Gestae* 20; Dio Cassius, *Historia Romana* 56.27.5; Suetonius, *Divus Augustus* 29.4.

35 Dio Cassius, *Historia Romana* 55.8.2; Suetonius, *Tiberius* 20. cf. Dio Cassius, *Historia Romana* 56.25.1; Ovidius, *Fasti* 1.637~638.

36 *Corpus Inscriptionum Latinarum* 6.938=*Inscriptiones Latinae Selectae* 255.

37 기마 동상은 도미티아누스가 사망한 후 원로원이 내린 기록말살형damnatio memoriae 에 의해 철거됐음이 분명하다.

38 203년 셉티미우스 세베루스와 그의 두 아들 카라칼라와 게타가 동방에서 거둔 승리를 기념하기 위해 건설했다.

39 로마 제정 말기 로마 포룸에서 실시됐던 건설 사업을 위해서는 G. Kalas, *The Restoration of the Roman Forum in Late Antiquity: Transforming Public Space*, Austin, University of Texas Press, 2015를 참조하시오.

40 Watkin, *The Roman Forum*, p.2.

끝나지 않은 정치의 도시, 피렌체 공공기념물

* 이 글은 저자의 학술논문 〈건축물로 바라본 피렌체의 형성과 발전 : 정치적 기능을 중심으로〉《학림》 40, 2017)를 수정·보완한 것이다.

1 츠지 히토나리,《냉정과 열정 사이 – Blu》, 소담출판사, 2000, 98쪽.

2 에쿠니 가오리,《냉정과 열정 사이 – Rosso》, 소담출판사, 2000, 151~152쪽.

3 데이비드 리비트, 엄우흠 옮김,《아주 미묘한 유혹》, 효형출판, 2004.

4 라이너 마리아 릴케, 김향 옮김,《라이너 마리아 릴케의 르네상스 미술여행》, 가람기획, 2001.

5 Claudia Innocenti et al., "La sindrome di Stendhal fra psicoanalisi e neuroscienze", *Rivista di Psichiatria*, vol.49 no.2 march, 2014, pp.61~66.

6 Raffaello Gualterotti, *Descrizione del regale apparato per le nozze della serenissima Madama Cristina di Loreno, moglie del serenissimo don Ferdinando Medici, III. granduca di Toscana*, Firenze, Appresso Antonio Padouani, 1589, p.12.

7 Maurizio Martinelli and Mario Pagni, "Firenze delle origini – Prima Parte", *Arkos*, n. 11 Jul~Sep, 2005, pp.35~36.

8 Giovanni Villani, *Nuova Cronica*, Parma, Guanda, 1991, Lib. II, cap. XX.

9 John Heseltine, *Roads to Rome*, London, Frances Lincoln, 2005, pp.59~60.

10 Sybille Haynes, *Etruscan Civilization: A Cultural History*, Getty Publications, 2000, p.385; Giuseppe Franco, *Orizzonti etruschi: una completa esplorazione del mondo etrusco*, Milano, SugarCo, 1987, p.47.

11 Francesco Guicciardini, *Le cose fiorentine*, Firenze, L. S. Olschki, 1945, pp.4~5.

12 Giorgio Vasari, *Ragionamenti di Giorgio Vasari, Pittore ed architetto aretino, sopra le invenzioni da lui dipinte in firenze nel palazzo di Loro Altezze Serenissime*, Firenze, Presso S. Audin e Company, 1823, p.268.

13 Villani, *Nuova Cronica*, Lib. II, cap. I.

14 Maurizio Martinelli and Mario Pagni, "Firenze delle origini - Seconda Parte", *Arkos*, no.12, Oct-Dec, 2005, p.28.

15 손세관, 《피렌체, 시민정신이 세운 르네상스의 성채》, 열화당, 2007, 50쪽.

16 Giovanni Fanelli, *Firenze*, Roma, La terza, 1980, p.212; Maria Sfameli, *Il centro di Firenze restituito*, Firenze, Bruschi, 1989, p.15.

17 Richard J. Goy, *Florence: A Walking Guide to Its Architecture*, New Haven, Yale University Press, 2015, Kindle edition

18 손세관, 《피렌체》, 51~52쪽.

19 Valeria Orgera et al., *Firenze. Il quartiere di Santo Spirito dai Gonfaloni ai Rioni*, Firenze, Alinea, 2000, p.212.

20 Teodoro Bonati, *Opuscoli idraulici*, Bologna, Francesco Cardinali, 1829, p.341.

21 Roy Palmer Domenico, *The Regions of Italy : A Brief Reference Guide to History and Culture*, Westport, CT, Greenwood, 2002, p.314.

22 Villani, *Nuova Cronica*, Lib. II, cap. XXIV.

23 Peter Heather, *The Fall of the Roman Empire: A New History of Rome and the Barbarians*, New York, Oxford University Press, 2006, p.194.

24 Matteo Villani, *Cronica*, Magheri, 1825, Lib. III, cap. LXXXV; Marica S. Tacconi, *Cathedral and Civic Ritual in Late Medieval and Renaissance Florence*, Cambridge, Cambridge University Press, 2005, p.202.

25 Andrea M. Gáldy, *The Art, History and Architecture of Florentine Churches*, Newcastle upon Tyne, Cambridge Scholars Publishing, 2016, pp.345~346.

26 손세관, 《피렌체》, 52쪽.

27 Lala Mercanti and Giovanni Straffi, *Le torri di Firenze e de suo territorio*,

Firenze, Alinea, 2003, pp.132~134.

28 Jane Fortune, *To Florence con amore*, Prato, The Florentine Press, 2011, p.54.

29 Villani, *Nuova Cronica*, Lib. V, cap. II.

30 단테 알리기에리, 박상진 옮김, 《신곡 – 천국편》, 민음사, 2014, 16곡, 127~130.

31 http://www.firenze-online.com/visitare/informazioni-firenze.php?id=128

32 Dino Compagni, *Cronica delle cose occorrenti ne' tempi suoi*, Torino, Giulio Einaudi Editore, 1968, Lib. I, 4.

33 단테 알리기에리, 《신곡 – 천국편》, 15곡, 97~99.

34 Emiliano Scampoli, "Tra Palazzo Vecchio e Arno: un muro e la formazione della città comunale", Federico Cantini, ed., *Firenze prima degli Uffizi*, Firenze, All'insegna del Giglio, 2007, p.61.

35 Pierre Milza, *Storia d'Italia*, Milano, Corbaccio, 2006, pp.225~227.

36 Federico Cantini, "La chiesa e il borgo di San Genesio: primi risultati dello scavo di una grande pieve della Toscana altomedievale(campagne di scavo 2001-2007)", Stefano Campana, ed., *Chiese e insediamenti nei secoli di formazione dei paesaggi medievale della Toscana(V-X secolo)*, Firenze, All'insegna del Giglio, 2008, p.68.

37 손세관, 《피렌체》, 54~55쪽.

38 Claudio Paolini, *Ponte Vecchio di pietra e di calcina*, Firenze, Edizioni Polistampa per il Ministero per i Beni e le Attività Culturali, 2012, p.23.

39 James B. Tschen-Emmons, *Building and Landmark of Medieval Europe: The Middle Ages Revealed*, Santa Barbara, CA, ABC-CLIO, 2016, p.21.

40 Fanelli, *Firenze*, pp.23~24.

41 Fanelli, *Firenze*, pp.25~27.

42 Richard A. Goldthwaite, *The Building of Renaissance Florence. An Economic and Social History*, Baltimore, Johns Hopkins University Press, 1980, p.4.

43 Enrico Faini, "Il gruppo dirigente fiorentino nell'età consolare", *Archivio Storico*, CLXII, 2004, p.210

44 Milza, *Storia d'Italia*, p.229.

45 단테 알리기에리, 박상진 옮김, 《신곡 – 연옥편》, 민음사, 2014, 12곡, 114.

46 Franco Cardini, "Cosi è germinato questo fiore", Angelo Tartuferi, ed., *L'arte a*

Firenze nell' eta' di Dante(*1250~1300*), Firenze, Giunti, 2004, p.19.

47 Villani, *Nuova Cronica*, Lib. VII, cap. XXVI.

48 Milza, *Storia d'Italia*, pp.256~257.

49 Milza, *Storia d'Italia*, p.258.

50 손세관, 《피렌체》, 61~62쪽.

51 Milza, *Storia d'italia*, p.258.

52 Villani, *Nuova Cronica*, Lib. VII, cap. XXXIII.

53 Mercanti and Straffi, *Le torri di Firenze*, pp.30~31.

54 Milza, *Storia d'italia*, pp.258~259.

55 John M. Najemy, *A History of Florence 1200~1575*, Oxford, Blackwell, 2006, pp.81~82.

56 Cinzia Profeti, *I palazzi di Firenze*, Firenze, Giunti, 1999, p.14.

57 Cinzia Profeti, *I palazzi di Firenze*, pp.72~77.

58 손세관, 《피렌체》, 71~72쪽.

59 리처드 터너, 김미정 옮김, 《피렌체 르네상스》, 예경, 2001, 33쪽.

60 Najemy, *A History of Florence*, pp.157~166.

61 이은기, 《르네상스 미술과 후원자》, 시공사, 2002, 136~137쪽; 양정무, 《시간이 정지된 박물관, 피렌체》, 프로네시스, 2006, 41~42쪽.

62 Goldthwaite, *The Building of Renaissance Florence*, p.90.

63 엘레나 지난네스키, 임동현 옮김, 《우피치 미술관》, 마로니에북스, 2007, 11쪽.

64 Sharon T. Strocchia, "Theaters of Everyday Life", Roger J. Crum and John T. Paoletti, ed., *Renaissance Florence: a social history*, New York, Cambridge University Press, 2006, p.78.

사라진 공화국의 사라지지 않은 상징, 베네치아 날개 달린 사자

* 이 글은 저자의 학술논문 〈베네치아 공화국과 날개 달린 사자〉《도시연구 : 역사, 사회, 문화》16, 2016)를 수정·보완한 것이다.

1 Bruce Redford, *Venice and the grand tour*, Yale University Press, 1996; John Eglin, *Venice transfigured: the myth of Venice in British culture, 1660~1797*,

467

New York, Palgrave, 2001, pp.69~104.

2 베네치아에 관한 개설서들은 다음을 참조하라. Roberto Cessi, *Storia della repubblica di Venezia*, Milano and Messina, G. principato, 1944; Frederic C. Lane, *Venice: a maritime republic*, Baltimore and London, Johns Hopkins University Press, 1973; Elisabeth Crouzet-Pavan, *Venise triomphante: les horizons d'un mythe*, Paris, Albin Michel, 2004; Monique O'Connell, *Men of empire: power and negotiation in Venice's maritime state*, Baltimore, Johns Hopkins University Press, 2009; Thomas F. Madden, *Venice: a new history*, London, Penguin books, 2012.

3 이 사자상은 1293년에 설치됐다. Patricia Fortini Brwon, Venice and antiquity: the Venetian sense of the past, New Haven and London, Yale University Press, 1999, pp.18~19.

4 날개 달린 사자가 베네치아 역사에서 어떤 역할을 했는지에 관해서는 다수의 선행 연구들이 있다. 19세기 후반 베네치아 출신 역사가들은 사자의 이미지에 관해 본격적으로 연구를 시작했다. 이들은 베네치아가 신생 이탈리아 통일 국가의 일원이 되면서 영광스러웠던 베네치아의 과거를 복원시키고자 했고 사자는 이러한 목적에 잘 부합하는 주제였다. 이후 연구는 사자가 종교적 상징에서 시민 공화국의 상징으로 변화하는 과정에 초점을 맞추었으며, 1960년대 이후 미국과 독일 학자들이 사자에 관해 본격적으로 연구를 진행했다. Giacomo Boni, "Il leone di San Marco: bronzo veneziano del Milleduecento", *Archivio Storico dell'Arte*, 5, 1892, pp.301~320; Antonio Santalena, *I leoni di San Marco con documenti e illustrazioni*, Venezia, 1906; Maria Luisa Dal Gian, *Il leone di San Marco sulle monete e sulle oselle della Serenissima*, Venezia, 1958; S. Tramontin, "Realtà leggende nei raconti Marciani Veneti", *Studi Veneziani*, vol.12, 1970, pp.35~58; Patricia Fortini-Brwon, "The Self definition of the venetian republic", A. Molho, K. Raaflaub and J. Emlen eds., *City-states in classical antiquity and medieval Italy*, Stuttgart, Steiner Verlag, 1991, pp.511~548; Marina P. Del Negro Karem, *The lion of St. Mark in Venetian art*, Ph. thesis of University of Louisville, 2000; David Rosand, *Myths of Venice: the figuration of a state*, London, The University of North Carolina Press, 2001; Alberto Rizzi, *I leoni di San Marco. Il simbolo della repubblica veneta nella scultura e nella pittura*, Venezia, 2001.

5 사자는 에제키엘의 환상에 나오는 네 마리 동물 중 하나였다. 3세기 초 이레니우스Irenaeus는 사자를 요한의 상징으로 해석했다. 하지만 4세기 초 히에로니무스

468

Hieronymus는 독수리를 요한의 상징으로, 사자를 마가의 상징으로 간주했다. 7세기 초 교황 그레고리우스 7세는 에제키엘의 환상 속에 나오는 네 마리 동물은 네 복음서 저자의 상징물들이라고 주장했다. Marina P. Del Negro Karem, *The lion of St. Mark in Venetian art*, Ph. thesis of University of Louisville, 2000.

6   Garry Wills, *Venice: lion city: the religion of empire*, New York, Washington Square Press, 2001, p.28.

7   11세기경에 작성된 《산마르코의 유골 이전기》는 이 과정을 자세하게 들려준다. N. McCleary, "Note storiche ed archeologiche sul testo della 'Translatio sancti Marci'", *Memorie Storiche Forogiuliesi*, vol.27~29, 1931~1933, pp.223~264; 패트릭 J. 기어리, 유희수 옮김, 《거룩한 도둑질》, 길, 2010, 158~159쪽.

8   이 도둑질에 대한 연구는 이미 많이 진행됐다. Elisabeth Coruzet-Pavan, *Venise triomphante*, p.93; S. Tramontin, "Realtà leggende", pp.35~58; Otto Demus, *The church of San Marco in Venice* Washington, 1960.

9   비잔티움 황제 레오 5세가 자기 신민들과 이슬람과의 교역을 금지했기 때문이다. 그런 연유로 베네치아 상인들은 자신들이 알렉산드리아로 갈 수밖에 없던 이유가 바람 때문이었다고 평계를 댔다. 즉 바람 때문에 의도하지 않게 열 척의 베네치아 선박이 알렉산드리아항으로 밀려갔고, 그렇기 때문에 이것은 신의 뜻이지 자신들의 의지는 아니라고 변명했다. Madden, *Venice: A new history of Venice*, p. 42; Elisabeth Coruzet-Pavan, *Venise triomphante*, p.94.

10   Madden, *Venice: A new history of Venice*, pp.28~46.

11   Elisabeth Coruzet-Pavan, *Venise triomphante*, p.93; 기어리, 《거룩한 도둑질》, 153~161쪽.

12   S. Tramontin, "Realtà e leggenda", p.36.

13   기어리, 《거룩한 도둑질》, 154~155쪽.

14   Patricia Fortini Brown, "The self-definition of the Venetian republic", p.518.

15   Madden, *Venice: A new history of Venice*, p.44.

16   Edward Muir, "Images of power: art and pageantry in Renaissance Venice", *The American Historical Review*, vol.84 no.1, 1979, p.19.

17   Otto Demus, *The Mosaics of San Marco in Venice*, Chicago and London, Chicago University Press, 1984), vol.1, pp.54~83.

18   Patricia Fortini Brown, "The self-definition of the Venetian republic", p.519.

19   Madden, *Venice: A new history of Venice*, p.44.

20 Rudt de Collenberg, "Il leone di San Marco. Aspetti storici e formali dell'
    emblema statale della Serenissima", *Ateneo Veneto*, vol.27, 1989, p.58; Edward
    Muir, "Images of power", p.21.

21 Elisabeth Coruzet-Pavan, *Venise triomphante*, p.92: Madden, *Venice: A new
    history of Venice*, p.44; Patricia Fortini Brown, "The self-definition of the
    Venetian republic", p.519.

22 Patricia Fortini Brown, "The self-definition of the Venetian republic", p.519.

23 Debra Pincus, "Mark gets the message: Mantegna and the "Praedestinatio" in
    Fifteenth-century Venice", *Artibus et Historiae*, vol.18, no.35, 1997, pp.140~141;
    Otto Demus, *The mosaics of San Marco*, vol.2, p.186.

24 13세기 베네치아 출신 시인 마르틴 다 카날은 프랑스어로 다음과 같은 시를 지었다. "Li
    angele Dieu vos dist en vision. Ici posera ton cors et sera ta maison(대천사가 너의
    꿈에 나타나 다음과 같이 말한다. 너의 육신이 이곳에 쉴 것이며 이곳이 너의 안식처가 될 것이다)."
    Martin da Canal, *Les estoires de Venise. Cronaca veneziana in lingua francese
    dalle origini al 1275*, A. Limentani, ed., Firenze, 1972, p.341; Edward Grasman, "A
    salute to you: expansion under the wings of Saint Mark", *Artibus et Historiae*,
    vol.33 no.66, 2012, p.125.

25 Thomas E. A. Dale, "Inventing a sacred past: pictorial narratives of St. Mark the
    Evangelist in Aquilea and Venice, ca. 100-1300", *Dumbarton Oaks Papers* 48,
    1994, pp.1~60.

26 W. H. Rudt de Collenberg, "Il leone di San Marco: aspetti storici e formali dell'
    emblema statale della Serenissima", pp.66~69; Marina Del Negro Karem, *The
    lion*, p.60.

27 Rudt dee Collenberg, "Il leone di San Marco", pp.66~69; Karem, *The lion*, p.66.

28 베네치아의 영토 팽창에 관해서는 다음 논문을 참조하라. Benjamin Arbel, "Venice's
    maritime empire in the early modern period", E. R. Dursteler, ed., *A companion
    to Venetian history, 1400-1797*, Leiden, Brill, 2013.

29 Patricia Fortini Brown, "The self-definition of the Venetian republic", p.520.

30 D. S. Chambers, *The imperial age of Venice 1380-1580*, London, Thames and
    Hudson Ltd, 1970, p.16; Karem, *The lion*, p.72.

31 베네치아는 크게 두 가지 형태의 사자, 즉 몸의 반만 물에서 나오는 형태의 사자(leone
    in moleca)와 날개를 활짝 펴고 걷는 모습의 사자(leone andante)를 상징으로 사용했다.

Karem, *The lion of St. Mark*, pp.16~17, 114.

32 D. S. Chambers, *The imperial age of Venice*, pp.16~17.

33 Karem, *The lion*, p.6.

34 Edward Grasman, "A salute to you", p. 122; Karem, *The lion of St. Mark*, p.116; Daniel Huguenin and Erich Lessing, *La gloire de Venise: dix siècles de rêve et d' invention*, Paris, Terrail, 2005, pp.37~39.

35 포스카리의 일대기에 대해서는 다음 사료와 연구서를 참조하라. P. H. Labalme, *Bernardo Giustiniani. A venetian of the quattrocento*, Roma, 1969; Dennis Romano, *The likeness of Venice: a life of doge Francesco Foscari 1373-1457*, New Haven and London, Yale University Press, 2007; Edward Grasman, "A salute to you", p.127.

36 A. Medin, *Storia della repubblica di Venezia nella poesia* (Milano, 1904), p.12; Karem, *The lion*, p.80.

37 Karem, *The lion*, p.81.

38 Patricia Fortini Brown, "The self-definition of the Venetian republic", p.523; Monique O'Connell, *Men of empire*, p.60.

39 1797년 베네치아공화국을 무너뜨린 나폴레옹도 눈에 보이는 모든 사자를 파괴하라고 명했다. 1797년 프랑스 점령 당시 대부분의 사자가 파괴됐다. Rudt de Collenberg, "Il leone di San Marco", p.61.

40 Otto Demus, *The church of San Marco in Venice*, p.52.

41 Patricia Fortini Brown, "The self-definition of the Venetian republic", p.523.

42 Edward Grasman, "A salute to you", p. 128; Rudt de Collenberg, "Il leone di San Marco", p.63; Karem, *The lion of St. Mark*, p.84.

43 Karem, *The lion*, p.129.

44 Kate Ferris, *Everyday life in Fascist Venice, 1929-40*, Chippenham and Eastbourne, Palgrave, 2012, pp.87~88.

2 서유럽의 도시들

에스파냐 역사의 영광과 비극, 마드리드 엘에스코리알과 망자들의 계곡

1 Henry Kamen, *El Escorial. Art and Power in the Renaissance*, London, 2010, p.144에서 인용.

2 건물 양식에 대해서는 H. Kamen, *El Escorial*, 제3장, pp.46~85 참조.

3 현재 마드리드에 있는 수상 관저, 공군 본부 건물 등은 이 양식의 대표적인 예라 할 수 있다.

4 16세기 스페인을 대표하는 화가 엘 그레코El Greco는 그렇게 해서 거부당한 대표적 인물이었다.

5 Geoffrey Parker, *Imprudent King: A New Life of Phillip II*, Yale Univ. Press, 2014, pp.104~109.

6 Miguel de Unamuno, *Andanzas y visiones españolas*, Madrid, 1988, p.83.

7 Geoffrey Parker, *Imprudent King*.

8 H. Kamen, *Spain 1469-1714. A Society of Conflict*, London, 1983, p.129. 펠리페 2세의 종교적 성향에 대해서는 Geoffrey Parker, *Imprudent King: A New Life of Phillip II*, 제5장 pp.80~99, 제8장 pp.140~155를 참조.

9 생캉탱전투와 엘에스코리알 건축 간의 연관성에 대해서는 Geoffrey Parker, *Imprudent King*, pp.52~53 참조.

10 Geoffrey Parker, *Imprudent King*, p.104, Henry Kamen, *El Escorial*, pp.60~70.

11 E. Michael Gerli, Samuel G. Armistead, *Medieval Iberia: and Encyclopaedia*, London, 2003, p.2.

12 Richard Ford, *A Hand-book for Travellers in Spain and Readers at Home*, Ed. Ian Robertson, 3 vols, Repr., Carbondale, Ill, 1966, p.1205.

13 J. Alvarez Junco, ed., *Spanish History since 1808*, London, 2000, p.3에서 재인용.

14 Gautier, *A Romantic in Spain*, New York, 2001, p.104.

15 Antonio Ballesteros, *Síntesis de Historia de España*, Barcelona, 1986, p.299.

16 H. Kamen, *El Escorial*, pp.125~126에서 재인용.

17 이에 대해서는 H. Kamen, *El Escorial*과 Geoffrey Parker, *Imprudent King*을 참조.

18 H. Kamen, *El Escorial*, pp.126~127.

19 존 H. 엘리엇, 김원중 옮김, 《스페인 제국사 1469~1716》, 까치, 2000, 283쪽.

20 존 H. 엘리엇, 《스페인 제국사 1469~1716》, 280쪽.

21 공식적으로는 3만 3833명의 시신이 계곡에 묻혀 있는 것으로 돼 있다. 그러나 호세 마리아 카예하는 실제 희생자 유해 숫자가 4만 명에서 7만 명 사이라고 말한다.

22 프리모 데 리베라와 프랑코는 우연히도 죽은 날짜가 11월 20일로 같으며, 이 두 사람의 시신은 주제단을 사이에 두고 서로 맞은편에 안치돼 있다.

23 김원중, 〈'망각협정'과 스페인의 과거청산〉, 《역사학보》 185, 280~281쪽.

24 김원중, 〈스페인의 과거청산은 아직도 '망각협정'인가?〉, 《민주주의와 인권》, 6-1, 2006, 88~90쪽.

25 Paloma Águilar Fernández, *Memoria y Olvido de la Guerra Civil Española*, Madrid, 1996, p.117.

26 Paloma Aguilar Fernández, *Memoria*, p.147.

27 Paloma Aguilar Fernández, *Memoria*, pp.149~150.

28 Fernando Olmeda, "El Valle de los Caídos: Una memoria de España", pp.201~206.

29 내전 중에 반란 세력에 의해 한밤중에 끌려 나가 총살을 당한 공화 진영 사람들이 한꺼번에 묻힌 무덤이다. 1990년대 후반부터 지금까지 그 무덤들을 찾아 발굴해 예를 갖춰 재매장하는 사업이 그 가족들과 인권단체들에 의해 진행되고 있다.

30 Fernando Olmeda, "El Valle de los Caídos", p.200.

31 처음에는 죄수들에게 일당 이틀의 감형을 제공했고, 후에는(바실리카 공사를 수행할 때) 그 혜택이 당시 노동자들의 평균임금인 일당 7페세타의 급료와 함께 6일을 감해 주는 것으로 개선됐다.

32 José A. Pérez del Pulgar, "La solución que España da al problema de sus presos políticos", *Redención*, no.1, 1939.

33 Paloma Aguilar Fernández, *Politicas de la Memoria y Memorias de la Política. El caso español en perspectiva comparada*, Madrid, Alianza Editorial, 2008, p.148 에서 재인용.

34 Fernando Olmeda, "El Valle de los Caídos: Una memoria de España", p.54.

35 예를 들어 좌파는 공화정 회복이라는 소중한 희망을 포기하고 우파가 주장하는 의회주의 왕정에 동의했고, 우파는 스페인 소수민족(바스크와 카탈루냐)의 자치 혹은 공산당의 합법화 등을 인정해야 했다. 이에 대해서는 Omar G. Encarnación, "Reconciliation after Democratization: Coping with the Past in Spain", p.439; 김원중, 〈'망각협정'과 스페인의 과거청산〉, 《역사학보》 185, 2005, 277~305쪽 참조.

36 이 점에서 '망각협정'에 토대를 둔 민주화는 불가피했다고 할 수 있다. 프랑코가 죽고 민주주의로의 이행이 시작되고 나서도 과거의 '가해자들'은 여전히 사회 지배 세력이었고, '희생자들'은 여전히 약자였다. 그런 상황에서 과거청산을 주도해야 할 민주적

473

좌파 세력(혹은 '피해자들')은 독재 체제의 정치적 청산이라도 이뤄내기 위해 현실적으로 불가능한 책임자 처벌이나 진상 규명은 포기해야 했다. 김원중 〈'망각협정'과 스페인의 과거청산〉, 285~288쪽 참조.

37 Sergio Gálvez Biesca, "El Proceso de la recuperación de la 'memoria histórica' en España: Una aproximación a los movimientos sociales por la memoria", *International Journal of Iberian Studies*, 19 August, 2006, p.3.

38 그 외에 1996년 보수 국민당의 집권이라는 정치적 변화, 그리고 1998년에 있었던 칠레 독재자 피노체트 사건(그는 당시 신병 치료차 런던에 체류 중이었는데 국제체포영장을 소지한 스페인 판사들이 그를 체포해 스페인 법정에 세우려 했고, 이를 계기로 스페인에서는 프랑코 체제에 대한 관심이 크게 고조됐다)도 에스파냐의 '기억회복운동'에 크게 기여한 것으로 평가된다. 이에 대해서는 김원중, 〈스페인의 과거청산은 아직도 '망각협정'인가?〉, 95~97쪽; Omar G. Encarnación, "Reconciliation after Democratization", pp.447~449 참조.

39 Andrea Hepworth, "Site of memory and dismemocy", p.475.

40 김원중, 〈역사기억법(2007)과 스페인의 과거사 청산 노력에 대하여〉, 208쪽 참조.

41 Andrea Hepworth, "Site of Memory and Dismemory: the Valley of the Fallen in Spain, p.48.

42 "The Government announces that Franco's remains will remain in the Valley of the Fallen so as not to 'needlessly reopen old wounds'" (in Spanish). Kaos en la Red. 6 August 2013. Retrieved 29 July 2014.

43 https://en.wikipedia.org/wiki/Valle_de_los_Ca%C3%ADdos

44 Omar G. Encarnación, "Reconciliation after Democratization", p.454에서 재인용.

살아 있는 도시의 역사, 암스테르담 운하 구역

1 유네스코 세계문화유산목록 자료집 온라인판 'Seventeenth-Century Canal Ring Area of Amsterdam inside the Singelgracht', http://whc.unesco.org/en/list/1349.

2 Gerd de Ley, *Dictionary of 1000 Dutch Proverbs*, Hippocrene Books, 1998.

3 Roelof Van Gelder, *Amsterdam 1275~1795, De Ontwikkeling van een Handelsmetropool*, Meulenhoff, 1983, passim.

4 주경철, 《네덜란드, 튤립의 땅, 모든 자유가 당당한 나라》, 산처럼, 2003, 2부, 3·4장.

5   시드니 민츠, 《음식의 맛 자유의 맛》, 지호, 1998.

6   주경철, 〈16~17세기 네덜란드의 조선업〉, 《서양사연구》 13, 1992.

7   Claude Caron, *Traité des bois servant à tous Usages*, Paris, 1676.

8   이하 주경철, 《네덜란드, 튤립의 땅, 모든 자유가 당당한 나라》.

9   주경철, 네이버캐스트, 〈서양근대인물열전〉, 중 '빌렘 침묵공, 네덜란드의 독립 영웅'.

10 R. van Gelder, *Amsterdam*, ch. 2.

11 17세기의 지도에서 이를 확인할 수 있다. Magnificis, *Amplissimis Prudentissimis et Consultimis*.

12 러셀 쇼토, 허영은 옮김, 《세상에서 가장 자유로운 도시, 암스테르담》, 책세상, 2016.

13 러셀 쇼토, 《세상에서 가장 자유로운 도시, 암스테르담》, 193쪽.

14 러셀 쇼토, 《세상에서 가장 자유로운 도시, 암스테르담》, 196쪽 이하.

15 Henry Méchoulan, *Amsterdam au temps de Spinoza, Argent et Liberté*, Paris, PUF, 1990.

16 Simon Schama, *The Embarrassment of Riches: An Interpretation of Dutch Culture in the Golden Age*, New York, 1987.

17 유네스코 세계문화유산목록 자료집.

18 Simon Schama, *Rembrandt's Eyes*, London, 1999.

'제국의 심장'에서 '시민의 광장'으로, 런던 트래펄가 광장

*   이 글은 저자의 학술논문 〈'제국의 심장'에서 '시민의 광장'으로: 런던 트래펄가 광장〉 《영미연구》 39, 2017)을 수정·보완한 것이다.

1   트래펄가 광장의 면적은 1만 2000세제곱미터, 광화문 광장은 1만 9000세제곱미터, 서울광장은 1만 3207세제곱미터다.

2   1990년 대처 정부의 인두세 도입에 반대하는 시민들이 트래펄가 광장을 가득 메웠을 때 런던 경찰은 시위 인원을 약 7만 명으로 추산했다. Clifford Stott and John Drury, "Crowds, Context and Identity: Dynamic Categorization Processes in the 'Poll Tax Riot'", *Human Relations*, vol.53 no.2, 2000, p.253.

3   프랑코 만쿠조 외, 장택수 외 옮김, 《광장》, 생각의나무, 2009, 31·39쪽.

4   '소통형'과 '과시형'이라는 광장의 유형 분류는 다음 논문을 참조했다. 김백영, 〈식민

권력과 광장 공간 : 일제하 서울시내 광장의 형성과 활용〉,《사회와 역사》90, 2011, 271~311쪽.

5 '권력풍경'의 기능은 네 가지로 분류할 수 있다. 첫째, 중세 유럽의 성처럼 군사적 용도뿐만 아니라 해당 지역민에게 귀족이나 왕의 권력을 보여 주는 기능을 하는 경우다. 둘째, 주민들에게 지배 이데올로기를 상기시키는 기능을 한다. 공산주의 국가의 관공서마다 붙어 있던 붉은 별, 중세 유럽 기독교 문화에서 성당과 교회의 화려한 디자인, 자본주의를 상징하는 런던·뉴욕·시카고·도쿄 등 현대 대도시의 마천루 등이 여기에 해당한다. 셋째, 경쟁 도시나 경쟁 국가에서 공공건축물 건설 경쟁이다. 산업혁명기 런던에 이어 '제2의 도시'가 되려는 잉글랜드와 웨일스 경쟁 도시들의 공공건물 건축 붐, '글로벌 시티'가 되기 위한 1980~1990년대 미테랑 대통령 시기 파리 대개조 계획 등을 예로 들 수 있다. 넷째, 주류적 가치에 대한 충성심 함양을 목적으로 하는 경우, 국가 정체성을 생산하는 풍경, 각국 수도에 건설된 기념비적 공간이 여기에 해당하는데 런던 트래펄가 광장은 제국주의와 애국주의 전시장이 된 대표적인 사례다. Martin Jones, et al., *An Introduction to Political Geography: Space, Place and Politics*, London, Routledge, 2014, p.117.

6 Jonathan Freedland, "The world in one city", *The Guardian* 15 July, 2005. https://www.theguardian.com/uk/2005/jul/15/july7.uksecurity9

7 Steven Vertovec, "Super-diversity and Its Implications", *Ethnic and Racial Studies*, vol.30 no.6, 2007, pp.1024~1054.

8 Shanti Sumartojo, *Trafalgar Square and the Narration of Britishness, 1900-2012: Imagining the Nation*, Bern, Switzerland, Peter Lang, 2013, p.147.

9 Rodney Mace, *Trafalgar Square*, London, Lawrence & Wishart Ltd, 1976, 2005, pp.23~29.

10 Laurel Flinn, "Social and Spatial Politics in the Construction of Regent Street", *Journal of Social History*, vol.46 no.2, 2012, pp.365~373; John Summerson, "John Nash's Statement, 1829", *Architectural History*, vol.34, 1991, pp.196~205; John Summerson, "The Beginnings of Regents Park", *Architectural History*, vol.20, 1977, pp.56~99; Erika Rappaport, "Art, Commerce, or Empire? The Rebuilding of Regent Street, 1880-1927", *History Workshop Journal*, vol.53 no.1, 2002, pp.94~117.

11 Roy Porter, *London : A Social History*, Cambridge, Mass, Harvard University Press, 2001, pp.126~130.

12 Rodney Mace, *Trafalgar Square*, pp.33~34.

13 Rodney Mace, *Trafalgar Square*, pp.36~39.

14 Rodney Mace, *Trafalgar Square*, pp.42~43.

15 원주, 동상, 부조는 1843년 완성됐고, 사자상은 1867년 추가됐다.

16 Shanti Sumartojo, "Britishness in Trafalgar Square : Urban Place and the Construction of National Identity", *Studies in Ethnicity and Nationalism*, vol.9 no.3, 2009, pp.410~428.

17 Linda Colley, *Britons: Forging the Nation, 1707-1837*, New Haven, Conn, Yale University Press, 1992.

18 John M. MacKenzie, "Nelson Goes Global: The Nelson Myth in Britain and Beyond", David Cannadine, ed., *Admiral Lord Nelson*, Basingstoke, Palgrave Macmillan, 2005, p.156.

19 앤드루 램버트, 박아람 옮김, 《넬슨》, 생각의나무, 2005, 227~269쪽.

20 Timothy Jenks, "Contesting the Hero: The Funeral of Admiral Lord Nelson", *Journal of British Studies*, vol.39 no.4, 2000, p.423; 앤드루 램버트, 《넬슨》, 492~493쪽.

21 Rodney Mace, *Trafalgar Square*, pp.56~57.

22 Rodney Mace, *Trafalgar Square*, p.87.

23 Rodney Mace, *Trafalgar Square*, p.88.

24 Rodney Mace, *Trafalgar Square*, pp.88~89.

25 Norman Longmate, *If Britain Had Fallen: The Real Nazi Occupation Plans*, Barnsley, Frontline Books, 2012, p.243.

26 Jonathan Schneer, *London 1900: The Imperial Metropolis*, New Haven, CT, Yale University Press, 1999, p.17; 김경임, 《클레오파트라의 바늘》, 홍익출판사, 2009, 36쪽.

27 David Gilbert, "'London In All Its Glory Or How To Enjoy London' : Guidebook Representations of Imperial London", *Journal of Historical Geography*, vol.25 no.3, 1999, p.279.

28 박승규, 〈광장, 카니발과 미학적 정치 공간〉, 《공간과 사회》 34, 2010, 60~86쪽.

29 Tony Bennett, *The Birth of the Museum*, London, Routledge, 1995, p.72.

30 Ian Hernon, *Riot: Civil Insurrection from Peterloo to the Present Day*, London,

Pluto Press, 2006, p.1.

31 Rodney Mace, *Trafalgar Square*, pp. 135~137; Ian Haywood, "George W. M. Reynolds and 'The Trafalgar Square Revolution': Radicalism, the Carnivalesque and Popular Culture in Mid-Victorian England", *Journal of Victorian Culture*, vol.7 no.1, 2002, pp.23~59.

32 1832년 1차 선거법 개혁에서 선거권이 부여되지 않은 것에 실망한 노동자들은 6개 조항의 인민 헌장을 발표하고 참정권 획득을 위한 청원운동을 일으켰다. 인민 헌장의 6개 조항은 성년 남성의 보통선거, 인구비례에 의한 평등한 선거구, 하원의원의 재산 자격 폐지, 비밀투표, 의원에 대한 보수 지급, 매년 선거 등의 내용이다.

33 Iorwerth Prothero, "Chartism in London", *Past & Present*, vol.44, 1969, p.90.

34 David Goodway, *London Chartism 1838-1848*, Cambridge, Cambridge University Press, 2002, pp.111~112.

35 Number of Arrested Rioters by Age, 6-8 March 1848. MEPO 2/64, Police Returns. David Goodway, *London Chartism 1838-1848*, p.115에서 재인용.

36 Mary Poovy, *Making a Social Body: British Cultural Formation 1830-1864*, Chicago, London, University of Chicago press, 1995, pp.101~103

37 Shanti Sumartojo, *Trafalgar Square and the Narration of Britishness*, pp.200~202.

38 헨리 펠링, 최재희·염운옥 옮김,《영국 노동당의 기원》, 지평문화사, 1994, 14~15쪽.

39 Rodney Mace, *Trafalgar Square*, pp.162~165

40 Donald C. Richter, *Riotous Victorians*, Athens, Ohio University Press. 1981, pp.134~135.

41 Rodney Mace, *Trafalgar Square*, p.171.

42 Donald C. Richter, *Riotous Victorians*, pp.135~139.

43 Donald C. Richter, *Riotous Victorians*, pp.143~147.

44 Rodney Mace, *Trafalgar Square*, pp.192~194; Donald C. Richter, *Riotous Victorians*, p.152.

45 윌리엄 모리스, 박홍규 옮김,《에코토피아 뉴스》, 필맥, 2008, 83쪽.

46 Foster+Partners, Projects/Trafalgar Square Redevelopment, London, UK 1996-2003.

47 Ricky Burdett, "Changing Values: Public Life and Urban Spaces", Ricky Burdett,

ed., *London: Europe's Global City? Urban Age*, London, LSE, 2005.

48 Mark Connelly, "Trafalgar: Back on the Map of British Popupar Culture? Assessing the 2005 Bicentenary", Holger Hoock, *History, Commemoration, and National Preoccupation: Trafalgar 1805-2005*, Oxford, Oxford University Press, 2007, p.86.

49 Paul Kelso, "Mayor attacks generals in battle of Trafalgar Square", *The Guardian*, October 20, 2000.

50 "HMS Victory returns to Trafalgar-on the fourth plinth", BBC News, February 10, 2010.

51 Shanti Sumartojo, "The Fourth Plinth: Creating and Contesting National Identity in Trafalgar Square, 2005-2010", *Cultural Geographies*, vol.20 no.1, 2013, p.76.

시민의 민주적 숭배와 기억의 정치, 파리 문화예술인 동상

* 이 글은 저자의 학술논문 〈파리의 문화예술인 동상건립과 도시 정체성 만들기, 1880~1914〉《프랑스사연구》23, 2010)를 수정·보완한 것이다.

1 데이비드 하비, 김병화 옮김, 《모더니티의 수도 파리》, 생각의 나무, 2005, 443~484쪽.

2 Gustave Pessard, *Statuomanie parisienne. Etude critique sur l'abus des Statues*, Paris, H. Daragon, 1912.

3 Maurice Agulhon, "Imagerie civique et décor urbain dans la France du XIXe siècle", *Ethnologie française*, t.5, n.1, 1975, pp.33~56; Maurice Agulhon, "La 〈statuomanie〉 et l'histoire", *Ethnologie française*, t.8, n.2~3, 1978, pp.145~172.

4 Jacques Lanfranchi, *Les Statues des Grands hommes à Paris, Coeurs de bronze, Têtes de pierre*, Paris, L'Harmattan, 2004; *Statues de Paris 1800-1940. Les Statues des Grands hommes élevées à Paris des lendemains de la Révolution à 1940*, Thèse, Univ. Paris I, 1979.

5 June Hargrove, "Les Statues de Paris", Pierre Nora, *Lieux de mémoire*, II-3, Paris, Gallimard, 1986, pp.243~282; June Hargrove, *Les Statues de Paris, la représentation des grands hommes dans les rues et sur les places de Paris*, Anvers, Fonds Mercator, Albin Michel, 1989, *The Statues of Paris, An Open-Air Pantheon. The History of Statues to Great Men*, trad. Marie-Thérèse Barrett,

New York, Vendome Press, 1989.

6   Jacques Lanfranchi, *Les Statues des Grands hommes*, pp.205~264. June Hargrove, *Les Statues de Paris*, pp.341~355. 하그로브의 연구에 의하면 위인 동상 수가 396개다. 이 같은 차이는 거리, 광장, 공원에 건립된 동상 외에 특정 건물의 안뜰에 세워진 동상의 경우 해당 건물의 공적 특성에 대한 인식의 차이로 인해, 그리고 하나의 동상 조형물에 여러 인물이 포함된 경우 위인 동상 개수를 하나로 할 것인가 아닌가에 대한 두 연구자의 판단이 다르기 때문이다. 2차 대전 기간에 파괴됐다가 복구되지 않은 일부 동상을 제외하고 여전히 300개 이상의 위인 동상이 파리의 공공장소에 놓여 있다.

7   Geneviève Bresc-Bautier, Xavier Dectot, *Art ou politique? Arcs, statues et colonnes de Paris*, Paris, Action artistique de la ville de Paris, 1999, pp.36~41.

8   Alexandre Gady, *De la place royale à la place des Vosges*, Paris, Action artistique de la ville de Paris, 1996. Marc Gaillard, *Paris de place en place*, Amiens, Martelle, 1997, pp.4~9.

9   Marc Gaillard, *Paris de place en place*, pp. 14-16, pp. 18-24. Thierry Sarmant, Luce Gaume, *La place Vendôme: Art, pouvoir et fortune*, Paris, Action artistique de la ville de Paris, 2003.

10   Geneviève Bresc-Bautier, Xavier Dectot, *Art ou politique?* pp.72~77. Marc Gaillard, *Paris de place en place*, pp.28~32.

11   Daniel Milo, "Le Nom des Rues", Pierre Nora, *Lieux de mémoire*, II-3, pp.290~296.

12   *Annales historiques de la Révolution française*, Special Issue: Louis Charles Antoine Desaix. Officier du roi, Général de la République, no.324, 2001, pp.1~191.

13   이 기념비는 로마의 포로 로마나에 위치한 트라야누스Trajanus 황제의 승전 기념 원주를 모방한 것이고, 꼭대기의 나폴레옹은 로마 황제의 의상을 걸치고 있다. 매트 마쓰다, 〈황제의 우상 : 나폴레옹 승전기념비에 대한 프랑스인의 기억 변화〉, 제프리 K. 올릭 엮음, 최호근 · 민유기 · 윤영휘 옮김, 《국가와 기억》, 민주화운동기념사업회, 2006, 105쪽.

14   Marc Gaillard, *Paris de place en place*, p.14.

15   Geneviève Bresc-Bautier, Xavier Dectot, *Art ou politique?* pp.78~82, pp.135~136.

16   7월 왕정 기간의 파리의 도시 정비에 대해서는 François Loyer, *Paris XIXᵉ siècle, L'*

immeuble et la rue, Paris, Hazan, 1994, pp.106~134.

17 Archives Nationales(AN), F21 575 Note au ministre de l'Intérieur, le 27 juin 1843.

18 Notes de David d'Angers, *L'Art*, 1875, III, p.406. June Hargrove, *Les Statues de Paris*, p.85 각주 19에서 재인용.

19 June Hargrove, *Les Statues de Paris*, p.87.

20 Jacques Lanfranchi, *Les Statues des Grands hommes*, p.28.

21 매트 마쓰다, 〈황제의 우상 : 나폴레옹 승전기념비에 대한 프랑스인의 기억 변화〉, 91~94쪽. 코뮈나르들이 파괴한 전승 기념 원주와 나폴레옹 동상은 1875년에 복원됐다.

22 *Le Figaro*, le 21 février 1874.

23 성백용, 〈잔다르크 : 그 기적의 서사시와 기억의 여정〉, 박지향 외,《영웅 만들기》, 휴머니스트, 2005, p.140쪽. 잔다르크 동상은, 그녀가 1429년 7월 랭스 대성당에서 열린 샤를 7세의 대관식에 참석한 이후 9월에 파리를 공략하다 부상당한 생토노레Saint-Honoré 성문이 있던 자리에 세워졌다. 이 장소는 1830년대 초에 피라미드 광장Place des Pyramides으로 정비돼 있었다. Michel Winock, "Jeanne d'Arc", Pierre Nora, *Les lieux de mémoire*, III-3, Paris, Gallimard, 1992, pp.674~733.

24 Geneviève Bresc-Bautier, Xavier Dectot, *Art ou politique?* p.195.

25 Robert Morrissey, "Charlemagne", Pierre Nora, *Les lieux de mémoire*, III-3, p.668.

26 Geneviève Bresc-Bautier, Xavier Dectot, *Art ou politique?* p.170.

27 June Hargrove, *Les Statues de Paris*, p.119.

28 당통 동상 건립 운동은 1880년부터 시작됐으나 시의회는 혁명 100주년을 준비하면서 1887년에서야 승인 논의를 했고, 보수적 시의원들의 반발이 심했다. Conseil municipal de Paris(CMP), Procès-verbaux, le 30 décembre 1887, pp.1248~1249. Bibliothèque Historique de la Ville de Paris(BHVP), Act 30, dossier Danton.

29 시민단체인 '로베스피에르의 친구들Les Amis de Robespierre'은 2002년에 파리시에 새로 생기는 거리이름을 로베스피에르 거리로 명명해 줄 것을 요구했으나 사회당 소속 시장은 공공장소의 명칭은 사회 갈등을 야기하지 않아야 한다며 이를 거부했다. "Une rue Robespierre dans la capitale? La réponse du nouveau maire de Paris", *Incorruptible*, no.39, 2002, "Pas de rue Robespierre dans la capitale? Les réactions au veto du maire de Paris", *Incorruptible*, no.40, 2002. 2009년에도 좌파 인사들의 동일한 청원이 있었으나 거부됐다. *L'Hunanité*, le 29 octobre, 2009.

481

주

30 민유기,〈공화파의 민중교육운동과 제3공화국 초등교육 개혁 : 성과와 한계〉, 이영림 · 민유기 외,《교육과 정치로 본 프랑스사》, 서해문집, 2014, 163쪽.

31 AN, F 21 4586, Dossier Raspail, note de Burty, le 20 mai 1889.

32 Jacques Lanfranchi, *Les Statues des Grands hommes*, pp.66~67.

33 Jacques Lanfranchi, *Les Statues des Grands hommes*, p.89.

34 BHVP, Act 30 Dossier Gambetta, Recueil de documents concernant Souscription nationale. Louis Charles Boileau, *Monument à Gambetta, souscription, programme, commentaire du projet Aubé-Boileau*, Paris, 1900.

35 Jacques Lanfranchi, *Les Statues des Grands hommes*, p.61.

36 화가 라페는 1830년대에 나폴레옹전쟁 당시 죽은 자들 사이에서 북을 치는 꼬마 병사를 묘사한 판화 작품으로 유명해졌다. 1893년에 건립된 그의 동상 받침대에는 판화 속 북 치는 꼬마 병사상이 함께 놓였다. 이 동상은 2차 세계대전 기간에 파괴된 후로 복구되지 않았다.

37 June Hargrove, *Les Statues de Paris*, p.106 · 164.

38 에릭 홉스봄 외, 박지향 · 장문석 옮김,《만들어진 전통》, 휴머니스트, 2004, 510쪽.

39 민유기,〈19세기 파리 동쪽 광장들의 기념물과 도시의 정치기호학〉,《기호학연구》23집, 2008, 539쪽.

40 June Hargrove, *Les Statues de Paris*, p.114.

41 Jean-Marie Goulemot, Eric Walter, "Les Centenaires de Voltaire et de Rousseau: les deux lampions des Lumières", Pierre Nora, *Les lieux de mémoire*, I, Paris, Gallimard, 1984, pp.381~420.

42 코뮈나르에 대한 사면은 1879년 3월 3일 자 법으로 일부 코뮈나르에 대해 이루어졌고, 모든 코뮈나르에 대한 사면은 1880년 6월 10일 자 법으로 이루어졌다.

43 Castellant, *La Statue de Jean-Jacques Rousseau*, Arnière, Trouttet, 1882, p.4. AN, F21 4856, Marc Bonnefoy, Pétition pour un monument, le 9 décembre 1881.

44 René Doumic, "Les Statues de Paris", *Revue des Deux Mondes*, 15 Septembre 1896, pp.443~444.

45 June Hargrove, *Les Statues de Paris*, p.136.

46 Nicholas Green, "Monuments, Memorials and the Framing of Individualism in Third Republic France", *New Formation*, no.11, 1990, pp.128~129.

47 Pascal Ory, "Le Centenaire de la Révolution Française", Pierre Nora, *Les lieux de mémoire*, I, p.535.

48 Conseil Municipal de Paris(CMP), *Bulletin municipal officiel*(BMO), le 10 avril 1906, p.1350.

49 *Le Matin*, le 25 juillet 1910.

50 CMP, *BMO*, le 6 janvier 1911, p.161.

51 *Le Petit Journal*, le 15 juillet 1901.

52 CMP, *BMO*, le 10 avril 1906, p.1351. le 13 décembre 1909, p.4730.

53 CMP, *BMO*, le 15 juin 1911, p. 2324.

54 CMP, *BMO*, le 18 mars 1913, pp.1588~1589.

55 Charles Lortsch, *La Beauté de Paris et la loi*, Paris, Sirey, 1913, p.288.

56 June Hargrove, *Les Statues de Paris*, p.128.

57 Béatrice de Andia, *Les Expositions universelles à Paris de 1855 à 1937*, Paris, Action artistique de la ville de Paris, 2005, pp.104~151.

58 Patrice Higonnet, *Paris, Capital du Monde: Des Lumières au surréalisme*, Paris, Tallandier, 2005, p.11.

나치의 도시 건축, 뮌헨·뉘른베르크·베를린 공공기념물

* 이 글은 저자의 학술논문 〈나치 독일의 도시 건설 프로젝트 : 베를린·뮌헨·뉘른베르크를 중심으로〉《독일연구》21, 2011)를 수정·보완한 것이다.

1 Hans Mayer, "Im Dickicht der zwanziger Jahre", *Die Zeit*, Ausgabe 38, 1977.

2 Christoph Stölzl, "Vorwort", Council of Europe, *Kunst und Macht im Europa der Diktatoren 1930 bis 1945. XXIII. Kunstausstellung des Europarates*, Oktagon, 1996, p.9.

3 권형진, 〈나치 독일의 도시 건설 프로젝트 : 베를린·뮌헨·뉘른베르크를 중심으로〉, 《독일연구》21, 2011, pp.89~132.

4 Albert Speer, Hg., *Neue duetsche Baukunst*, Volk und Reich Verl., 1941, p.14.

5 Adolf Hitler, *Mein Kampf*, München, Eher, 1941, pp.18~19.

6 Adolf Hitler, *Mein Kampf*, pp.288~291.

주

7   Adolf Hitler, "Kein Wiederaufstieg ohne Wiedererweckung deutscher Kultur und Kunst", Rede bei der Grundsteinlegung zum Haus der Deutschen Kunst in München am 15. Oktober 1933. http://www.worldfuturefund.org/wffmaster/Reading/Hitler%20Speeches/hauskunst1933.htm

8   Adolf Hitler, "Bei der Kulturtagung des Reichsparteitages", *Die Reden Hitlers am Parteitag der Freiheit 1935*, München, Eher, 1935, p.41.

9   Karl Schiller, *Arbeitsbeschaffung und Finanzordnung in Deutschland*, Berlin, Junker u. Dünnhaupt, 1936; Hyeoung-Jin Kwon, *Deutsche Arbeitsbeschaffungs- und Konjunkturpolitik in der Weltwirtschaftskrise. Die 'Deutsche Gesellschaft für Öffentliche Arbeiten AG (Öffa)' als Instrument der Konjunkturpolitik von 1930 bis 1937*, Osnabrück, Der Andere Verl., 2002.

10 1930년 정치적·경제적으로 상태가 좋아진 나치당이 뮌헨의 발로우 저택Palais Barlow 을 매입해 중앙당사로 사용한 건물이 나치즘의 모태라고 불리는 '브라운 하우스'다. 이 건물을 개조한 건축가가 트로스트다. Reinhard Merker, *Die bildenden Künste im Nationalsozialismus. Kulturideologie, Kultutrpolitik, Kultutrproduktion*, Köln, DuMont, 1983, p.44

11 Hans Kiener, "Germanische Tektonik", Beauftragten des Führers für die Gesamte Geistige und Weltanschauliche Erziehung der NSDAP, Hg., *Die Kunst im Dritten Reich*, München: Zentralverl. d. NSDAP, 1937, H. 1 : Anna Teut, *Architektur im Dritten Reich 1933-1945*, Berlin·Frankfurt a.M.·Wien, Ullstein, 1967, p.186 재인용

12 Hans-Peter Rasp, *Eine Stadt für tausend Jahre. München-Bauten und Projekte für die Hauptstadt der Bewegung*, München, Süddeutscher Verlag, 1981, pp.23~26

13 Reinhard Merker, *Die bildenden Künste*, p.216.

14 히틀러의 사무실과 그의 최측근 나치스들의 사무실과 회의장 등을 갖춘 퓌러바우는 나치 집권 기간 동안 1938년의 뮌헨협정이 체결된 장소로, 나치즘과 파시즘의 추축국 동맹과 1939년의 강철협정Stahlpakt을 위한 외교장으로 이용됐다.

15 Hans-Peter Rasp, *Eine Stadt für tausend Jahre*, pp. 24~25; Andrea Bärnreuther, *Revision der Moderne unterm Hakenkreuz. Planungen für ein 'neues München'*, München, Klinkhardt & Biermann, 1993; Vollst. zugl.: Erlangen, Nürnberg, Univ., Diss., 1989, p. 90.

16 Barbara Miller Lane, *Architektur und Politik in Deutschland 1918-1945*, Friedr. Vieweg & Sohn, 1986, Amerik. Originalausg.: *Architecture and Politics in Germany, 1918-1945*, Cambridge, Massachusetts, Harvard Univ. Press, 1968, p.181.

17 Birgit Schwarz, *Geniewahn. Hitler und die Kunst*, Wien u.a., Böhlau, 2009, pp.82~84.

18 http://www.kunstdirekt.net/kunstzitate/kunstzitate.htm

19 Birgit Schwarz, *Geniewahn*, p.179.

20 Ian Boyd White, "Der Nationalsozialismus und die Moderne Architektur", Dawn Ades · Tim Benton · David Elliott · Ian Boyd White, zsgest., *Kunst und Macht im Europa der Diktatoren 1930 bis 1945. XXIII. Kunstausstellung des Europarates*, Stuttgart, Oktagon, 1996, p.263.

21 Hilmar Hoffmann, *Mythos Olympia. Autonomie und Unterwerfung von Sport und Kultur*, Berlin u.a, Aufbau-Verl., 1993, p.26.

22 Ian Boyd White, "Berlin, 1. Mai 1936", Dawn Ades · Tim Benton, *Kunst und Macht*, pp.43~44; Carola Jüllig, "Der Fackel-Staffel-Lauf Olympia-Berlin 1936", http://www.dhm.de/~jarmer/olympiaheft/olympia5.htm

23 Rainer Blasius, "Olympia und Propaganda. 1936 - Spiele mit dreifachem Gewinn", *Frankfurter Allgemeine Faz.Net*, http://www.faz.net/-01r8tu

24 Lorenzo Papi, *Ludwig Mies van der Rohe*, Luzern u.a, Kunstkreis Luzern, 1974, p.7, pp.14~18; János Bonta, *Ludwig Mies van der Rohe*, Berlin, Henschelverl. Kunst u. Ges., 1983, pp.14~15

25 Albert Speer, *Erinnerungen*, Berlin, Propyläen-Verl., 1969, p.95; James D. Herbert, *Paris 1937. Worlds on Exhibition*, Ithaca, NY u.a, Cornell Univ. Press, 1998, p.18

26 Karen A. Fiss, "Der deutsche Pavillon", Dawn Ades · Tim Benton, *Kunst und Macht*, p.108

27 Anne Krauter, *Die Schriften Paul Scheerbarts und der Lichtdom von Albert Speer – Das grosse Licht*, Heidelberg Uni. Diss. 1997, pp.160~163.

28 Dieter Bartetzko, "Todesglanz. Über NS-Architektur", Hilmar Hoffmann · Heinrich Klotz, Hg., *Die Kultur unseres Jahrhunderts 1933-1945*, Düsseldorf · Wien · New York · Moskau, ECON Verlag, 1993, pp.122~137.

주

29 빌헬름 시대부터 열병식과 같은 군 행사가 열린 장소였던 광활한 벌판에 나치 집권 후 최초의 대규모 야외 행사를 진행하기 위해, 슈페어는 최고 10미터 높이에 길이 100여 미터의 중앙단상을 만들고, 1000여 장의 하켄크로이츠 깃발로 단상을 장식했다. 가 장 높은 중앙단상 뒤편으로 높이 32미터, 폭 6미터에 달하는 세 개의 돛대 모양 깃발들 을 세움으로써 행사의 중심을 쉽게 알아볼 수 있도록 만들고, 어둠이 깃든 저녁에는 깃 발들에 조명을 비춰 붉은 나치 깃발과 암청색의 저녁 하늘이 대조돼 주변의 불필요한 풍경들을 사라지도록 했다. Albert Speer, "Die Aufbauten auf dem Tempelhofer Feld in Berlin zum 1. Mai 1933", *Baugilde*, Berlin, H. 13, 1933, Teut, *Architektur im Dritten Reich 1933-1945*, pp.187~188 재인용.

30 슈페어는 템펠호퍼 광장의 노동절 집회 이전인 1932년 베를린에 있던 히틀러의 집 을 가우 사무실로 개조하는 작업과 나치 집권 후 괴벨스의 제국선전부 내부 공사를 책 임진 경력을 가지고 있었지만, 건축가로서 이름이 알려진 존재는 아니었다. Reinhard Merker, *Die bildenden Künste*, p.226.

31 슈페어는 독일경기장이 아테네의 파나티나이코 경기장Panathenaic Stadium을 모방한 것이라고 말했다. 그러나 경기장의 관중석은 고대 로마의 건축방식을 도입했다. Albert Speer, *Erinnerungen*, p.75; 나치가 정복 전쟁에서 승리하면, 1944년부터 이곳에 서 매년 올림픽을 대체한 경기를 열 계획이었다. Reinhard Merker, *Die bildenden Künste*, p.224

32 Hildegard Brenner, *Die Kunstpolitik des Nationalsozialismus*, Reinbeck b. Hamburg, Rowohlt, 1963, pp.121~122.

33 Barbara Miller Lane, *Architektur und Politik in Deutschland*, p.183; Sabine Behrenbeck, "Festarchitektur im Dritten Reich", Bazon Brock · Achim Preiß, Hg., *Kunst auf Befehl? Dreiunddreißig bis Fünfundvierzig*, München, Klinkhard & Biermann, 1990, p.216.

34 Anne Krauter, *Die Schriften Paul Scheerbarts und der Lichtdom von Albert Speer*, p.149.

35 Rudolf Käs, "Gebaute Gewalt 1933-1943. Bildteil", Centrum Industriekultur Nürnberg, Hg., *Kulissen der Gewalt, Das Reichsparteitagsgelände in Nürnberg*, München, Hugendubel, 1992, pp.70~87.

36 Wolfgang Schäche, "Architektur und Stadtplanung während des Nationalsozialismus am Beispiel Berlin", Hans J. Reichhardt · Wolfgang Schäche, Hg., *Von Berlin nach Germania. Über die Zerstörungen der Reichshauptstadt durch Albert Speers Neugestaltungsplanungen*, Berlin,

Landesarchiv Berlin, 1984, p.22

37 Matthias Donath, *Architektur in Berlin 1933-1945. Ein Stadtführer*, Berlin, Lukas Verlag, 2007, p.16.

38 슈페어의 계획의 의하면, 히틀러의 지도자궁은 34×36미터 크기의 접견실, 180×67미터 크기의 대형 홀, 28×28미터 크기의 홀과 220미터 길이의 회랑과 28×28미터 크기의 현관 전실로 이루어지도록 설계됐다. Albert Speer, *Erinnerungen*, p.537.

39 Hans-Ernst Mittig, "Marmor der Reichskanzlei", Dieter Bingen · Hans-Martin Hinz, Hg., *Die Schleifung. Zerstörung und Wiederaufbau historischer Bauten in Deutschland und Polen*, Wiesbaden, Harrassowitz Verlag, 2005, p.176.

40 히틀러를 위한, 나치 독일의 지도자를 위한 새로운 궁전은 슈페어의 게르마니아 설계 계획에서 남북축의 중심인 '민족의 홀'과 인접한 광장에 새롭게 건설될 계획이었다. Reinhard Merker, *Die bildenden Künste*, p.226.

41 Albert Speer, Hg., *Neue duetsche Baukunst*, pp.12~13.

42 Robert R. Taylor, *The Word in Stone. The Role of Architecture in the National Socialist Ideology*, Berkeley · LA · London, Univ. of California Press, 1974.

43 Adolf Hitler, "Die Bauten des Dritten Reiches. Aus der Kulturrede des Führers auf dem Reichsparteitag 1937", *Baugilde*, H. 26, Berlin, 1937, Teut, *Architektur im Dritten Reich*, p.188 재인용.

44 "Das Programm für die Neugestaltung Berlins", *Deutsches Nachrichtenbüro*, 1938. 1. 27, Jost Dülffer · Jochen Thies · Josef Henke, *Hitlers Städte. Baupolitik im Dritten Reich. Eine Dokumentation*, Köln · Wien, Böhlau Verlag, 1978, pp.134~141 재인용.

45 초기 계획에서는 동서축보다는 남북축을 더 중점적으로 작업한 것으로 보인다. 1939년 초 슈페어가 공개적으로 밝힌 계획에서도 동서축에 대한 설명보다 남북축에 대한 설명이 훨씬 구체적이고 자세하다. Albert Speer, "Neuplanung der Reichshauptstadt", *Der Deutsche Baumeister*, H. 1, 1939, Teut, Architektur im Dritten Reich, pp.196~200 재인용.

46 남북축 건설 계획은 1937년부터 시작돼 1942년 최종 계획이 완성됐다. Hans J. Reichhardt, "Notizen zur Ausstellung", Hans J. Reichhardt · Wolfgang Schäche, Hg., *Von Berlin nach Germania*, p.58.

47 Albert Speer, *Erinnerungen*, p.150.

48 Helmut Weihsmann, *Bauen unterm Hakenkreuz. Architektur des Untergangs*,

487

Köln, Romiosini Verlag, 1998, p.278.

49 Albert Speer, *Erinnerungen*, p.170.

50 Albert Speer, "Neuplanung der Reichshauptstadt"; Reinhard Merker, *Die bildenden Künste*, pp.226~229.

51 Wolfgang Schäche, "Von Berlin nach Germania: Architektur und Stadtplanung zwischen 1933 und 1945", Dawn Ades · Tim Benton, *Kunst und Macht*, p.327

52 Reinhard Merker, *Die bildenden Künste*, pp.232~233.

53 Hildegard Brenner, *Die Kunstpolitik des Nationalsozialismus*, pp.126~127

54 Martin Schieber, *Geschichte Nürnbergs*, München, C.H.Beck, 2007, pp.151f.

55 Hans J. Reichhardt, "Notizen zur Ausstellung", pp.69~71.

56 주택당 3인 또는 4인이 거주한다고 계산하면, 최소 15만 명에서 최대 20만 명 이상이 살 곳을 잃는다는 것을 의미한다.

57 슈페어 스스로 회고록에서 베를린 재건설 계획에 필요한 재정 규모에 대해 처음에는 40~60억RM(라이히스마르크) 정도로 밝혔다가 다른 곳에서는 히틀러 광장이 될 쾨닉스플라츠 주변 공사에 책정된 50억RM도 턱없이 부족했다고 주장하는 것을 봐서 총감독 청조차도 베를린 재건설 계획에 필요한 정확한 재정 규모를 판단하지 못했던 것을 알 수 있다.

58 Albert Speer, Hg., *Neue duetsche Baukunst*, p.7.

59 Albert Speer, *Erinnerungen*, p.160.

60 Martin Kitchen, *Speer. Hitler's Architect*, New Haven · London, Yale Univ. Press, 2015, p.74.

61 Lars Olaf · Sabine Larsson · Ingolf Lamprecht, "*Fröhliche Neugestaltung*" oder *Die Gigantoplanie von Berlin 1937-1943: Albert Speers Genaralbebauunsplan im Spiegel satirischer Zeichnungen von Hans Stephan*, Ludwig, Kiel, 2008.

62 슈페어는 관청가로 채워진 '중앙대로'의 최초 계획이 '미쳤을' 뿐만 아니라 아주 '지루한' 대로가 될 것이라는 점을 깨달았다고 썼다. Albert Speer, *Erinnerungen*, p.148.

63 베를린 건설 계획에 나타나는 이런 징후들은 Johann Friedrich Geist · Klaus Kürvers, "Tatort Berlin, Pariser Platz. Die Zerstörung und die 'Entjudung' Berlins", Akademie der Künste Berlin, Hg., *1945. Krieg, Zerstörung, Aufbau. Architektur und Stadtplanung 1940-1960*, Berlin, Henschel-Verl., 1995, p.55, 95, 103 f.; Hans J. Reichhardt, "Notizen zur Ausstellung", pp.69~71 참조

3 동유럽과 아메리카의 도시들

새로운 도시 문화의 상징, 빈 링슈트라세

* 이 글은 저자의 학술논문 〈세기말 비엔나의 링슈트라세 프로젝트와 근대 도시의 이미지 정치〉(《독일연구》 21, 2011)를 수정·보완한 것이다.

1 인성기,《빈 모더니즘》, 연세대학교출판부, 2005; 인성기,《빈 – 예술을 사랑한 영원한 중세 도시》, 살림, 2007.

2 Brigitte Hamann, *Hitler in Wien, Lehrjahre eines Diktators*, München, Piper, 1998.

3 수잔 로라프·줄리 크레이시, 노지양 옮김,《오스트리아》, 휘슬러, 2005, 68쪽.

4 윌리엄 존스턴, 변학수·오용록 외 옮김,《제국의 종말 지성의 탄생》, 글항아리, 2008.

5 인성기,《빈 – 예술을 사랑하는 영원한 중세 도시》, 69쪽.

6 칼 쇼르스케, 김병화 옮김,《세기말 비엔나》, 구운몽, 2006, 65~162쪽, 여기서는 87쪽.

7 데니스 덜신 엮음, 김훈 옮김,《제국의 종말》, 가람기획, 2005, 139쪽.

8 Johannes Sachslehner, *Wien: Die Geschichte der Stadt*, Wien, Verlagsgruppe Styria GmbH & Co. KG, 2006; Barbara Dmytrasz, *Die Ringstraße – Die europäische Bauidee*, Wien, Amalthea Signum Verlag, 2008, pp.12~13.

9 Barbara Dmytrasz, *Die Wiener Ringstraße – Exkursionsdidaktisches Konzept*, p.4.(미출간된 인터넷 자료); Steven Beller, *A Concise History of Austria*, Cambridge, Cambridge University Press 2006, pp.108~110.

10 Bernd Fahrngruber, *Bauwirtschaftliche Aspekte der Wiener Stadterweiterung unter Kaiser Franz Joseph I. Die Schleifung der Wiener Stadtmauer 1858 bis 1864. Eine wirtschafts- und sozialhistorische Analyse*, 빈의 경제대학교 박사학위논문, 2001, p.26; Herbert Haupt, *Der Heldenplatz – Ein Stück europäischer Geschichte im Herzen von Wien*, 이 자료는 www.demoktatiezentrum.org/media/pdf/haup%20_dt.pdf를 참고하라.

11 Barbara Dmytrasz, *Die Ringstraße – Die europäische Bauidee*, pp.12~13.

12 Alois Kieslinger, "Die Steine der Weiner Ringstraße", Renate Wagner-Rieger, ed., *Die Wiener Ringstraße – Bild einer Epoche, Bd. 4*, Wiesbaden, Franz Steiner, 1972, p.11; Barbara Dmytrasz, *Die Ringstraße – Die europäische Bauidee*, p.14.

13 Burghild Reble, "Vom Bollwerk Europas zur europäischen Metropole. Stadterweiterung und Stadtentwicklung Wiens im 19. Jahrhundert", *Deutschland & Europa. Reihe für Politik, Geschichte, Geographie, Deutsch, Kunst,* Heft 39, 1999, p.9; Eva Koepff, *Die Wiener Stadterweiterung. Ein Mammutprojekt zwischen Dekadenz und Cholera,* Augsburg, GRIN Verlag, 2006, p.2.

14 데니스 딜진 엮음,《제국의 종말》, 101~102쪽.

15 DAW, Personalstände der Erzdiözese Wien 1823, 1831, 1840, 1848, 1854, 1860, 1866. William D. Bowman, *Priest and Parish in Vienna, 1780-1880,* Boston, Brill, 2000, p.41에서 재인용.

16 Bertrand Michael Buchmann, *Hof - Regierung - Stadtverwaltung. Wien als Sitz der österreichischen Zentralverwaltung von den Anfängen bis zum Untergang der Monarchie,* Wien, Böhlau Wien, 2002, p.93.

17 Jean-Paul Bled, *Franz Joseph,* Oxford, Wiley-Blackwell, 1992, pp.72~110.

18 이 도시법은 전체 3부로 구성돼 있는데, 1부에는 도시 구역과 도시민에 대해서, 2부는 도시 자치법에 대해서, 3부에는 도시 행정에 대해, 4부에는 도시와 국가행정의 관계에 대해서 각각 서술돼 있다. Kundmachung der k.k. Statthalterei und Kreisregierung von Niederösterreich vom 20. März 1850, wegen Erlassung der provisiorischen Gemeindenordnung für die Stadt Wien zur allgemeinen Kenntniß gebracht wird. *Landesgesetz- und Verordnungsblatt für das Erzherzogthum Österreich unter der Enns, Jahrgang 1850 Nr. 21.*

19 *Wiener Zeitung,* 1850년 3월 23일.

20 1704년 레오폴트 1세 때 터키의 공격으로부터 빈 외곽 지역을 방어하기 위해서 축성된 성벽. 빈 도심지를 둘러싸고 있는 성벽을 내성이라고 한다면, 이 성벽은 일종의 외성이라고 할 수 있다. 1850년 빈 도시법은 바로 이 외성벽의 선을 따라 빈 시의 경계선으로 삼았다. 1873년에 이 성벽을 따라 귀어텔이라는 도로가 건설됐고, 1892년 이 경계선 바깥의 변두리를 빈 시에 편입시키는 제2차 행정구역 개편에 따라 이 성벽은 1894년부터 철거됐다.

21 Elisabeth Springer, *Geschichte und Kulturleben der Wiener Ringstraße. Die Wiener Ringstraße - Bild einer Epoche II,* Wiesbaden, Steiner, 1979, p.78.

22 알렉산더 폰 바흐 남작은 1848~1849년에는 법무부장관을 역임했고, 1849~1859년에는 내무부장관을 역임했다. 1848년 혁명 당시 '자유주의' 법률가로 알려질 만큼 개혁

성향이 강한 인물이었지만, 제국 정치에 적극적으로 참여하는 과정에서 보수적 입장으로 변질돼 언론의 자유를 축소시키는 반동 정치의 상징적인 인물로 평가된다. 다른 한편 그는 재임 기간 동안 자유주의 경제 정책을 펼쳐 오스트리아의 경제 안정에 크게 이바지했다.

23 *Wiener Zeitung*, 1857년 12월 25일.

24 *Wiener Zeitung*, 1857년 12월 25일.

25 K. Weiß, "Die bauliche Neugestaltung der Stadt", Gemeinderathe der Stadt Wien, ed., *Wien 1848 bis 1888, Denkschrift zum 2. Dezember 1888, Band I*, Wien, Commissionsverlag von Carl Konegen, 1888, p.227; G. Chaloupek, P. Eigner, M. Wagner, *Wien. Wirtschaftsgeschichte 1740 bis 1938, Teil 1: Industrie*, Wien, Jugend & Volk, 1991, p.294 이하.

26 WStLA, H. A. Akten - kleine Bestände, Gr. 7 Stadterweiterung, Schachtel 7-1, Mappe 2, Verhandlungs-Akten des Gemeinderathes, p. 46. Bernd Fahrngruber, *Bauwirtschaftliche Aspekte der Wiener Stadterweiterung unter Kaiser Franz Joseph I*, pp.42~43에서 재인용.

27 Burghild Reble, "Vom Bollwerk Europas zur europäischen Metropole: Stadterweiterung und Stadtentwicklung Wiens im 19. Jahrhundert", p.10.

28 Konkurs-Ausschreibung, *Wiener Zeitung*, 1858년 1월 31일.

29 Der preisgekrönte Konkurrenz-Plan zur Stadterweiterung von Wien, *Allgemeine Bauzeitung 24*, 1859, pp.1~13.

30 Kundmachung, *Wiener Zeitung*, 1858년 12월 31일; Die Preise für die Stadterweiterungspläne von Wien, *Allgemeine Bauzeitung 23*, 1858, p.240.

31 Kurt Mollik, Hermann Reining, Rudolf Wurzer, "Planung und Verwirklung der Wiener Ringstraßenzone", Renate Wagner-Rieger, ed., *Die Wiener Ringstraße - Bild einer Epoche*, Wiesbaden, Böhlau Wien, 1980, p.148.

32 Kurt Mollik, Hermann Reining, Rudolf Wurzer, "Planung und Verwirklung der Wiener Ringstraßenzone", p.152.

33 Martina Pfleger, "Die Rossauerkaserne vom Verteidigungskonzept der Ringstraße bis zur Gegenwart," 1998. 6. http://www.bundesheer.at/cms/artikel.php?ID=1648.

34 *Wiener Zeitung*, 1857년 12월 25일.

35 Bernd Fahrngruber, *Bauwirtschaftliche Aspekte der Wiener Stadterweiterung*

491

unter Kaiser Franz Joseph I, p. 172.

36 *Wiener Zeitung*, 1860년 5월 23일.

37 *Architektur zwischen Kunst und Bürokratier, 125 Jahre Ringstrasse*, p. 14. 1990년 11월 15일부터 1991년 6월 말까지 오스트리아 국립문서보관소의 전시회 카탈로그.

38 Bernd Fahrngruber, *Bauwirtschaftliche Aspekte der Wiener Stadterweiterung unter Kaiser Franz Joseph I*, p. 175.

39 평당Quadratklafter 775굴덴.

40 1년 내 건축 시작, 4년 이내 완공, 유명 건축가에게 공사 위임 등등.

41 Bernd Fahrngruber, *Bauwirtschaftliche Aspekte der Wiener Stadterweiterung unter Kaiser Franz Joseph I*, p.174.

42 Otto Schwarz, *Hinter den Fassaden der Ringstrasse. Geschichte · Menschen · Geheimnisse*, Wien, Amalthea Signum, 2007, pp. 75~118; Eva Koepff, *Die Wiener Stadterweiterung*, p.12.

43 Steven Beller, *A Concise History of Austria*, p.146.

44 Bernd Fahrngruber, *Bauwirtschaftliche Aspekte der Wiener Stadterweiterung unter Kaiser Franz Joseph I*, p.173.

45 Barbara Dmytrasz, *Die Ringstraße – Die europäische Bauidee*, pp.35~36.

46 여기서 증권거래소는 시민포럼이 자리한 위치로부터 멀리 떨어져 있지만, 건물 자체의 용도로만 본다면 이 포럼에 소속되고도 충분하다.

47 Steven Beller, *A Concise History of Austria*, pp.137~151.

48 칼 쇼르스케, 《세기말 비엔나》, 80~81쪽.

49 칼 쇼르스케, 《세기말 비엔나》, 87쪽.

50 *Wiener Zeitung*, 1857년 12월 25일.

51 Kurt Mollik, Hermann Reining, Rudolf Wurzer, "Planung und Verwirklung der Wiener Ringstraßenzone", p.152.

52 Barbara Dmytrasz, *Die Ringstraße – Die europäische Bauidee*, pp.21~34.

53 프란츠 요제프 병영은 링슈트라세 프로젝트가 발의되기 이전에 지어진 건축물이기 때문에 직접 연관성은 없지만 함께 거론할 가치가 있다. 요제프 황제의 이름을 딴 이 건축물은 링슈트라세 프로젝트의 추진 과정에서 로사우어 병영과 같은 군사포럼용 건축물들의 추가 조성이 필요하다는 동기를 제공하는 데 중요한 역할을 수행했다.

54 Steven Beller, *A Concise History of Austria*, p.133.

55 Ernst Bloch, *Erbschaft dieser Zeit*, Frankfurt am Main, Suhrkamp, 1962, p.113.

56 Barbara Dmytrasz, *Die Ringstrasse - Eine europäische Bauidee*, p.7.

57 Eelke Smulders, *The Architectual wishes of the Viennese Bourgeoisie 1857-1873*, Utrecht University 박사학위논문, 2007, p. 26.

전쟁의 기억과 추모, 상트페테르부르크·모스크바 '대조국전쟁' 기념비

* 이 글은 저자의 학술논문 〈상트페테르부르크와 모스크바 '두 도시' 이야기〉(《도시연구 : 역사, 사회, 문화》17, 2016)를 수정·보완한 것이다.

1 피스카룝스코예 묘지의 기념비 전면에 새겨진 올가 베르골츠Ольга Берггольц,의 시.

2 Siobhan Kattago, "War Memorials and the Politics of Memory: the Soviet War Memorial in Tallinn", *Constellations*, vol.16 no.1, 2009, pp.150~166.

3 동북아시아에서 소련 기념비에 대해서는 다음의 논문 참고. 정근식, 〈소련의 2차 세계대전 기념비와 기억의 정치 : '해방'에서 '우의로'〉, 《내일을 여는 역사》59, 2015, 129~144쪽. 러시아 정부의 기념비 보호요청에 대해서는 140~141쪽.

4 http://www.rferl.org/a/uzbeks-demolish-ww2-memorial/26911293.html.

5 ПОМНИТЕ НАС! http://www.pomnite-nas.ru/mlist1.php (2016년 9월 2일 검색).

6 한국 역사가들 사이에서도 대조국전쟁은 주요한 연구 주제가 됐으며, 그동안 주목할 만한 연구 축적이 있다. 황동하는 러시아인들의 회고를 통해 대조국전쟁이 현대 소비에트 국가의 창건 신화로 변모한 상황을 연구한다. 황동하, 〈자연발생적인 탈-스탈린화 : 러시아인들이 되돌아본 "대조국전쟁"의 한 단면〉, 《러시아연구》15-2, 2005, 459~487쪽; 류한수는 그리고리 추호라이 감독의 영화를 통해 대조국전쟁의 신화를 깨는 지점을 해빙의 주요한 메타포로 설명하고 있다. 류한수, 〈전쟁의 기억과 기억의 전쟁 : 영화《한 병사의 발라드》를 통해 본 대조국전쟁과 소련 영화의 "해빙"〉, 《러시아연구》15-2, 2005, 97~128쪽; 이종훈은 모스크바를 중심으로 대조국전쟁의 승전 기념비를 통해 공식 기억이 구성되는 과정을 잘 보여 주고 있다. 이종훈, 〈승전의 공식기억 만들기 : 통합과 균열 사이에서 - 모스크바 승리공원과 포스터 논쟁을 중심으로〉, 《역사와 문화》20, 2010, 57~80쪽; 한편 송준서는 옐친과 메드베데프가 대조국전쟁에 대한 기억의 정치를 통해 중앙-지방의 공간 통합을 꾀했다는 흥미로운 주장을 개진한다. 송준서, 〈기억의 정치학 : 러시아 국가통합 도구로서 전쟁의 기억〉, 《중소연구》

36-1, 2012, 167~212쪽; 또한 송준서는 전쟁의 기억에 나타나는 균열상을 보여 준다, 송준서, 〈중앙-지방 관점에서 바라본 스탈린 시기 전쟁의 기억 : 레닌그라드와 세바스토폴의 경우〉, 《슬라브학보》 28-1, 2013, 151~186쪽.

7 M. Pilgun, I. M. Dzyaloshinsky, "Phantoms of the historical memory : social identity of the Russian youth", *Revista Latina de Comunicación Social*, n. 71, 2016, pp.592~615.

   http://www.revistalatinacs.org/071/paper/1111/31en.html

8 기계형, 〈러시아 대학의 역사학 교재와 중등학교 역사교과서에 나타난 한국전쟁 인식〉, 《역사교육》 117, 2011, 84~90쪽.

9 Elizabeth A. Wood, "Performing Memory : Vladimir Putin and the Celebration of WWII in Russia", *The Soviet and Post-Soviet Review*, n. 38, 2011, pp.172~173.

10 http://www.rferl.org/a/russia-ufa-brics-summit-/27118205.html

11 Igor Torbakov, "History, Memory and National Identity Understanding the Politics of History and Memory Wars in Post-Soviet Lands", *Demokratizatsiya*, World Affairs Institute, 2011, pp.209~232.

12 기념비에 관한 많은 책들이 있으나 최고의 저작으로 다음의 저서를 추천한다. Ленинград монументальная и декоративная скульптура XVIII-XIX веков, Исскуство, Москва и Ленинград, 1951.

13 *Историческое прошлое и настоящее Ленинграда*, Ленинград, 1960; А. В. Буров, *Блокада день за днём, 22 июня 1941 года - 27 января 1944 года*, Ленинград, 1979.

14 리처드 오버리, 류한수 옮김, 《스탈린과 히틀러의 전쟁》, 지식의풍경, 2003; 존 키건, 류한수 옮김, 《2차세계대전사》, 청어람미디어, 2016.

15 Lisa A. Kirschenbaum, *The Legacy of the Siege of Leningrad, 1941 - 1995 : Myth, Memories, and Monuments*, Cambridge University Press, 2009.

16 쇼스타코비치는 원래 예브게니 므라빈스키와 레닌그라드 필에서 연주하기를 희망했으나 봉쇄 때문에 여의치 못했다. 그의 교향곡 7번은 피난을 가 있었던 쿠이비셰프에서 완결돼, 1942년 3월 5일 당시 볼쇼이 극장 오케스트라가 머물렀던 쿠이비셰프 오페라발레 극장에서 사모수드Самуил Самосуд의 지휘하에 초연됐다. http://opera-samara.net/O_teatre/

17 Мария Закорецкая, "Симфония о победном торжестве всего высокого и прекрасного", *Русская народная линия*, 2011년 10월 17일.

18   https://en.wikipedia.org/wiki/Olga_Bergholz. 레닌그라드 봉쇄와 베르골츠의 관계는 별개로 생각할 수 없다. 그녀의 탄생 주기에 맞춰 계속 그녀의 책이 발간되는 것도 특기할 만한 사항이다. Ольга Берггольц, *Запретный дневник*, СПб.: Азбука-классика, 2010; Ольга Берггольц, *Блокадный дневник*, СПб, Вита Нова, 2015.

19   А. В. Буров, *Блокада день за днём, 22 июня 1941 года - 27 января 1944 года*, с. 438~440.

20   *Историческое прошлое и настоящее Ленинграда*, с. 384~385. 소련의 '대조국전쟁'은 제2차 세계대전의 중요한 부분을 차지한다. 소련군과 독일군은 모스크바, 스탈린그라드, 레닌그라드 근처에서 격돌했을 뿐만 아니라, 카프카스, 쿠르스크, 우크라이나 드네프르서안, 벨라루스 등에서 격렬하게 싸웠다. 독일군과 그 동맹 세력은 동부전선에서 860만 명의 군인을 잃고 무기의 4분의 3 이상이 파괴되거나 포획됐다. 그러나 소련은 더 큰 피해를 입었다.

21   *Историческое прошлое и настоящее Ленинграда*, с. 386.

22   격전이 벌어진 모스콥스키대로에 승리의 공원을 건립하는 문제는 종전 직후 곧바로 나온 것으로 보인다. 1945년 10월 7일 수십만 명의 레닌그라드 시민들이 당도시위원회와 도시소비에트집행위의 소집에 따라 대대적으로 모여 도시 복구를 시작했다. *Историческое прошлое и настоящее Ленинграда*, с. 384~385.

23   Lisa A. Kirschenbaum, *The Legacy of the Siege of Leningrad*, p.17.

24   Lisa A. Kirschenbaum, *The Legacy of the Siege of Leningrad*, pp.77~78.

25   렌필름이 제작한 이 전쟁 다큐멘터리는 유튜브에서 시청이 가능하다. 1시간 10분으로 구성된 이 다큐멘터리 영화의 제목은 〈위대한 레닌의 도시를 위한 방어와 투쟁의 영웅적 날들에 관하여〉다. https://www.youtube.com/watch?v=nT57aysCzcc 우치텔Ефим Учитель이 각본 및 감독을 겸하고, 카르멘Роман Кармен, 코마렙체프Н. Комаревцев, 솔롭초프Валерий Соловцов와 공동으로 감독을 맡았다.

26   К. Шариков, Е. Соколова, *Героический Ленинград 1917-1942*, Ленинград, 1943.

27   Lisa A. Kirschenbaum, *The Legacy of the Siege of Leningrad*, p.79.

28   O leningradskom plakate, Leninrgad, 1944, no.2, 17. dl.

29   А. В. Буров, *Блокада день за днём, 22 июня 1941 года - 27 января 1944 года*, Ленинград, 1979, 화보와 설명.

30   Lisa A. Kirschenbaum, *The Legacy of the Siege of Leningrad*, pp.96~97; 박물

관 설명은 홈페이지 참조. http://www.blokadamuseum.ru/muzej-oborony-i-blokady-leningrada/istoriya-muzeya/

31 제정러시아 시대 말기에 공예박물관으로 사용되었던 건물 여러 채에서 방대한 전시회가 이루어졌고, 이러한 전시물들은 공식적으로 1946년부터 '레닌그라드 방어박물관'으로 변모할 수 있는 토대가 돼 주었다. 스탈린 사망 이후 폐쇄되었던 박물관은 소련 해체 이후 '레닌그라드 봉쇄 및 방어박물관Государственный мемориальный музей обороны и блокады Ленинграда'으로 이름이 바뀌어 오늘에 이른다.

32 http://blokadamus.ru/cgi-bin/magazine.cgi?id=2

33 Lisa A. Kirschenbaum, *The Legacy of the Siege of Leningrad*, pp.99~102; 그들의 공동 작업은 다음과 같이 출간돼 귀중한 사료로 남았다.*Ленинград в Блокаде*, Ленинград, 1946.

34 Анна Юдкина, "Памятник без памяти : первый Вечный огонь в СССР", *Неприкосновенный запас*, 2015, 3(101) http://magazines.russ.ru/nz/2015/3/10u.html

35 *Историческое прошлое и настоящее Ленинграда*, с. 397. с. 406; В. Г. Исаченко, *Зодчие Санкт-Петербурга. XX века*, ред. Ю. Артемьева, С. Прохватилова, СПб, Лениздат, 2000, 서론.

36 Lisa A. Kirschenbaum, *The Legacy of the Siege of Leningrad*, p.8.

37 Siobhan Kattago, "War Memorials and the Politics of Memory: the Soviet War Memorial in Tallinn", Constellations, vol.16 no.1, 2009, pp.150~151.

38 조지 모스, 오윤성 옮김,《전사자 숭배》, 문학동네, 2015.

39 조지 모스,《전사자 숭배》, 제3부.

40 *История Москвы с древнейших времен до наших дней*, том 3, М., 2000. с. 385~387.

41 이종훈, 〈승전의 공식기억 만들기 : 통합과 균열 사이에서 : 모스크바 승리공원과 포스터논쟁을 중심으로〉,《역사와 문화》20, 2010, 67·70쪽.

42 그 외에 웹상에서도 각 연대 및 대대, 육군, 해군 등 다양한 항목에서 전사자들에 대한 정보를 얻을 수 있다. http://www.pobediteli.ru/about.html

43 Siobhan Kattago, "War Memorials and the Politics of Memory: the Soviet War Memorial in Tallinn", *Constellations*, p.157.

44 Valentin Bogorov, "In the Temple of Sacred Motherland: Representations of National Identity in the Soviet and Russian WWII Memorials", p.16. http://

www.dartmouth.edu/~crn/groups/geographiers_group_papers/Finalpapers/
Bogorov02.pdf

45 Nina Tumarkin, *The Living and the Dead: The Rise and Fall of the Cult of World War II in Russia*, New York, Basic Books, 1994, p.61.

46 Nina Tumarkin, *The Living and the Dead*, p.82.

47 https://sputniknews.com/russia/201605091039305682-russia-vicrtory-celebration-parade/.

48 Dmitri Medvedev, "Speech at the Military Parade to Commemorate the 65th Anniversary of the Victory in the Great Patriotic War, 1941-1945", address, Red Square, Moscow, Russia, May 9, 2010.

49 David Hoffman, "Putin Seeks Restoration of Soviet Symbols; Stalin-Era Anthem, Army's Red Banner Would Be Revived", *The Washington Post*, December 5, 2000, A40.; Michael Schwirtz, "A Celebration is Haunted by the Ghost of Stalin", *New York Times*, May 9, 2010, 9.

50 Yuri Zarakhovich, "Why Putin Loves World War II", *Time*, May 8, 2007.

51 Forest, Benjamin, Juliet Johnson and Karen Till, "Post-totalitarian national identity: public memory in Germany and Russia", *Social & Cultural Geography*, vol.5 no.3 September, 2004.

52 Nina Tumarkin, *The Living and the Dead*, p.51.

53 Nurit Scheifman, "Moscow's Victory Park", *History and Memory*, vol.13 no.2, 2001, p.8.

54 Nina Tumarkin, *The Living and the Dead*, p.157.

55 Siobhan Kattago, "War Memorials and the Politics of Memory: the Soviet War Memorial in Tallinn", *Constellations*, p.161.

56 Нобелевская лекция Светланы Алексиевич, О проигранной битве, Лауреат Нобелевской премии по литературе за 2015 год. http://arzamas.academy/mag/212-aleksievitch.

혁명의 기억, 멕시코시 혁명기념건축물

*   이 글은 저자의 학술논문 〈'멕시코혁명기념건축물'과 혁명 기억의 재건〉《라틴아메리카

연구》29-4, 2016)을 수정·보완한 것이다.

1   Claudio Lomnitz, "Final Reflections: What Was Mexico's Cultural Revolution?", Mary Kay Vaughan and Stephen E. Lewis, eds., *The Eagle and the Virgin: Nation and Cultural Revolution in Mexico, 1920-1940*, Durham and London, Duke University Press, 2006, p.335.

2   Javier Torres Parés and Gloria Villegas Moreno, eds., *Diccionario de la Revolución Mexicana*, México, D.F, Universidad Nacional Autónoma de México, 2010, p.9.

3   Martín Luis Guzmán, *The Eagle and the Serpent*, trans. by Harriet de Onís, Garden City, Doubleday, 1965, p.163.

4   옥타비오 파스, 손관수 옮김,《고독한 미로》, 신원문화사, 1990, 162~163쪽.

5   이런 일반적인 견해에 이의를 제기하는 연구자도 있다. 마우리시오 테노리오 트리요에 따르면, 교육을 통한 원주민의 개선 가능성에 대한 합의, 메스티사헤에 대한 찬사와 미화는 이미 디아스 시대 말년에도 감지됐다. 테노리오 트리요는 흔히 혁명 후 체제의 업적으로 간주되는 메스티소 국가에 대한 자부심과 찬사의 분위기가 혁명 전에 포착됐다고 주장한다. Mauricio Tenorio Trillo, "1910 Mexico City: Space and Nation in the City of the Centenario", *Journal of Latin American Studies*, vol.28 no.1, Feb, 1996, p.100.

6   James Oles, *Art and Architecture in Mexico*, London and New York, Thames & Hudson Ltd., 2013, p.199.

7   Tenorio Trillo, "1910 Mexico City", p.86.

8   Michael J. LaRosa, ed., *Atlas and Survey of Latin American History*, Armonk, M. E. Sharpe, Inc., 2005, p.118.

9   Thomas Benjamin, *La Revolución: Mexico's Great Revolution as Memory, Myth and History*, Austin, University of Texas Press, 2000, p.120.

10   Michael J. González, "Imaging Mexico in 1910: Visions of the *Patria* in the Centennial Celebration in Mexico City", *Journal of Latin American Studies*, vol.39 no.3, Aug, 2007, p.503.

11   *New York Times*, September 16, 1910.

12   Oles, *Art and Architecture in Mexico*, p.198, 213.

13   Benjamin, *La Revolución*, p.123.

14   James Creelman, "President Díaz, Hero of the Americas", Gilbert M. Joseph

and Timothy J. Henderson, eds., *The Mexico Reader: History, Culture, Politics,* Durham and London, Duke University Press, 2002, p.290.

15 Enrique Krauze, *Mexico. Biography of Power. A History of Modern Mexico, 1810-1996,* trans. by Hank Heifetz, New York, HarperCollins Publishers, Inc., 1997, p.433에서 재인용.

16 인류학자 마누엘 가미오와 같은 '혁명적 인디헤니스타'는 옛 원주민 문화를 물질문화와 지식문화로 나누고 전자를 열등하고 부정적인 것으로 묘사하면서 개조의 대상으로 삼았지만 후자를 높이 평가해 국민 문화의 원천으로 삼으려 했다. 김윤경, 〈멕시코의 "혁명적" 인디헤니스타Indigenistas의 원주민Indígena에 대한 인식과 평가 : "타자"에서 국민문화로〉, 《서양사론》 87, 2005, 177~178쪽, 185쪽.

17 바스콘셀로스는 신축한 교육부 건물에 라틴아메리카의 형성에 공헌한 네 문명, 즉 에스파냐와 멕시코의 전통, 그리스와 인디아 문명을 상징하는 네 기둥과 기존의 네 인종을 표상하는 석상을 세웠다. 그리스는 유럽 문명의 모체로서 플라톤의 이름이 새겨졌고, 에스파냐는 라틴아메리카를 나머지 세계와 연결시킨 머릿돌로서 바르톨로메 데 라스카사스 신부의 이름과 기독교의 상징인 십자가가 각인됐다. 아스테카의 유산으로는 '최초의 교육자'인 케찰코아틀Quetzalcóatl 신화를 표현했고 마지막으로 연꽃 속에 싸인 붓다Buddha의 모습을 표현함으로써 통합적 문화를 상징하고자 했다. Joaquín Cárdenas Noriega, *Jos Vasconcelos, 1882-1982: Educator, Político y Profeta,* México, D.F, Ediciones Océano, 1982, p.118.

18 김은중, 〈호세 바스콘셀로스 : 문화적 민족주의와 신인간〉, 이성형 엮음, 《라틴아메리카의 역사와 사상》, 까치, 1999, 227쪽.

19 이성형, 〈멕시코 벽화운동의 정치적 의미 : 리베라, 오로스코, 시케이로스의 비교분석〉, 《국제지역연구》 11-2, 2002, 111쪽.

20 Mayro F. Guillén, "Modernism Without Modernity: The Rise of Modernist Architecture in Mexico, Brazil, and Argentina, 1890-1940", *Latin American Research Review,* vol.39 no.2, Jun, 2004, p.10.

21 Edward Burian, ed., *Modernity and the Architecture of Mexico,* Austin, University of Texas Press, 1997, p.83.

22 Tenorio Trillo, "1910 Mexico City", p.103.

23 Patrice Elizabeth Olsen, "Revolution in the City Streets: Changing Nomenclature, Changing Form, and the Revision of Public Memory", Mary Kay Vaughan and Stephen E. Lewis, eds., *The Eagle and the Virgin: Nation*

and Cultural Revolution in Mexico, 1920-1940, Durham and London, Duke University Press, 2006, pp.124~125.

24 Antonio Muñoz García, "Edificación, Llevado a Cabo, por el Departomento del Distrito Federal en el Período 1932-1934", *Revista Mexicana de Ingeniería y Arquitectura*, vol.13, Abr, 1935, p.168.

25 Luis E. Carranza, *Architecture as Revolution: Episodes in the History of Modern Mexico*, Austin, University of Texas Press, 2010, p.173, 175.

26 Carlos Obregón Santacilia, *El Monumento a la Revolución, Simbolismo e Historia*, México, D.F, Secretaría de Educación Pública, Departamento de Divulgación, 1960, p.36.

27 Patrice Elizabeth Olsen, *Artifacts of Revolution: Architecture, Society, and Politics in Mexico City, 1920-1940*, Boulder and New York, Rowman & Littlefield, 2008, p.77.

28 Patrice Elizabeth Olsen, *Artifacts of Revolution*, p.79에서 재인용.

29 Patrice Elizabeth Olsen, *Artifacts of Revolution*, p.78, 245.

30 Olsen, "Revolution in the City Streets", p.127.

31 칠레 출신의 인류학자 클라우디오 롬니츠에 따르면, 멕시코의 독특한 모더니즘은 유럽인이 정복하기 이전의 예술, 멕시코의 혁명 정신을 대변한 대중 예술, 그리고 근대적 재질, 기능적 디자인, 전통적인 부르주아적 합리성과 취향에 대해 비판적인 국제적 모더니즘 등 세 가지 원천으로부터 활력을 끌어냈다. Lomnitz, "What Was Mexico's Cultural Revolution?", p.347.

32 Guillén, "Modernism Without Modernity", p.8.

33 Burian, *Modernity and the Architecture of Mexico*, p.159.

34 "Inauguración de Unas Obras", *Excélsior*, Septiembre 28 de 1936, sec. 1, p.1.

35 Olsen, *Artifacts of Revolution*, p. 80; Benjamin, *La Revolución*, p.118, 125.

36 Carranza, *Architecture as Revolution*, p.173에서 재인용.

37 Benjamin, *La Revolución*, p.131.

38 Betty Kirk, *Covering the Mexican Front: The Battle of Europe Versus America*, Norman, University of Oklahoma Press, 1942, p.13.

39 Olsen, *Artifacts of Revolution*, pp.80~81.

40 Benjamin, *La Revolución*, p.132.

41 Benjamin, *La Revolución*, p.134.

42 농민운동의 지도자 사파타의 유해는 이장을 거부한 가족들의 의사를 존중해 이곳에 안치되지 않았다. Ilene V. O'Malley, *The Myth of the Mexican Revolution: Hero Cults and the Institutionalization of the Mexican State, 1920-1940*, New York, Greenwood Press, 1986, pp.69~70.

43 Olsen, *Artifacts of Revolution*, p.238.

44 Burian, *Modernity and the Architecture of Mexico*, p.157.

45 Guillén, "Modernism Without Modernity", p.11.

46 Burian, *Modernity and the Architecture of Mexico*, p. 140; Carranza, *Architecture as Revolution*, p.169.

47 다만 혁명 후 체제의 새로운 국민 정체성 모색과 관련된 문화 정책에 주목하면서 이를 '멕시코의 문화적 혁명'으로 부르는 것은 재고의 여지가 있다. 롬니츠가 주장하듯 멕시코에서 문화적 변혁은 혁명의 원인이라기보다 결과라고 이해할 수 있기 때문이다. Lomnitz, "What Was Mexico's Cultural Revolution?", p.339.

48 Burian, *Modernity and the Architecture of Mexico*, p.84; Oles, *Art and Architecture in Mexico*, p.283.

49 Olsen, "Revolution in the City Streets", p.132.

50 Gilbert M. Joseph and Jürgen Buchenau, Mexico's *Once and Future Revolution: Social Upheaval and the Challenge of Rule since the Late Nineteenth Century*, Durham and London, Duke University Press, 2013, pp.212~213.

미국 예외주의의 구현, 뉴욕 9·11기념물

* 이 글은 저자의 학술논문 〈9·11 기억의 터 : 미국 예외주의의 트라우마〉《사회와 역사》 78, 2008)를 수정·보완한 것이다.

1 David Harvey, "Cracks in the Edifice of the Empire State", Michael Sorkin and Sharon Zukin eds., *After the World Trade Center: Rethinking New York City*, New York, Routledge, 2002, pp.57~67.

2 이 논의에 대한 대표적인 글과 인터넷 홈페이지의 예는 Jacob Hornberger, "Why do they hate us?" www.fff.org/comment/com0608.asp ; www.isometry.com/usahate.html

3   "McCartney apologizes for 9/11 song "Freedom"" www.thepeoplescube.com/
    red

4   Susan Sontag, "The Talk of the Town", *The New Yorker*, September 24, 2001.

5   Marita Sturken, "Memorializing Absence", Craig Calhoun, Paul Price, and
    Ashley Timmer, eds., *Understanding September 11*, New York, New Press,
    2002, pp.374~384.

6   Marilyn Young, "Ground Zero: Enduring War", Mary Dudziak, ed., *September
    11 in History: A Watershed Moment?*, Durham, NC, Duke University Press,
    2003, pp.10~34.

7   Hung Wu, *Remaking Beijing: Tiananmen Square and the Creation of a
    Political Space*, Chicago, University of Chicago Press, 2005.

8   이 가운데 추천하고 싶은 것은 9·11테러 4주년 기념식 현장을 찍은 마틴 푹스의 전시
    공간이다. 사진에 보이는 기념행사 참석자들의 얼굴 표정이 다른 어떤 조형물보다도
    이 사건의 느낌을 가장 잘 전달해 준다.

    www.newyorkphotoblog.com/gallery/four_years_later_9_11_commemoration/
    popup.html

9   Dominick LaCapra, "Trauma, Absence, Loss", *Critical Inquiry*, 25, Summer,
    1999, pp.696~727.

10 Hal Foster, "In New York", *London Review of Books*, March 20, 2003, pp.3~5.

11 이 계획의 실현 가능성에 대한 반론들이 있다. 매해 해의 각도가 달라질 수 있다는
    주장, 그리고 이웃한 호텔 건물 때문에 해가 가려질 것이라는 주장 등이 있다. Paul
    Goldberger, *Up From Zero: Politics, Architecture, and the Rebuilding of New
    York*, New York, Random House, 2004, p.180.

12 Suzanne Stephens, *Imagining Ground Zero: Official and Unofficial Proposals
    for the World Trade Center Site*, New York, Architectural Record, 2004,
    pp.26~65.

13 David Simpson, *9/11: The Culture of Commemoration*, Chicago, University of
    Chicago Press, 2006, pp.64~65.

14 Daniel Libeskind, *Breaking Ground: An Immigrant's Journey from Poland to
    Ground Zero*, New York, Riverhead Books, 2004.

15 Herbert Muschamp, "Balancing Reason and Emotion in Twin Tower Void", *The
    New York Times*, February 6, 2003.

16 Michael Sorkin, "The Center Cannot Hold", Michael Sorkin and Sharon Zukin, eds., *After the World Trade Center. Rethinking New York City*, New York, Routledge, 2002, pp.197~207.

17 아래 뉴욕 타임즈와 뉴욕 데일리뉴스의 신문 기사들을 참고할 것.
http://www.nytimes.com/2012/01/27/nyregion/1-world-trade-center-adds-another-prime-tenant-a-law-firm.html?_r=0
http://www.nydailynews.com/life-style/real-estate/office-world-trade-center-750-article-1.2130693

18 David Dunlap, "1 World Trade Center Is a Growing Presence, and a Changed One", *The New York Times*, June 12, 2012.

19 Elizabeth Greespun, "Daniel Libeskind's World Trade Center Change of Heart", *The New Yorker*, August 28, 2013.

20 Charles Bagli, "Trade Center Leaseholder Braces for Battle; Proposed Land Swap and Changed Development Plans Imperil Silverstein", *The New York Times*, August 17, 2002.

21 Amy Kaplan, "Homeland Insecurities: Transformations of Language and Space", Mary Dudziak, ed., *September 11 in History: A Watershed Moment?*, Durham, NC, Duke University Press, 2003, pp.55~69.

22 이러한 관찰은 19세기부터 계속돼 왔는데, 대표적으로 프랑스인 토크빌, 프론티어 테제의 주창자인 프레드릭 잭슨 터너 등이 있다. 이들은 백인에게 열려 있던 개척지, 즉 서부의 존재가 바로 이러한 미국의 특성을 만든 주요 원인이라고 보았다. 이러한 미국의 팽창에 대한 긍정적인 인식은 "명백한 운명"론에 이르러 해외로의 정복까지 정당화하는 기제로 이용되기도 한다. 주은우, 〈19~20세기 전환기 자연 풍경과 미국의 국가 정체성〉, 《사회와 역사》 63, 2003, 123~160쪽.

주

참고문헌

1 지중해 권역 도시들

마라톤전투 승리의 기억, 아테네 공공기념물

김진경,《고대 그리스의 영광과 몰락》, 아티쿠스, 2009

니콜라스 세쿤다, 정은비 옮김,《마라톤 BC 490》, 플래닛미디어, 2007

유재원,《그리스 고대로의 초대, 신화와 역사를 따라가는 길》, 리수, 2015

이상덕, 〈기원전 6~5세기 아테나이의 현실정치와 테세우스 신화〉,《서양고대사연구》22,
2008

필립 드 수자 · 발데마르 헤켈 · 로이드 루엘린-존스, 오태경 옮김,《그리스 전쟁》,
플래닛미디어, 2009

Antonaccio, Carla, "Contesting the Past: Hero Cult, Tomb Cult, and Epic in Early
Greece", American Journal of Archaeology, vol.98, 1994

Bowden, Hugh, "Herakles, Herodotos and the Persian Wars", Rawlings, Louis
and Bowden, Hugh, ed., *Herakles and Hercules: Exploring a Graeco-Roman
Divinity*, Swansea, Classical Press of Wales, 2005

Davidson, Claire, *Pheidias: the Sculptures and Ancient Sources*, London, Institute of
Classical Studies, 2009

de la Coste Messelière, Pierre, "Trois notules delphiniques", *Bulletin de
correspondance hellénique*, vol.77, 1953

Dinsmoor, William Bell, "The Athenian Treasury as Dated by its Ornament",
American Journal of Archaeology, vol.50, 1946

Francis, Eric and Vickers, Michael, "The Marathon Epigram in the Stoa Poikile",
Mnemosyne, vol.38, 1985

Gill, David, "The Decision to Build the Temple of Athena Nike (*IG I³* 35)", *Historia*,
vol.50, 2001

Hammond, Nicholas Geoffrey Lemprière, "The Campaign and the Battle of
Marathon", *JHS* 88, 1968

Harrison, Evelin, "Archaic and Archaistic Sculpture", *The Athenian Agora* XI, New
Jersey, 1965

Hornblower, Simon, *A Commentary on Thucydides* I, Oxford, Oxford Univ. Press,
1991

Jung, Michael, *Marathon und Plataiai: Zwei Perserschlachten als 〉〉lieux de
mémoire〈〈 im antiken Griechenland*, Götingen, Vandenhoeck & Ruprecht,
2006

Kübler, Karl, *Kerameikos* VI.1, Berlin, De Gruyter, 1959

Kurtz, Donna and Boardman, John, *Greek Burial Customs*, London, Thames and
Hudson, 1971

Mark, Ira, "The Sanctuary of Athena Nike in Athens: Architectural Stages and
Chronology", *Hesperia Supplement*, vol.26, 1993

Meiggs, Russell and Lewis, David, *Greek Historical Inscriptions: to the End of the
Fifth Century B.C.*, Oxford, Clarendon Press, 1969

Meritt, Lucy, "The Stoa Poikile", *Hesperia*, vol.39, 1970

Mommsen, August, "Die zehn Eponymen und die Reihenfolge der nach ihnen
benannten Phylen Athens", *Philologus*, vol.47, 1888

Neer, Richard, "The Athenian Treasury at Delphi and the Material of Politics", *CA*,
vol.23, 2004

Petrakos, Basileios, *Marathon*, Athens, The Archaeological Society at Athens Library,
1996

Price, Theodora, H., "Hero Cult in the Age of Homer' and Earlier", Glen W.
Bowersock et al. ed., *Arktouros: Hellenic Studies Presented to B. Knox*, Berlin,
de Gruyter, 1979

Rohde, Erwin, *Psyche: The Cult of Souls and Belief in Immortality among the
Greeks*, London, Routledge, 1925

505

Schliemann, Heinrich, "Das sogennante Grab der 192 Athener in Marathon",
Zeitschrift für Ethnologie 16, 1884

Schultz, Peter, "The North Frieze of the Temple of Athena Nike", Palagia, Olga, ed.,
Art in Athens during the Peloponnesian War, Cambridge, 2009

Soteriades, Georgios, "Anaskaphe Marathonos", *Praktika tes en Athenais
Archaiologikes Hetairias*, 1933

_____, "Ereunai kai anaskaphai en Marathoni", *Praktika tes en
Athenais Archaiologikes Hetairias*, 1935

Stais, Valerios, "ho en Marahoni tumbos" *AM*, vol.18, 1893

_____, "Kephalion 1: Anaskaphai kai eurēmata", *Deltion Archaiologikon*
Athens, 1890

_____, "Prosartēma tou deltiou: Diatribai kai ektheseis", *Deltion
Archaiologikon* (Athens, 1890).

Vanderpool, Eugene, "A Monument to the Battle of Marathon", *Hesperia*, vol.35,
1966

Vidal-Naquet, Pierre and Szegedy-Maszak, Andrew (trans. by), *The Black Hunter:
Forms of Thought and Forms of Society in the Greek World*, Baltimore, Johns
Hopkins Univ. Press, 1986

Whiteley, James, "The Monuments that stood before Marathon : Tomb Cult and
Hero Cult in Archaic Attika", *American Journal of Archaeology*, vol.98 no. 2,
1994

고대 로마의 심장, 로마 포룸

김경현, 〈기원전 33년의 공공서비스 사업과 옥타비아누스의 문화정치〉, 《서양고대사연구》
34, 2014

_____, 〈아우구스투스 황제와 수도 로마〉, 《호서사학》 50, 2008

신상화, 《물의 도시, 돌의 도시, 영원의 도시 로마》, 청년사, 2004

Ammerman, A. J., "On the origins of the Forum Romanum", *American Journal of
Archaeology*, vol.94, 1990

Carter, J., "Civic and other buildings", I.M. Barton, *Roman Public Buildings*, Exeter, University of Exeter Press, 1995

Cornell, T. J., "The City of Rome in the Middle Republic (c. 400-100 BC)", J. Coulston & H. Dodge eds., *Ancient Rome : The Archaeology of the Eternal City*, Oxford, Oxford University School of Archaeology, 2000

_____, "The Recovery of Rome and the Conquest of Italy", *Cambridge Ancient History 7.2*, Cambridge, Cambridge University Press, 1989

Dyson, S. L., *Rome : A Living Portrait of an Ancient City*, Baltimore, Johns Hopkins University Press, 2010

Grant, M., *The Roman Forum*, London, Michael Grant Publications Ltd, 1970

Holloway, R. R., *The Archaeology of Early Rome and Latium*, London, Routledge, 1994

Hopkins, J. H. H., "The Cloaca Maxima and the monumental manipulation of water in Archaic Rome", *The Waters of Rome*, vol.4, 2007

Kalas, G., *The Restoration of the Roman Forum in Late Antiquity : Transforming Public Space*, Austin, University of Texas Press, 2015

Patterson, J. P., "The City of Rome", N. Rosenstein & R. Morstein-Marx eds., *A Companion to the Roman Republic*, Oxford, Blackwell Publishing Ltd, 2006

Richardson, jr. L., *A New Topographical Dictionary of Ancient Rome*, Baltimore, Johns Hopkins University Press, 1992

Rosenstein, N. & Morstein-Marx, R. eds., *A Companion to the Roman Republic*, Oxford, Blackwell Publishing Ltd, 2006.

Smith, C., "Early and Archaic Rome", J. Coulston & H. Dodge eds., *Ancient Rome : The Archaeology of the Eternal City*, Oxford, Oxford University School of Archaeology, 2000

Stambaugh, J. A., *The Ancient Roman City*, Baltimore & London, Johns Hopkins University Press, 1988

Todd, M., *The Walls of Rome*, London, HarperCollins Distribution Services, 1978

Torelli, M., "The Topography and Archaeology of Republican Rome", N. Rosenstein & R. Morstein-Marx eds., *A Companion to the Roman Republic*, Oxford, Blackwell Publishing Ltd, 2006

Watkin, D., *The Roman Forum*, London, Profile Books Ltd, 2011

참고문헌

끝나지 않은 정치의 도시, 피렌체 공공기념물

단테 알리기에리, 박상진 옮김,《신곡 : 연옥편》, 민음사, 2014

데이비드 리비트, 엄우흠 옮김,《아주 미묘한 유혹》, 효형출판, 2004

라이너 마리아 릴케, 김향 옮김,《라이너 마리아 릴케의 르네상스 미술여행》, 가람기획, 2001

리처드 터너, 김미정 옮김,《피렌체 르네상스》, 예경, 2001

손세관,《피렌체, 시민정신이 세운 르네상스의 성채》, 열화당, 2007

양정무,《시간이 정지된 박물관, 피렌체》, 프로네시스, 2006

에쿠니 가오리,《냉정과 열정 사이 : Rosso》, 소담출판사, 2000

엘레나 지난네스키, 임동현 옮김,《우피치 미술관》, 마로니에북스, 2007

이은기,《르네상스 미술과 후원자》, 시공사, 2002

츠지 히토나리,《냉정과 열정 사이 : Blu》, 소담출판사, 2000

Bonati, Teodoro, *Opuscoli idraulici*, Bologna, Francesco Cardinali, 1829

Cantini, Federico, "La chiesa e il borgo di San Genesio: primi risultati dello scavo di una grande pieve della Toscana altomedievale(campagne discavo 2001-2007)", Stefano Campana, ed., *Chiese e insediamentinei secoli di formazione dei paesaggi medievale della Toscana(V-X secolo)*, Firenze, All'insegna del Giglio, 2008

Cardini, Franco, "Cosi è germinato questo fiore", Angelo Tartuferi, ed., *L'arte a Firenze nell'eta' di Dante(1250-1300)*, Firenze, Giunti, 2004

Compagni, Dino, *Cronica delle cose occorrenti ne' tempi suoi*, Torino, Giulio Einaudi Editore, 1968

Domenico, Roy Palmer, *The Regions of Italy: A Brief Reference Guide to History and Culture*, Westport, CT, Greenwood, 2002

Faini, Enrico, "Il gruppo dirigente fiorentino nell'età consolare", *Archivio Storico*, CLXII 2004

Fanelli, Giovanni, *Firenze*, Roma, La terza, 1980

Fortune, Jane, *To Florence con amore*, Prato, The Florentine Press, 2011

Franco, Giuseppe, *Orizzonti etruschi : una completa esplorazione del mondo etrusco*, Milano, SugarCo, 1987

Gáldy, Andrea M., *The Art, History and Architecture of Florentine Churches*, Newcastel upon Tyne, Cambridge Scholars Publishing, 2016

Goldthwaite, Richard A., *The Building of Renaissance Florence. An Economic and Social History*, Baltimore, Johns Hopkins University Press, 1980

Goy, Richard J., *Florence : A Walking Guide to Its Architecture*, New Haven, Yale University Press, 2015, Kindle edition

Gualterotti, Raffaello, *Descrizione del regale apparato per le nozze della serenissima Madama Cristina di Loreno, moglie del serenissimo don Ferdinando Medici, III. granduca di Toscana*, Firenze, Appresso Antonio Padouani, 1589

Guicciardini, Francesco, *Le cose fiorentine*, Firenze: L. S. Olschki, 1945

Haynes, Sybille, *Etruscan Civilization : A Cultural History*, Los Angeles, Getty Publications, 2000

Heather, Peter, *The Fall of the Roman Empire : A New History of Rome and the Barbarians*, New York, Oxford University Press, 2006

Heseltine, John, *Roads to Rome*, London, Frances Lincoln, 2005

Innocenti, Claudia, Giulia Fioravanti, Raffaello Spiti, Carlo Favarelli, "La sindrome di Stendhal fra psicoanalisi e neuroscienze", *Rivista di Psichiatria*, vol.49 no.2, 2014

Martinelli, Maurizio and Mario Pagni, "Firenze delle origini - Prima Parte", *Arkos*, n. 11, Jul-Sep. 2005

_____, "Firenze delle origini - Seconda Parte", *Arkos*, n. 12, Oct-Dec. 2005

Mercanti, Lala and Giovanni Straffi, *Le torri di Firenze e de suo territorio*, Firenze, Alinea, 2003

Milza, Pierre, *Storia d'Italia*, Milano, Corbaccio, 2006

Najemy, John M., *A History of Florence 1200-1575*, Oxford, Blackwell, 2006

Orgera, Valeria, and Giovanna Balzanetti, Luciano Artusi, Jacopo Poli, *Firenze. Il quartiere di Santo Spirito dai Gonfaloni ai Rioni*, Firenze, Alinea, 2000

Paolini, Claudio, *Ponte Vecchio di pietra e di calcina*, Firenze, Edizioni Polistampa per il Ministero per i Beni e le Attività Culturali, 2012

Profeti, Cinzia, *I palazzi di Firenze*, Firenze, Giunti, 1999

509

Scampoli, Emiliano, "Tra Palazzo Vecchio e Arno: un muro e la formazione della città comunale", Federico Cantini, ed., *Firenze prima degli Uffizi*, Firenze: All'insegna del Giglio, 2007

Sfameli, Maria, *Il centro di Firenze restituito*, Firenze, Bruschi, 1989

Strocchia, Sharon T., "Theaters of Everyday Life", Roger J. Crum and John T. Paoletti, ed., *Renaissance Florence: a social history*, New York, Cambridge University Press, 2006

Tacconi, Marica S., *Cathedral and Civic Ritual in Late Medieval and Renaissance Florence*, Cambridge, Cambridge University Press, 2005

Tschen-Emmons, James B., *Building and Landmark of Medieval Europe: The Middle Ages Revealed*, Santa Barbara, CA, ABC-CLIO, 2016

Vasari, Giorgio, *Ragionamenti di Giorgio Vasari, Pittore ed architetto aretino, sopra le invenzioni da lui dipinte in firenze nel palazzo di Loro Altezze Serenissime*, Firenze, Presso S. Audin e Company, 1823

Villani, Giovanni, *Nuova Cronica*, Parma, Guanda, 1991

Villani, Matteo, *Cronica*, Firenze, Magheri, 1825, Lib. III, cap. LXXXV

사라진 공화국의 사라지지 않은 상징, 베네치아 날개 달린 사자

Cessi, Roberto, *Storia della repubblica di Venezia*, Milano and Messina, G. principato, 1944

Crouzet-Pavan, Elisabeth, *Venise triomphante: les horizons d'un mythe*, Paris, Albin Michel, 2004

Dale, Thomas E. A., "Inventing a sacred past: pictorial narratives of St. Mark the Evangelist in Aquilea and Venice, ca. 100-1300", *Dumbarton Oaks Papers* 48, 1994

Demus, Otto, *The church of San Marco in Venice: history, architecture, sculpture*, Washington, Dumbarton Oaks Research Library and Collection, 1960

_____, *The mosaics of San Marco in Venice*, Chicago, University of Chicago Press, 1984

Eglin, John, *Venice transfigured: the myth of Venice with British culture, 1660-1797*

Basingstoke, Palgrave, 2001

Ferris, Kate, *Everyday life in Fascist Venice, 1929-40*, Chippenham and Eastbourne, Palgrave, 2012

Grasman, Edward, "A salute to you : expansion under the wings of Saint Mark", *Artibus et Historiae*, vol.33 no.66, 2012

Karem, Marina P. Del Negro, *The lion of St. Mark in venetian art*, doctoral thesis, University of Louisville, 2000

Labalme, P. H., *Bernardo Giustiniani. A venetian of the quattrocento*, Roma, 1969

Lane, Frederic C., *Venice : a maritime republic*, Baltimore and London, John Hopkins University Press, 1973

Madden, Thomas F., *Enrico Dandolo and the rise of Venice*, Baltimore, Johns Hopkins University Press, 2006

_____, *Venice : a new history*, London, Penguin books, 2012

O'Connell, Monique, *Men of empire: power and negotiation in Venice's maritime state*, Baltimore, Johns Hopkins University Press, 2009

Pincus, Debra, "Mark gets the message: Mantegna and the praedestination in Fifteenth-century Venice", *Artibus et Historiae*, vol.18 no.35, 1997

Queller, Donald. E., *The venetian patriciate : reality versus myth*, Urbana and Chicago, University of Illinois Press, 1986

Redford, Bruce, *Venice and the grand tour*, New Haven, Yale University Press, 1996

Rizzi, Alberto, *I leoni di San Marco. Il simbolo della repubblica veneta nella scultura e nella pittura*, Venezia, 2001

Romano, Dennis, *The likeness of Venice : a life of doge Francesco Foscari 1373-1457*, New Haven and London, Yale University Press, 2007

Rosand, David, *Myths of Venice : the figuration of a state*, London, Chapel Hill, 2001

Rudt de Collenberg, W. H., "Il leone di San Marco. Aspetti storici e formali dell'emblema statale della Serenissima", *Ateneo Veneto*, vol.27, 1989

Tramontin, Silvio, "Realtà e leggenda nei racconti marciani veneti", *Studi Veneziani*, vol. 12, 1970

Wills, Garry, *Venice : lion city: the religion of empire*, New York, Washington Square Press, 2001

511

2 서유럽의 도시들

에스파냐 역사의 영광과 비극, 마드리드 엘에스코리알과 망자들의 계곡

김원중, 〈'망각협정'과 스페인의 과거청산〉, 《역사학보》 185, 2005

_____, 〈스페인의 과거청산은 아직도 '망각협정'인가?〉, 《민주주의와 인권》 6-1, 2006

_____, 〈역사기억법(2007)과 스페인의 과거사 청산 노력에 대하여 : 배·보상, 화해, 위령의 측면을 중심으로〉, 《이베로아메리카연구》 21-1, 2010

존 H. 엘리엇, 김원중 옮김, 《스페인 제국사 1469~1716》, 까치, 2000

Aguilar Fernández, Paloma, *Políticas de la Memoria y Memorias de la Política* : *El Caso Español en Perpectiva Camparada*, Madrid, 2008

_____, *Memoria y Olvido de la Guerra Civil Española*, Madrid, 1996

Crumbaugh, Justin, "Afterlife and Bare Life: The Valley of the Fallen as a Paradigm of Government", *Journal of Spanish Cultural Studies*, vol.12 no.4, 2011

Encarnación, Omar G., "Reconciliation after Democratization : Coping with the Past in Spain", *Political Science Quarterly*, vol.123 no.3, 2008

Hepworth, Andrea, "Site of memory and dismemory : the Valley of the Fallen in Spain", *Journal of Genocide Research*, vol.16 no.4, 2014

Kamen, Henry, *Spain 1469-1714. A Society of Conflict*, London, 1983

_____, *The Escorial* : *Art and Power in the Renaissance*, London, Yale Univ. Press, 2010

Parker, Geoffrey, *Imprudent King* : *A New Life of Phillip II*, Yale Univ. Press, 2014

살아 있는 도시의 역사, 암스테르담 운하 구역

강준식, 《다시 읽는 하멜표류기》, 웅진닷컴, 1995

김영중·장붕익, 《네덜란드사》, 대한교과서주식회사, 1994

러셀 쇼토, 허형은 옮김, 《세상에서 가장 자유로운 도시, 암스테르담》, 책세상, 2016

마이크 대시, 정주연 옮김, 《튤립, 그 아름다움과 투기의 역사》, 지호, 2002

시드니 민츠, 조병준 옮김, 《음식의 맛 자유의 맛》, 지호, 1998

엘러 피서르·안톤 헤이머레이크, 최남호·최연우 옮김, 《네덜란드의 기적》, 뜨님, 2003

주경철, 〈16~17세기 네덜란드의 조선업〉, 《서양사연구》 13, 1992

_____, 〈네덜란드 동인도 회사의 설립 과정〉, 《서양사연구》 25, 2000

_____, 〈다문화주의에서 '문화전쟁'으로 : 네덜란드 이주민 통합문제〉, 《이화사학연구》 35,
2007

_____, 《네덜란드》, 산처럼, 2003

_____, 네이버캐스트, 〈서양근대인물열전〉 중 '빌렘 침묵공, 네덜란드의 독립 영웅'

한 반 데어 홀스트, 김용규 외 옮김, 《낮은 하늘》, 박영사, 2002

Algemeene Geschiedenis der Nederlanden, Haarlem, 1977~1892

Barbour, Violet, *Capitalism in Amsterdam in the Seventeenth Century*, Baltimore,
1950

Burke, Peter, *Venice and Amsterdam*, London, 1974

Caron, Claude, *Traité des bois servant à tous Usages*, Paris, 1676

De Ley, Gerd, *Dictionary of 1000 Dutch Proverbs*, Hippocrene Books, 1998

Hooker, M.T., *The History of Holland*, Greenwood Press, 1999

Janin, Hunt, *Culture Shocks, A Guide to Customs and Etiquette*, Netherlands Graphic
Arts Center Publishing Comapany, 2000

Jou, Kyung Chul, *Le commerce des Bois entre Königsberg et Amsterdam 1550 –
1650*, Ecole des Hautes Etudes en Sciences Sociales, 1992

Lambertg, Audrey, *The Making of the Dutch Landscape*, London, 1985

Magnificis, *Amplissimis Prudentissimis et Consultimis*, 17th Century map.

Méchoulan, Henry, *Amsterdam au temps de Spinoza, Argent et Liberté*, Paris, PUF,
1990

Schama, Simon, *Rembrandt's Eyes*, London, 1999

_____, *The Embarrassment of Riches : An Interpretation of Dutch Culture
in the Golden Age*, New York, 1987

UNESCO, 'Seventeenth-Century Canal Ring Area of Amsterdam inside the
Singelgracht', http://whc.unesco.org/en/list/1349.

513

Van Gelder, Roelof, *Amsterdam 1275~1795, De Ontwikkeling van een Handelsmetopool*, Meulenhoff, 1983

Westermann, Mariet, *Le Siècle d'Or en Hollande*, Flammarion, 1996

Zumthor, Paul, *La Vie Quotidienne en Hollande au Temps de Rembrandt*, Hachette, 1959

'제국의 심장'에서 '시민의 광장'으로, 런던 트래펄가 광장

김경임,《클레오파트라의 바늘》, 홍익출판사, 2009

김백영, 〈식민권력과 광장공간 : 일제하 서울시내 광장의 형성과 활용〉,《사회와역사》90, 2011

박승규, 〈광장, 카니발과 미학적 정치 공간〉,《공간과 사회》34, 2010

앤드루 램버트, 박아람 옮김,《넬슨》, 생각의나무, 2005

윌리엄 모리스. 박홍규 옮김,《에코토피아 뉴스》, 필맥, 2008

프랑코 만쿠조 외, 장택수 외 옮김.《광장》생각의 나무, 2009

헨리 펠링 , 최재희 · 염운옥 옮김,《영국 노동당의 기원》, 지평문화사, 1994

"HMS Victory returns to Trafalgar-on the fourth plinth", BBC News, 10 February, 2010.

Bennett, Tony, *The Birth of the Museum*, London, Routledge, 1995

Burdett, Ricky, "Changing Values: Public Life and Urban Spaces", Ricky Burdett, ed., *London : Europe's Global City? Urban Age*, London, LSE, 2005

Colley, Linda, *Britons : Forging the Nation, 1707-1837*, New Haven, Conn., Yale University Press, 1992

Connelly, Mark, "Trafalgar: Back on the Map of British Popupar Culture? Assessing the 2005 Bicentenary", Holger Hoock. *History, Commemoration, and National Preoccupation: Trafalgar 1805-2005*, Oxford, Oxford University Press, 2007

Flinn, Laurel, "Social and Spatial Politics in the Construction of Regent Street", *Journal of Social History*, vol.46 no.2, 2012

Foster+Partners, Projects/Trafalgar Square Redevelopment, London, UK 1996-2003

Freedland, Jonathan, "The world in one city", *The Guardian*, July 15, 2005

Gilbert, David, "'London In All Its Glory Or How To Enjoy London': Guidebook
Representations of Imperial London", *Journal of Historical Geography*, vol.25
no.3, 1999

Goodway, David, *London Chartism 1838-1848*, Cambridge, Cambridge University
Press, 2002

Haywood, Ian, "George W. M. Reynolds and 'The Trafalgar Square Revolution':
Radicalism, the Carnivalesque and Popular Culture in Mid-Victorian England",
Journal of Victorian Culture, vol.7 no.1, 2002

Hernon, Ian, *Riot : Civil Insurrection from Peterloo to the Present Day*, London, Pluto
Press, 2006

Jenks, Timothy, "Contesting the Hero: The Funeral of Admiral Lord Nelson", *Journal
of British Studies*, vol.39 no.4, 2000

Jones, Martin, et al., *An Introduction to Political Geography: Space, Place and
Politics*, London, Routledge, 2014

Kelso, Paul, "Mayor attacks generals in battle of Trafalgar Square", *The Guardian*,
October 20, 2000.

Longmate, Norman, *If Britain Had Fallen : The Real Nazi Occupation Plans*,
Barnsley, Frontline Books, 2012

Mace, Rodney, *Trafalgar Square*, London, Lawrence & Wishart Ltd, 1976 · 2005

MacKenzie, John M., "Nelson Goes Global: The Nelson Myth in Britain and Beyond",
David Cannadine, ed., *Admiral Lord Nelson*, Basingstoke, Palgrave Macmillan,
2005

Poovy, Mary, *Making a Social Body: British Cultural Formation 1830-1864*,
Chicago, London, University of Chicago press, 1995

Porter, Roy, *London : A Social History*, Cambridge, Mass, Harvard University Press,
2001

Prothero, Iorwerth, "Chartism in London", *Past & Present*, vol.44, 1969

Richter, Donald C., *Riotous Victorians*, Athens, Ohio University Press. 1981

Schneer, Jonathan, *London 1900 : The Imperial Metropolis*, New Haven, CT., Yale
University Press, 1999

515

Stott, Clifford and John Drury, "Crowds, Context and Identity: Dynamic Categorization Processes in the 'Poll Tax Riot'", *Human Relations*, vol.53 no.2, 2000

Sumartojo, Shanti, "Britishness in Trafalgar Square : Urban Place and the Construction of National Identity", *Studies in Ethnicity and Nationalism*, vol.9 no.3, 2009

_____, "The Fourth Plinth : Creating and Contesting National Identity in Trafalgar Square, 2005-2010", *Cultural Geographies*, vol.20 no.1, 2013

Sumartojo, Shanti, *Trafalgar Square and the Narration of Britishness, 1900-2012: Imagining the Nation*, Bern, Switzerland, Peter Lang, 2013

Vertovec, Steven, "Super-diversity and Its Implications", *Ethnic and Racial Studies*, vol.30 no.6, 2007

시민의 민주적 숭배와 기억의 정치, 파리 문화예술인 동상

데이비드 하비, 김병화 옮김,《모더니티의 수도 파리》, 생각의 나무, 2005

민유기, 〈19세기 파리 동쪽 광장들의 기념물과 도시의 정치기호학〉,《기호학연구》23, 2008.

_____, 〈공화파의 민중교육운동과 제3공화국 초등교육 개혁 : 성과와 한계〉, 이영림·민유기 외,《교육과 정치로 본 프랑스사》, 서해문집, 2014

성백용, 〈잔다르크 : 그 기적의 서사시와 기억의 여정〉, 박지향 외,《영웅 만들기》, 휴머니스트, 2005

에릭 홉스봄 외, 박지향·장문석 옮김,《만들어진 전통》, 휴머니스트, 2004

제프리 K. 올릭 엮음, 최호근·민유기·윤영휘 옮김,《국가와 기억》, 민주화운동기념사업회, 2006

"Pas de rue Robespierre dans la capitale? Les réactions au veto du maire de Paris", *Incorruptible*, no.40, 2002

"Une rue Robespierre dans la capitale? La réponse du nouveau maire de Paris", *Incorruptible*, no.39, 2002

Agulhon, Maurice, "Imagerie civique et décor urbain dans la France du XIXe siècle", *Ethnologie française*, t. 5, n. 1, 1975

Agulhon, Maurice, "La ⟨statuomanie⟩ et l'histoire", *Ethnologie française*, t. 8, n. 2 · 3, 1978

Annales historiques de la Révolution française, Special Issue, Louis Charles Antoine Desaix. Officier du roi, Général de la République, no.324, 2001

Archives Nationales, F21 575; F 21 4586; F21 4856.

Bibliothèque Historique de la Ville de Paris, Act 30, dossier Danton, Dossier Gambetta.

Bresc-Bautier, Geneviève et Xavier Dectot, *Art ou politique? Arcs, statues et colonnes de Paris*, Paris, Action artistique de la ville de Paris, 1999

Castellant, *La Statue de Jean-Jacques Rousseau*, Arnière, Trouttet, 1882

Conseil Municipal de Paris, Bulletin municipal officiel.

De Andia, Béatrice, *Les Expositions universelles à Paris de 1855 à 1937*, Paris, Action artistique de la ville de Paris, 2005

Doumic, René, "Les Statues de Paris", *Revue des Deux Mondes*, Septembre 15, 1896.

Gady, Alexandre, *De la place royale à la place des Vosges*, Paris, Action artistique de la ville de Paris, 1996

Gaillard, Marc, *Paris de place en place*, Amiens, Martelle, 1997

Goulemot, Jean-Marie et Eric Walter, "Les Centenaires de Voltaire et de Rousseau: les deux lampions des Lumières", Pierre Nora, *Les lieux de mémoire*, I, Paris, Gallimard, 1984

Green, Nicholas, "Monuments, Memorials and the Framing of Individualism in Third Republic France", *New Formation*, no.11, 1990

Hargrove, June, "Les Statues de Paris", Pierre Nora, *Lieux de mémoire*, II-3, Paris, Gallimard, 1986

Hargrove, June, *Les Statues de Paris, la représentation des grands hommes dans les rues et sur les places de Paris*, Anvers, Fonds Mercator, Albin Michel, 1989

Higonnet, Patrice, *Paris, Capital du Monde : Des Lumières au surréalisme*, Paris, Tallandier, 2005

L'Hunanité, le 29 Octobre, 2009.

Lanfranchi, Jacques, *Les Statues des Grands hommes à Paris, Coeurs de bronze, Têtes de pierre*, Paris, L'Harmattan, 2004

Le Figaro, le 21 février, 1874.

Le Matin, le 25 juillet 1910

Le Petit Journal, le 15 juillet 1901

Lortsch, Charles, *La Beauté de Paris et la loi*, Paris, Sirey, 1913

Loyer, François, *Paris XIXe siècle, L'immeuble et la rue*, Paris, Hazan, 1994

Milo, Daniel, "Le Nom des Rues", Pierre Nora, *Lieux de mémoire*, II-3, Paris, Gallimard, 1986

Morrissey, Robert, "Charlemagne", Pierre Nora, *Les lieux de mémoire*, III-3, Paris, Gallimard, 1992

Ory, Pascal, "Le Centenaire de la Révolution Française", Pierre Nora, *Les lieux de mémoire*, I, Paris, Gallimard, 1984

Pessard, Gustave, *Statuomanie parisienne. Etude critique sur l'abus des Statues*, Paris, H. Daragon, 1912

Sarmant, Thierry et Luce Gaume, *La place Vendôme: Art, pouvoir et fortune*, Paris, Action artistique de la ville de Paris, 2003

Winock, Michel, "Jeanne d'Arc", Pierre Nora, *Les lieux de mémoire*, III-3, Paris, Gallimard, 1992

나치의 도시 건축, 뮌헨·뉘른베르크·베를린 공공기념물

권형진, 〈나치 독일의 도시 건설 프로젝트 : 베를린·뮌헨·뉘른베르크를 중심으로〉, 《독일연구》21, 2011

Ades, Dawn & Tim Benton · David Elliott · Ian Boyd White, zsgest.„ *Kunst und Macht im Europa der Diktatoren 1930 bis 1945. XXIII. Kunstausstellung des Europarates*, Stuttgart, Oktagon, 1996

Akademie der Künste Berlin, Hg., *1945. Krieg, Zerstörung, Aufbau. Architektur und Stadtplanung 1940-1960*, Berlin, Henschel-Verl., 1995

Bärnreuther, Andrea, *Revision der Moderne unterm Hakenkreuz. Planungen für ein 'neues München'*, München, Klinkhardt & Biermann, 1993; Vollst. zugl., Erlangen, Nürnberg, Univ., Diss., 1989

Bingen, Dieter & Hans-Martin Hinz, Hg., Die *Schleifung. Zerstörung und Wiederaufbau historischer Bauten in Deutschland und Polen,* Wiesbaden, Harrassowitz Verlag, 2005

Bonta, János, *Ludwig Mies van der Rohe,* Berlin, Henschelverl. Kunst u. Ges., 1983

Brenner, Hildegard, *Die Kunstpolitik des Nationalsozialismus,* Reinbeck b. Hamburg, Rowohlt, 1963

Brock, Bazon & Achim Preiß, Hg., *Kunst auf Befehl? Dreiunddreißig bis Fünfundvierzig,* München, Klinkhard & Biermann, 1990

Centrum Industriekultur Nürnberg, Hg., *Kulissen der Gewalt, Das Reichsparteitagsgelände in Nürnberg,* München, Hugendubel, 1992

Donath, Matthias, *Architektur in Berlin 1933-1945. Ein Stadtführer,* Berlin, Lukas Verlag, 2007

Dülffer, Jost & Jochen Thies · Josef Henke, *Hitlers Städte. Baupolitik im Dritten Reich. Eine Dokumentation,* Köln · Wien, Böhlau Verlag, 1978

Herbert, James D., *Paris 1937. Worlds on Exhibition,* Ithaca, NY u.a., Cornell Univ. Press, 1998

Hitler, Adolf, "Bei der Kulturtagung des Reichsparteitages", *Die Reden Hitlers am Parteitag der Freiheit 1935,* München, Eher, 1935

_____, "Kein Wiederaufstieg ohne Wiedererweckung deutscher Kultur und Kunst", Rede bei der Grundsteinlegung zum Haus der Deutschen Kunst in München am 15. Oktober, 1933.

_____, *Mein Kampf,* München, Eher, 1941

Hoffmann, Hilmar & Heinrich Klotz, Hg., *Die Kultur unseres Jahrhunderts 1933-1945,* Düsseldorf · Wien · New York · Moskau, ECON Verlag, 1993

Hoffmann, Hilmar, *Mythos Olympia. Autonomie und Unterwerfung von Sport und Kultur,* Berlin u.a., Aufbau-Verl., 1993

http://www.worldfuturefund.org/wffmaster/Reading/Hitler%20Speeches/hauskunst1933.htm

Kitchen, Martin, *Speer : Hitler's Architect,* New Haven · London, Yale Univ. Press, 2015

Krauter, Anne, *Die Schriften Paul Scheerbarts und der Lichtdom von Albert Speer – Das grosse Licht,* Heidelberg Uni. Diss. 1997

참고문헌

Kwon, Hyeoung-Jin, *Deutsche Arbeitsbeschaffungs- und Konjunkturpolitik in der Weltwirtschaftskrise. Die 'Deutsche Gesellschaft für Öffentliche Arbeiten AG (Öffa)' als Instrument der Konjunkturpolitik von 1930 bis 1937,* Osnabrück, Der Andere Verl., 2002

Lane, Barbara Miller, *Architektur und Politik in Deutschland 1918-1945,* Braunschweig · Wiesbaden, Friedr. Vieweg & Sohn, 1986, Amerik. Originalausg. : *Architecture and Politics in Germany, 1918-1945,* Cambridge, Massachusetts, Harvard Univ. Press, 1968

Mayer, Hans, "Im Dickicht der zwanziger Jahre", *Die Zeit,* Ausgabe 38, 1977.

Merker, Reinhard, *Die bildenden Künste im Nationalsozialismus. Kulturideologie, Kultutrpolitik, Kultutrproduktion,* Köln, DuMont, 1983

Olaf, Lars & Sabine Larsson · Ingolf Lamprecht, *"Fröhliche Neugestaltung" oder Die Gigantoplanie von Berlin 1937-1943: Albert Speers Genaralbebauunsplan im Spiegel satirischer Zeichnungen von Hans Stephan,* Ludwig, Kiel, 2008

Papi, Lorenzo, *Ludwig Mies van der Rohe,* Luzern u.a., Kunstkreis Luzern, 1974

Rasp, Hans-Peter, *Eine Stadt für tausend Jahre. München-Bauten und Projekte für die Hauptstadt der Bewegung,* München, Süddeutscher Verlag, 1981

Reichhardt, Hans J. & Wolfgang Schäche, Hg., *Von Berlin nach Germania. Über die Zerstörungen der Reichshauptstadt durch Albert Speers Neugestaltungsplanungen,* Berlin, Landesarchiv Berlin, 1984

Schieber, Martin, *Geschichte Nürnbergs,* München, C. H. Beck, 2007

Schiller, Karl, *Arbeitsbeschaffung und Finanzordnung in Deutschland,* Berlin, Junker u. Dünnhaupt, 1936

Schwarz, Birgit, *Geniewahn. Hitler und die Kunst,* Wien u.a., Böhlau, 2009

Speer, Albert, *Erinnerungen,* Berlin, Propyläen-Verl., 1969

Speer, Albert, Hg., *Neue duetsche Baukunst,* Berlin, Volk und Reich Verl., 1941

Stölzl, Christoph, "Vorwort", Council of Europe, *Kunst und Macht im Europa der Diktatoren 1930 bis 1945. XXIII. Kunstausstellung des Europarates,* Oktagon, 1996

Taylor, Robert R., *The Word in Stone. The Role of Architecture in the National Socialist Ideology,* Berkeley · LA · London, Univ. of California Press, 1974

Teut, Anna, *Architektur im Dritten Reich 1933-1945,* Berlin · Frankfurt a.M. · Wien,

Ullstein, 1967

Weihsmann, Helmut, *Bauen unterm Hakenkreuz. Architektur des Untergangs*, Köln, Romiosini Verlag, 1998

3 동유럽과 아메리카의 도시들

새로운 도시 문화의 상징, 빈 링슈트라세

데니스 덜신 엮음, 김훈 옮김,《제국의 종말》, 가람기획, 2005

수잔 로라프·줄리 크레이시, 노지양 옮김,《오스트리아》, 휘슬러, 2005

윌리엄 존스턴, 변학수·오용록 외 옮김,《제국의 종말 지성의 탄생》, 글항아리, 2008

인성기,《빈 - 예술을 사랑한 영원한 중세 도시》, 살림, 2007

_____,《빈 모더니즘》, 연세대학교출판부, 2005

칼 쇼르스케, 김병화 옮김,《세기말 비엔나》, 구운몽, 2006

Beller, Steven, *A Concise History of AUSTRIA*, Cambridge, Cambridge University Press, 2006

Bled, Jean-Paul, *Franz Joseph*, Oxford, Wiley-Blackwell, 1992

Bloch, Ernst, *Erbschaft dieser Zeit*, Frankfurt a.M., Suhrkamp, 1885

Bowman, William D., *Priest and Parish in Vienna, 1780-1880*, Boston, Brill, 2000

Buchmann, Bertrand Michael, *Hof - Regierung : Stadtverwaltung. Wien als Sitz der österreichischen Zentralverwaltung von den Anfängen bis zum Untergang der Monarchie*, Wien, Böhlau Wien, 2002

Chaloupek, G., P. Eigner, M. Wagner, *Wirtschaftsgeschichte 1740 bis 1938, Teil 1 : Industrie*, Wien, Jugend & Volk, 1991

Der preisgekrönte Konkurrenz-Plan zur Stadterweiterung von Wien, *Allgemeine Bauzeitung 24*, 1859

Die Preise für die Stadterweiterungspläne von Wien, *Allgemeine Bauzeitung 23*, 1858

Dmytrasz, Barbara, *Die Ringstraße : Die europäische Bauidee*, Wien, Amalthea Signum Verlag, 2008

_____, *Die Wiener Ringstraße* : *Exkursionsdidaktisches Konzept*(미출간 인터넷 자료)

Fahrngruber, Bernd, *Bauwirtschaftliche Aspekte der Wiener Stadterweiterung unter Kaiser Franz Joseph I.* : *Die Schleifung der Wiener Stadtmauer 1858 bis 1864. Eine wirtschafts- und sozialhistorische Analyse.*, 빈의 경제대학교 박사학위논문, 2001

Hamann, Brigitte, *Hitler in Wien, Lehrjahre eines Diktators*, München , Piper, 1998

Haupt, Herbert, *Der Heldenplatz* : *Ein Stück europäischer Geschichte im Herzen von Wien*, www.demoktatiezentrum.org/media/pdf/haup%20_dt.pdf

Kieslinger, Alois, "Die Steine der Weiner Ringstraße," Renate Wagner-Rieger, ed., *Die Wiener Ringstraße - Bild einer Epoche, Bd. 4*, Wiesbaden, Franz Steiner, 1972

Koepff, Eva, *Die Wiener Stadterweiterung. Ein Mammutprojekt zwischen Dekadenz und Cholera*, Augsburg, GRIN Verlag, 2006

Mollik, Kurt, Hermann Reining, Rudolf Wurzer, "Planung und Verwirklung der Wiener Ringstraßenzone", Renate Wagner-Rieger, ed., *Die Wiener Ringstraße* : *Bild einer Epoche*, Wiesbaden, Böhlau Wien, 1980

Pfleger, Martina, *Die Rossauerkaserne* : *Vom Verteidigungskonzept der Ringstraße bis zur Gegenwart*, 1998

Reble, Burghild, "Vom Bollwerk Europas zur europäischen Metropole. Stadterweiterung und Stadtentwicklung Wiens im 19. Jahrhundert," *Deutschland & Europa. Reihe für Politik, Geschichte, Geographie, Deutsch, Kunst*, Heft 39, 1999

Sachslehner, Johannes, *Wien* : *Die Geschichte der Stadt*, Wien, Verlagsgruppe Styria GmbH & Co. KG, 2006

Schwarz, Otto, *Hinter den Fassaden der Ringstrasse. Geschichte · Menschen · Gehei mnisse*, Wien, Amalthea Signum, 2007

Springer, Elisabeth, *Geschichte und Kulturleben der Wiener Ringstraße. Die Wiener Ringstraße* : *Bild einer Epoche II*, Wiesbaden, Steiner, 1979

Weiß, K., "Die bauliche Neugestaltung der Stadt", Gemeinderathe der Stadt Wien, ed., *Wien 1848 bis 1888, Denkschrift zum 2. Dezember 1888, Band I*, Wien, Commissionsverlag von Carl Konegen, 1888

전쟁의 기억과 추모, 상트페테르부르크 · 모스크바 '대조국전쟁' 기념비

기계형, 〈러시아 대학의 역사학 교재와 중등학교 역사교과서에 나타난 한국전쟁 인식〉,
《역사교육》117, 2011

류한수, 〈전쟁의 기억과 기억의 전쟁: 영화《한 병사의 발라드》를 통해 본 대조국전쟁과 소련
영화의 "해빙"〉, 《러시아연구》15-2, 2005

리처드 오버리, 류한수 옮김,《스탈린과 히틀러의 전쟁》, 지식의풍경, 2003

송준서, 〈기억의 정치학 : 러시아 국가통합 도구로서 전쟁의 기억〉, 《중소연구》36-1, 2012

_____, 〈중앙-지방 관점에서 바라본 스탈린 시기 전쟁의 기억 : 레닌그라드와
세바스토폴의 경우〉, 《슬라브학보》28-1, 2013

이종훈, 〈승전의 공식기억 만들기 : 통합과 균열 사이에서 – 모스크바 승리공원과
포스터논쟁을 중심으로〉, 《역사와문화》20, 2010

정근식, 〈소련의 2차 세계대전 기념비와 기억의 정치 : '해방'에서 '우의로'〉, 《내일을 여는
역사》59, 2015

존 키건, 류한수 옮김,《2차세계대전사》, 청어람미디어, 2016

황동하, 〈자연발생적인 탈-스탈린화 : 러시아인들이 되돌아 본 "대조국전쟁"의 한 단면〉,
《러시아연구》15-2, 2005

История Москвы с древнейших времен до наших дней, том 3, М. 2000

Ленинград в Блокаде, Ленинград, 1946

Boym, Svetlana. "From the Russian Soul to Post-Communist Nostalgia",
Representations, no.49, 1995

Etkind, Alexander, "Hard and Soft in Cultural Memory: Political Mourning in Russia
and Germany", *Grey Room*, no.16, 2004

Fitzpatrick, Sheila, *Everyday Stalinism : ordinary life in extraordinary times : Soviet
Russia in the 1930s*, New York, Oxford University Press, 1999

Forest, Benjamin, Juliet Johnson and Karen Till, "Post-totalitarian national identity:
public memory in Germany and Russia", *Social & Cultural Geography*, vol.5

no.3, 2004

Geyer, Michael and Sheila Fitzpatrick, eds., *Beyond totalitarianism : Stalinism and Nazism compared*, New York, Cambridge University Press, 2009

http://www.memoryatwar.org/publications-list/memory-in-grey-room.pdf

Kattago, Siobhan, "War Memorials and the Politics of Memory: the Soviet War Memorial in Tallinn", *Constellations*, vol.16 no.1, 2009

Kirschenbaum, Lisa A. *The Legacy of the Siege of Leningrad, 1941 – 1995: Myth, Memories, and Monuments*, Cambridge University Press, 2009

Medvedev, Dmitri. "Speech at the Military Parade to Commemorate the 65th Anniversary of the Victory in the Great Patriotic War, 1941-1945", address, Red Square, Moscow, Russia, May 9, 2010

Merridale, Catherine, *The Night of Stone. Death and Memory in Russia*, London, Granta, 2000

Merridale, Catherine, "Revolution among the dead: cemeteries in twentieth-century Russia", *Mortality*, vol.8 no.2, 2003

О ленинградском плакате, *Leningrad*, 1944, no.2

Paperno, Irina, "Personal Accounts of the Soviet Experience", *Kritika : Explorations in Russian and Eurasian History*, no.4, 2002

Pilgun, M. I. Dzyaloshinsky, M. "Phantoms of the historical memory: social identity of the Russian youth", *Revista Latina de Comunicación Social*, 71, 2016

Rousso, Henry, ed., *Stalinism and Nazism: History and Memory Compared*, Lincoln and London, University of Nebraska Press, 2004

Scheifman, Nurit. "Moscow's Victory Park," *History and Memory* 13, no.2, 2001

Torbakov, Igor. "History, Memory and National Identity Understanding the Politics of History and Memory Wars in Post-Soviet Lands," *Demokratizatsiya*, 2011, World Affairs Institute

Tumarkin, Nina, *Lenin Lives! : The Lenin cult in Soviet Russia*, Cambridge, Harvard University Press, 1983

_____, *The Living and the Dead: the rise and fall of the cult of World War II in Russia*, New York, Basic Books, 1994

Volk, Christian, "Stalinism, Memory and Commemoration. Russia's dealing with the past", *The New School Psychology Bulletin*, vol.6 no.2, 2009

Wood, Elizabeth A. "Performing Memory : Vladimir Putin and the Celebration of WWII in Russia", *The Soviet and Post-Soviet Review*, 38, 2011

Буров, А. В. *Блокада день за днём, 22 июня 1941 года – 27 января 1944 года*, Ленинград, 1979

Закорецкая, Мария. "Симфония о победном торжестве всего высокого и прекрасного", *Русская народная линия*, 2011년 10월 17일

Исаченко, В. Г. *Зодчие Санкт –Петербурга. ФФ век*. СПб., Лениздат, 2000

Историческое прошлое и настоящее Ленинграда, Ленинград, 1960

Ленинград монументальная и декоративная скульптура XVIII-XIX веков, Исскуство: Москва и Ленинград, 1951

Юдкина, Анна. "Памятник без памяти≫: первый Вечный огонь в СССР", *Неприкосновенный запас*, 2015, 3(101)

혁명의 기억, 멕시코시 혁명기념건축물

김윤경, 〈멕시코의 "혁명적" 인디헤니스타Indigenistas의 원주민Indígena에 대한 인식과 평가 : "타자"에서 국민문화로〉, 《서양사론》 87, 2005

김은중, 〈호세 바스콘셀로스 : 문화적 민족주의와 신인간〉, 이성형 엮음, 《라틴아메리카의 역사와 사상》, 까치, 1999

옥타비오 파스, 손관수 옮김, 《고독한 미로》, 신원문화사, 1990

이성형, 〈멕시코 벽화운동의 정치적 의미 : 리베라, 오로스코, 시케이로스의 비교분석〉, 《국제지역연구》 11-2, 2002

Benjamin, Thomas, *La Revolución: Mexico's Great Revolution as Memory, Myth and History*, Austin, University of Texas Press, 2000

Burian, Edward, ed., *Modernity and the Architecture of Mexico*, Austin, University of Texas Press, 1997

Carranza, Luis E., *Architecture as Revolution : Episodes in the History of Modern Mexico*, Austin, University of Texas Press, 2010

Creelman, James, "President Díaz, Hero of the Americas", Gilbert M. Joseph and
Timothy J. Henderson, eds., *The Mexico Reader* : *History, Culture, Politics,*
Durham and London, Duke University Press, 2002

Excélsior, Septiembre 28 de, 1936.

González, Michael J., "Imaging Mexico in 1910 : Visions of the Patria in the
Centennial Celebration in Mexico City", *Journal of Latin American Studies,*
vol.39 no.3, 2007

Guillén, Mayro F., "Modernism Without Modernity : The Rise of Modernist
Architecture in Mexico, Brazil, and Argentina, 1890-1940", *Latin American
Research Review,* vol.39 no.2, 2004

Guzmán, Martín Luis, *The Eagle and the Serpent,* trans. by Harriet de Onís, Garden
City, Doubleday, 1965

Kirk, Betty, *Covering the Mexican Front* : *The Battle of Europe Versus America,*
Norman, University of Oklahoma Press, 1942

Krauze, Enrique, *Mexico. Biography of Power* : *A History of Modern Mexico, 1810-
1996,* trans. by Hank Heifetz, New York, HarperCollins Publishers, Inc., 1997

LaRosa, Michael J., ed., *Atlas and Survey of Latin American History,* Armonk, M. E.
Sharpe, Inc., 2005

Lomnitz, Claudio, "Final Reflections : What Was Mexico's Cultural Revolution?",
Mary Kay Vaughan and Stephen E. Lewis, eds., *The Eagle and the Virgin* :
Nation and Cultural Revolution in Mexico, 1920-1940, Durham and London,
Duke University Press, 2006

Muñoz García, Antonio, "Edificación, Llevado a Cabo, por el Departamento del
Distrito Federal en el Período 1932-1934", *Revista Mexicana de Ingeniería y
Arquitectura,* vol.13, 1935

New York Times, September 16, 1910.

Noriega, Joaquín Cárdenas, *Jos Vasconcelos, 1882-1982* : *Educator, Político y
Profeta,* México, D.F., Ediciones Océano, 1982

O'Malley, Ilene V., *The Myth of the Mexican Revolution* : *Hero Cults and the
Institutionalization of the Mexican State, 1920-1940,* New York, Greenwood
Press, 1986

Obregón Santacilia, Carlos, *El Monumento a la Revolución, Simbolismo e Historia,*

México, D.F., Secretaría de Educación Pública, Departamento de Divulgación, 1960

Oles, James, *Art and Architecture in Mexico*, London and New York, Thames & Hudson Ltd., 2013

Olsen, Patrice Elizabeth, "Revolution in the City Streets : Changing Nomenclature, Changing Form, and the Revision of Public Memory", Vaughan, Mary Kay and Stephen E. Lewis, eds., *The Eagle and the Virgin : Nation and Cultural Revolution in Mexico, 1920-1940*, Durham and London, Duke University Press, 2006

Olsen, Patrice Elizabeth, *Artifacts of Revolution : Architecture, Society, and Politics in Mexico City, 1920-1940*, Boulder and New York, Rowman & Littlefield, 2008

Tenorio Trillo, Mauricio, "1910 Mexico City : Space and Nation in the City of the Centenario", *Journal of Latin American Studies*, vol.28 no.1, 1996

Torres Parés, Javier, and Gloria Villegas Moreno, eds., *Diccionario de la Revolución Mexicana*, México, D.F., Universidad Nacional Autónoma de México, 2010

멕시코혁명건축물을 소개하는 세계의 기념비 사이트(http://www.war-memorial.net/Monumento-a-la-Revolución,-Mexico-City-1,91)

멕시코혁명건축물의 공식 사이트(http://www.mrm.mx El MRM a través del tiempo)

미국 예외주의의 구현, 뉴욕 9·11기념물

노르만 핀켈슈타인, 신현승 옮김, 《홀로코스트 산업》, 한겨레출판, 2004

알라이다 아스만, 변학수 외 옮김, 《기억의 공간》, 경북대학교출판부, 1999

장 보드리야르, 주은우 옮김, 《아메리카》, 문예마당, 1984

제프리 K. 올릭 엮음, 최호근·민유기·윤영휘 옮김, 《국가와 기억》, 민주화운동기념사업회, 2006

주은우, 〈19~20세기 전환기 자연 풍경과 미국의 국가 정체성〉, 《사회와 역사》 63, 2003

피에르 노라, 김인중 외 옮김, 《기억의 장소》 1~5, 나남출판, 2010

527

Aufderheide, Patricia, ed., Beyond P.C. : *Toward a Politics of Understanding*, Saint Paul, Minnesota, Graywolf Press, 1999

Baudrillard, Jean, *Simulacra and Simulation*, translated by Sheila Faria Glaser, Ann Arbor, University of Michigan Press, 1981

Foster, Hal, "In New York", *London Review of Books*, March 20, 2003

Goldberger, Paul, *Up From Zero* : *Politics, Architecture, and the Rebuilding of New York*, New York, Random House, 2004

Harvey, David, "Cracks in the Edifice of the Empire State", Michael Sorkin and Sharon Zukin eds., *After the World Trade Center* : *Rethinking New York City*, New York, Routledge, 2002

Hawthorne, Christopher, "Living with Our Mistake", *Slate*, February 25, 2003

Kaplan, Amy, "Homeland Insecurities : Transformations of Language and Space", Mary Dudziak, ed., *September 11 in History* : *A Watershed Moment?*, Durham, NC, Duke University Press, 2003

LaCapra, Dominick, "Trauma, Absence, Loss", *Critical Inquiry* 25, 1999

Libeskind, Daniel, *Breaking Ground* : *An Immigrant's Journey from Poland to Ground Zero*, New York, Riverhead Books, 2004

Muschamp, Herbert, "Balancing Reason and Emotion in Twin Tower Void", *New York Times*, February 6, 2003

Simpson, David, *9/11* : *The Culture of Commemoration*, Chicago, University of Chicago Press, 2006

Sontag, Susan, "The Talk of the Town", *The New Yorker*, September 24, 2001

Sorkin, Michael, "The Center Cannot Hold", Michael Sorkin and Sharon Zukin, eds., *After the World Trade Center* : *Rethinking New York City*, New York, Routledge, 2002

Stamelman, Richard, "September 11 : Between Memory and History", Judith Greenberg, ed., *Trauma at Home After 9/11*, Lincoln, NA, University of Nebraska Press, 2003

Stephens, Suzanne, Imagining Ground Zero : *Official and Unofficial Proposals for the World Trade Center Site*, New York, Architectural Record, 2004

Sturken, Marita, "Memorializing Absence", Craig Calhoun, Paul Price, and Ashley Timmer, eds., *Understanding September 11*, New York, New Press, 2002

_____, "The Aesthetics of Absence: Rebuilding Ground Zero", *American Ethnologist*, 31-3, 2002

Wilson, John, *The Myth of Political Correctness : The Conservative Attack on High Education*, Durham, North Carolina, Duke University Press, 1995

Wu, Hung, *Remaking Beijing : Tiananmen Square and the Creation of a Political Space*, Chicago, University of Chicago Press, 2005

Young, Marilyn, "*Ground Zero : Enduring War*", *Mary Dudziak, ed., September 11 in History : A Watershed Moment?*, Durham, NC, Duke University Press, 2003

Žižek, Slavoj, Welcome to the Desert of Real : Five Essays on September 11 and Related Dates, New York, Verso, 2002

www.kevinhamilton.org/project.php?id=114

www.newyorkphotoblog.com/gallery/four_years_later_9_11_commemoration/popup.html

www.saintpaulschapel.org

www.tributewtc.org/index.php

참고문헌

도판 출처

19, 50~51, 99, 121, 131, 133, 136~137, 145, 147, 158, 160, 163, 166, 171, 173, 184, 212, 215, 224, 236, 238, 270, 276, 284, 287, 344, 350, 412, 448, 454쪽 Wikimedia Commons

22쪽 Vanderpool, Eugene, "A Monument to the Battle of Marathon", *Hesperia* 35, 1966

25, 33, 42, 80, 93, 108, 110, 115, 122, 153, 192, 196, 218, 234, 383, 384, 387, 391, 408, 414, 417, 421쪽 Shutterstock

30쪽 이상덕

44쪽 Scultz, "Athena Nike"

78~79쪽 Pixabay

245, 251쪽 Rodney Mace, *Trafalgar Square*, London, Lawrence & Wishart Ltd, 1975 · 2005

302, 324(아래)쪽 Albert Speer, Hg., *Neue duetsche Baukunst*, Berlin, Volk und Reich Verl, 1941

303, 306(아래), 311, 314(위)쪽 Gerdy Troost, Hg., *Das Bauten im Dritten Reich*, Erster Band, Bayreuth, Gauverlag Bayreuth, 1938

309쪽 Council of Europe. ed., *Kunst und Macht im Europa der Diktatoren 1930 bis 1945*. *XXIII. Kunstausstellung des Europarates*, Oktagon, 1996

314(아래)쪽 *Die Kunst im Deutschen Reich*, München, Zentralverlag der NSDAP, 1943

318(좌), 319, 331쪽 Lars Olof, Sabine Larsson, Ingolf Lamprecht, *Fröhliche Neugestaltung oder Die Gigantoplanie von Berlin 1937-1943*, Berlin, Ludwig, 2008

318(우)쪽 Matthisa Donath, *Architektur in Berlin 1933-1945. Ein Stadtführer*, Lukas Verlag

323(위)쪽 Karl Arndt, Albert Speer, Georg Friedrich Koch, Lars Olof Larsson, *Albert Speer, Architektur. Arbeiten 1933-1942*, Frankfurt, Propyläen

323(아래), 324(위)쪽 Hans J. Reichhardt · Wolfgang Schäche, Hg., *Von Berlin nach Germania*.

530

Über die Zerstörungen der Reichshauptstadt durch Albert Speers Neugestaltungsplanungen, Berlin, Landesarchiv Berlin, 1984

326~327쪽 *Der Spiegel* 18/2005

386, 389쪽 기계형

443, 450쪽 박진빈

* 이 책에 수록된 도판은 대부분 저작권자의 사용 허가를 받았으나, 그렇지 못한 경우는 확인되는 대로 절차에 따라 처리하겠습니다.

도판 출처

지은이 소개

권형진

건국대학교 사학과 부교수. 독일 빌레펠트대학교 박사. 대표 논문으로 〈저항과 타협의 사이 : 동독의 '건설병'〉〈이제, 그 바다에는 고래가 없다! : 독일의 북극해 포경산업을 중심으로〉〈통일 이후 독일 이민정책의 변화〉 등이 있고, 지은 책으로《독일사》《대중독재의 영웅 만들기》(공저) 등이 있다.

기계형

국립여성사전시관 관장. 서울대학교 박사. 대표 논문으로 〈사회주의 도시 연구〉〈소비에트 시대 초기의 일상생활과 콤무날카 공간의 성격〉 등이 있고, 지은 책으로《해체와 노스탤지어》(공저)《역사 속의 한국과 러시아》(공저) 등이 있다.

김경현

홍익대학교 역사교육과 교수. 영국 런던대학교 박사. 대표 논문으로 〈고대 로마 세계 노인의 지위와 역할 : 조르주 미누아의 테제에 대한 비판적 검토〉〈안토니누스 역병의 역사적 배경과 영향〉 등이 있고, 지은 책으로《아우구스투스 연구》(공저), 《동서양 역사 속의 공공건설과 국가경영》(공저)《유럽과 미국의 동아시아사 교육》(공저) 등이 있다.

김원중

서울대학교 서양사학과 강사. 스페인 마드리드 콤플루텐세대학교 박사. 지은 책으로《대항해 시대의 마지막 승자는 누구인가?》《세계의 과거사 청산》(공저)《유럽 바로알기》(공저) 등이 있고, 옮긴 책으로《스페인사》《히스패닉 세계》《스페인 내전》《라틴아메리카의 역사》《코르테스의 멕시코 제국 정복기》《과거사 청산과 역사 교육》등이 있다.

남종국

이화여자대학교 사학과 교수. 프랑스 파리1대학 박사. 대표 논문으로 〈중세 해상 제국 베네치아 : 신화인가, 실체인가?〉〈1480년 예루살렘 순례 여행〉 등이 있고, 지은 책으로《Le commerce du coton en Méditerranée à la fin du Moyen Age》《이탈리아 상인의 위대한 도전》《중세 지중해 교역은 유럽을 어떻게 바꾸었을까?》, 옮긴 책으로《프라토의 중세 상인》등이 있다.

라영순

중앙대학교 중앙사학연구소 HK교수. 이탈리아 파도바대학교 박사. 대표 논문으로 〈14세기 이탈리아의 식생활, 그 역사적 기술〉〈식생활의 역사 : 인간을 이해하는 또 하나의 방식〉〈환경사의 관점에서 본 라구나Laguna 에 대한 베네치아인의 인식과 담론〉 등이 있다.

민유기

경희대학교 사학과 교수. 프랑스 파리 사회과학고등연구원(EHESS) 박사. 대표 논문으로 〈프랑스 사회주의 시정의 탄생〉〈파리의 세입자 운동과 주거권의 요구 1880~1914〉 등이 있고, 지은 책으로 《도시는 역사다》(공저) 《도시화와 사회갈등의 역사》(공저), 옮긴 책으로 《도시와 인간》《무방비 도시》 등이 있다.

박구병

아주대학교 사학과 교수. 미국 캘리포니아대학교 로스앤젤레스캠퍼스 (UCLA) 박사. 대표 논문으로 〈'멕시코혁명기념건축물'과 혁명 기억의 재건〉〈라틴아메리카의 '뜨거운 냉전'과 종속의 심화(1945~1975)〉 등이 있고, 지은 책으로 《세계화 시대의 서양현대사》(공저)《글로벌 냉전의 지역적 특성》(공저), 옮긴 책으로 《변화하는 라틴아메리카》 등이 있다.

박진빈

경희대학교 사학과 교수. 미국 펜실베이니아 대학교 박사. 대표 논문으로 〈전후 미국의 쇼핑몰의 발전과 교외적 삶의 방식〉〈카트리나 재난이 알려주는 미국 도시의 현재〉〈20세기 초 필라델피아의 인종 분리와 흑인 빈민 주거문제〉 등이 있고, 지은 책으로 《백색국가 건설사》《도시로 보는 미국사》, 옮긴 책으로 《원더풀 아메리카》《빅 체인지》 등이 있다.

염운옥

고려대학교 민족문화연구원 연구교수. 일본 도쿄대학교 박사. 대표 논문으로 〈리버풀 국제노예제박물관의 전시내러티브 : 노예제 역사의 기억문화 만들기〉〈잃어버린 기회? 로런스 사건과 맥퍼슨 보고서, 제도적 인종주의〉 등이 있고, 지은 책으로 《생명에도 계급이 있는가》《몸으로 읽는 역사》(공저)《대중독재와 여성》(공저) 등이 있다.

이상덕

고려대학교 사학과 강사. 영국 런던대학교 킹스칼리지 박사. 대표 논문으로 〈파르테논 신전에 도입된 이오니아 양식의 의미와 그 양식이 이후 아크로폴리스 건축물들에 미친 영향〉〈파르테논 신전 서쪽 페디먼트에 나타난 아테네인의 토착성〉, 〈펠로폰네소스 전후 데켈레이아의 시민권 문제: 데켈레이아 법령〉 등이 있다.

주경철

서울대학교 서양사학과 교수. 프랑스 파리 사회과학고등연구원 박사. 지은 책으로《대항해시대》《문명과 바다》《주경철의 유럽인 이야기》등이 있고, 옮긴 책으로《물질문명과 자본주의》《물의 세계사》등이 있다

최용찬

아주대학교 다산학부대학 강의교수. 베를린 기술대학교 박사. 대표 논문으로 〈언어의 독재, 독재의 언어〉〈영화 '서부 전선 이상 없다'(1930)에 나타난 세대 전쟁과 반전反戰의 미학〉 등이 있고, 지은 책으로《공간 속의 시간》(공저)《21세기 역사학 길잡이》(공저), 옮긴 책으로《누구를 위한 역사인가》《살인자, 화가, 그리고 후원자》등이 있다.

541